박물관학

Museology

Assistant Curator

윤병화

예문사

현대의 박물관은 과거 특정계급만이 즐기던 문화공간의 형태에서 벗어나 일반 대중과 함께 즐기는 열린 문화공간을 지향하고 있다. 특히, 박물관의 사회적 책무가 강화되면서 인류의 문화적 업적을 사회에 환원시키고 그 과정에서 사회의 구성원인 일반 대중과 소통하며 유기적인 협력체계를 구축하고 있다.

과거의 박물관이 인류가 남겨 놓은 유물과 유적들을 모아 수집, 보존, 연구하는 문화공간이었다면, 지금의 박물관은 단순한 보존적인 기능에서 벗어나 관람객이 직접 오감체험을 통해 문화에 대해 이해할 수 있는 복합문화공간으로 변화하고 있다. 또한 수집과 보존을 중심으로 일방적인 의미를 전시하던 방식에서 벗어나 다양한 새로운 시도를 통해 박물관과 관람객이 상호소통하도록 노력하고 있다.

이젠 박물관의 기능을 세분화하여 사회통합을 이끌어 낼 수 있는 박물관학의 깊이 있는 연구가 필요한 시점이라 하겠다. 이에 기존 박물관학에 대한 선행연구를 바탕으로 박물관학에 관한 시대적 담론을 이 책에 담고자 노력하였다.

이 책은 총 10장과 부록으로 구성되었다.

1장 박물관 개념 및 기능	부록 1. 박물관 및 미술관 진흥법
2장 박물관 역사	2. 박물관 및 미술관 진흥법 시행령
3장 박물관 수집	3. 박물관 및 미술관 진흥법 시행규칙
4장 박물관 전시	4. 국제박물관협의회 박물관 윤리강령
5장 박물관 교육	5. 문화유산의 보존 및 활용에 관한 법률
6장 박물관 전문인력	6. 문화재보호법 시행령
7장 박물관 경영	7. 문화재보호법 시행규칙
8장 박물관 협력망 구축	8. 준학예사 박물관학 기출 및 예상문제
9장 신박물관학	9. 박물관학 주요 키워드
10장 생태박물관	

이 책이 박물관학도와 준학예사 자격시험 준비생, 박물관 업무 담당자들에게 유용하게 활용되길 바란다. 끝으로 책이 나오기까지 수고해주신 모든 분들께 진심으로 감사드린다.

윤 병 화

차 례

부록

| CHAPTER 01 |

박물관 개념 및 기능

01 박물관의 개념

박물관은 고대 그리스의 뮤제이온(Museion)에서 연유한 복합적인 교육문화센터이다. 시대, 문화, 종교, 정치에 따라 다양한 역할을 부여받으며 오늘날까지 발전을 거듭하고 있다. 이에 국제박물관협의회(ICOM ; International Council of Museums), 미국박물관연맹(AAM ; American Alliance of Museums), 영국박물관협회(MA ; The Museums Association), 우리나라의 「박물관 및 미술관 진흥법」 등을 근거로 박물관에 대한 명확한 정의를 내려 보고자 한다.

참고내용 ···································

국제박물관협의회는 1946년 11월 설립된 유네스코(United Nations Educational, Scientific and Cultural Organization : 국제연합교육과학문화기구) 협력기관이며, 유엔경제사회이사회와의 협의체로 프랑스 파리에 본부인 사무국이 설치되어 있다.

협의회는 전문적인 협력, 교류, 지식의 보급, 대중의 인식 증대, 전문적인 윤리진흥, 문화유산의 보존, 문화재 밀매매퇴치운동 등을 전개하고 있다.

3년마다 총회를 개최하고 있으며, 2004년 서울(20회 ; 박물관과 무형문화재), 2007년 오스트리아 비엔나(21회 ; 박물관과 세계문화유산), 2010년 중국 상하이(22회 ; 박물관과 조화로운 사회), 2013년 브라질 리우데자네이루(23회 ; 박물관(기억＋창의력＝사회적변화)), 2016년 이탈리아 밀라노(24회 ; 박물관과 문화경관), 2019년 일본 교토(25회 ; 문화 허브 박물관, 전통의 미래), 2022년 체코 프라하(26회 ; 박물관의 힘), 2025년 아랍에미레이트 두바이(27회 ; 빠르게 변화하는 지역사회에서의 박물관 미래) 등에서 학술적인 토론과 박물관 문화에 대해 논의하고 있다.

국제박물관협의회에서는 1977년 모스크바 총회에서 세계박물관의 날을 5월 18일로 권고하였다. 이날을 전후하여 세계 공통의 주제를 정해 각국에서 다양한 행사를 진행하고 있다.

국제박물관협의회에서는 박물관의 유형을 다음과 같이 정리하였다. (1) 도서관 및 공문서 보관소로 항구성이 유지되는 시설, (2) 자연고고학, 민족적 기념물, 역사적 기념물, (3) 식물원, 동물원, 수족관, 사육장 등과 같은 표본전시실, (4) 자연보호구역, (5) 과학관, 천문관 등이다.

우리나라의 경우 1976년 10월에 가입하여 국립중앙박물관 내에 한국위원회를 설치하여 활동하고 있다. 한국위원회에는 국립중앙박물관, 국립현대미술관 등 88여 개의 기관회원과 178여 명의 전문가, 학생, 학자들이 회원으로 가입되어 있다.

국제박물관협의회의 회원은 개인회원, 기관회원, 명예회원, 찬조회원, 학생회원 등으로 나뉜다. 개인회원은 박물관직 종사자, 기관회원은 박물관, 유관 기관 및 박물관 관련 교육 기관, 명예회원은 국제박물관협의회의 목적 달성을 위한 사업과 활동에 크게 기여한 회원, 찬조회원은 국제박물관협의회의 사업과 활동을 지지 또는 지원하는 개인과 단체, 학생회원은 대학 또는 이와 동등한 교육기관에서 박물관 활동과 관련된 분야를 전공하는 학생 등을 의미한다. 이들 중 개인회원과 기관회원은 사업 참여권, 총회 의결권, 임원선거권 및 임원 피선거권 등을 가지고 있으며, 명예회원, 찬조회원, 학생회원은 사업에 참여하거나 총회에 출석하여 발언할 수 있지만 의결권 및 피선거권은 없다.

국제박물관협의회뿐만 아니라 전 세계적으로 박물관 관련 국제기구는 다음과 같다. 세계문화유산보전을 위한 국제협의회(ICOMOS), 국제문화재보존연구센터(ICCROM), 아시아유럽박물관네트워크(ASEMUS), 국제박물관학위원회(ICOFOM) 국제세계생활문화박물관위원회(ICME), 국제전시교류위원회(ICEE), 국제역사가옥박물관위원회(DEMHIST), 국제화폐금융박물관위원(ICOMON), 국제복식박물관위원회(COSTUME), 국제지역박물관위원회(ICR), 국제과학기술박물관위원회(CIMUSET), 국제도시박물관위원회(CAMOC), 국제박물관경영위원회(INTERCOM) 등이다.

1. 국제박물관협의회(ICOM ; International Council of Museums)

- 1946년 협의회 헌장 : "박물관은 지식의 증대, 문화재와 자연재(표본, 수석 등의 자연사 유물)의 보호 교육, 그리고 문화의 발전을 목적으로 자연계와 인류의 대표적 유산을 수집, 보존, 전달 및 전시를 하는 사회적 기관"[1]이다.

- 1948년 협의회 헌장 : "박물관은 예술·역사·미술·과학 및 기술 관계 수집품과 문화적 가치가 있는 자료·표본 등을 각종의 방법으로 보존하고 연구한다. 특히 일반 대중의 즐거움과 교육을 위해 공개·전시하는 것을 목적으로 공공의 이익을 위해 설립된 항구적 시설을 말한다."

- 1954년 협의회 총회 : "박물관이란 역사적 자료와 정신적·물질적 문화의 흔적인 예술품·수집품·자연물의 표본을 수집·보존하고 전시하는 기관이다."

- 1957년 협의회 총회 : "박물관은 여러 가지 방법의 전시로 일반 국민에게 즐거움을 주기 위해 문화적 가치가 있는 것(예술적·역사적·과학적·기술적인 유물, 식물, 동물)을 수집·보존·연구한다. 가치를 부여할 목적으로 공공의 이익을 위해 관리되고 있는 모든 항구적 시설, 상설전시장을 유지하는 공공 도서관이나 역사적 문서보관소 등이 박물관으로 취급된다.[2]"

---

1) 다니엘 지로디·앙리 뷔이에,『미술관/박물관이란 무엇인가』, 화산문화, 1996, 12쪽
2) 이보아,『박물관학 개론』, 김영사, 2000, 20쪽

이처럼 협의회가 구성된 초창기에 박물관은 수집, 보존, 전시, 보관 등을 주요 업무로 보고 있었다. 하지만 1990년대[3]를 기점으로 수집, 보존, 연구, 전시뿐만 아니라 교육에 대한 관심이 증가하였다.

참 고 내 용

1989년 국제박물관협의회에서는 "박물관은 인류와 그 환경의 물질적 증거물을 연구, 교육, 향유하기 위하여 수집, 보존, 연구, 소통, 전시하며 사회에 봉사하고 그 발전에 기여하는 대중에 개방된 영구적 비영리기관이다."라고 정의하였다.

- 2002년 윤리강령 : "박물관은 공중에게 개방하고 사회의 발전에 이바지하는 비영리의 항구적인 기관으로서 학습과 교육, 위락을 위해서 인간과 인간의 환경에 대한 물질적인 증거를 수집 · 보존 · 연구 · 교류 · 전시한다."[4]
- 2007년 협의회 총회 : "박물관은 사회와 사회발전을 위해 봉사하는 비영리적이며 항구적인 기관으로서, 교육 · 학습 · 즐거움을 위해 인류와 인류환경의 유형 · 무형 문화재를 수집 · 보존 · 연구 · 교류 · 전시하여 대중에게 개방한다."
- 2022년 협의회 총회 : "박물관은 유무형 유산을 연구 · 수집 · 보존 · 해석 · 전시하여 사회에 봉사하는 비영리, 영구기관이다. 박물관은 모든 사람에게 열려 있어 이용하기 쉽고 포용적이어서 다양성과 지속 가능성을 촉진한다. 박물관은 공동체의 참여로 윤리적, 전문적으로 운영하고 소통하며, 교육 · 향유 · 성찰 · 지식 · 공유를 위한 다양한 경험을 제공한다."

2. 미국박물관연맹(AAM ; American Alliance of Museums)

1973년 "박물관은 일시적인 전시회의 수행을 우선적 존재 목표로 하지 않고, 연방정부와 주정부의 소득세를 면제받으며, 대중에게 개방되고 대중의 이익에 부합되게 운영되는 영구적 비영리기관이다. 교육적이고 문화적인 가치를 지닌 예술적 · 과학적 · 역사적 · 기술적인 사물과 표본을 향유하고 교육하기 위해 보존 · 연구 · 해석 · 수집하고 대중에게 전시한다. 따라서 이러한 조건을 갖춘 식물원, 동물원, 수족관, 천체투영관, 역사관이나 역사유적지 역시 박물관에 포함될 수 있다.[5]"라고 정의했다.

이는 협회에서 박물관의 성격과 운영상 재정적 혜택 및 운영 목적 등에 대하여 포괄적으로 정의를 내린 것이다.

2000년 "박물관은 세계의 사물들을 수집, 보존, 해석함으로써 대중에게 공헌활동을 제공한다. 과거의 박물관은 자연물과 지식향상과 정신조장을 장려하는 인류의 자료들을 소장하고 활용하

---

3) 조지 엘리스 버코, 『큐레이터를 위한 박물관학』, 김영사, 2001, 23쪽

4) 백령, 『멀티미디어 시대의 박물관 교육』, 예경, 2005, 18쪽

5) 조지 엘리스 버코, 『큐레이터를 위한 박물관학』, 김영사, 2001, 24쪽

였다. 현재 박물관의 관심분야는 '인류의 비전'이다. 따라서 박물관의 주요 목표는 수집과 보존 외에도 전시와 교육을 포함한다. 박물관은 행정기관 소속 박물관 외에도 인류학, 미술사, 자연사, 수족관, 수목원, 아트센터, 식물원, 어린이박물관, 유적, 자연관, 천문관, 과학기술센터, 동물원과 같은 사립박물관도 포함한다. 전체적으로 볼 때 박물관의 소장품과 전시물은 세계의 자연과 문화적 공통 재산을 상징한다. 박물관은 그 재산을 관리하는 기관으로서 자연과 인류의 삶에 대한 이해도를 증진해야 하는 의무가 있다. 또한 박물관은 우리가 물려받은 값지고 다양한 세상에 대한 감사를 전달하는 인류와 인류활동의 원천이 되어야 하며 유산을 잘 보존하여 후세에게 물려줘야 할 의무가 있다."[6]

이로써 박물관의 중요한 기능을 전시와 교육으로 보고 있음을 알 수 있다.

♂ 참고내용 ···

미국박물관협회에서는 1973년 박물관 전문직 종사자를 분류하여 박물관 전문인에 대한 지위를 인정하였는데 감독기관(Governing Body), 관장(Director), 학예사(Curator), 교육사(Educational Supervisor), 전시디자이너(Exhibition Designer), 편집인(Editor), 보존과학자(Conservator), 소장품등록관(Registrar), 사서(Librarian), 홍보담당관(Public Information Director), 사무장(Business Manager), 영선관(Super-intendent), 안전감독관(Security Supervisor) 등이다.

---

3. 영국박물관협회(MA ; The Museums Association)

1998년 "박물관은 사람들이 전시물을 통해 영감, 배움, 즐거움을 얻을 수 있도록 한다. 박물관은 사회의 믿음을 바탕으로 수집, 보존, 접근할 수 있는 유물과 표본제작을 하는 기관이다."[7]라고 정의 했다.

이는 박물관을 단순하게 전시만 하는 공간에서 벗어나 다양한 문화예술을 향유할 수 있는 복합 공간으로 이해한 것이다.

4. 우리나라 『박물관 및 미술관 진흥법』

"박물관이란 문화 · 예술 · 학문의 발전과 일반 공중의 문화향유 및 평생교육 증진에 이바지하기 위하여 역사 · 고고(考古) · 인류 · 민속 · 예술 · 동물 · 식물 · 광물 · 과학 · 기술 · 산업 등에 관한 자료를 수집 · 관리 · 보존 · 조사 · 연구 · 전시 · 교육하는 시설을 말한다."

"미술관이란 문화 · 예술의 발전과 일반 공중의 문화향유 및 평생교육 증진에 이바지하기 위하여 박물관 중에서 특히 서화 · 조각 · 공예 · 건축 · 사진 등 미술에 관한 자료를 수집 · 관리 · 보존 · 조사 · 연구 · 전시 · 교육하는 시설을 말한다."

---

6) 송한나, 『박물관의 이해』, 형설, 2010, 13쪽
7) 위의 책, 12쪽

각 국의 박물관에 대한 정의를 살펴본 결과 박물관은 수집, 보존, 연구, 전시, 교육 등의 내적인 의무를 바탕으로 사회·문화를 위한 공공의 성격을 지닌 공간이라 할 수 있다. 또한 현재의 박물관은 총체적 문화 중심지이며 스스로 자구적인 노력을 통하여 더 넓은 영역으로 범위를 확장시켜 나가고 있다.

   참 고 내 용

과거 박물관은 일정한 기준을 갖고 국가와 공급자 그리고 오프라인을 중심으로 활동하였다. 그러나 현재 박물관은 다양한 주제를 다루는 특성화된 박물관으로 이용자를 위한 교육을 중심으로 오프라인과 온라인 공간을 적절히 활용하여 경영합리화를 이루며, 문화복합공간으로 거듭나고 있다.

박물관은 소장품에 따라 종합박물관과 전문박물관으로 구분되는데, 특히 전문박물관은 인문계 박물관으로 고고학박물관, 미술박물관, 민속박물관, 역사박물관, 종교박물관, 민족학박물관, 교육학박물관, 교육박물관 등이 있고, 자연계 박물관으로 자연사박물관, 지질박물관, 과학박물관 등이 있다. 이 외에도 경영주체에 따라 국립박물관, 공립박물관, 대학박물관, 사립박물관 등으로 구분하거나, 영역에 따라 국립박물관과 지방박물관, 대상에 따라 어린이박물관과 장애인박물관, 전시방법에 따라 실내박물관, 실외박물관, 가상박물관 등이 있다.[8]

참 고 내 용

세계 최초의 어린이박물관은 1899년 개관한 브루클린 어린이 박물관(Brooklyn Children's Museum)으로 미국 뉴욕주 브루클린에 위치하고 있다.

02 박물관의 기능

박물관은 과거의 흔적인 유물과 현재의 예술작품을 수집·보존하고 이런 자료에 새로운 의미를 부여하여 관람객에게 소개하는 곳이기 때문에 오늘날에는 특정 기능만을 중요하게 여기지 않고 다양한 시각에서 다채로운 역할을 부여하고 있다.

종전의 박물관은 자료수집, 조사·연구, 보존, 전시 등의 기능을 중요하게 여겼지만 요즘에는 보다 직접적인 교육 기능에 관심을 갖고 있다. 즉, 일반대중의 흥미와 관심을 불러일으키고 그들의 능력을 개발하여 교육적인 목적을 달성하고자 노력하고 있다.[9]

---

8) 이보아, 『박물관학 개론』, 김영사, 2000, pp. 25~26. (정애리, 「박물관·미술관 교육 프로그램의 중요성에 관한 고찰 - 청소년교육 프로그램을 중심으로 -」, 숙명여자대학교 석사학위논문, 2001, 11쪽, 재인용)

9) 최경희, 「박물관 교육의 역사적 고찰을 통한 한국 박물관 교육 현황에 관한 연구」, 상명대학교 석사학위논문, 2000, 15쪽

참고내용 ···

종래에 하지 않았던 외국인을 위한 전시해설, 외국어판 도록의 출판, 휴식공간의 확대, 전문도서가 비치
된 도서관 건립 등이 이루어지고 있다.

현재 사회교육이 강조되고 있지만 수집, 보존, 조사, 연구, 전시가 충실히 선행되어야만 사회교육도 제대
로 이루어질 수 있다.

박물관은 수집, 보존, 연구, 전시, 교육의 기본적인 기능을 갖고 있으며, 이를 위해 공공봉사, 관
리경영, 특별활동 등을 진행하고 있다. 박물관의 다양한 기능은 상호 유리된 것이 아니라 여러 기
능이 서로 중첩되는 유기적인 체계를 구축하고 있다.[10]

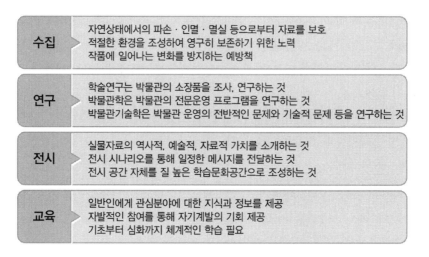

1. 수집과 연구

박물관은 인류 환경의 물리적인 증거물 혹은 소장품인 자료를 수집·관리하는 것이 선행되어
야 한다.[11] 박물관 기능상 수집이라는 것은 자연 상태에서의 파손·인멸·멸실 등으로부터 자료
를 보호하고 적절한 환경을 조성하여 영구히 보존하기 위한 첫 번째 과정이다. 또한, 다량의 자료
를 보관하고 있어도 보존이 원활하게 진행되지 않으면 박물관의 기능을 상실하게 된다. 그렇기
때문에 박물관은 자료로 인하여 성립된 항구적인 공간임을 명심하고 자료를 명확하게 구분하여
세심하게 관리할 필요가 있다. 이러한 자료를 보관하는 수장고에는 온·습도 조절장치를 설치하
여 쾌적한 환경에서 자료를 보존할 수 있도록 해야 한다.

모든 사물은 시간이 흐르면서 차츰 변화하므로 박물관의 자료는 수명을 최대한 오래 유지할 수
있도록 수집과 동시에 세정(Cleaning)작업을 진행한다. 자료의 세정에 대한 일률적인 정답은 없

---

10) 이보아, 『박물관학 개론』, 김영사, 2000, 93~94쪽

11) 위의 책, 2000, 149쪽

으며, 자료의 용도에 따라 결정된다.

세정 이후 자료의 보존을 위해서는 복원을 한다. 복원은 먼저 육안으로 상태를 조사하고 현미경, 적외선, 자외선, X선 마이크로 애너라이저, 형광 X선 분석장치, 크로마토그래피 등의 분석기를 통해 재질과 상태를 측정한다. 보존처리사가 복원하는 것도 중요하지만 원칙적으로 평상시 예방책이 가장 중요하다.

세정이나 복원이 마무리되면 넘버링작업을 통해 각 자료의 고유 번호를 부여하고 크기, 특징, 시대 등을 정리하고 사진촬영을 한 후에 자료 명세서를 작성하여 향후 연구, 전시, 교육 등에 활용할 수 있도록 한다.

박물관 연구활동은 학술연구와 박물관학 및 박물관기술학 등의 박물관 연구로 나뉜다. 우선 학술연구는 박물관의 자료를 조사, 연구하는 것으로, 박물관에서의 연구 활동은 전시, 교육 등 관람객을 위한다는 목적이 분명하므로 자료 중심의 연구가 진행되어야 하며 연구한 결과들은 바로 박물관의 여러 가지 사업에 반영되어야 한다. 자료를 활용하여 현재의 이론을 뒷받침하거나 창조적인 새로운 이론을 전개할 수 있기 때문에 자료의 신빙성을 위하여 지속적인 관리 감독이 필요하다.

박물관학(Museology)은 박물관 개념, 역사, 기법 등을 포함한 박물관의 전문운영 프로그램을 연구하는 학문이고, 박물관기술학(Museography)은 박물관 환경과 시설물 운영을 주 대상으로 자료의 수집, 정리, 박물관 운영의 전반적인 문제, 기술적 문제 등을 연구하는 학문이다.

2. 전시와 교육

박물관 전시는 단순하게 자료를 나열해 놓는 것이 아니라 자료가 지니고 있는 가치를 관람객에게 전달하기 위하여 일정한 목적의식을 갖고 전시 공간 자체를 질 높은 학습문화공간으로 조성하는 작업이다. 따라서 관람객을 수동적인 대상으로 보지 않고 자료와 직접적인 관계를 맺을 수 있도록 효율적인 전달기술과 방법을 개발해야 한다.[12]

참고내용

전시프로세스	아이디어 수집, 계획, 생산, 운영, 종료, 평가
전시기법	전시 기법은 대상에 따라 각각 다르게 적용해야 한다. 어린이에게는 단순하고 풍부한 색깔을 이용한 전시 기법을 사용하고, 어른에게는 전시물을 무제한으로 구사하여 예술적 색채감각과 미적 감상을 감안한 배열 및 조명을 통한 전시기법을 사용한다. 전문가에게는 보다 많은 자료의 자유로운 이용을 보장한다.

12) 이난영, 『박물관학입문』, 삼화출판사, 1996, 24쪽

21세기 박물관은 유·무형의 문화유산을 수집, 보존, 연구, 전시, 교육하는 평생교육기관으로 주목받고 있다. 즉, 박물관의 정체성을 확립하고 평생교육을 진행할 수 있는 방안으로 교육적 기능을 중요한 요소로 보고 있다.

박물관의 교육대상은 성별, 계층, 연령, 지역, 교양에 따라 흥미와 관심이 서로 다르기 때문에 교육의 효율성이 늘 문제이다. 이처럼 대상자의 수용태도에 따라 자유롭게 전달되는 박물관 교육의 효과는 당장 그 자리에서 평가할 수 없으므로 그 결과를 판단하기 매우 어렵다.

특히, 박물관 교육은 학교 교육과는 달리 대상자의 적극적 의지와 선택에 의해 참가 여부가 결정되므로 가르치고자 하는 교육내용도 중요하지만 모든 프로그램이 대상자 중심으로 기획되어야만 한다.[13] 또한 흥미나 관심을 기초로 지식과 정확한 가치를 전달할 수 있도록 늘 고민해야 한다.

3. 기능의 변화

박물관은 수집 및 보존, 조사·연구, 전시, 교육 등 다양한 기능을 가지고 있다. 초기의 박물관들이 문화유산의 수집, 보관, 전시 등에 비중을 두었다면, 현재의 박물관들은 연구와 전시를 통한 학문적 발달과 사회적 교육활동을 강조하고 있다.

| 산업변화에 따른 박물관 기능의 변화[14] | | |

산업시대	정보화시대	정보시대
사회 교육 중심	과학기술 진보	창의 존중
테크놀로지 주제	국제사회의 변화	생활문화 창조
생활기술의 개발	사회경제의 변화	멀티미디어에 의한 수요창출
물질의 충족	시간의 소비	자원봉사
수집 물량에 초점	대중에서 개인 중심으로	측량할 수 없는 정보량 중시
하드웨어 존중	소프트웨어 모색	휴먼웨어 중시
경제성 중시	생활문화 존중	문화창조 중시

시대적 흐름 속에서 박물관은 단순히 문화, 예술자료의 저장 공간이 아닌 문화 창조의 역할에 더욱 중점을 두고 있다.

박물관에 대한 사회적 인식도 고전적인 박물관 개념에서 벗어나고 있다. 다시 말해서 박물관은 가장 사실적이고 미래지향적인 사회교육의 터전으로 전환되고 있다. 즉, 전시, 보존, 연구, 교육 등의 작업이 동시에 수행되어야 하는 곳이 박물관이고 이는 박물관 기능에도 필수불가결한 요소이다.

---

13) 백령, 『멀티미디어 시대의 박물관 교육』, 예경, 2005, 21쪽
14) 이흥재, 『문화예술과 도시 경제』, 문자향, 2002, 246쪽

참 고 내 용 ·······················

박물관 3대 요소 : 자료, 건물, 사람(관람객, 전문인력)

03 박물관 환경의 변화[15)

1. 여가활동의 증대

최근 소득수준의 향상과 주5일근무제의 도입으로 직장 중심의 생활에서 개인과 가족 중심의 생활로 전환되고, 가정에서 보내는 여가 시간이 증가함에 따라 가족 중심의 여가활동이 활성화되고 있다. 여기에 TV시청, 수면 등 소극적인 여가활동보다는 공연, 전시회 관람, 여행 등 적극적이고 다양한 문화생활을 중심으로 한 여가활동이 이루어지고 있다. 또한 지역 간 도로망 확충, 대중교통 편리성 증대, 자가용 보급 확대에 따른 이동시간 단축으로 인해 여가활동이 늘어나기도 하였다.

이에 박물관은 일반 대중의 여가활동을 위하여 다양한 전시 및 교육 프로그램을 적극적으로 제공하고 있다.

2. 정보화의 확산

정보인프라의 구축은 지식기반사회를 대비하기 위한 필수적인 기반시설로 인식되고 있다. 정보화의 확산으로 인해 박물관은 오프라인뿐만 아니라 온라인상의 인터넷 홈페이지를 통해 운영의 효율성을 높이고 온라인상의 박물관 활동으로 박물관에 대한 접근이 한층 더 활발해지고 있다.

인터넷 보급의 확대와 박물관 홈페이지의 증대에 따라 박물관을 찾는 관람객은 박물관을 찾아가기 전 홈페이지를 검색하여 해당 박물관에 대한 기본적인 정보를 얻기도 하고, 이러한 경험을 통해 박물관에 대한 흥미를 느끼기도 한다.

또한 온라인상에서 운영되고 있는 박물관 홈페이지는 지리적 한계를 넘어 세계 각국의 박물관을 한 자리에서 볼 수 있는 홍보와 커뮤니케이션의 장으로 그 중요성이 점차 확대되어 나가고 있다. 따라서 박물관은 정보인프라 구축을 위한 각종 정책수립 방안을 마련해야 한다.

3. 전문 박물관 증가

기존의 박물관은 고고, 역사, 민속 자료가 중심이 된 박물관이 대부분을 이루고 있었다. 하지만 최근 들어 다양한 주제를 가진 박물관들이 건립됨에 따라 박물관을 찾는 이용자 또한 증가하고

---

15) 성진석, 「지역공립박물관의 역할과 활성화 방안」, 창원대학교 석사학위논문, 2009, 5~7쪽

있다. 예를 들어 커피박물관, 인도박물관, 아프리카박물관, 동굴박물관, 떡박물관, 건강박물관, 전쟁박물관, 항공박물관 등 이색적인 박물관이 생겨나고 있다.

4. 박물관 범주의 확장

박물관 범주의 변화는 아래와 같다.

첫째, 자료 중심에서 체험 중심으로 변화하고 있다. 과거의 박물관은 단순히 자료를 관람하는 데 중점을 두었으나 현대의 박물관은 체험활동의 기능을 더욱 강조하고 있다.

둘째, 근대 박물관은 '계몽'에 초점이 맞추어져 있었다면 현대 박물관은 교육(education)과 오락(entertainment)의 합성어인 '에듀테인먼트(edutainment)'에 중점을 두고 있다. 이는 지식의 학습 과정을 이성 중심에서 이성과 감성의 조화를 중심으로 한 교육의 새로운 패러다임을 적용한 것으로, 놀이와 교육을 결합하고 체험을 중시하고 있는 상황이다.

셋째, 박물관(관리자) 중심에서 관람객(이용자) 중심으로 변화되고 있다. 과거의 박물관은 자료를 보관하는 장소의 의미가 강했으며, 관람객은 소수의 전문가로 국한되어 있었다. 그러나 현대의 박물관은 전시뿐만 아니라 관람객을 위한 다양한 문화활동을 체험할 수 있는 하나의 문화공간으로서 변화하고 있다.

 참 고 내 용 ·····

박물관 역할

1. 문화적 역할 : 전통과 역사의 계승, 문화유산 보존
2. 사회적 역할 : 학습, 교육, 위락공간
3. 정치적 역할 : 국가, 지역 이미지 향상
4. 경제적 역할 : 국가, 지역 관광을 연계한 경제 활성화

박물관 역사

01 유럽 박물관 역사

1. 고대 · 중세

그리스 신화에 등장하는 뮤즈(Muse)에게 바쳐지는 신전인 뮤제이온(Museion)은 박물관(Museum)의 어원이다. 이곳은 조형예술품과 역사와 철학의 학문적인 성과물들을 보존하는 한편 다양한 공연예술을 진행하던 예술의 집결지였다.

기원전 3세기 초 이집트 왕 프톨레마이오스 1세(Ptolemy I Soter)가 알렉산드리아의 궁전 일부 건물에 연구소를 세우고 '뮤제이온 알렉산드리아'라고 불렀다. 주로 과학과 문학분야 학자를 초빙해 뮤제이온에서 연구와 교육을 하도록 했고, 각종 서적, 조각상 등 다양한 수집품을 모았다. 이후 즉위한 프톨레마이오스 2세(Ptolemy Ⅱ Philadelphos)가 '뮤제이온 알렉산드리아'를 더 크게 확장시켜 헬레니즘시대 학문예술의 중심지로 조성했다. 이곳은 도서관, 천문대, 동물원, 식물원 등 다양한 시설을 갖추었으며 지금의 박물관, 미술관, 도서관의 공동기원에 해당한다.[1]

고대에는 지배층을 중심으로 각 가정에서 각종 미술품과 전리품을 개인이 향유하기 위하여 진열해 놓은 가박물관(家博物館) 형태의 보고(寶庫)가 많았다.

중세에는 각 수도원에서 종교 미술품을 비롯하여 십자군전쟁을 통해 비잔틴제국과 아랍에서 노획한 진귀한 전리품을 수집·보관하는 박물관과 유사한 보고가 설립되었다. 당시 보고에 존재하는 많은 성물은 종교적 숭배대상인 동시에 재정적인 담보물이었다.

> ♂ **참고내용** 뮤즈(Muse) ···
>
> 제우스의 아홉 여신으로 웅변, 역사, 음악, 비극, 예술, 춤, 희곡, 천문 등을 담당하였다. 이런 신의 존재를 통해 결국 박물관이라는 곳이 특정분야를 다루는 곳이 아니라 다양한 분야를 아우르는 곳이라는 것을 알 수 있다.

---

[1] 김기섭, 『박물관이란 무엇인가?』, 주류성, 2017.

2. 르네상스 · 절대왕정

중세 말 신본주의적인 사고에서 벗어나고자 하는 움직임 속에 수도원의 권위가 쇠퇴하였고, 1,000년간의 폐쇄적인 암흑의 시대는 종식되었다. 14세기 후반부터 15세기 전반에 걸쳐 이탈리아를 중심으로 인본주의 사고로 무장한 고대 문예부흥운동인 르네상스운동이 전개되었다. 르네상스시기 정치, 경제, 사회, 문화 전반에 걸쳐 형성된 권력을 바탕으로 부호와 권력자들은 수장가로서 예술가에게 작품을 주문하여 구입하는 후원활동을 하였고, 고대 예술작품을 수집하는 활동을 활발하게 진행하였다. 이중 이탈리아 피렌체공화국의 메디치 가문은 대표적인 수장가로 본인들의 미적 취향을 과시하기 위하여 스투디올로(Studiolo)라는 문화공간을 조성하였다. 대표적으로 1560년 사무실 용도로 4층 높이의 건물인 우피치가 만들어졌고, 1737년 우피치미술관으로 변경되어 현재까지 운영되고 있다. 우피치미술관은 유럽에서 가장 오래된 역사적인 미술관으로 조각, 초상화, 무기, 도자기, 메달, 지도, 수학도구, 천체관측기구 등의 방대한 소장품을 전시하고 있었다. 특히, 우피치의 트리부나실에는 당대의 이탈리아 걸작품과 온갖 진기한 물건을 보관하고 있었다. 르네상스 시기의 후원과 수집의 풍조는 전 유럽으로 확산되었고, 16세기 유럽의 새로운 전시공간들을 탄생시키는 발판이 되었다. 이 당시 지리상의 발견이 본격화되면서 신대륙으로부터 희귀물들이 대거 입수되고 유럽 전역에는 더 넓어진 세계를 반영하는 수집과 진열 공간이 마련되었다.

참고내용

전시공간	스투디올로(Studiolo)는 예술적 가치를 지닌 것보다 희귀한 것, 호기심 유발 대상물, 식물표본 등을 모아 놓은 작은 공간으로 세계의 다양한 국가에서는 캐비닛(Cabinet : 영국), 분더캄머(Wunderkammer : 독일) 등으로 부른다. 캐비닛은 회합장소인 살롱과 대비되는 작은 방으로 골동품, 고문서, 장식품 등을 전시했고, 분더캄머(분데르카르메)는 경이로운 방으로 광물, 도자기, 화석, 유골, 그림 등을 전시했다.
박물관 용어	르네상스 시기 박물관이라는 용어를 사용한 사람은 이탈리아의 상인이자 골동품 수집가인 코시모 디 메디치의 손자인 로렌조 디 메디치이다. 로렌조 디 메디치는 자신의 수집품을 정리한 책에서 박물관이라는 용어를 사용했다.

17~18세기에는 절대왕정을 내세운 국가들이 유럽에 다수 등장하였다. 프랑스의 부르봉 왕조, 오스트리아 합스부르크 왕조, 영국의 스튜어트 왕조 등이며, 이들은 방대한 영토와 확고한 통치력을 바탕으로 대규모의 전시공간을 만들었다. 일례로 1667년 루브르궁에서 대살롱 전시회(Gallery)가 개최되었고, 이후 1678년 루이 14세가 루브르궁에서 베르사유궁으로 거처를 옮긴 후 1715년 루이 14세가 루브르궁 일부를 아폴론갤러리(Apollon Gallery)로 문을 열었다. 이때 일부 이용자를 위해 정기적으로 왕립아카데미와 전시활동을 진행하였다.

참 고 내 용

갤러리(Gallery)는 스투디올로와 명확하게 구분되는 용어는 아니지만 외형적으로 스투디올로는 정사각형의 공간이고 갤러리는 좁고 긴 방, 폭이 넓은 공간이다. 갤러리는 예술작품을 전시하는 규모가 큰 전시공간으로 회화와 조각을 전시하던 용어로 과거에는 미술관을 지칭하였다. 하지만 현재 갤러리는 비영리단체인 미술관과 반대되는 상업적인 공간을 지칭하는 용어로 변하였다.

또한 뜻있는 개인들은 공익을 위하여 본인이 수집한 대량의 작품들을 기증하였다. 첫째, 애쉬몰리안 박물관이다. 1683년 엘리아스 애쉬몰(Elias Ashmole)이 트라데산트(Tradescant)의 수집품과 자신의 수집품을 옥스퍼드 대학에 기증하면서 애쉬몰리안박물관이 설립되었다. 둘째, 스미소니언 박물관이다. 1829년 영국의 과학자인 제임스 스미손(James Smithson)이 "지식의 증대와 확산"을 위하여 자신의 재산 50만 달러를 미국에 기증하였다. 1836년 의회의 인준을 받아서 1846년 스미소니언재단이 만들어지면서 이것이 미국의 국가 정체성을 발전시키는 데 상당한 공헌을 했다. 1846년 미국 워싱턴에 건립된 스미소니언박물관은 세계 최대의 종합박물관으로 운영되고 있다. 셋째, 대영박물관이다. 영국의 한스 슬론경(Sir Hans Sloane)은 자신의 수집품을 대영박물관에 기증하였다.

 참 고 내 용

애쉬몰리안박물관	교육적인 목적으로 최초로 설립된 박물관이며, 공식적으로 일반 공개의 효시를 이룬 박물관이다.
스미소니언박물관	미국의 수도인 워싱턴 시에 위치한 스미소니언재단은 세계에서 가장 큰 박물관 단지로 만들어졌다. 16개의 박물관과 미술관, 4개의 연구소, 국립 동물원, 도서관, 스미소니언 잡지, 스미소니언 출판사, 교육기관과 기타의 사무소로 구성되어 있다. 재단은 독립 운영 기관으로 관리되며 약 1억 4천만 점의 유물과 표본을 소유하고 있다.
대영박물관	영국 런던 브룸즈베리의 몬테규저택에 1753년 건립됐다. 초기 내과의사이자 과학자인 한스 슬론 경의 수집품을 중심으로 1759년 일반인에게 개방됐다.

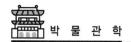
3. 근대

18세기 시민계급의 성장과 계몽주의의 전파로 인하여 전 유럽에서는 많은 혁명이 일어났다.

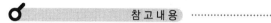

참고내용

신제품과 기술을 전시하고 정보와 아이디어를 교류하기 위하여 1851년 영국 런던의 수정궁에서 국제박람회가 최초로 열리게 되었다. 이후 2년마다 전 세계에서 자국의 산업발전과 문화를 홍보하기 위하여 국제박람회가 개최되었다. 국제박람회가 끝나고 나라마다 대형박물관을 건립하기도 하였다.

1851년 영국 런던 수정궁 국제박람회	사우스 켄싱턴 박물관 (빅토리아&앨버트 박물관)
1876년 미국 필라델피아 미국독립100주년기념 국제박람회	펜실베니아미술관
1893년 미국 신대륙 발견 400주년기념 국제박람회	시카고자연사박물관
1970년 일본 오사카의 국제박람회	국립민족학박물관

이러한 혁명으로 절대왕정이 타도되고 시민계급이 권력을 장악하였으며, 봉건적인 잔재를 제거함으로써 자유로운 근대 사회가 가능하게 되었다. 사회에 만연한 각종 악습도 제거되었고 고착화된 종교적 이념이 배제되었다. 특히, 세계 3대 혁명인 프랑스혁명 이후 소수 특권층만이 누리던 전시공간이 국민의 공간으로 변화하기 시작하였다. 당시 예술품이 전체 국민의 소유물이며 박물관은 국민을 위한 기관으로 등장했다는 점에서 이전의 박물관 개념에 비해 획기적인 변화를 가져왔다.

1792년 9월 27일 옛 루브르궁의 갤러리자리에 루브르박물관이 설립되어야 한다는 법령이 공포되어, 1793년 8월 10일 루브르박물관이 개관하였다. 이후 19세기 유럽에는 다양한 근대박물관이 건립되었다. 1820년 스페인 프라도국립박물관, 1824년 영국 국립미술관, 1830년 독일 베를린 구미술관, 1870년 미국 메트로폴리탄미술관, 1891년 스웨덴 스칸센박물관 등이 건립되었다. 이들은 모두 시민에게 근대 민족국가의 정체성을 교육함으로써 사회통합을 이루어내는 역할을 하였다. 박물관의 개관과 운영이 활발하게 진행되던 1845년 영국의회에서는 전세계 최초의 박물관법인 「박물관령(Museum Acts of 1845)」을 제정했다. 이를 통해 학예사의 양성, 자료의 확보 등 박물관의 구체적인 업무를 진행할 수 있는 법적인 토대가 마련되었다.

이와 같은 근대 박물관은 이전 시기 지배층의 전유물인 다양한 작품을 공공의 문화적 자산으로 인식하고 국민을 위한 아름다움을 향유하는 공간이며, 동시에 국가 이데올로기를 선전할 수 있는 최적의 장소로 보았다. 그렇기 때문에 소장품의 선별적 수집, 분류, 감정기법의 도입과 상설전시와 기획전시의 구분이 이루어지기 시작했으며 회화, 조각, 건축 등을 미술의 범주로 인식하였다.

유럽	미국	아시아 등	일본	한국
		1814 캘커타 인도 박물관의 전신	755 정창원	
1753 대영박물관			물산회 번성	
1793 루브르박물관				
1830 베를린 구 미술관	1846 스미소니언협회			1881 조선조사 일본시찰단
1851 영국국제박람회		1865 멕시코 인류학 박물관의 전신		박물관에 관한 최초의 근대적 인식 형성
만국박람회의 성행		〈北歐〉		1893 시카고 국제 박람회 참가 (한국관)
1857 사우스켄싱턴 박물관	1869 뉴욕 자연사 박물관	1891 스칸센 야외박물관	1871 문부성 박물국	1900 파리국제박람회 (대한제국관)
1871 스페인 고고학 박물관	1870 메트로폴리탄 박물관		1873 박람회사무국 1877,1887 내국권업박람회	
박물관의 전문화, 전시기술의 발달		1902 이집트박물관		1907 경성박람회 (최초의 박람회, 최초의 근대박물관 등장 계기 제공)
1906 도이치박물관의 전신		제1차 세계대전 후 독립한 국가에서 박물관 설치운동 (시리아, 아프가니스탄 등)		
1909 런던과학박물관			사회교육정책	1909 제실박물관
박물관 설치운동, 활발한 교육보급활동				1910 이왕가박물관
1922 국립에르미타주 박물관[2]	* 뉴욕미술관 구겐하임미술관 * 어린이박물관	1925 중국 자금성 고궁박물원		

▲ 근대박물관의 움직임[3]

4. 현대

20세기 후반에 이르게 되면 근대박물관의 한계를 비판하면서 새로운 형태의 박물관들이 등장하게 된다. 이들 박물관은 값비싼 자료의 보존창고나 민족국가의 정체성을 일방적으로 교육하는 장소가 아니라, 인간의 지속가능한 발전을 통해 자연과 조화를 이루고 지역주민들 스스로 정체성을 형성해 나가는 소통의 장으로 전환하고자 하였다. 이러한 열린 박물관(openmuseum)은 19세기 후반 스웨덴과 그 주변 국가들에서 나타난 야외박물관에 기원을 두고 있으며, 1960년대 이후 생태박물관(Eco-Museum), 유적지박물관(Site-Museum), 이웃박물관(Neighborhood Museum) 등 다양한 형태로 발전해 나가게 되었다.

현대 박물관은 근대 예술작품의 골동품화에서 벗어나 진정한 미적 체험을 통한 삶의 활력을 충전할 수 있는 공간으로 변화하였고, 다양한 축제와 음악 등을 즐길 수 있는 탈역사화 경향을 보인다. 이는 과거의 폐쇄적이고 독점적인 전시실 개념이 상실된 것을 의미한다.

---

2) 표트르 대제(1672~1725)의 수집품에 이어 여자 황제 예카테리나 대제(재위 기간 1762~1796)가 유럽으로부터 사들인 다양한 미술작품이 소장되어 있다. 1764년 예카테리나 여제가 개인 수집품을 겨울궁전에 따로 공간을 만들어 전시하면서 '은둔자의 집'이라고 불렀으나, 1922년 국립에르미타주박물관으로 명명하기 시작했다.

3) 윤희정, 「우리나라 박물관 발달에 따른 전시연출 변천 연구」, 추계예술대학교 석사학위논문, 2007, 9쪽

유럽	미국	아시아 등	일본	한국
제2차 세계대전 ➡ 박물관 재편, 설립운동, 독립조직				
1945 프로이센 문화재단 1951 제1회 ICOM 정관 1960 유네스코 권고	1946 스미소니언협회 항공우주박물관	1949 뉴델리 국립박물관 1949 중화인민공화국 고궁박물원	* 국립박물관 재편 1950 문화재보호법 1951 박물관법 1952 국립근대미술관 1959 국립서양미술관	1945 국립박물관 흡수 · 통합 1955 대학설치기준령 1962 문화재보호법
박물관의 새로운 발전, 재편, 국제협력, 시민협력조직				
1975 영국 철도박물관 1977 퐁피두센터	* 미국 건국 2백주년 기념 박물관확대계획	1964 멕시코 국립 인류학박물관 1970 중국의 박물관 재편	1968 문화청 설치 * 공립박물관 설립 붐 1977 국립민족학 박물관 1983 국립역사민속 박물관	1972 국립박물관 체계 확립 1975 1도1국립박물관 체계 구축 1984 박물관법 1991 박물관 및 미술관 진흥법

▲ 현대박물관의 움직임[4]

02 우리나라 박물관 역사

1. 광복 이전

우리나라의 삼국시대 역대 왕들은 동 · 식물원 개념의 공간을 만들어 향락을 즐겨왔다. 통일신라시대 경주 안압지에서 호랑이 뼈, 곰의 뼈, 조경석 등이 발견되는 것으로 보아 인위적인 동 · 식물원이 만들어졌음을 추측해 볼 수 있다. 이후 고려와 조선시대를 거치면서 왕들은 막대한 수집품을 보관하는 고(庫)를 세웠으나, 여러 차례의 전쟁으로 대부분 소실되었다.

참고 내용

『삼국사기』
백제 진사왕 391년 "궁실을 다시 수리하였으며, 연못을 파고 산을 만들어 기이한 새와 특이한 화초를 길렀다."
백제 동성왕 500년 "연못을 파고 기이한 동물을 길렀다."
백제 무왕 634년 "궁궐 남쪽에 못을 파고, 20여리에서 물을 끌어들였으며, 사방기슭에는 버드나무를 심고 물가운데는 섬을 만들어 방장선산(方丈仙山)에 비기었다."

『삼국유사』
설화 연오랑, 세오녀 조 "비단을 왕의 창고에 잘 간직하여 국보로 삼고 그 창고를 귀비고(貴妃庫)라 하였다."
신라 신문왕 "왕이 행차에서 돌아와 대나무로 피리를 만들어 월성(月城)의 천존고(天尊庫)에 간직하였다."

『고려사』
현종 1009년 "양원정(兩苑亭)을 허물고 진기한 길짐승, 날짐승, 어류 등을 산과 못에 놓아주었다."
의종 1157년 "대평정(大平亭)을 짓고, 유명한 꽃나무와 기이한 과실나무를 심었다."

---

4) 윤희정, 『우리나라 박물관 발달에 따른 전시연출 변천연구』, 추계예술대학교 석사학위논문, 2007, 11쪽

1) 제실박물관(이왕가박물관, 이왕가미술관)

우리나라 최초의 근대박물관은 순종이 1907년 덕수궁의 경운궁에서 창덕궁으로 거처를 옮기면서 창경궁의 전각을 이용하여 황실의 전용 유희공간으로 순종만 관람하였다가 1909년 11월 1일 일반인에게 공개한 제실박물관(帝室博物館)이다. 당시 제실박물관은 도자기, 불상, 서화 등을 구입하여 전시하였다. 1910년 8월 29일 한일병탄으로 대한제국이 이왕가로 격하되면서 제실박물관은 이왕가박물관(李王家博物館)으로 명칭이 변경되었다. 1911년 전시기능을 강화하기 위하여 창경궁 자경전에 박물관 본관을 2층으로 신축하여 신라, 고려, 조선의 불상과 고분출토품, 고려 도자기 등을 전시하였고, 양화당, 영춘헌, 관경정 등의 전각을 활용하여 조선 왕실의 의장기(儀仗旗), 석기, 토기, 금속기, 옥석, 회화 등을 전시하였다. 당시 박물관 자료는 발굴을 통해서 수집한 도자기와 금속공예품이 대부분이며, 시기상 삼국시대와 고려시대 자료들이 많았다. 이는 중국의 영향을 받은 타율적인 문화를 지니고 있었다는 것을 보여주기 위한 것이며, 조선의 문화가 낙후되었다는 면도 함께 선전하기 위한 의도였다.

한편, 일본은 1919년 고종 승하 이후 덕수궁을 일본인을 위한 조선 관광 독려 장소로 만들기 위해 1931년 공원화를 시도했다. 1933년 덕수궁 석조전에 일본 근대미술품을 전시하기 시작했다. 1936년부터 일본인 건축가 나카무라 요시헤이(中村與志平)의 설계로 석조전의 서쪽에 2층 전시 공간을 건축하였으며, 1938년 4월 이왕가박물관이 소장하고 있던 조선 고미술품을 이곳으로 옮겨와 이왕가미술관을 개관하였다.

2) 조선총독부박물관, 조선총독부미술관, 개성 및 평양부립박물관

1915년 9월 조선총독부 통치 5년을 선전하는 조선물산공진회가 경복궁에서 진행되었고, 그 공진회의 결과물을 바탕으로 12월 1일에 조선총독부박물관을 개관하였다.

참고내용

조선물산공진회는 1915년 9월 11일부터 10월 30일까지 경복궁을 훼손하여 진행한 박람회이다. 이 박람회에서는 우리나라와 일본의 생산품과 외국의 수입품을 전시하였는데, 즉 산업, 교육, 위생, 토목, 교통, 경제 등에 관한 시설 및 통계를 총망라하였다. 이는 일선융화를 강조하고 일선동화를 촉진하기 위한 수단으로 이용된 것이다.

조선총독부박물관은 고적 조사 수집품과 사찰의 탑과 부도, 비석 등을 전시하는 고고역사 박물관으로, 본관 이외에 수정전, 사정전, 근정전 등에 전시실 및 사무실을 마련하였다. 당시 조선총독부박물관은 일선동조론(日鮮同祖論)에 근거하여 식민사관을 소개하기 위한 전시를 주로 진행했다. 그리고 경주, 부여, 공주에 조선총독부박물관 분관을 건립하였고, 개성과 평양에는 1931년과 1933년 각각 부립박물관을 건립하였다.

한편, 조선총독부에서는 1938년 경복궁의 건청궁에 조선총독부미술관을 건립하여 '조선미술전람회'를 개최하였다.

참고내용

경주	1910년 경주신라회가 발족되었고, 1913년 경주고적보존회로 발전하여 1921년 금관총을 발굴한 후 금관관을 1923년 10월 준공하여 경주유물진열관으로 운영하다가 1926년 6월 20일 분관으로 편입되었다. 경주 분관은 금령총, 호우총 등의 경주지역 고분을 비롯한 유적의 발굴과 조사의 중심기관이었다.
부여	1929년 부여고적보존회가 발족되었고, 부소산성 입구에 위치하고 있는 구(舊) 부여현 객사에 백제관을 건립하여 전시장으로 운영하다가 1939년 4월 1일 분관으로 편입되었다.
공주	1934년 공주고적보존회가 발족되었고, 옛 관아 건물인 선화당을 공주읍박물관으로 개관하여 공주사적현창회에서 운영하다가 1940년 분관으로 편입되었다.[5]
개성	1931년 11월 개관한 개성부립박물관은 고려문화인 청자, 불상, 탑 등을 전시하였다. 특히, 개성부립박물관은 초대관장 이영순을 비롯하여 고유섭, 민식, 진홍섭 등 한국인 관장이 취임하여 운영하였다.
평양	1933년 10월 개관한 평양부립박물관은 초기국가시대의 낙랑 유물을 발굴하여 전시하였다.

3) 은사기념과학관과 북선과학박물관

1925년 일본왕의 성호 25주년으로 사회교육장려금이 조선총독부에 17만원이 하사되었고, 이를 이용하여 남산의 왜성대에 있던 조선총독부 청사가 경복궁으로 옮겨가면서 이 자리에 1927년 5월 은사기념과학관이 건립되었다. 과학관에는 광물, 곡물, 실험기구 등의 물품과 동식물의 표본, 각종 기계류, 인천항 모형, 금강산 모형 등을 전시하여 과학관의 시초를 이루었다. 1942년 함경북도에는 북선과학박물관을 건립하여 광물, 생물, 화학공업 등을 주제로 한 과학관을 운영하기도 하였다.

4) 대학박물관

근대적 교육기관인 학교에서도 1928년 경성제국대학(서울대학교) 조선토속참고품실을, 1929년 연희전문학교(연세대학교) 민속품실을, 1934년 보성전문학교(고려대학교) 참고품실을, 1935년 이화여자전문학교(이화여자대학교) 박물실 등을 건립하였다.

---

5) 조선총독부 공주분관에 대한 기록은 다음과 같이 다양하다. 본책에서는 국립중앙박물관 연보를 중심으로 정리하였다.
- 국립공주박물관 : 광복 이전에도 공주에는 박물관 형태의 조그마한 전시관이 있었다. 이 전시관은 공주사적현창회라는 단체가 1940년 조선시대의 충청 관아 건물인 선화당에 마련한 것이었다. 이 전시관을 인수하여 새롭게 1945년 4월 1일 국립박물관 공주분관이 탄생하였다.
- 국립중앙박물관 : 공주박물관은 1938년 10월 1일 개관되었다. 1940년 4월 조선총독부박물관 공주분관이 개관했다.(국립중앙박물관, 『2022 국립박물관 연보』, 2023, 10쪽)
- 한국민족문화대백과사전 : 1940년 공주읍에 설치된 공주읍박물관은 조선총독부박물관과 일정한 연계를 맺고 있었다.

참 고 내 용

경성제국대학	1941년 동숭동 옛 캠퍼스 2층 건물에 경성제국대학 진열관을 개관하였고, 1946년 서울대학 교부속박물관으로 명칭을 변경하여 현재까지 운영하고 있다.
연희전문학교	1929년 교육사업의 일환으로 민속품실을 설치하였으나, 활동이 미미하다가 1965년 공주 석장리 유물발굴을 계기로 선사유물 중심의 박물관으로 개관하였다가 1981년 종합박물관 으로 개편하였다.

5) 사립박물관

일본인 야나기 무네요시(柳宗悅)가 1924년 개관한 조선민족미술관과 전형필이 1938년 개관한 보화각(간송미술관) 등이 있다.

2. 광복 이후

1) 국립중앙박물관

1945년 9월 조선총독부박물관이 폐관된 후 12월 3일 국립박물관으로 개관하였다. 이때 경주, 부여, 공주, 개성에 분관을 두었다. 1949년 12월에는 박물관 직제를 공포하며 업무분장과 조직을 개편하였으나 한국전쟁으로 개성분관을 국립박물관 분관으로 편입시키지 못했다.

참 고 내 용 **평양부립박물관**

1945년 12월 1일 평양에 진주한 소련에 의하여 평양역사박물관으로 변경되었다.

1954년 1월 남산분관으로 이전 개관하여 학술조사를 실시하였고, 1955년 덕수궁 석조전으로 이전하여 전시유물 2,000여 점의 설명카드를 통일하였고, 상설전시와 해외순회전시 등을 실시하였다.

1960년 접어들면서 문교부가 문화공보부로 명칭이 변경됨에 따라 국립박물관은 대외선전용으로 전락하게 되는 결과를 가져왔다. 1970년 민족주체의식 고양 강화를 명목으로 국립박물관이 1972년 덕수궁 석조전에서 경복궁(현 국립민속박물관)으로 이전 개관하면서 명칭도 국립중앙박물관으로 변경되었다. 국립중앙박물관은 새로운 직제를 편성하면서 활발한 경복궁시대를 열었다. 하지만 늘어나는 박물관 소장품에 비해 규모가 작았기 때문에 경복궁에서 중앙청 청사로 1986년 박물관을 이전하였다. 역사자료실과 함께 원삼국실, 가야실, 기증실 등의 전시실을 확보하였고 각종 특별전을 개최하였다. 1996년 국립중앙박물관이 용산으로 이전이 확정되면서 현재 국립고궁박물관 자리로 이전 개관하였다. 드디어 2005년 10월 28일 국립중앙박물관은 용산의 10만여 평 부지에 세계 6대 박물관 규모의 박물관을 개관하였다.

　한편, 조선총독부박물관 분관과 국립박물관 분관으로 운영되었던 지방박물관은 1975년 지방 국립박물관으로 승격되었다. 국립경주박물관은 경주유적 조사연구와 신라의 문화유산을 전시하는 기관으로 1975년에 개관하였다. 국립부여박물관과 국립공주박물관은 사비와 웅진 백제 문화를 전시하는 기관으로 1975년 개관하였다. 국립광주박물관은 광주, 전남 지역문화를 소개하는 기관으로 1978년 개관하였고, 국립진주박물관은 가야문화와 임진왜란 관련 유물을 전시하는 기관으로 1984년 개관하였다. 국립청주박물관은 충북지역 문화를 소개하는 기관으로 1987년 개관하였고, 국립전주박물관은 전북지역 문화를 소개하는 기관으로 1990년 개관하였다. 국립대구박물관은 대구, 경북지역 문화를 소개하는 기관으로 1994년 개관하였고, 국립김해박물관은 금관가야문화를 소개하는 기관으로 1998년 개관하였다. 국립제주박물관은 제주문화를 소개하는 기관으로 2001년 개관하였고, 국립춘천박물관은 강원도 문화를 소개하는 기관으로 2002년 개관하였다. 국립나주박물관은 전남지역 문화를 소개하는 기관으로 2013년 개관하였고, 국립익산박물관은 백제 불교문화인 익산 미륵사지를 소개하는 기관으로 2019년 개편하였다.

| 국립중앙박물관 연혁6) |

경복궁 1기	1945	1945.12.03.	국립박물관 개관(조선총독부박물관 인수)
		1946.04.	공주분관 개관
		1946.04.	개성박물관을 개성분관으로 흡수
		1946.05.	경주 호우총과 은령총 발굴조사(최초 발굴조사)
		1946.08.	〈중요출토품전〉 개최(최초의 특별전)
		1949.05.07.	〈미술강좌〉 개설(최초의 사회교육강좌)
		1949.12.12.	국립박물관 직제 공포(대통령령 제234호)
	1950	1950.04.	국립민족박물관을 남산분관으로 통합
		1950.12.	한국전쟁으로 소장품 부산으로 임시 이전(광복동 사무실)
		1953.08.	부산에서 경복궁 내 청사로 복귀
남산 시기	1950	1954.01. ~ 11. 남산분관으로 이전개관	
덕수궁 시기	1550	1955.06.23	남산분관에서 덕수궁 석조전으로 이전 개관
		1957.12.	워싱턴 등 미국 8개 도시에서 한국 국보전 〈masterpieces from korean art〉개최(최초 국외전시)
		1959.10.	경주 감은사지 발굴조사(최초 사찰유적 조사)
	1960	1960.08.	〈미술자료〉창간(최초 학술지)
		1961.01.	관리과, 고고과, 미술과로 직제 개편
		1968.07.24.	문화공보부 발족(대통령령 제3519호)
		1969.05.	덕수궁 미술관 통합

---

6) 국립중앙박물관 발자취 (http ://www.museum.go.kr/site/main/content/history_1945)

경복궁 2기	1970	1972.07.19. 국립박물관을 국립중앙박물관으로 명칭 변경 1972.08.25. 경복궁으로 신축 이전 개관(현 국립민속박물관) 1972.11. 국립중앙박물관 직제 개편(사무국과 학예연구실 신설) 1973.10. 공주분관 이전 개관(공주시 중동) 1974.05. 〈박병래 수집 이조도자전〉 개최(최초의 기증유물 특별전) 1975.07.02. 경주분관 인왕동으로 이전 개관(현 박물관) 1975.08.20. 지방분관을 소속박물관으로 개편 1976.02. 보존과학실 개설 1977.04.08. 〈국립박물관특설강좌〉 개설
	1970	1978.12.06. 국립광주박물관 개관 1979.04.12. 국립민속박물관을 중앙박물관 소속으로 흡수
	1980	1980.12. 동원 이홍근 수집 유물 기증(최대 수량 기증) 1984.11.02. 국립진주박물관 개관
경복궁 3기	1980	1986.08.21. 국립중앙박물관 이전 개관(구 중앙청) 〈토요강좌〉 및 〈노인문화강좌〉 개설 1987.10.30. 국립청주박물관 개관 1989.07. 〈고고학지〉 창간
	1990	1990.04. 움직이는 박물관 개설(현 찾아가는 박물관) 1990.10.26. 국립전주박물관 개관 1992.10.30. 국립민속박물관 분리 직제 개편 1993.08.06. 국립부여박물관 이전 개관(현 박물관) 1993.10. 〈미술사학지〉 창간 1994.12.07. 국립대구박물관 개관
경복궁 4기	1990	1996.03. 국립중앙박물관 홈페이지 개설 1996.12.13. 국립중앙박물관 이전 개관(현 국립고궁박물관) 1997.10.31. 용산 새 국립중앙박물관 기공식 1997.11. 제1회 동원학술전국대회 개최 1998.01.15. 국립진주박물관 재개관(임진왜란 전문 박물관) 1998.07.29. 국립김해박물관 개관 1999.09. 〈박물관 보존과학지〉 창간
	2000	2001.04.30. 용산 새 국립중앙박물관 건립업무 국립중앙박물관으로 일원화 2001.06.15. 국립제주박물관 개관 2001.09.29. 직제개정(용산 새 박물관 개관준비요원 41명 증원) 2002.10.30. 국립춘천박물관 개관 2003.03. 국립중앙박물관 차관급 기관으로 승격 2003.11.29. 직제개정(역사부 신설 19명, 공주박물관 11명 증원) 2004.05.14. 국립공주박물관 이전 개관(현 박물관) 2004.10.17. 국립중앙박물관 용산 이전을 위한 임시 휴관 2004.11.18. 직제개정(박물관 정책과 신설)
용산 시기	2000	2005.08.16. 직제개정(교육문화교류단 신설 등 25명 증원) 2005.10.28. 새 국립중앙박물관 신축 이전 개관(용산) 2006.04.06. 직제개정(고객지원팀 신설) 2007.05.22. 직제개정(아시아부 · 보존과학팀 신설, 교육홍보팀을 교육팀과 국제교류 홍보팀으로 분리신설, 소속박물관 관리과를 기획운영과로 변경) 2008.03.06. 직제개정(박물관정책과를 기획총괄과로 변경)

용산 시기	2010	2010.02.11. 직제개정(어린이박물관팀 신설, 사업기획팀과 국제교류홍보팀을 사업기획과와 국제교류홍보과로 변경)
		2010.12.09. 직제개정(연구기획부 신설, 고고부와 역사부를 통합하여 고고역사부 신설, 사업기획과, 전시팀, 교육팀을 문화사업과, 전시과, 교육과로 변경)
		2012.09.07. 직제개정(문화사업과와 국제교류홍보과를 통합하여 문화교류홍보과 신설)
		2013.09.12. 직제개정(디자인팀 신설)
		2013.11.22. 국립나주박물관 개관
		2015.07.20. 직제개정(어린이박물관팀을 어린이박물관과로 변경)
		2015.12.30. 직제개정(미륵사지유물전시관 신설)
		2019.02.26. 직제개정(미륵사지유물전시관을 익산박물관으로 개편)
		2019.05.07. 직제개정(기획총괄과와 연구기획부를 폐지하고 미래전략담당관과 박물관정보화과를 신설, 기획운영단을 행정운영단으로 변경)
		2020.06.09. 직제개정(관리과, 아시아부를 시설관리과, 세계문화부로 변경)
		2020.12.22. 직제개정(박물관정보화과를 디지털박물관과로 변경)

2) 국립민속박물관

광복 당시 고고미술 중심의 국립박물관과 별개로 민족문화 및 인류학 영역을 취급하는 국립민족박물관이 1945년 11월 8일 창립되었고, 일본 역대 총독의 패용품을 전시하던 남산 왜성대의 조선총독부 시정기념관에서 1946년 4월 25일 개관하였다. 국립민족박물관은 송석하 관장의 사망과 한국전쟁을 겪으면서 1950년 12월 국립박물관 남산분관으로 흡수 통합되었다. 이후 국립민족박물관은 1966년 10월 4일 경복궁 수정전에서 한국민속관이라는 명칭으로 재개관하였다. 한국민속관의 건물이 협소하여 1975년 4월 11일 경복궁의 현대미술관이 덕수궁으로 이전하면서 이 건물을 인수하여 전시실로 삼고 한국민속박물관으로 명칭을 변경하였다. 1979년 4월 13일 문화재관리국 소속에서 국립중앙박물관 소속으로 직제가 개정되면서 명칭도 국립민속박물관으로 변경되었다. 1992년 10월 30일 문화부 직속기관으로 독립하였고, 1993년 2월 17일 국립중앙박물관이 이전한 현재의 건물에서 다시 개관하였다. 1998년 2월 28일에는 문화관광부 소속으로 직제가 변경되었고, 2000년 7월 1일에는 섭외교육과를 신설하였다. 2003년 2월 17일 어린이박물관을 개관하였다가 2010년 2월 8일 폐지하고 어린이박물관과를 신설하였다. 2021년 7월 23일 국립민속박물관 파주를 개관하였다.

| 국립민속박물관 연혁7) |

1945~1969	1945.11.08. 국립민족박물관 창립(미 군정청 68호)
	1946.04.25. 국립민족박물관 개관(일제강점기 시정 기념관 건물)
	1950.12.　　 국립박물관에 흡수 통합(남산 분관)
	1966.10.04. 한국민속관 개관(경복궁 내 수정전, 문화재관리국 소속)
1970~1989	1975.04.11. 한국민속박물관 개관(경복궁 내 구 현대미술관 건물)
	1979.04.13. 문화재관리국 소속에서 국립중앙박물관 소속 국립민속박물관으로 직제 개편(대통령령 제9419호)

---

7) 국립민속박물관 http : //www.nfm.go.kr/Introduce/mHistory.jsp

1990~2000	1992.10.30. 국립중앙박물관 소속에서 문화부 제1차 소속 국립민속박물관으로 직제 개편(대통령령 제13752호) 1993.02.17. 현 건물(구 국립중앙박물관 청사)로 이전 개관 1993.03.06. 문화체육부로 소속 변경(대통령령 제13869호) 1998.02.28. 문화관광부로 소속 변경(대통령령 제15722호) 1999.05.24. 유물과학과 신설(대통령령 제16346호) 2000.07.01. 섭외교육과 신설(대통령령 제16878호)
2003~2010	2003.02.17. 어린이박물관 개관 2004.11.11. 관리과에서 민속기획과로 명칭 변경 2008.02.29. 정부조직 개편에 따라 문화체육관광부로 소속 변경 2009.05.04. 국립민속박물관 제2차 소속기관으로 어린이박물관(전시기획과, 교육운영과 2과) 신설 2010.02.08. 국립어린이박물관 폐지 및 어린이박물관과 신설 2021.07.23. 국립민속박물관 파주 개관

♂ 　　　　참 고 내 용 　···

국립민속박물관 상설전시는 실내 상설전시 3개관과 야외전시장으로 구성되어 있으며, 한국인의 하루, 한국인의 1년, 한국인의 일생이라는 주제로 실물자료 및 영상자료, 실감형 영상을 통해 관람객에게 다채로운 볼거리를 제공하고 있다. 상설전시실 1 '한국인의 하루'에서는 새벽부터 밤까지 하루라는 시간동안 집, 마을, 들판 등의 생활공간에서 만나는 다양한 계층들의 소소한 일상을 전시로 구현하고 있다. 상설전시실 2 '한국인의 1년'에서는 1년을 주기로 반복되는 우리의 삶을 세시풍속 중심으로 보여준다. 상설전시실 3 '한국인의 일생'에서는 출생 – 교육 – 성년식 – 관직과 직업 – 혼례와 가족·놀이 – 수연례 – 치유 – 상례 – 차례 등 10개의 소주제를 통해 과거에서 현대에 이르까지 시대별 일생 속에 담고 있는 가치체계를 볼 수 있다. 야외전시장에서는 오촌댁(한옥), 효자각(비각), 장승, 돌탑, 물레방아, 연자방아 등의 전통마을공간과 사진관, 만화방, 이발소, 양장점, 다방 등의 근현대 거리로 구성되어 있다.

국립민속박물관은 매년 조사와 연구의 성과물을 바탕으로 특별전을 기획하고 있으며, 국내외 유관기관과의 협업을 통해 민속문화의 시의성 있는 소재와 주제를 발굴하고 있다.

어린이박물관 전시는 전통문화에 대한 이해를 제공하고 이를 바탕으로 스스로 탐구하고 창의적으로 참여할 수 있도록 구현한 체험 학습공간이다. 어린이박물관의 전시는 듣고, 보고, 만지고, 느낄 수 있는 오감 체험형 전시를 지향하고 있으며, 2년을 주기로 전시주제가 교체된다. 상설전시는 우리나라의 전통 옛 이야기를 쉽고 재미있게 재구성한 내용의 전시이며, 다양한 문화 주제를 경험할 수 있도록 구성하고 있다.

한편, 국내 최대 유·무형 민속자료 종합센터를 지향하는 '국립민속박물관 파주'는 소장품을 보다 가까이에서 관찰하고 경험할 수 있는 수장형 전시를 개최하였다. 수장형 전시는 전시 공간의 한계를 극복하기 위한 새로운 형태의 전시로서, 관람객이 자유롭게 들어갈 수 있는 열린 수장고(Open Storage) 내에서 진행하였다.[8]

---

8) 국립민속박물관, 『2022 민속연보』, 2023.

3) 국립현대미술관

덕수궁 석조전에 위치하고 있던 이왕가미술관은 광복 후 덕수궁미술관으로 변경되었고, 광복과 한국전쟁이라는 어려운 여건 속에서도 '조선서화전', '단원전', '아동예술전', '벨기에 현대미술전' 등을 꾸준히 개최하였다. 또한, 조선총독부미술관도 광복 후 경복궁미술관으로 재개관하면서 '대한민국 미술전람회'와 '한국미협전' 등의 현대미술을 전시하는 공간으로 자리하였다. 이처럼 덕수궁미술관과 경복궁미술관이 신구(新舊)미술을 모두 다루다 보니 활용성의 문제가 제기되었다. 결국 1969년 두 관을 통합하여 현대미술작품의 수집, 보존, 연구, 전시, 교육을 담당하기 위하여 국립현대미술관을 경복궁에서 개관하였다. 이후 1973년 덕수궁 석조전으로 이전하였다가 1986년 현재의 과천 부지에 국제적 규모의 시설과 야외조각장을 겸비한 미술관을 개관함으로써 한국 미술문화의 새로운 장을 열게 되었다.

1998년에는 서울 도심에 위치한 덕수궁 석조전을 국립현대미술관의 분관인 덕수궁미술관으로 개관하여 근대미술관으로 운영하고 있다. 그리고 2013년 국군기무사령부가 있었던 서울 종로구 소격동에 전시실을 비롯한 프로젝트갤러리, 영화관, 다목적홀 등 복합적인 시설을 갖춘 국립현대미술관 서울을 건립·개관함으로써 다양한 미술관 활동을 통해 한국의 과거, 현재, 미래의 문화적 가치를 구현하고 있다.

또한 2018년에는 충청북도 청주시 옛 연초제조창을 재건축한 국립현대미술관 청주를 개관하여 중부권 미술문화의 명소로 육성하고자 노력하고 있으며, 2019년에는 개관 50주년을 맞이하여 기념식을 개최하고 미술문화를 나누는 세계 속 열린 미술관으로 발돋움하고 있다.

| 국립현대미술관 연혁9) |

1990년	1969.08.23. 국립현대미술관 직제제정 1969.10.20. 개관 1973.07.05. 청사이전 개관(덕수궁 석조전) 1973.10.20. 개관(경복궁) 1986.08.18. 직제개정 – 사무국 아래 관리과, 전시과, 섭외교육과 소속(관리과, 섭외교육과 신설) 1986.08.25. 신축미술관 준공 개관(과천관) 1998.12.01. 덕수궁미술관(분관) 개관
2000년	2002.05.27. 덕수궁미술관 직제화 2004.11.18. 직제개정 – 미술관정책과 신설 2006.01.01. 책임운영기관 전환 2006.01.05. 직제개정 – 사무국을 기획운영단으로 변경, 학예연구실 내 팀 설치 : 조사연구팀, 전시기획운영팀, 홍보마케팅팀, 작품보존관리팀 등 2006.05.16. 직제개정 – 학예연구실 내에 소속되어 있는 홍보마케팅팀을 관장 직속으로 분리, – 작품보존관리팀을 작품보존관리실로 승격하고 작품수집관리팀 및 작품보존수복팀을 둠

---

9) 국립현대미술관 http://www.mmca.go.kr/about/history.do

2000년	2008.03.23. 직제개정 – 과명칭 변경(미술정책과 → 기획총괄과), 학예연구실 내 2개팀(조사연구팀, 전시기획팀)과 작품보존관리실 내 2개팀(작품수집관리팀, 작품보존수복팀) 등 4개팀 폐지
	2010.12.31. 직제개정 – 1단 8팀 1관 체제 → 1단 7팀 1관으로 변경, 행정시설관리팀, 사업개발팀, 작품보존미술은행팀, 서울관건립운영팀, 학예연구1팀, 학예연구2팀, 교육문화창작스튜디오팀, 덕수궁미술관
	2010.01.14. 직제개정 – 1단 3과 2실 1팀 1관 체제 → 1단 8팀 1관으로 변경
	2013.11.12. 서울관 개관직제개정 – 1단 7팀 1관 체제 → 1단 4과 2실 1부 5팀으로 변경, 행정시설관리과, 사업개발과, 작품보존미술은행관리과, 교육문화창작스튜디오과, 학예연구1실, 학예연구2실, 서울관운영부(운영지원팀, 전시기획1팀, 전시기획2팀, 정보서비스팀), 덕수궁미술관운영팀
	2017. 직제개정 – 1단 1실 6과 5팀으로 변경(행정시설관리과, 기획총괄과, 작품보존미술은행관리과, 고객지원개발팀, 소통홍보팀, 전시1과, 소장품자료관리과, 교육문화과, 전시2팀, 전시3팀, 연구기획출판팀)
	2018. 청주 개관, 직제개정 – 1단 1실 7과 6팀으로 변경(미술품수장센터관리팀, 미술품수장센터운영과)
	2019.10.16. 개관 50주년 기념식 개최
	2020.06.09. 직제개정 – 1단 1실 7과 6팀 → 1단 1실 10과 2팀으로 변경

4) 국립중앙과학관

광복 이후 1945년 10월 은사기념과학관은 국립과학박물관으로 명칭을 변경하고 이듬해부터 일반인에게 공개하기 시작하였으며, 1949년에는 서울 중구 예장동에 국립과학관으로 개편하여 '과학전람회' 등을 진행하였다. 하지만 한국전쟁으로 건물이 소실되면서 폐관되었다. 이후 각고의 노력 끝에 1962년 8월 30일 창경궁 뒤편의 현 국립어린이과학관 자리에서 재개관하였고, 1969년 문교부에서 과학기술처로 국립과학관의 소속이 변경되었다. 1983년 과학관 확충계획을 수립하였고, 이후 대전 대덕연구단지에 입지를 선정하고 부지 5만 평에 건평 8,690평 규모의 시설을 5년에 걸친 공사 끝에 1990년 10월 9일 완공하여 개관하였다.

현재 우리나라 국립과학관은 국립중앙과학관 이외에 국립과천과학관, 국립어린이과학관, 국립해양과학관, 국립대구과학관, 국립광주과학관, 국립부산과학관 등이 있다.

| 국립중앙과학관 연혁 |

1949~1999년	1949.07.14. 국립과학관 직제 제정
	1949.10.20. 제1회 과학전람회 개최
	1950.09.27. 한국전쟁으로 건물 및 시설 소실
	1962.08.30. 국립과학관 개관
	1969.04.03. 문교부로부터 과학기술처 소속기관으로 이관
	1990.04.17. 국립중앙과학관으로 조직 확대 개편(기존의 과학관은 서울 과학관으로 개칭하여 소속기관이 됨)
	1990.06.08. 국립중앙과학관 대덕 이전
	1990.10.09. 국립중앙과학관 개관(부지 165,000m², 건물28,710m², 전시7,194m²)

2000~2005년	2000.01.04.	과학기술부와 그 소속기관 직제 시행규칙 개정 (과기부령 제14호) 중앙 : 1부 3과 3연구실 → 1부 3과 1팀(경영기획팀) 2연구실, 서울 : 2과 → 2과 1팀 (전시기획팀) 국립중앙과학관 기본운영규정 개정(국립중앙과학관 규칙 제 247호) 1센터 3과
	2005.12.26.	3연구실 2팀 1관 → 1센터 10팀 1관
2008~2010년	2008.02.29.	과학기술부와 그 소속기관 직제 개정(대통령령 제20740호) 정부조직 개편으로 과학기술부에서 교육과학기술부 소속기관으로 변경
	2008.04.21.	자기부상열차 개통
	2008.04.28.	생물탐구관 개관
	2008.09.18.	과학기술캠프관 준공, 국립중앙과학관 기본운영규정 개정(국립중앙과학관 규칙 제 301호), 1센터 11팀 1관 → 1연구단 3과 1팀 3실, 정원 71명(32명 감소 : 서울과학관 27명, 중앙과학관 5명을 국립과천과학관으로 정원이체)
	2010.01. ~	상설전시관 교체전시 교통코너, 천문우주코너, 직조, 발효 코너 설치, 과학관 전시물 교류사업 및 한국과학관 협력망 구축, 운영
	2010.09.27.	국립중앙과학관 조직개편(1연구단, 5과, 1연구실 1팀)
	2010.11.	몽골자연사박물관 등 해외 과학관과 전시물 교류, 미국 스미소니언과 MOU 체결
2011~현재	2011.07.23.	창의나래관 개관
	2012.07.23.	가족캠핑장 개관
	2012.12.27.	꿈아띠체험관 개관
	2013.05.06.	2013년 ASPAC 개최
	2013.12.19.	중앙광장 꿈돌 설치, 관람객 간이식당 및 중식공간 준공
	2014.12.	과학교육관 준공식, 상설전시관 내 생애주기별 체험관 개관
	2015.10.12.	상설전시관 내 근 · 현대과학기술관 개관
	2015.11.16.	영국왕립학회 특별전 '뉴턴과 세상을 바꾼 위대한 실험들' 개최, 대덕 이전 개관 25주년 기념행사
	2016.01.07.	자연사관 신규 조성
	2016.10.01.	고대그리스 과학기술 특별전 개최(~2017.01)
	2016.12.	창의나래관 드론, 가상현실 체험존 설치
	2017.02.17.	자연사관 개관
	2017.12.	꿈아띠체험관, 창의나래관 드론, VR체험관 준공
	2018.05.15.	개방형수장고 개관
	2018.12.21.	미래기술관 · 인류관 개관
	2019.12.	과학기술관 리모델링, 어린이 과학관 착공
	2020.12.	천체관측소 건립
	2021.07.	천체관측소 개관
	2022.02.	어린이과학관 개관

참 고 내 용

- 국립등대박물관 : 경북 포항 호미곶 위치(국립)
- 우정박물관 : 충남 천안 우정공무원교육원 위치(국립)
- 육군박물관 : 서울 노원구 위치(국립)

5) 공립박물관

우리나라 최초의 공립박물관은 1946년 4월에 개관한 인천시립박물관이다. 인천지역의 향토 사와 문화유산을 조사, 연구하고 그 결과를 인천시민에게 공개하기 위하여 건립되었다. 특히, 광복 이후 혼란기와 한국전쟁 등으로 정서적 공황상태에 있던 인천시민들에게 휴식과 교육의 장을 제공했다.

| 인천시립박물관 연혁 |

1946.04.1.	인천시 중구 송학동 1가 1번지에서 개관. 초대관장 이경성 부임
1950.06.25.	한국전쟁 발발, 소장유물 소산(9월 15일 인천상륙작전 시 건물 포격 소실)
1950.09.15.	인천시 중구 송학동 1가 11번지에서 복관
1965.12.17. ~ 1966.05.07.	인천 서구 경서동 녹청자도요지 발굴조사(국립중앙박물관과 합동조사) 실시
1990.05.04.	인천직할시 남구 옥련동 525번지 신축건물로 이전 개관
1995.01.01.	인천광역시립박물관으로 명칭 변경
2007.12.17.	송암 미술관 편입
2008.01.28.	검단선사박물관 편입
2012.02.27.	한국이민사박물관 편입
2017.12.19.	인천도시역사관 신설

이밖에 서울특별시와 6개 광역시, 자치시, 9개도 등에 다양한 박물관이 건립·운영되고 있다. 서울역사박물관, 수도박물관, 북서울미술관, 부산시립박물관, 부산근대역사관, 임시수도기념관, 울산박물관, 울산대곡박물관, 울산암각화박물관, 세종민속박물관, 대전역사박물관, 경기도박물관, 전곡선박물관, 실학박물관, DMZ박물관, 제주민속자연사박물관, 대가야역사관, 충주박물관, 안동민속박물관, 보령석탄박물관, 잠사문화박물관, 양구선박물관, 태백석탄박물관, 청주백제유물전시관, 고남패총박물관, 자유수호평화박물관, 성호기념관, 독도박물관, 양구군립박수근미술관, 대성동고분박물관, 부천교육박물관, 수석박물관, 유럽자기박물관, 펄벅기념관, 고성공룡박물관, 산촌민속박물관, 장생포박물관, 허준박물관, 목포자연사박물관, 합덕수리민속박물관, 종박물관, 속초시립박물관, 난계국악박물관, 하남역사박물관, 수도국산달동네박물관, 경산시립박물관, 부평역사박물관, 양구백자박물관, 전통문화콘텐츠박물관, 해남공룡박물관, 오산리선사유적박물관, 상주박물관, 서울약령시한의학박물관, 고구려대장간마을, 어촌민속박물관, 남양주유기농박물관, 함평군립박물관, 녹청자박물관, 기지시줄다리기박물관, 한국족보박물관, 의성조문국박물관, 울주민속박물관, 한국중앙수석박물관, 클레이아크 김해미술관 등이 있다.

6) 사립박물관

2000년대 접어들면서 종합박물관의 성격을 가진 국립박물관과 별개로 유·무형의 다양한 주제를 전시하는 전문 사립박물관이 활발하게 건립되었다. 순수 개인이 운영하는 가회민화박물관, 거제박물관, 금오민속박물관, 김달진미술자료박물관, 만해기념관, 동산박물관, 목아박물관, 사람얼굴박물관, 현대도자미술관, 옛터민속박물관, 쉼박물관, 짚풀생활사박물관, 호야지리박물관, 아프리카박물관, 서울미술관 등이 있고, 기업에서 운영하는 리움, 한독의약박물관, 풀무원김치박물관, 우리은행사박물관, 포스코역사박물관, 코리아나화장박물관, 철박물관, 필룩스조명박물관, 신세계한국상업사박물관, 독립기념관, 철도박물관 등이 있다.

참 고 내 용

서울미술관	광복 후 최초의 사립미술관으로, 1981년 현대미술사의 주요 흐름인 제2차세계대전 이후 유럽미술의 전위적 경향을 소개하고 우리나라 청년작가들의 실험적 작품을 전시하는 문화공간으로 서울 구기동에서 개관하였다.
한독의약박물관	우리나라 최초의 기업박물관으로 1964년 개관하여 한국관·국제관·한독사료실로 나눠 약연기류·약탕기류·약성주기·약장기·의료기·의약서적 등을 전시하고 있는 의약 전문박물관이다.

- 의왕시 : 철도박물관(사립)
- 천안시 : 독립기념관(사립)

7) 대학박물관

1955년 「대학설치기준령」에서 대학박물관의 설치를 권장하였고, 1961년 한국대학박물관협회를 조직하면서 대학박물관 발전의 기틀을 마련하였다. 이후 1967년 「대학설치기준령」을 개정하여 종합대학의 대학박물관 설치를 의무화하였고, 1970년 고고, 역사, 민속, 미술자료 등을 수집, 전시하는 대학박물관 설치운동이 확산되었다. 또한, 각종 토목공사의 붐으로 유적 조사와 발굴이 활발하게 이루어지면서 대학박물관이 사회적 관심을 받게 되었다.

그러나 1982년 「대학설치기준령」에서 대학박물관 설치조항이 삭제되었고, 1984년 「박물관법」과 1992년 「박물관 및 미술관 진흥법」에서 대학박물관이 법 적용대상에서 제외되면서 점차 쇠퇴하게 되었다. 현재 우리나라의 대학박물관은 조직, 운영과 대외교류활동 측면에서 법제상으로 그 위상과 역할 및 기능이 명시되어 있지 않다. 유감스럽게도 교육부의 대학평가항목에도 대학박물관은 포함되어 있지 않기 때문에 재정이 빈약하고 연구 인력이 부족한 일부 대학에서는 대학박물관의 설립과 운영에 관심을 기울이지 않고 있다. 따라서 대학박물관의 활성화를 위해 박물관 시설 및 운영에 대한 법적 근거 마련이 우선되어야 한다.

우리나라의 대표적인 대학박물관인 서울대학교박물관, 고려대학교박물관, 이화여자대학교 자연사박물관, 공주대학교박물관, 영남대학교박물관, 충북대학교박물관, 제주대학교박물관 등을 필두로 연구활동을 통한 전시와 교육을 진행하면서 차츰 관람객도 늘어나고 있다.

참 고 내 용 **이화여자대학교 자연사박물관** ·····················

우리나라 최초의 자연사박물관으로 1969년 11월 20일 설립하여 생물과학, 지구과학 관련 학과의 자료 655종을 진열하였다.

8) 해외 한국실

우리나라 박물관은 지난 100여 년 동안 꾸준히 성장을 계속해 왔으며, 국력신장과 더불어 해외 박물관에서도 다양한 한국관이 신설되고 있다. 캐나다 토론토의 로얄 온타리오 박물관, 미국의 메트로폴리탄미술관, 프랑스의 기메미술관, 영국의 대영박물관, 멕시코의 멕시코문화박물관, 프랑스의 루브르박물관, 미국 샌프란시스코의 동양미술관 등에 한국 전시관이 있다.

박물관 수집

　박물관 자료 수집은 모든 박물관 업무를 진행하는 기초작업으로, 자료 관리의 실패는 곧 박물관 업무의 실패를 의미한다. 또한 자료는 박물관 기능을 위한 모든 것으로 소장 자료뿐만 아니라 전시와 교육에 필요한 보조자료도 포함한다.

　우리나라와 일본의 박물관법에서는 박물관 자료, 소장자료라는 용어를 주로 사용하며 중국, 대만에서는 문물(文物), 장품(藏品)이라 하는데, 세계적으로 박물관학자들은 박물관 자료를 박물관 자료, 물품, 수집품, 소장품이라고 한다. 미술관 자료는 미술작품, 미술품, 오브제, 오브젝트, 컬렉션 등의 용어를 선택적으로 사용한다. 자료를 기능별로 살펴보면 보관자료, 연구자료, 보급자료, 참고자료 등으로 구분된다.

| 기능별 자료 분류 |

자료	내용
1차자료	고고학 유물, 민속 유물, 자연사 표본 등의 영구자료 (보관자료)
2차자료	탁본, 모조품 등의 비교자료 (연구자료)
3차자료	모형, 그림, 디오라마, 파노라마 등의 교육자료 (보급자료)
참고자료	참고서, 출판물

　박물관 자료는 단순한 형태의 특징 외에도 다양한 정보를 보유하고 있는 함축성, 불가항력의 물리적 변화와 새로운 학설에 대한 변동성, 용도, 기능별 분류 등의 다양한 기능성을 보유한 다의성, 각각의 자료마다 지닌 고유성, 완전한 장르 분류가 불가능한 복잡성 등을 지니고 있다.

01 자료 수집정책[1]

박물관의 자료 수집은 자료의 역사성, 계보, 가치 등을 근간으로 하며, 수집함에 있어 무엇을, 어디에서(국내, 국외), 어떻게(구입, 기증, 양도, 대여 등), 왜 수집하는가 등의 중요한 사항을 고려한다.

박물관의 존재 이유는 자료가 지니고 있는 사회 · 역사적 의미와 가치 때문이다. 즉, 박물관이 자료를 수장한다는 것은 우리 시대 삶의 흔적을 소중한 장소에 보관하여 후대에 전하고자 하는 행위이며, 자료는 곧 역사이자 생활이다.

박물관의 자료 수집은 관리만큼이나 중요하게 부각되는 사항이며 늘 신중하게 이루어져야 한다. 미술사적 가치와 조형성을 고려하고 자료의 보존 상태를 점검해야 하며, 향후 박물관에서 어떻게 활용할 것이며 또한 어떻게 보존 · 관리하여 후세에 물려줄 것인가에 대한 후속조치까지 고려된 수집이 이루어져야 한다. 그리고 자료에 대해 조사 · 연구하여 전시하거나 교육하는 업무는 수집 활동 이후에 이루어지는 박물관의 활동이다.

일반적으로 박물관은 구입, 기증, 발굴, 기탁, 반환 등의 방법으로 자료를 수집하고 있다. 구입과 기증 그리고 발굴조사를 통한 자료의 등록은 박물관으로 입수되는 자료의 소유권이 온전히 박물관에 이전되는 것에 비해 기탁 자료의 경우는 소유권이 온전히 박물관으로 이전되지 않는다. 그리고 반환(환수) 자료의 경우는 반환 당시의 이해관계와 계약에 따라 소유권의 이전 여부가 달라질 수 있다.

자료를 수집함에 있어서 가장 중요한 핵심은 박물관이 자료에 대한 실질적인 소유권을 획득하고, 이를 증명할 수 있는 각종 서류를 구비, 관리하는 것이다. 또한 필요시 소유권자의 변동사항에 대해서도 주무관청에 신고하여야 한다. 소유권은 많은 권리를 지니고 있다. 즉, 자료를 자유로이 운용함에 있어서 저작권과 함께 절대적으로 중요한 권리라고 할 수 있다.

박물관은 박물관의 성격에 맞는 자료를 소장하기 위해 수집정책을 갖추어야 한다. 그리고 수집정책을 기획할 때 일관성과 객관성을 유지하면서 양적 측면보다는 질적 측면을 강조하여 장기적인 안목을 가지고 자료를 수집할 수 있도록 정책방안을 모색해야 한다.

수집정책의 일관성과 객관성은 작품이나 유물 수집에 소요되는 예산의 낭비를 사전에 방지할 수 있으며, 박물관 안팎에서 발생할 수 있는 많은 혼란과 문제들로부터 박물관을 보호해 주기도 한다. 즉, 박물관 종사자들이나 그밖의 압력기관의 자의적 태도, 횡령, 절도, 속임수, 직무태만 등의 불행한 사태를 예방하는 데 크게 기여하고 박물관에 관계하는 박물관 내외의 사람들의 감정을 불필요하게 자극시키거나 쓸데없이 법적 분쟁에 휘말리는 일에서 벗어나게 할 수 있다.

또한 아무리 역사적으로 가치가 있고 훌륭한 자료라고 해도 수집하지 말아야 하는 경우가 있다. 국제박물관협의회 박물관 윤리강령에 따르면 "자료는 중요한 공공의 유산임과 동시에 법적

---

1) 김해희, 「역사민속계 박물관의 유물관리에 관한 연구」, 중앙대학교 석사학위논문, 2012, 8~10쪽

으로 특별한 지위를 가지고 국제적 법령에 의해 보호를 받으며 정당한 소유권, 영속성, 문서 및 정보관리, 접근성 그리고 책임 있는 처분 등을 포함하는 책무는 이와 같은 공적인 의무에 내재되어 있다."라고 정의하고 있다.

따라서 박물관은 수집정책에 의거하여 장기적인 안목을 가지고 필요한 자료를 수집할 수 있도록 만전을 기해야 하며, 박물관의 정체성을 강화하고 발전시키는 방향으로 나아가야 한다. 또한 소장경위나 출처 등이 불분명하거나 도난, 도굴, 밀반입 등 불법행위와 관련 있는 자료로 의심될 경우에는 어떠한 경우에도 수집하지 않도록 한다.

1. 수집정책 방향

박물관 수집정책은 자료의 관리와 운영에 필요한 기본적인 관리지침으로 박물관의 설립목적과 성격을 반영한 장기적인 정책이어야 한다. 우선, 자료는 제한된 범위 안에서 시공간적으로 편중되지 않고 전략적으로 선택하기 위하여 위원회를 구성해야 한다. 수집대상 자료는 기존 자료와 비교하며 수용적 가치가 없을 경우 수집을 하지 않도록 하며 명확한 근거와 외형적인 절차에 따라 수집정책이 이루어져야 한다.

2. 고려사항

- 안전한 보관을 보장할 적절한 기준의 충분한 보관 면적이 있는가?
- 전문가의 보존에 대한 조언이 필요한가?
- 대상 자료에 대해 박물관 수복 · 보존프로그램을 제공할 수 있는가?
- 박물관은 충분한 직원을 확보하여 자료를 적절히 기록하고 문서화할 수 있는가?
- 자료는 특정 보험이 필요한가?
- 유사한 형태의 추가적인 자료를 수집하는 것을 정당화할 수 있는가?
- 기증자 혹은 판매자는 제공되는 자료에 대해 적절한 법적인 권리를 갖고 있는가?
- 자료는 국내 혹은 외국의 기존 법률이나 국제적인 조약에 어긋나는 불법 자료는 아닌가?
- 박물관은 자료를 구입할 수 있는가?
- 자료 획득을 위해 특별히 기금을 조성하여야 하는가?
- 기증에 대한 수용할 수 없는 조건이 첨부되었는가?
- 박물관은 구입에 대한 안정성과 환경적응 및 보험의 조건에 타당한가?

확보된 자료는 박물관에서 영구히 보관하기 위해 종류, 재질에 따른 분류를 거쳐 정식으로 등록하게 된다. 또한 새로운 전시 구상과 체계가 마련되면 보충될 자료의 목록을 다시 작성하고, 신속한 업무 추진을 위해 다시 수집행위를 한다.

02 박물관 자료 수집

수집은 발굴, 기증, 구입, 교환 및 기탁, 대여 등의 방법을 사용하여 자료에 대한 합법적인 소유권을 취득하는 행위이다.

1. 발굴

발굴은 지하에 매장되어 있는 고고학적 유물이나 자연환경에 놓여 있는 표본을 능동적으로 수집하는 방법이다. 발굴은 문화재청에서 인증한 기관만이 허가를 받고 시행하는 것으로 국가기관, 대학박물관, 발굴 전문기관이 발굴조사 업무를 담당하고 있다. 그렇기 때문에 소유권을 문화재청이 갖고 있으며 발굴한 기관에서 위탁 관리하기도 한다.

발굴은 유적지의 학술정보를 얻기 위해 실시하는 학술발굴과 건설공사로 유적지가 파괴될 상황에 실시하는 구제발굴이 있다.

발굴은 기본적으로 유적의 파괴를 동반하기 때문에 정확한 지표조사를 실시하고 이어서 시굴 혹은 발굴을 할 것인지 정한 후 발굴을 통해 필요한 자료를 취득하여 국가에 귀속시키고 보고서를 작성하는데, 이는 「문화재보호법」에 의거해야만 한다.

2. 기증

기증은 개인이나 단체가 소장하던 자료를 박물관에 환원하는 것이다. 기증은 사람들이 자료를 공유하고, 전문가가 연구할 수 있도록 기회를 제공하는 것으로 후손들에게 안전하게 전해질 수 있는 사회환원방법이다. 기증은 차후 불미스러운 일을 대비하여 확실한 근거자료를 남기고, 일정한 절차를 거쳐야 한다.

기증은 증여와 유증으로 나뉜다. 증여는 자료의 소유자가 기증의도를 가지고 자료를 일정한 기관으로 소유권을 넘기는 행위이고 유증은 소유자가 기증의사를 유언으로 남기는 행위이다. 기증은 무상기증을 원칙으로 하지만 일부의 경우 기증에 대한 금전적 보상을 하기도 한다.

박물관은 기증에 대한 협의를 통하여 기증조건을 결정하고 소유권의 양도절차를 서면으로 진술하여 서로 기증증명서를 작성·교부하고 기증 자료를 등록한다. 기증된 자료는 원칙적으로 기증자와 상속인에게 반납이 불가하다.

3. 구입

구입은 금전적 가치를 지불하고 자료를 입수하는 방법으로 언론매체, 인터넷, 고미술품점 등을 통해 구입목적, 기간, 절차, 대상 범위에 관한 사항을 홍보하고 구입한다. 이 과정에서 자료의 진위를 합법적으로 판단해야 하는 것은 박물관의 중요한 업무이다. 학예사는 구입 자료에 대한 사전조사, 수집정책, 윤리규정, 수용시설 등에 대한 비교 검토를 통해 자료수집에 만전을 기해야한다.

구입은 자료 구입사업에 관한 시행계획을 수립하고 구입대상 자료의 관련부서 추천 및 자문을 받아 정보를 수집한다. 구입대상 자료에 대한 공고 및 매도 신청을 접수 받는다. 매도 신청자는 자료와 신분증, 업종등록증 등을 구비하여 신청하며 박물관은 우선 인수증을 발급하고 진위 여부, 소장목적 합당 여부 등을 고려하여 자체평가한다. 1차 구입 여부를 판단하고, 2차 수장 여부를 결정하여 심의평가위원회가 최종 검토함으로써 자료 구입을 확정하며 매도 신청자에게 심의평가 결과를 통보하고 최종 매매계약을 체결한다.

4. 교환과 기탁

교환은 소장자료의 필요 목적에 따라 타 기관과 교체하는 방법이다. 기탁은 개인이 소장한 자료를 전시와 연구를 위해 임시로 맡겨 놓는 상태로, 신청서를 작성하여 접수하면 의뢰 자료를 반입·인수받는다. 이때 기탁심의위원회는 가부결정을 통해 가부증서를 발급하는데 박물관은 기탁 기간 동안 자료의 보호와 관리를 책임진다.

5. 대여

대여는 전시, 연구, 조사, 교육을 목적으로 소유권을 유지하고 일정기간 동안 자료를 빌려주는 방법으로, 전시와 교육 시 대여한 자료임을 공식적으로 밝혀줘야 한다. 대여는 박물관 관장의 권한에 의해 결정되며 학예사가 서면으로 발의하면 대여계약서를 박물관 대표 명의로 서명한다. 대여는 합법적, 윤리적 방법으로 보존상태가 양호한 것으로 이루어지며, 안전을 위해 반드시 보험에 가입해야 한다.

03 자료 등록

일반적으로 수집된 자료의 등록방법에 따라 그 박물관의 전시 및 교육 프로그램 등 박물관 활동의 방향이 다르게 전개되기 때문에 박물관의 자료는 정확하고 적절한 방식으로 기록되어 있지 않으면 무용지물이 될 수도 있다.

자료 등록은 박물관 직원으로 하여금 모든 자료들의 세부사항과 위치를 찾을 수 있게 해준다. 그러므로 어떤 자료가 추가되면 자료의 전 공급처나 전 소유자들로부터 완벽한 정보를 확보해 놓아야 한다. 자료에 대한 정보를 입수할 수 있는 가장 좋은 시기는 그것이 등록되고 분류되는 시점이다. 따라서 박물관은 자료와 관련된 모든 정보를 일정한 양식에 의해 체계적으로 기록하고 정리할 수 있도록 일관된 관리체계와 형식을 갖추고 있어야 한다.

박물관에 수집된 자료는 일정한 등록 절차를 거쳐 소유권을 갖게 되며, 공식적인 이전 작업을 거쳐 취득을 완료한 후 보존의 의무를 지니게 된다. 등록은 박물관의 공식적인 재산으로 자료를 인정하는 과정으로 수집, 보존, 연구, 전시, 교육에 필요한 체계적인 정보를 제공할 수 있는 단계이다.

등록은 자료를 문서화하는 작업으로 먼저 분류하여 표준화하고, 자료 명칭, 수집 경위, 수집장소, 수집인 등을 기술하여 등록원부를 문서화한다. 이후 물질별, 분야별, 상태별로 분류하여 적정 환경인 온도와 습도를 유지하고 자료 등록작업을 마무리한다.

 참 고 내 용 ···

- 무기질 : 금속, 유리, 석물
- 유기질 : 동물성(가죽), 식물성(나무)
- 복합 : 회화, 고무

1. 자료 등록[2)]

등록은 자료를 박물관의 공식적인 재산으로 인정하는 과정이며, 자료 설명의 완벽한 보조물을 마련하는 것이다. 자료 등록정보는 수집, 보존, 연구, 전시, 교육 등에 적극적으로 활용될 수 있다.

자료가 반입되면 기본적인 정보를 반입자에게 인계하고, 반입상태를 기술한다. 이때 등록 대상을 분류하기 위하여 기능, 용도, 출토지에 따라 수량을 파악하고 명칭을 부여하는 한편, 실측 및 넘버링 작업을 진행한다.

1) 명칭

명칭은 자료의 전반적인 내용을 확인할 수 있도록 재질, 기법, 문양, 형태 등을 포함하여 한글, 한자, 영문 등으로 표기한다. 예를 들어 토기, 금속품, 마구, 동경, 도자기, 문방구, 목칠공예, 와전, 무기 등은 명문, 재질, 색상, 기법, 문양, 부가물, 형태, 기종(용도) 순으로 부여한다. 동종은 원소장처, 명문, 현 소장처 · 고유명사화된 명칭, 재질, 기종(용도) 순으로, 불상은 명문 · 재질 · 주제 · 형태 순으로, 회화 · 서예 · 서적은 작자, 주제 순으로, 민속품, 복식은 고유명으로 명칭을 부여한다.

참 고 내 용 ···

- 청자/상감/모란줄기무늬/기름병(靑磁/象嵌/牡丹折枝文/油甁)
- 연가칠년명/금동/여래/입상(延嘉七年銘/金銅/如來/立像)

---

2) 심현필, 「박물관 소장품 등록의 체계화 방안」, 중앙대학교 석사학위논문, 2008, 21~69쪽

2) 실측

실측은 격납장의 종류와 보관위치 결정, 포장재료의 준비나 이동 공간배치, 전시 디스플레이를 위하여 크기를 측정하는 것이다. 도구로는 입체적인 자료의 두께를 재는 캘리퍼스, 높이를 측정하는 삼각자, 투명한 눈금자, 강철줄자, 유리섬유 줄자, 연필 등이 있다. 예를 들어, 단면적인 자료는 세로×가로, 입체적인 자료는 높이×길이×너비, 원통형 자료는 높이×지름 등을 잰다.

참 고 내 용

수량	자료의 단위는 건으로 취급하는데 1건은 자료에 따라 점, 쌍, 벌, 켤레, 한질, 짝 등으로 정의하며 자료의 최소단위는 1점으로 표시한다.
유리섬유 줄자	자료에는 비교적 안전하지만 정전기를 유발하며 자료의 표면을 오염시킬 수 있으며 오래 사용할 경우 자가 늘어나 오차를 유발시킬 수 있다.
연필	자료에는 잉크나 다른 물질이 묻을 수도 있게 때문에 반드시 연필을 사용하여 실측 크기를 기록해야 한다.

3) 넘버링

넘버링은 내부관리를 위하여 고유번호를 부여하는 작업이다. 일반자료는 표면을 닦아 이물질을 제거하고 아크릴액을 바르고 건조 후 포스터물감으로 번호를 기재한 후 다시 아크릴액을 바르고 건조시키며, 지류(사진 포함)는 연필로 직접 기재한다. 피모(皮毛)는 중성지나 면에 잉크로 번호를 쓰고 아크릴액을 바른 후 삭힌 풀로 부착하고 직물은 면꼬리표에 번호를 기재하고 실과 바늘로 부착하여 자료에 최대한 손상을 주지 않도록 한다. 전시 활동 시 넘버링이 눈에 띄지 않도록 번호는 바닥면 가장자리, 뒷면 좌측 상단, 안쪽 면, 밑면 등에 기재한다.

참 고 내 용

넘버링	효율성 제고를 위한 고유번호는 나라마다 다르다. 영국과 미국은 B340번 등으로 약속한 범주를 사용하고, 국립중앙박물관과 국립민속박물관은 본관 7890, 전4932 등으로 사용한다.
넘버링 위치	도자기 및 그릇은 바닥면 가장자리, 무겁고, 부피가 큰 경우 상단 한쪽 면에 쓰고, 족자는 감긴 상태에서 뒷면 좌측 상단에 쓰고, 병풍은 접힌 상태에서 뒷면 좌측 상단에 쓴다. 서첩이나 서책은 뒷면 겉표지 안쪽의 우측 하단 가장자리에 쓰고, 소반이나 의자는 다리 하단 안쪽 면에 쓰고, 액자는 뒷면 좌측 상단에 쓰고, 자루가 달린 도검은 자루나 손잡이 끝의 밑면이나 아랫면에 쓰고, 복식은 안쪽 면 꼬리표를 이용하여 쓴다.
기재 방법	• 직접기재 : 일반자료(물감, 잉크), 지류(연필) • 간접기재 : 초제, 피모(번호표 제작, 중성지, 삭힌풀), 직물(번호표 제작, 면실, 바늘)

4) 사진촬영

사진은 자료를 객관적인 시각으로 판단할 수 있도록 손상된 부분까지 촬영한다. 즉, 더럽고, 험하고, 흠집이 있는 곳을 중심으로 가장 예쁘지 않은 각도에서 촬영해야 한다. 촬영공간은 수장고와 가까운 박물관 내 빈 공간을 이용하는데, 이는 빛의 간섭을 최대한 배제하고 충분한 높이와 면적을 확보하기 위한 것으로 주조명과 보조조명을 사용하며, 텐트나 소프트박스를 이용하여 빛을 부드럽게 퍼지게 함으로써 보다 효과적인 자료 촬영을 유도한다. 배경지는 보통 자료와 보색계통으로 사용하며 회색계열을 선호한다. 평붓이나 카메라 렌즈 청소용 블로어나 지우개 등을 사용하여 배경지를 지속적으로 청소하면서 촬영한다.

촬영은 자료를 보여주는 목적에 충실해야 하지만 안전이 최우선이므로 촬영 전에 위해요소를 점검한다. 평면적인 자료는 벽에 거치하거나 유리와 유리 사이에 자료를 끼우거나 자료를 계단에 눕히거나 단단한 구조물에 기대어 촬영한다. 입체적인 자료는 정면보다는 약간 틀어진 측면을 촬영하여 윗면, 양측면, 모서리가 나오도록 한다. 자료의 길이가 가장 긴 변을 기준으로 화면에 꽉 차도록 촬영하며 상태를 확인할 수 있는 보조물인 번호표, 색차대조표 등을 함께 촬영한다.

5) 문화유산표준관리시스템

촬영을 마무리하면, 자료를 포장하여 수장고에 격납한다. 과거에는 수작업으로 명세표를 만들었으나 현재에는 문화유산표준관리시스템을 사용하여 자료를 전산화하고 있다. 이때 명칭, 작가명, 국적 및 시대, 용도 및 기능, 재질, 소장경위, 소장연월일, 특징, 상태 등의 사항을 기술한다.

참 고 내 용

문화유산 표준관리시스템	국립중앙박물관에서는 전국의 국공사립 박물관 및 미술관 등이 보유하고 있는 소장품의 체계적인 관리지원을 위하여 문화유산표준관리시스템을 개발하여 배포하고 있다. 소장품의 전산관리, 기관 간 소장품정보 공유, 소장품 정보의 대국민공개를 위하여 사용하고 있다. 시스템의 특징은 다음과 같다. • 안정적이고 보안성이 강화된 웹 기반의 소장품 정보 관리 • 소장구분코드 및 보관처코드 자체 생성 등 기관의 자율성 강화 • 다양한 소장품 검색 기능 및 통계관리 • 소장품 사진자료 일괄등록 기능 개선 • 소장품정보의 엑셀 및 한글양식 변환 기능 • 엑셀 일괄 등록 기능 • 직관적이고 쉬운 메뉴구성과 디자인 개선 • 용도기능 분류체계 개선, 주제별 분류체계 신설 등 표준화영역 확대
시대	정확한 시기를 알 경우 연, 월, 일까지 기재하고 그렇지 않을 경우 연대 혹은 세기 단위로 초, 중엽, 말로 기재한다.
기능	일반적인 사용목적에 관한 정보를 간단하게 기술하며 다기능의 경우에는 특징에 별로도 기재한다.

상태	상태는 관찰자의 시점에서 상(100~71%), 중(70~41%), 하(40% 이하) 9단계로 구분하여 기술한다.
특징	• 파손 : 자료의 어딘가 부서지거나 깨진 경우로 파편이 남은 상태 • 결손 : 자료가 깨지고 부서졌으며, 그 파편도 남아있지 않은 상태 • 수리 : 파손된 것을 손질한 경우 • 복원 : 결손된 부분을 모조해 원상태로 재현하는 것 • 균열 : 한 부분이나 전체가 갈라져 있는 상태 • 변형 : 자료의 모양과 형태가 달라진 경우 • 변색 : 금속자료의 색이 산화해서 변화한 것 • 부식 : 금속재질이 수분과 반응하여 녹은 현상 • 탈락 : 자료의 연결된 부분이 빠지고 없어진 것 • 충해 : 곤충이나 미생물에 의해 재질이 손상된 상태 • 오염 : 다른 물질에 의하여 소장품의 일부나 전체의 상태가 변한 경우 • 박리 : 소장품의 표면을 얇게 덮고 있는 염료, 물감, 칠이 떨어져 나간 상태 • 퇴색 : 그림과 옷 등의 자료 빛깔이 바래서 원래의 색조가 바뀐 것

▲ 문화유산표준관리시스템

출처 : 국립중앙박물관

① 문화유산표준관리시스템의 HMS 관리자 페이지

▲ **문화유산표준관리시스템의 HMS 관리자 페이지 메인화면**

출처 : 국립중앙박물관

1 박물관 MI 이미지

2 문화유산표준관리시스템 홈 이동 새로고침 이미지 버튼

3 로그아웃

로그인 후 관리자페이지 로그아웃 시 버튼이다.

4 메인 메뉴(GNB) 메뉴바

메뉴바 클릭 시 시스템 전체 메뉴가 펼쳐진다.

5 로그인 계정 정보

사용자 정보 : 로그인한 사용자의 이름, 아이디, 소속, 권한을 보여준다.

6 승인 요청 정보

삭제 신청, 색인어 신청, 정보변경 요청에 대한 요청내역 건수를 확인할 수 있으며, 요청 건수 클릭 시 해당 승인관리 화면으로 이동한다.

7 My페이지

소장품 검색 카테고리 내 My페이지 화면으로 이동한다.

8 즐겨찾기

사용자가 자주 사용하는 메뉴 또는 기능을 아이콘 버튼으로 즐겨찾기에 등록할 수 있다.

9 종합 통계 차트

보유 소장품 현황, 월별 소장품 신규등록 현황, 수장고 현황에 대한 통계를 그래프로 보여준다.

10 바로가기

- 매뉴얼 다운로드 : 문화유산표준관리시스템 사용자 매뉴얼 PDF 파일을 다운로드할 수 있다.
- 관리자 매뉴얼 : 시스템에 처음 접속한 관리자를 위한 동영상 가이드이다. 화면설정, 코드설정, 사용자 등록 등 시스템 설정에 대하여 자세히 안내해준다.
- 국립중앙박물관 이러닝 : 국립중앙박물관 이러닝 외부 사이트로 이동한다.
- 표준분류체계 해설서 : 용도/기능 분류체계 해설서 팝업창을 불러온다.
- e뮤지엄 : e뮤지엄 외부 사이트로 이동한다.
- e뮤지엄 통계 : e뮤지엄 통계 외부 사이트로 이동한다.

11 소장품 정보

소장품 메뉴에 등록된 정보를 전체, 신규등록, 전문정보별로 간단히 보여준다.

12 최근 통계

최근 통계 추출 목록을 보여준다.

13 공지사항

전체 및 박물관 대상별로 등록한 공지사항 목록을 보여준다.

② 문화유산표준관리시스템의 HMS 일반사용자 페이지

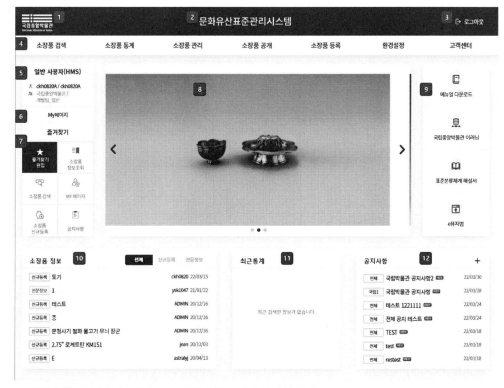

▲ 문화유산표준관리시스템의 HMS 일반사용자 페이지 메인 화면

출처 : 국립중앙박물관

1 박물관 MI 이미지

2 문화유산표준관리시스템 홈 이동 새로고침 이미지 버튼

3 로그아웃

　　로그인 후 관리자페이지 로그아웃 시 버튼이다.

4 메인 메뉴(GNB) 메뉴바

　　메뉴바 클릭 시 시스템 전체 메뉴가 펼쳐진다.

5 로그인 계정 정보

　　사용자 정보 : 로그인한 사용자의 이름, 아이디, 소속, 권한을 보여준다.

6 My페이지

　　소장품 검색 카테고리 내 My페이지 화면으로 이동한다.

7 즐겨찾기

　　사용자가 자주 사용하는 메뉴 또는 기능을 아이콘 버튼으로 즐겨찾기에 등록할 수 있다.

8 일반사용자 메인화면 홍보이미지
- 꾸미기 기능으로 관리자페이지에서 최대 3장의 홍보(꾸미기)이미지를 노출한다.
- 관리자가 등록 관리한다.

9 바로가기
- 매뉴얼 다운로드 : 문화유산표준관리시스템 사용자 매뉴얼 PDF 파일을 다운로드할 수 있다.
- 국립중앙박물관 이러닝 : 국립중앙박물관 이러닝 외부 사이트로 이동한다.
- 표준분류체계 해설서 : 용도/기능 분류체계 해설서 팝업창을 불러온다.
- e뮤지엄 : e뮤지엄 외부 사이트로 이동한다.

10 소장품 정보
소장품 메뉴에 등록된 정보를 전체, 신규등록, 전문정보별로 간단히 보여준다.

11 최근 통계
최근 통계 추출 목록을 보여준다.

12 공지사항
전체 및 박물관 대상별로 등록한 공지사항 목록을 보여준다.

6) 격납

수장고의 자료는 가장 안전한 물리적 상태를 유지하는 것이 중요하다. 수장고는 입출공간, 정리공간, 격납공간으로 이루어져 있으며, 체계적으로 자료를 영구히 보존하고자 일정한 환경을 마련하고 있다. 입출공간은 차량 진입로, 하역 및 차량 적재공간, 운반통로, 승강기 등이 존재한다. 정리공간은 자료의 해포(解包), 포장, 분류 및 정리를 위한 준비실, 미정리 자료의 임시격납, 소독실, 촬영실, 열람실, 각종 관리용품 및 장비를 보관하는 장소이다. 격납공간은 자료를 재질별, 크기별, 수입경로별로 분류하여 보관하는 장소이다.

수장고는 보관을 위한 장소이기 때문에 여러 가지 안전장치가 필요하다. 안전설비로 내외부 출입문, 수장고 출입문, 감시카메라, 경보기 등의 통제장치와 전화, 인터폰, 자동잠금 및 해제장치 등의 연락장치 그리고 비상벨, 소화기, 화재경보기 등의 응급장치를 비치하고 있다. 또한 자료의 도난, 파손, 멸실 등 만약의 사태에 대비하여 전문가에게 의뢰하여 자료의 가치를 평가받고 보험에 가입한다.

수장고	수장고는 온도 18~22℃, 습도 40~60%를 유지하며, 충분한 환기를 시켜주고, 온습도계, 온습도기록장치, 건습계 등을 설치하여 지속적으로 온습도를 체크해야 한다. 특히 충해와 곰팡이를 방지하기 위해서는 방충제(파라디클로로벤젠)를 사용하여 각종 충해를 막는다. 또한 수장고에서 자료는 가능한 집중적으로 배치하고 전시부와 학예부에 근접시켜 이동거리를 최소화한다. 수장고는 건물 내 제일 안전한 곳에 배치하고, 자연상태에서의 온습도 환경이 유리한 곳에 배치한다. 지하수장고는 확장의 여지가 없고, 습기 등의 문제가 있기 때문에 가급적 피해야 한다. 자료의 안전을 위해서 수장고 출입은 최소화하여 외부로부터 유해한 요소가 침투할 가능성을 줄인다. 출입인원은 복수로 이루어지며 이는 상호 증언을 위해서 취하는 조치이다. 수장고는 자료의 손상과 피해를 주지 않기 위해 수장고 내부의 마감재질도 화학성분을 고려하여 선택하며, 항상 청결하게 한다. 수장고는 자료의 안전한 보관·관리를 위한 장소로써 자료의 관리를 위하여 보안 및 화재예방에 대한 안전수칙은 다음과 같다. • 보안 측면 첫째, 수장고 내부는 침입에 대비한 탐지기와 경보장치가 설치되어야 한다. 둘째, 침입 탐지기의 모니터링 결과는 해당기관 및 외부 보안기관 시스템에 연결되어야 한다. 셋째, 경보가 울리면 해당 기관의 당직 근무자와 수장고 담당 직원에게 즉각 통보되어야 하며 수장고 담당 직원은 즉각 상부에 보고해야 한다. • 화재예방 측면 첫째, 수장고 내부를 화재로부터 보호하기 위하여 조기 화재 경고 시스템으로 연기 탐지기 및 열감지기를 설치한다. 둘째, 화재 발생 시, 긴급소화시스템을 작동시키도록 한다. • 일반사항 측면 첫째, 수장고의 개폐와 출입을 책임지는 사람은 자료 책임자 및 자료 담당자로서, 수장고 출입 시 반드시 위 사람 중 1인 이상과 동행하여야 한다. 둘째, 수장고는 모든 출입자에 대한 인적사항(성명) 및 출입일시와 자료의 반출·입 사항을 대장에 기록해야 하고 수장고 내부에 비치한다.
정리공간	정리공간에서 작업할 경우 솜 포대기, 중성한지, 장갑, 마스크, 청소기, 문방구 등의 장비를 사용한다.

04 자료 관리[3)]

박물관 자료는 시간이 경과하면서 변형과 변질로 인한 손상을 입는다. 자료의 보존은 자료의 가치를 떠나 재질, 손상원인, 결과 등을 정확하게 파악한 후 보존처리를 진행해야 한다.

1. 박물관 자료 손상

자료를 손상하는 요인은 인위적인 손상인 전쟁, 인재, 사고, 잘못된 복원 등이 있고, 자연적인 손상인 빛, 열, 수분, 공기, 천재지변 등이 있다.

---

3) 문화재청, 『2010년 동산문화재 관리 가이드북』, 2010, 10~17쪽

박물관 자료 손상도는 다음과 같다.

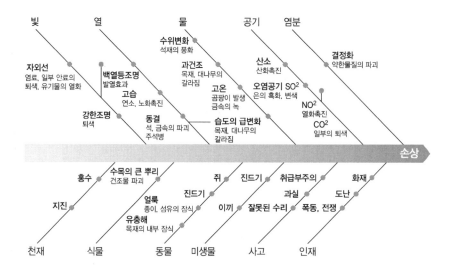

1) 온도

온도가 높을수록 물질 간 화학반응이 촉진되어 재질의 강도는 떨어지기 때문에 온도가 낮을수록 자료는 좋은 상태로 장기간 보존될 수 있다. 일반적으로 0℃에서의 손상속도가 1이라면 25℃에서는 4이다.

모든 재료는 온도의 상승과 하강에 의해 신축되며, 높은 온도가 형태를 변화시키는 역할을 한다. 지류, 목재류, 아교류, 칠기류 등은 기본적인 수분을 포함하고 있으므로 온도는 조직을 약화시키는 중요한 원인이 될 수 있고, 온도를 변화시키는 원인으로서는 외기온의 변동, 관람객 수의 증가, 조명장치로부터의 발열 등이 있는데, 이 중 가장 큰 영향을 주는 것은 외기온의 변화이다. 20℃ 전후를 유지하기 위해서는 공기 조화 설비 등의 상시 가동이 필요하나 전력사용으로 인한 유지관리비의 부담이 크다.

야외 석조물도 기온이 영하로 내려가면 속에 있는 수분이 얼면서 부피가 늘어나 내부적으로 압력이 생기게 되며 동결과 해빙이 반복되면서 파손되기 때문에 자주 씻어주는 것이 좋다.

수장고의 온도는 20℃ 전후로 설정하여 저장하는 것이 일반적인 관리방법이다.

2) 습도

공기를 구성하고 있는 기체의 함유율은 장소에 따라 크게 변하지 않지만 물의 함유율은 크게 변동한다. 자료의 손상을 입히는 물의 작용은 물체의 공극에 들어가 팽창을 일으켜 구조를 변하게 하거나 성분을 부분적으로 용출시킨다. 물체의 표층과 반응하여 가수분해를 일으키며 공기 중의 이산화탄소, 이산화황, 이산화질소 등을 용해하여 산성을 띠므로 자료의 표면을 침식시킨다.

습도는 절대습도와 상대습도로 나뉜다. 절대습도는 1m³의 공기 중에 존재하는 수분량을 말하며 공기 중 수분량이라고 한다. 상대습도는 일정 온도에서 공기 중에 포함되어 있는 수분량을 그 온도에서 공기 중에 최대 함유될 수 있는 수분량으로 나누어 백분율로 표시한 것을 말한다.

습도가 높을수록 자료의 손상이 커진다. 목재, 지류, 섬유류 자료는 일정량의 수분량을 함유하고 있으며 재질에 따라 정도의 차이는 있지만 본래 함유하고 있던 수분이 증발하면 외부로부터 다시 흡수하고 반대로 과량이 되면 방습하여 외부의 습도와 평형을 이루려고 하는 성질이 있다. 이때 재질의 함수량은 미생물의 발생에 중요한 역할을 한다.

습도가 높아질수록 산화를 일으켜 손상속도가 빨라지는 것은 철, 청동이다. 이러한 산화에 의한 녹 생성은 습도가 40% 이하가 되면 거의 진행되지 않으나 반대로 습도가 상승하면 빨라진다.

따라서 제습기로 습기를 제거하고 조습제로 일정한 습도를 유지한다.

3) 빛

자료의 손상을 주지 않는 양질의 광원과 밝기를 고려한 선택이 필요하다. 현재의 자료 전시, 수장 시설은 외부로부터 유입되는 빛 차단을 위하여 폐쇄적인 건물구조를 지향하고 있으며 내부조명으로 형광등을 주로 사용한다.

최근에는 자연광을 유입시켜 조도를 자동 조절하거나 고압 수은등을 설치한 시설이 늘어나고 있다. 그러나 조명광원은 사용하는 방법에 따라 전시물의 재질에 미치는 영향이 안전할 수 있고 위험할 수도 있다.

자연광은 시시각각 변화하기 때문에 안정적인 조명이 아니며 전시물 본래 색의 구분이 어렵고 인공적인 조절이 불가능하다. 자연광은 자외선 5%, 가시광선 45%, 적외선 50%로 구성된다. 유리창을 통과한 천연광의 자외선 양은 맑은 날이 약 1.3%, 흐린 날이 약 0.5%이며 형광등의 자외선은 1~2%이다.

| 전시조명 추천조도 |

구분	국제박물관협회 1977
빛에 매우 민감한 것 염직물, 의상, 수채화, 소묘, 동화화, 인쇄물, 유표, 벽지, 자연사 관계 표본, 가죽	50Lux
빛에 비교적 민감한 것 유화, 템프라화, 프레스코화, 피혁제, 골각, 상아, 목제품, 칠기	150~180Lux
빛에 민감하지 않은 것 금속, 돌, 유리, 도자기, 보석, 에나멜, 스테인드글라스	300Lux

4) 공기 및 오염물질

공기는 단일 성분이 아닌 질소 78%, 산소 21%, 아르곤 1%, 이산화탄소 0.03%가 혼합되어 있으며 이를 구성하는 자료의 손상을 촉진시키는 것은 산소와 이산화탄소이다. 이 외에 대기오염물질로 황산화물, 질소산화물, 오존, 황화수소, 암모니아, 염분, 매연 및 분진을 들 수 있다.

공기의 화학적 영향은 주로 산화와 환원에 의한 변질, 산성, 알칼리성 물질에 의한 영향 등을 들 수 있다. 또한 실내 전시시설의 부자재 접착제로부터 파생되는 포름알데히드 등의 휘발성 유기화합물은 악취나 알레르기 증상을 일으킬 뿐만 아니라 회화작품의 안료변색에도 영향을 미친다.

5) 생물

곰팡이나 곤충은 서식에 필요한 온습도가 조성되면 자료를 분해하여 영양원으로 활용, 번식을 할 수 있다. 유기질 자료에 상당한 손상을 입히며, 곤충 피해를 예방하기 위한 방충제로는 파라디클로로벤젠이 있고 미생물 피해를 예방하기 위한 방미제로는 티몰이나 파라포름알데히드를 사용한다. 또한 가해생물을 방제하기 위한 처리방법으로는 주로 훈증법을 사용해 왔는데, 메틸브로마이드[4]가 지구오존층 파괴의 원인 물질로 판명됨에 따라 2012년부터 사용이 금지되어 현재 대체 생물피해 방제법이 연구 개발되고 있다.

즉, 생물학적 피해 확대를 사전에 예방함으로써 자료의 보존에 적절한 환경을 유지하는 종합해충관리방법을 실천하는 추세이다. 생물피해는 예방이 중요하다. 문제가 일어나서 대처하는 것이 아니라 문제를 예측하여 예방하는 방향으로 나아가고 있다. 이는 종래의 대규모 훈증처리의 결점을 극복한 합리적이고 효과적인 방제방법으로 수장고로 유해 생물의 유입을 차단하고 곰팡이가 생육하지 못하도록 예방하여 피해를 최소화시켰을 뿐만 아니라 지구환경이나 인간의 건강까지 고려한 구제방법이다.

2. 자료 취급 및 보관방법[5]

1) 일반사항

- 취급자는 자료의 보존상태 및 중요 손상부위에 대한 이력을 먼저 숙지한 후 자료를 다룬다.
- 취급자는 포장과 이동 시 진동, 충격을 흡수할 수 있는 재질로 포장하고 하나의 자료는 하나의 보관상자에 넣어 운반한다.
- 옮길 때는 양손을 사용하며 가장자리 또는 손잡이와 같이 약한 부분을 잡고 들지 않도록 한다.
- 오염 방지를 위하여 취급자가 장갑을 착용한 채 자료를 직접 잡거나 들고 이동할 때에는 미끄러질 위험이 있으므로 장갑을 벗고 맨손으로 이동하기도 한다.

---

4) 메틸브로마이드 86%와 에틸렌옥시드 14%의 혼합제를 사용한다.
5) 문화재보존과학센터, 『유물취급매뉴얼』, 문화재보존과학센터, 2017, 22~28쪽

- 가급적 이동하지 않고 운반차를 자료 쪽으로 이동하여 사용하고, 과도하게 많이 싣거나 담지 않는다.
- 자료 너머로 손을 뻗거나 지나가거나 다른 자료 위를 가로질러 운반하지 않는다.
- 자료는 사람의 손과 손으로 전달하지 않고, 안전한 곳에 자료를 내려놓은 뒤 전달자가 다시 들어서 운반한다.
- 자료가 한 공간에서 다른 공간으로 이동할 경우는 취급자 이외에 도움을 줄 수 있는 인력이 함께 이동하고, 무거운 자료의 경우 운반차, 유압식 리프트 등을 이용한다. 이때 취급자는 운반차만을 다루고, 조력자가 이동 통로의 정리 및 출입문 개폐 등의 업무를 수행한다.
- 자료를 겹쳐서 쌓거나 한꺼번에 여러 자료를 같이 보관이나 이동을 하지 않는다.
- 자료를 원거리 이송할 시에 경고 문구를 부착하고, 특히 취약한 부분이 있는 경우 빨간색으로 경고 표시를 붙인다.
- 자료 취급 시 목걸이, 넥타이, 팔찌, 반지, 시계 등 취급자의 물품이 닿지 않도록 유의하고 가급적 착용을 풀고 다룬다.
- 가급적 실험복을 착용하며, 자료 취급 시 실험복 주머니에서 물건이 쏟아져 자료에 손상이 되지 않도록 주머니의 물품은 꺼내어 둔다.
- 자료 취급 시 오염을 방지하고자 면장갑이나 수술용 장갑을 적합한 상황에 맞추어 착용하고 다룬다.

2) 자료의 이동

① 금속

- 금속은 내부 구조가 취약할 수 있으므로 운반차로 이동할 경우 두 사람 이상이 면장갑을 착용하고 자료를 보호하며 운반한다.
- 범종이나 동경을 운반할 때는 어느 한 부분을 잡지 않고 아래 부분도 받쳐서 이동한다.
- 대도와 같이 길이가 긴 금속은 받침대에 자료를 올리고 두 손으로 운반한다.
- 금속자료를 보관상자에 넣어 이동할 때에는 반드시 상자 밑을 받쳐 들고 이동한다.
- 보관상자에 끈이 있는 경우에도, 끈으로만 잡지 않고 상자 본체를 같이 받쳐 들고 이동한다.
- 솜포, 패드 등으로 포장 시 세부적인 부분이 걸려 손상될 수 있기에 손상에 유의한다.

② 석조

- 소형 석조자료를 이동할 때 두 손을 사용하되 한 손은 밑부분을 받치고 한 손은 몸체를 받쳐서 운반한다.
- 대형 석조자료를 다루거나 이동 시 중량을 고려하여 인적 피해나 자료에 손상이 가지 않도록 주의하여 천천히 수행하고, 한 사람이 지시를 하고 이에 따라 작업을 진행한다.
- 불상 등의 형태가 있는 석조자료를 이동할 때 어느 일부분을 잡고 들지 않으며, 전체를

잡고 이동한다.

- 석조자료를 크레인으로 들어 올릴 때는 자료를 완충재로 보강하고 끈으로 묶어서 작업하며, 무게 중심이 쏠리지 않도록 중심을 잡고 옮겨야 한다.
- 대형 석조자료를 바닥에 닿은 채 끌어서 이동하지 말아야 한다.
- 자료 이동에 필요한 인원이 적을 시에는 자료와 취급자의 안전을 위하여 작업을 중단해야 한다.

③ 도자기, 토기

- 유약이 있는 도자기를 다룰 때는 면, 목장갑이 미끄러우므로 착용이 부적합하며, 손에 밀착되는 라텍스 장갑을 착용하거나 손을 깨끗하게 세정한 후 작업한다.
- 자료의 손잡이, 주둥이 등 약한 부분이나, 수리 가능성이 있는 부분을 잡지 않고 반드시 바닥을 함께 잡는다.
- 도자기류를 이동할 때는 안전하게 고정시킨 후 운반차를 이용하여 운반한다.
- 보관상자 등에서 자료를 꺼낼 때는 완충제 등 보호용 재료를 먼저 꺼낸 후 약한 부분이나 파편이 있는지 확인한 후 꺼낸다.
- 포장재료나 끈의 경우 사용 후 항상 정리정돈하여 사물에 의해 손, 발이 걸려 자료에 손상을 입히지 않도록 주의한다.
- 자료의 크기가 작아도 한 번 이동 시 한 점씩만 다루어 움직이고, 자료를 다룰 때 부적절한 대화를 삼간다.
- 운반 시 운반차를 이용할 경우 자료가 움직이지 않도록 보호용 완충제를 넣은 상자에 담아 이동하고 가급적 가장자리에 안전가드가 설치되어 있는 운반차를 사용한다.

④ 지류

- 종이가 겹쳐진 상태로 잘 펴지지 않을 때는 그대로 두고, 무리해서 힘을 가해 펼치려고 하지 않는다.
- 병풍을 다룰 때는 두 사람 이상이 참여하여 다루고, 병풍의 위와 아래를 잡고 움직이며, 펴놓을 때는 바닥면이 평평한 곳에 놓는다. 보관할 때는 오동나무 상자나 면으로 된 천을 씌워 보관한다.
- 소형 병풍의 경우는 한 사람이 옆구리에 끼고서 움직이고 서화면이 위쪽을 향하도록 한다.
- 회화류를 다룰 때는 그림이 그려진 앞뒷면을 잡지 않고, 만질 때는 면장갑을 착용하거나 손을 깨끗이 세정한다.
- 손상이 심한 서적은 중성한지로 포장하여 선반에 눕혀 보관하고 필요 시 중성상자에 넣어 보관한다.
- 액자를 이동할 때는 유리 부분이 자신을 향하게 하여 수직으로 잡고 들어서 움직이되, 한 손은 액자 밑 부분, 다른 한손은 옆 부분을 잡고 모서리는 잡지 않는다.

- 서화를 뒤집을 경우 손으로 뒤집지 않고, 앞뒷면에 대지를 대고 뒤집어서 자료에 직접 손이 닿지 않도록 한다.
- 낱장의 서화는 보드(판자) 사이에 끼워서 보관하거나 중성봉투에 넣어서 보관한다.

⑤ **직물**

- 직물 취급 시 면장갑이나 라텍스 장갑을 착용하고 다룬다.
- 한 사람이 직물 자료를 취급할 경우, 한 손은 자료의 중심 부분을 들고 다른 한 손으로 자료의 중간 정도를 받쳐 직물 무게가 분산되도록 한다. 이동할 때는 바닥에 끌리지 않도록 한다.
- 직물은 구김이나 접힘을 최소화할 수 있도록 넉넉한 운반차 혹은 보관상자를 사용한다.
- 보관상자에는 내부를 깨끗이 하고 중성지를 깔아서 사용한다.
- 보관상자의 겉면에 자료의 위, 아래를 구분할 수 있도록 표기를 해준다.

⑥ **목재, 칠기**

- 목재, 칠기에서 손잡이, 고리 등 장신구가 있는 부분을 잡고 이동하지 않는다.
- 목재, 칠기의 경우 들떠 있는 부분에 옷자락이나 장갑이 걸려 자료가 손상될 수 있으므로 주의한다.
- 목재 공예 자료는 평지에서 보관하고 운반할 때 수평을 유지하며 이동한다.
- 칠기는 항온항습이 잘 되는 오동나무 상자에 보관한다.
- 대형 목가구 등 큰 자료 이동 시 끌거나 밀어서 이동하지 않는다.
- 목재불상 등 세부적인 형태를 띠는 목재 자료는 그 부분이 취약하므로 이동 시 잡지 않도록 하고 주의하여 다룬다.
- 목재불상 등과 같은 자료는 가급적 분리가 가능한 것은 분리한 후 이동하고, 두 사람 이상이 함께 들어서 움직인다.
- 공예품, 가구 등을 다룰 때 면장갑을 가급적 착용하고 재질이 매끄러운 자료의 경우는 돌기가 있는 장갑을 사용한다.
- 서랍이나 문과 같은 형태로 되어 있는 자료의 경우 서랍이 빠지거나 문이 열리면서 손상되는 것을 방지하기 위해 종이나 천으로 된 끈으로 자료를 묶고 그 사이에는 완충재를 대어 자료를 충격으로부터 보호한 뒤 이동한다.

⑦ **벽화**

- 벽화의 이동 시 목부재에 연결된 중깃, 외가지 등 일부분만 잡고 들어서는 안 된다.
- 벽화가 중량이 무거운 자료일 경우 이동이나 움직임이 필요할 때 장비를 활용하고, 운반차로 옮기며 한 번에 한 건만 이동한다.
- 벽화를 이동할 때는 여러 명이 함께 작업하고 벽화에 외부 충격으로부터 보호될 수 있는 조치를 한 후 움직인다.
- 벽화의 작업 시 사용되는 도구 등이 자료에 손상을 주지 않도록 주변을 정리하고 주의한다.

3. 재질별 자료 관리

1) 지류

지류 자료 손상 현상의 대부분은 유기적이고 복합적으로 작용하여 가속화된다. 누수 등으로 포화 함수량을 지닐 경우 사상균 등의 곰팡이가 발생하고 지류 표면에 심각한 오염이 발생하고, 물에 젖은 상태에서 급격하게 건조시키면 지류의 결합 상태가 변해서 서로 엉겨붙거나 사용재료의 화학 변화에 의해 오염이 발생한다.

가해 곤충인 좀벌레나 바퀴벌레는 서적의 표면에 풀칠된 전분을 영양분으로 섭취하여 지류를 훼손시킨다. 족자, 두루마리, 병풍처럼 접었다 폈다 하는 반복동작이 불가피한 경우 꺾인 부위가 발생하기도 한다.

지류는 빛이 닿지 않는 곳에 보관하며 보관장소는 항상 청결을 유지한다. 온도는 18～20℃, 상대습도 50～60%가 적당하고 방충제로 파라디클로로벤젠을 넣어 보관하며 곰팡이나 곤충피해가 발생하였을 경우에는 훈증처리가 필요하다.

2) 섬유류

섬유류는 식물성인 면, 모시, 삼베와 동물성인 비단, 가죽이 있다. 식물성 섬유는 주로 미생물에 의해, 동물성 섬유는 해충에 의해 손상된다. 섬유류는 빛이나 산소에 의한 산화반응이나 공기 중 유해물질로 인해 염색 부분이 심하게 변·퇴색되거나 해충에 의해 잠식되어 손상, 붕괴된다. 또한 해충이나 미생물의 배설물 또는 곰팡이 포자 등에 의해 황갈색으로 변색되기도 한다.

3) 목재류

목재류는 건조로 인한 수축과 높은 습도로 인한 미생물 등 생물 피해 예방이 중요한다. 발굴현장에서 출토되거나 아직 보존처리를 하지 않은 상태일 경우 증류수에 침적하여 두면 수축을 방지할 수 있다. 이미 건조된 상태라면 정기적으로 훈증처리를 하여 내부의 미생물과 곰팡이류를 제거해야 한다.

보관은 온도 18～20℃, 상대습도 50～65%가 적당하다. 목조각품 중에서는 특히 습도변화에 민감한 침엽수 재질에 균열이 많이 발생하므로 주의해야 한다. 칠막이 입혀진 목재류는 급격한 건조나 반복 건습에 따른 균열, 박리, 박락 손상이 우려되며 칠은 자외선에 취약하기 때문에 빛이 닿지 않는 곳에 보관하는 것이 좋다.

4) 금속류

금속류는 원래 자연상태의 광석을 환원하여 용도에 맞는 제품으로 제작한 것으로 주위의 환경에 의해 산화되어 원래의 안정한 상태로 되돌아가려는 성질이 있기 때문에 녹이 슬어 금이 가고 깨지는 손상이 발생한다.

금속은 종류에 따라 제각기 다른 물리적 · 화학적 성질을 지니고 있어 부식현상도 다양하게 나타나며 부식에 영향을 주는 환경인자인 수분, 산소 이외에 염소이온과 같은 요인에 의해 손상이 가속화된다. 금속은 고온다습한 환경에서 부식이 진행되므로 부식의 주요원인이 되는 습기를 차단하는 것이 무엇보다 중요하다. 보관 시 항온항습을 유지해야 하며, 적정온도는 18~20℃, 상대습도 45% 이하이다.

포장은 솜이나 비닐은 피하고 에스칼필름(Escal Film)에 제습제를 넣은 후 밀폐포장하여 보관하거나 밀폐용기의 바닥에 제습제를 넣고 그 위에 자료를 넣어 용기 내의 습기를 제거해야 한다. 이때 자료는 제습제에 닿지 않도록 자료와 제습제 사이에 플라스틱 폼을 깔아서 보관한다.

5) 도자기류, 석재류

비교적 환경 변화에 안정적이지만 제작 당시의 결함과 충격이나 열 손상 등에 주의하여야 한다. 또한 매장 출토품일 경우 보관 중에 가용성 염류가 습윤, 건조 등의 반복적인 변화의 의해 구성 성분이 석출되어 붕괴 및 손상되기도 한다.

4. 자료 폐기(불용결정)

자료의 기증, 교환, 구매, 반환, 복원 등이 불가능할 정도로 심한 훼손 상태일 경우 자료를 영구히 폐기처분하며, 처분 자료를 받아들이는 수령기관에 대해서는 제한 조건 없이 소유권을 양도해야 한다.

폐기처분할 수 있는 범주는 다음과 같다.

연구, 조사, 전시, 교육의 목적으로 사용할 수 없거나 출처가 불분명한 자료, 진위평가에서 위작으로 판명된 자료, 유사한 자료가 있어 가치가 절하된 자료, 박물관의 설립목적과 다른 자료, 보존상태가 미흡하고 복원도 불가능하며 다른 자료 보존에 악영향을 미치는 자료, 3년 동안 유실상태에 있는 자료 등이 폐기처분 대상으로 분류된다.

박물관 전시

전시는 세상에 보이는 모든 것을 의미하는데 보통 어떠한 사물이 지닌 뜻의 전체 또는 한 부분에 관하여 일정한 주제를 가지고 다양한 기법으로 타인에게 의미를 전달하는 수단이다. 예를 들어 몸을 치장하거나 집안의 가구를 배치하고 상품을 돋보이게 진열하는 등의 행위도 모두 전시로 볼 수 있다.

참 고 내 용

전시는 보는 것(To Show), 진열하는 것(To Display), 눈에 띄게 하는 것(To Make Visible)으로 전시물을 선정하는 것을 의미하는 표시와 목적 있는 진열을 의미한다. 전시는 박람회에서 유래한 용어로 영어로는 "Exhibition"이며 진열, 전시, 열람 등의 뜻을 갖고 있다.

전시구성 필수요소 : 전시물, 전시공간, 사람

박물관 전시는 특정 목적의식을 갖고 불특정다수에게 의도된 방향으로 영향을 미치는 비영리적인 전시이다. 전시는 전시의도, 전시기획자, 관람객, 전시물(1차 자료), 전달매체(2차 자료) 및 장소 등에 의하여 결정된다.[1] 즉, 전시는 관람객에게 전달하고자 하는 메시지를 통제된 환경에서 계통적으로 분류한 자료를 통해 보여주는 활동이다.

전시는 전시물, 전시공간, 전시기획자, 관람객이 서로 유기적으로 작용하여 만들어내는 복합적인 결과물이다. 전시물은 전시 자체를 계획하는 출발점으로 전시의 성립을 위해서 반드시 필요한 자료 일괄을 의미한다. 전시공간은 전시물을 진열하는 공간으로 전시물의 성격과 가치를 고려하여 상황에 맞는 연출이 필요하며 관람객과도 직접적으로 접촉하는 공간이기 때문에 자유로운 의사소통이 원활하게 이루어질 수 있도록 하며, 휴식공간도 따로 마련하여 관람객의 피로를 최소화해야 한다. 전시기획자는 전시물을 연구하고 분석하여 관람객에게 의도된 의미를 전달하

---

[1] 형정숙, 「기업박물관에서의 전시시나리오구조와 공간구성프로그래밍 −T사 기업박물관 설계중심으로−」, 성균관대학교 석사학위논문, 2001, 14~31쪽

는 전문인력으로 각계의 전문가를 초빙하여 전시주제 및 자료 선정, 전시디자인, 진행, 평가 등의 전반적인 업무수행을 한다. 관람객은 완성된 전시를 관람하는 소비자로 전문가, 일반인, 청소년, 아동, 장애인 등의 불특정다수를 의미하며 전시의 성격에 따라 전시를 향유하는 계층을 다르게 할 수 있다.

01 전시 개념[2]

1. 전시의 기본 개념

박물관 전시는 본질적으로 전시기획자의 연구활동을 바탕으로 자료의 문화적 의미를 특정한 공간에서 드러내 보여줌으로써 관람객에게 자연환경, 문화활동, 사회환경 등을 전달하거나 그와 연관된 사실이나 지식을 전달하기 위한 교육활동이다. 또한 전시물을 이용하여 어떤 의도 아래 그 가치를 제시하고, 전시기획자의 사고나 주장을 표현함으로써 관람객에게 감동과 이해 · 발견 · 탐구의 장을 구축하는 행위라고도 할 수 있다. 효율적인 의미전달과 지나치려는 관람객의 눈을 사로잡기 위해 여러 가지 전시연출방법이 쓰이며 점점 그 기술도 발전하고 있다. 박물관을 관람하는 계층은 매우 다양하므로 관람객 전체의 공통된 지적 수준을 파악하여 전시로 구현하는 것은 매우 어려운 문제이다. 근래에는 기술의 발달로 전문가에게 심화학습을 할 수 있는 기회가 제공되고 있어 전문가와 관람객 모두에게 만족을 줄 수 있는 전시형태가 구현되고 있다.

2. 박물관 기능과 전시

박물관의 가장 핵심적인 기능은 전시이다. 자료를 수집하고 연구하는 목적도 전시를 하기 위함이다. 전시는 박물관의 여러 기능을 집대성한 것이어서 자료의 수집, 보존, 연구, 교육기능을 수행하는 것을 전시의 예비적 기능으로 볼 수도 있다. 따라서 전시는 박물관의 얼굴이며 박물관 최대의 기능임과 동시에 박물관의 성격을 결정짓는 요소이다.

또한, 박물관을 찾는 관람객이 직접 접할 수 있는 것도 전시뿐이다. 즉, 해당 박물관이 자료수집이나 연구에 심혈을 기울이며, 자료의 보존을 위해서 최고의 수장시설을 보유했다고 해도 관람객이 볼 수 있는 것은 전시에 한정되어 있다. 결국 박물관 관람객에게 기능적, 시각적, 심리적으로 가장 크게 작용하는 것은 전시이다. 따라서 좋은 전시가 박물관의 우열을 결정하는 최대의 요인이 될 수도 있다.

---

2) 윤희정, 「우리나라 박물관 발달에 따른 전시연출 변천 연구」, 추계예술대학교 석사학위논문, 2007, 40~44쪽

02   전시 자료 및 공간

1. 전시자료

박물관 전시는 효과적인 메시지 전달을 위하여 다양한 방법으로 전시물을 진열한다. 하나의 주제를 인위적으로 학예사, 전시디자이너 등의 전문인력이 관람객의 이익을 위해 설치하고, 커뮤니케이션 기능을 개선시키는 행위이다.

전시자료는 전시주제를 효과적으로 드러내는 수단으로 전시물 내용과 가장 밀접한 관계를 맺고 있다. 전시자료는 1차적 자료와 2차적 자료로 분류된다. 1차적 자료는 실물자료이고, 2차적 자료는 평면, 입체, 종합자료이다.

| 전시자료 구분[3] |

전시자료	내용
실물자료	박물관을 건립하는 데 중심을 이루는 영구자료
모조	크기, 형태, 색, 소재를 실물자료와 똑같이 만든 전시물(입체적 자료)
축소모형	실물자료를 실제 크기대로 전시할 수 없을 경우 크기를 가감하여 제작한 자료
실연전시	뚜렷한 전시의도하에 관람객이 직접 전시물을 작동시켜보는 방법
디오라마	전시대상의 실제 배경을 연출하여 원근감이 느껴지며 실감을 더해주는 전시방법
그래픽	전시물의 내용을 그림으로 표현
설명패널	전시물을 이해하는 가장 기본적인 수단으로, 텍스트, 사진 등으로 만든 자료

1차적 자료인 실물자료는 역사 · 고고 · 인류 · 민속 · 예술 · 동물 · 식물 · 광물 · 과학 · 기술 · 산업 등에 관한 자료를 구입, 기증, 기탁, 교환 등의 방법으로 박물관에서 소장한 것이다.

2차적 자료인 평면자료는 설명패널, 사진, 와이드 칼라 등이 있다. 설명패널은 독자적으로 의미전달을 하거나, 실물자료와 기타 전시자료와의 관계에서 보조적 역할을 하는 것으로 관람객이 쉽게 전시내용을 파악할 수 있도록 세부적인 사항을 포함하면서도 전시의 중요성과 가치를 드러내야 한다. 목재, 금속재, 플라스틱재 등을 이용하여 제작하는 데 간단하게 텍스트만 사용하거나, 텍스트와 사진, 도해 등을 조합하여 이해를 돕도록 하기도 한다. 사진은 전시의 직접적인 이해를 돕고 실물자료의 심층적 분석을 위하여 사용하거나 사진을 주제로 한 사진전을 할 때 사용한다.* 와이드칼라**는 대형 슬라이드로 조명을 비추어 영상을 보여주는 사진으로 현장감이 뛰어나고 강렬한 인상을 주기 때문에 광고에서 많이 쓰인다. 와이드칼라는 벽면 부착 시 돌출문제와 조명기구에 의한 열 발생, 균일한 조도처리 등 박물관 내부 전시환경에 유해한 요소로 작용될 수 있다.

---

3) 황규진, 「참여박물관과 참여전시의 활용」, 『박물관학보』, 한국박물관학회, 1998, 232~233쪽

참고내용

1. 국립중앙박물관 설명패널

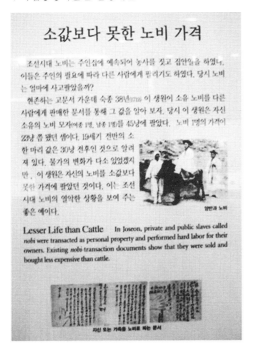

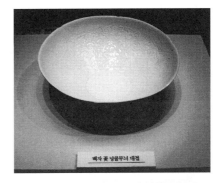

2. 옛터민속박물관 설명패널

반 닫 이

반닫이는 문판을 상하로 여닫는 장방형의 수납가구로 서적, 의복, 그릇, 제기, 활자 등을 보관하였다. 반닫이는 전판과 바닥널, 문판과 앞널, 측널, 뒷널로 이루어져 있고, 목리가 좋고 넓으며 두꺼운 판에 백동, 활동 무식 등으로 된 두석을 사용하여 단순하면서도 자연스럽게 제작하였다.

옛터민속박물관

분청사기덤벙문대접
粉青沙器덤벙紋鉢

Buncheong Ware Bowl,
coated with white slip

조선시대

옛터민속박물관

3. 국립공주박물관

4. 석장리박물관

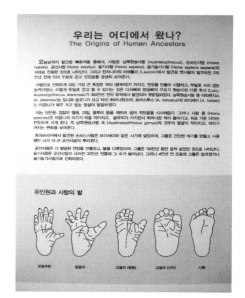

5. 천안박물관 & 국립공주박물관

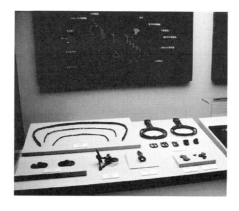

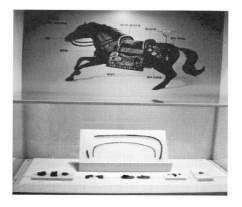

와이드칼라

▲ 지하철 와이드칼라 광고

▲ 공주박물관 와이드칼라

입체자료로는 복원, 모형, 디오라마, 파노라마 등이 있다.

복원은 고증, 연구, 조사, 검토를 통해 희소성 있는 전시물, 원형이 파손된 전시물, 대량전시나 노출전시가 필요한 전시물 등의 실물자료를 기초로 성형한 모사나 모조 등의 자료이다. 모사는 그림 같은 평면적인 것을 1 : 1로 축척한 자료이고, 모조는 입체적인 것을 1 : 1로 축척한 자료이다.

모형은 전시 주제에 따라 실물자료를 그대로 본뜬 지형, 건축, 동식물 등과 상황에 따라 실물의 크기를 가감하여 제작한 기계 단면도, 건축구조 단면도 등을 말하며, 포괄적으로 전시를 한눈에 조망할 수 있도록 한 자료이다.

디오라마(Diorama)는 주제를 시공간에 집약시켜 입체감과 현장감을 극대화한 것으로 모형을 설치하여 하나의 장면을 연출하는 방법이다.

파노라마(Panorama)는 연속적인 주제를 실제와 가깝게 실물 모형으로 전체와 부분의 관계를 명백하게 하여 서로 연관성을 깊게 표현함으로써 실제 경관을 보는 것처럼 색, 질감, 조명, 음향 등을 설치하는 방법이다.

참 고 내 용

반원형(자연사박물관) → 동·식물 전시
※ 파노라마 : 연속적인 주제를 함께 볼 수 있음
※ 디오라마 : 하나의 장면 연출. 즉, 디오라마는 파노라마
  의 일부분임

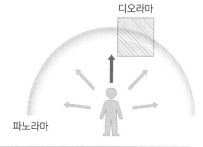

종합자료인 영상매체는 흥미 유발과 다수의 관람객에게 동시에 정보를 전달하기 위하여 처음에는 단순하게 기록영상을 보여주는 수준에서 출발하였다. 이후 영상매체는 실물자료를 실제로 전시할 수 없는 경우, 전시물의 이해를 돕는 보조수단이 필요할 경우, 전시환경의 연출에서 체험영상이 필요한 경우에 사용되었다. 전시내용의 효과적인 전달수단으로 영상매체는 중요한 요소이며, 소프트웨어의 개발과 응용을 통해 입체적인 전시효과를 낼 수 있었다.

| 전시 영상매체[4] |

매체	특징 및 범위
멀티영상	필름계와 전자계 멀티로 구분되고, 작은 화면의 집적에 의해 거대화면과 같은 효과를 내며, 대소 복수화면의 혼재, 화면분할, 화면이동, 확대 및 축소, 동일 화면의 병렬 등 가변적 화면구성으로 다양한 영상표현과 시스템 동시진행이 가능하다. 예를 들어, 멀티비전 등이 있다.
인터랙티브 영상	관람객 참여로 완성되는 상호작용에 의한 쌍방향 커뮤니케이션 형태의 시스템으로 터치스크린 등이 있다.
특수영상	일반 영상에 여러 가지 기계장치나 특수효과로 사람의 감각을 자극하여 영상현실이 실제 현실처럼 느껴지도록 만들어진 영상물이다. 예를 들어, 매직비전 등이 있다.
시뮬레이션 영상	첨단기술을 부가하여 스크린 이외의 요소를 더해 가상체험을 보다 강하게 연출할 수 있는 시스템으로 철도, 항공기 등 운전 시뮬레이션 등이 있다.
무빙영상	좌석이나 스크린, 영상장치가 움직이는 시스템이다.
증강현실	눈으로 보는 현실 세계에 가상물체를 보여주는 기술이다.
가상현실	컴퓨터로 만들어 놓은 가상 세계에서 관람객이 실제와 같은 체험을 할 수 있도록 하는 기술이다.

2. 전시공간

전시공간은 전시물과 관람객을 연결하는 매개체로, 의도된 메시지를 전시물을 통하여 다양한 연출방법으로 구현해 낼 수 있는 공간이다. 전시공간 요소인 천장, 벽, 바닥 등의 공간에서 전시대와 패널 등의 도구를 이용하여 전시기획자와 관람객을 모두 충족시킬 수 있도록 조성해야 한다.

1) 전시공간 요소

벽면전시는 2차원적 전시물과 정면 중심의 입체적 전시물을 위한 전시이다. 벽체는 결과 질감이 있는 재료로 마감하고 색채는 밝은 계통을 사용하여 배경적인 효과를 높인다. 벽면전시에는 벽면 전시판, 벽면 진열장, 알코브 벽, 알코브 진열장, 돌출진열대, 돌출진열장 등이 있다.

바닥전시는 입체적 전시와 시각적 집중을 요하는 전시에 사용한다. 바닥전시는 바닥평면, 가라앉은 바닥, 경사진 바닥면을 이용하여 전시한다.

천장전시는 천장면이 전시물의 배경이 되어 2차원 개념의 전시물을 전시하거나 천장면에 입체적 전시물을 매달아 전시하는 형태이다. 또한 계단실의 천장을 이용할 수도 있으며, 대형전시물을 천장에 매달아 내부로 관람객이 들어갈 수도 있다.

---

4) 성은희, 「박물관 전시의 영상매체 활용방안 연구」, 경희대학교 석사학위논문, 2006, 21~22쪽

기둥전시는 기둥 자체가 벽면과 같은 배경이 될 수 있고, 기둥을 이동시켜 크기, 형태, 위치를 달리하여 위계적 전시를 할 수도 있다.

2) 전시공간의 물리·화학적 조건

① 동선과 진열장

전시실의 동선은 전시물의 배치와 관람객의 움직임을 고려하여 다양한 루트를 확보해야 한다. 관람객이 많은 경우 한 장소로 동선이 집중되지 않도록 하며, 자연스런 동선은 작품의 이해도를 높일 수 있다. 동선의 유형을 렘부르크는 간선형, 빗형, 체인형, 부채형, 블록형 등으로 구분하였다.

첫 번째, 간선형은 입출구가 하나로 평면의 전시공간이 서로 연속된 통로에 이어져 전시물을 통로의 한쪽에만 설치하여 관람하도록 한 전시이다. 두 번째, 빗형은 입출구가 다르며 각각의 공간에 다른 주제를 담아 관람객이 서로 겹치지 않고 쌍방통행으로 관람하도록 한 전시이다. 세 번째, 체인형은 입출구가 다르며 독립된 공간에 다양한 이동통로를 만들어 관람하도록 한 전시이다. 네 번째, 부채형은 입출구가 하나로 중앙에서 퍼져나가는 여러 통로가 이어져 서로 다른 주제를 진열하도록 한 전시이다. 다섯 번째, 블록형은 입출구가 하나로 이동이 자유롭고 특정체제가 없이 전시 주제에 따라 개별 혹은 혼합된 형태로 진열하도록 한 전시이다.[5]

| 간선형 | 빗형 | 체인형 | 부채형 | 블록형 |

참고내용

- 강제동선 : 연대기, 순차적 관람유도(철저한 분석, 조사 후 동선 마련)
- 자유동선 : 관람객 스스로 진행 방향 결정하여 전시관람
- 관리동선 : 전시 시설 유지 관리
- 자료동선 : 전시물 수립, 교체, 반입(준비실, 수장고, 임시창고 가는 통로)

한편, 박물관 자료의 전시에 필요한 도구인 진열장은 다음과 같다.

벽부형 진열장은 2차원적 전시물이나 전면 중심의 입체적 전시물을 진열할 때 사용하며, 전시 벽면에 따라 전면에 유리를 두어 내부에 전시공간을 만든 형태이다. 진열장은 1면과 3면으로 나뉘며, 전시형태에 따라 전시실의 폭과 유리의 높이 등을 달리하고 유리는 방화유리를 사용한다. 진열장의 개폐는 전면과 측면을 활용하며, 요즘에는 거의 전동도어 전진 개폐방식을 사용하여 전시 작업이 용이하도록 한다.

---

5) 최준혁, 「박물관 실내공간에서의 관람동선 및 행태에 관한 연구」, 홍익대학교 박사학위논문, 2004, 17쪽

독립형 진열장은 소형 혹은 대형의 입체적 전시물을 전시실에서 부각시킬 때 사용하며 4~5면을 사용한다. 사방에서 전시물을 볼 수 있는 형태이며, 특히 5면의 조감형 진열장은 회화, 서적, 섬유 등의 평면적인 작품 및 소형 전시물을 위에서 아래로 내려다 볼 수 있다. 바닥을 고정하는 경우도 있지만 전시 연출상 변화를 위하여 이동할 수 있도록 캐스트 롤러(Cast Roller)를 부착하여 바닥조정 레버로 진열장의 균형을 잡기도 한다.

진열대는 전시물을 진열장 밖에 노출시켜 전시하는 형태이다. 이때 진열대는 단순하고 세련된 디자인으로 만들어야 하며 관람객이 직접 만질 수 없도록 차단봉을 설치하기도 한다.

진열판은 진열이 가능한 벽면을 말하는 것으로 벽 자체에 패널을 건다든지, 전시물을 매달거나 선반을 이용하여 전시하는 방법 등이 있다. 이를 위해 전시실 안 벽면에는 전시걸이가 설치되어 있으며 전시대상물에 따라 선반걸이가 부착되어 있는 경우도 있다.

② 조명[6]

박물관 전시공간의 조명은 본래 전시물을 돋보이게 하는 장치로서 전시물의 보존과 관람객의 쾌적한 전시환경 조성을 위한 적절한 조도와 광도를 유지하여야 한다.

관람객이 외부공간에서 전시공간으로 진입하게 될 때 실내의 조도가 차츰 낮아지는 형식을 취해야 한다. 시적응을 고려하여 조도차가 단계적으로 이루어지도록 출입구에 완충지역을 마련해야 한다.

전시조명은 중요한 전시물 위주로 밝게 비춤으로써 전체적으로 조명의 강약을 조절한다. 배경은 단순한 색조와 광택이 없이 마무리된 표면으로 매끈함이 중간 정도인 재질을 사용하고 저채도 저명도를 배경으로 사용하여 조도의 차이를 극복하며, 반사율이 적은 낮은 조도를 유지하여 전시를 돋보이게 한다.

박물관 자료의 열화를 차단하기 위해서는 자외선 차단램프, 자외선 차단스프레이 페인트, 자외선 차단필터, 쿨빔램프, 적외선 차단필터, 분광판 등을 설치한다.

조명은 주조명, 충진조명, 후면조명, 배경조명 등으로 나뉜다. 주조명은 확산되지 않는 빛을 사용하며 조명의 밝기와 비추는 각도에 따라 전시물의 재질이나 성격을 달리한다. 충진조명은 부드럽게 확산되는 빛으로 그림자가 지는 부분이 잘 보이도록 돕는 역할을 하며 주조명과 다른 방향으로 비춰준다. 주변조명이 충분할 경우 충진조명은 쓰지 않는다. 후면조명은 주조명으로 생기는 그림자를 없애기 위해서 사용한다. 배경조명은 디오라마, 파노라마를 이용한 전시에서 모형 뒤에 있는 배경을 강조하기 위해 비춰준다.

자연광은 변화가 많고 광원을 조절하는 것이 불가능하지만 경제적으로 비용절감을 할 수 있다. 외부와의 끊임없는 접촉을 할 수 있는 적당한 크기의 창문을 분배하여 눈부심을 없애고, 실내의 어두침침함을 피하도록 한다.

---

6) 최종호, 「전시환경 계획과 진열장 환경제어」, 『박물관의 이론과 실제 – 박물관 실무 지침(2)』, 한국박물관협회, 2004, 93~106쪽

관람객을 위한 휴식공간을 마련하여 자연광을 줌으로써 피곤을 풀 수 있도록 유도한다. 특히 주출입구, 중앙홀, 전시실과 전시실 간의 이동공간에 자연광을 이용하여 관람객에게 안정감을 주도록 한다. 전시물의 색상을 정확하게 보여주는 자연광을 채광할 경우, 채광량을 조절하는 광센서와 채광설비를 설치한다.

전시실에서는 관람객이 발열하는 온도 및 습도의 변화, 호흡에 의한 이산화탄소, 먼지, 병충해 등의 침입이 예상되며 중앙집중식 공조시설을 가동할 때마다 급격한 온습도의 변화가 반복적으로 되풀이됨으로써 열화도가 발생한다. 또한 조명시설인 할로겐, 형광등, 스포트라이트에서 적외선, 자외선, 가시광선 등으로 인해 탈색, 변색, 퇴색이 발생한다.

위와 같은 공기환경으로부터 전시실을 지키기 위해서는 온습도 제어가 반드시 필요하다. 적절한 공조설비로 공기 환경을 제어하고, 주요 자료는 항습설비를 설치한 진열장을 계획하여 별도로 온습도 제어를 한다. 건물의 콘크리트와 건재 등 옥내에서 발생하는 요소에 관해서는 공기청정장치를 설비 및 밀폐형 진열장을 설치하고, 정기적인 방충제를 사용하며, 훈증과 분무를 이용하여 소독을 한다.

전시실과 진열장 내부는 전시물에 대한 과도한 환경적 제어를 해서는 안 된다. 박물관에서 온습도는 출토 목재품은 15~20℃, 80%, 전승 목재품은 15~20℃, 45~65%, 금속류는 16~24℃, 40~63%, 토석류는 16~24℃, 45~63%, 섬유류는 16~24℃, 50~63%, 고문서류는 13~18℃, 58%, 칠기류는 16~24℃, 65~70%로 조절한다.

전시물을 재질별로 구분하여 전시실마다 약간의 차이를 두는 것이 바람직하지만 개방되어 있는 전시실 특성상 인간과 자연환경의 중간치에서 항습환경을 설정한다. 습도는 습기제거 방습제인 실리카겔을 사용하고, 온도는 원격자동조정조명 시설과 미세한 환기구를 설치하고 반사 금속 사용을 자제하며 열 제거용 고전도 물질과 저전압용 광섬유를 사용한다.

3) 전시공간의 생리적 조건

쾌적한 환경에서 전시물을 관람할 수 있도록 밝고 보기 쉬우며, 즐거운 분위기를 연출하여 흥미롭게 구성해야 한다. 지속적인 전시물 교체를 위하여 성장형 전시개념을 반영하여 설계를 하고, 휴게공간을 두어 피로해소를 유도한다. 전시공간은 시각적 환경을 우선하여 디자인하며, 동선 주변에 기둥을 배제하여 공간 자체의 격조를 높일 수 있도록 한다.

만약 박물관 관람 시 휴게공간이 없고 온습도가 쾌적하지 않으며, 일률적이고 명시성 떨어지는 조명이 있는 단순한 전시라면 육체적 피로와 함께 심리적 지루함이 발생한다.

03 전시 형식 및 기능

1. 전시 형식

1) 상설전

상설전은 10년 이상 장기간에 걸쳐 진행되는 전시로, 박물관의 사정에 따라 단기적인 기획전을 연장하여 상설전으로 진행하기도 한다. 상설전은 종합박물관보다 전문박물관에 필요한 전시로, 전시내용과 정보의 변경이 필요하지 않은 경우, 단종 전시물의 경우, 유사한 전시물이 많지 않은 경우 등에서 실시할 수 있다.

전시기간이 길기 때문에 지루하지 않은 디자인을 유지하도록 표준적이면서 소통적인 효과가 오래 지속될 수 있는 내구성이 강하고 쉽게 닳지 않으며 관리가 편한 자재를 사용하는 것이 좋다.

또한, 상설전은 박물관에 지속적으로 관람객이 방문하는 경우 진행하는데 고정된 내용으로 전시물의 교체가 쉽지 않더라도 정기적으로 일정부분은 전시물을 변경해줘야 관람객의 유도가 용이하다.

2) 기획전

기획전은 상설전에서 보여주기 힘든 내용이나 주제를 1개월 내외의 단기로, 3~6개월의 중기로, 차기 전시까지 이어지는 장기로 진행된다. 기획전은 시공간이 제한적이지만 가변성을 지니고 있기 때문에 독특한 전시물을 주제로 한 전시, 사회적인 이슈·진보적인 시각·한정된 목표를 보여줄 수 있는 실험적인 전시, 새로운 기술을 도입한 전시 등으로 진행할 수 있다. 상설전이 가지고 있는 전시내용의 고착성과 단순성으로 말미암아 흥미를 잃은 관람객에게 박물관의 인식을 새롭게 해주는 계기가 될 수 있다. 또한 기획전은 단순한 전시에 머무르지 않고 전시연계교육프로그램으로 학술세미나, 체험프로그램 등을 기획하여 주제의 표현을 극대화한다. 관람객의 규모를 정확하게 예측하여 전시실 관람에 있어서 혼잡함이 없도록 해야 하며, 도록, 포스터 등의 인쇄물과 문화상품 등을 판매하여 경제적인 효과를 볼 수 있도록 해야 한다.

3) 특별전

특별전은 기획전 중에서도 전시기획 의도나 목적이 일상적이지 않고 특별한 것으로 개최시기가 짧은 블록버스터형 전시를 지칭한다. 특별전은 흡입력 있는 진귀한 전시물을 준비하여 관람객으로 하여금 보고자 하는 욕망을 불러일으켜 관람객의 관심을 유도한다. 보통 국제전이 많기 때문에 대여교섭과 전시 전 과정에 걸쳐 치밀한 계획이 필요하다.

특별전은 다수의 관람객 유치를 위하여 다양한 홍보방법과 전시실 수용 가능인원, 적절한 동선 등의 환경에 관하여 지속적으로 점검해야 한다. 또한 흥행과 경제적 이유로 후원과 협찬을 할 수 있는 기관을 선정하여 원활한 전시진행을 할 수 있어야 한다.

4) 순회전

순회전은 찾아가는 박물관으로, 기존의 수동적인 자세에서 벗어나 능동적으로 전시물을 갖고 여러 장소를 이동하면서 관람객에게 직접 다가가는 전시이다. 순회전은 대중과 박물관 간의 간격을 좁히기 위한 대안으로, 지역 문화소외계층의 문화향수 증진에 이바지할 수 있다. 지역박물관, 문화기관, 학교, 군부대 등과 연계하여 문화전도사로서의 역할도 수행할 수 있다.

다만, 잦은 이동으로 안전성 문제가 제기될 수 있으며, 철저한 타당성 조사가 선결되어야만 재정적으로 소요될 자원에 대한 예측이 가능하다. 순회전은 가변적인 속성 때문에 전시설계에 신중을 기해야 하며, 전시흐름이 끊기지 않도록 핵심 단위를 중심으로 전시를 진행해야 한다.

5) 대여전

대여전은 박물관의 전시목적에 따라 타 기관이나 개인 소장가들로부터 전시물을 대여받아 진행하는 전시이다. 대여전은 책임의 소재와 사고를 예방하기 위하여 전시에 필요한 모든 사항에 대하여 계약을 체결한다. 블록버스터형 전시인 특별전에서 대여전을 많이 진행하기 때문에 수입 배분방식과 경비 정산문제 등의 예산 책정에 신중을 기해야 한다.

2. 전시 기능

1) 감성전시

감성전시는 미적 가치를 가장 좋은 조건하에 제시하는 전시로 물품 지향적 전시이다. 특히, 미술관에서 설명을 최소화하고, 전시물을 돋보이게 하여 관람객의 감성을 특정한 방향으로 자극하여 감성을 연마하고 정서함양을 위하여 많이 사용하고 있다. 감성전시는 시각적인 아름다움을 위한 심미적 전시와 낭만주의를 위한 환기적 전시로 구분된다.

심미적 전시는 관람객의 취향이 개인마다 다르기 때문에 사회적으로 통용되는 객관적인 미적 기준에 부합되는 전시물을 선정한다. 전시의 목적이 전시물의 아름다움을 전달하는 것이므로 가급적 전시자료 이외의 연구자료와 보급자료는 최소화한다.

환기적 전시는 시대, 국가, 문화적 환경 등을 연극적인 방식으로 재현하는 것으로 디오라마, 파노라마, 모형 등을 통해 자신의 경험과 연계하여 전시를 이해하는 것이다.

2) 교훈전시

전시의 의도를 명확하게 전달하기 위하여 모형, 디오라마, 파노라마 등의 교육 자료를 전면에 배치하여 효율적으로 디자인한 전시이다. 전시기간 동안 해설사나 자원봉사자 등의 인력을 동원하여 전시해설을 진행한다.

3) 해설전시

전시물을 학술적으로 연구하여 분석한 객관적인 근거를 바탕으로 여러 전시매체를 이용하여 설명하는 전시이다. 초기에는 실물전시의 보조자료였으나, 차츰 비중이 늘어나 이론적인 성과를 다양하게 전시로 활용하고 있다. 전시의 이해를 돕기 위하여 부대행사로 학술세미나, 갤러리토크 등을 진행하기도 한다.

4) 기타 전시

상호작용적 전시는 전시디자이너가 예측한 범위 내에서 관람객의 반응에 따라 전시가 다양한 형태로 변형될 수 있는 것으로 컴퓨터를 활용한 전시이다. 반응적 전시는 관람객의 접근에 따라 자동적으로 반응하는 전시로, 예를 들어 관람객이 오면 진열장의 불이 켜지고 작동하는 전시이다. 엔터테인먼트적 전시는 단순히 관람객의 즐거움과 유희만을 목적으로 하는 유원지적 접근부터 연극적인 전시까지 다양한 형태를 이루고 있다. 참여형 전시는 관람객의 참여와 체험이 이루어지는 전시로 관람객 스스로 오감체험을 통해 전시를 이해할 수 있도록 한 형태이다.

04 전시기획

1. 전시기획

1) 전시프로젝트

데이비드 딘(David Dean)은 전시프로젝트 모델을 다음과 같이 제시했다.[7]

① 기초조사

박물관의 존재가치를 결정하는 실물자료에 대한 지속적인 조사와 확보를 진행하는 한편, 박물관 주변 환경인 잠재적 위치, 소요면적, 인근교통, 유사시설 등에 관한 사항도 조사하여 박물관 설계의 데이터베이스를 구축한다.

② 기본구상단계

기초조사가 끝나면 박물관 전문가, 교수, 행정가, 시민 대표 등으로 이루어진 기본구상검토위원회를 조직하여 박물관 건립의 큰 그림을 그린다. 기본구상안에는 그 지역의 장기적인 계획과 건립하려는 박물관과의 관계, 박물관의 설치목적, 이념, 박물관의 성격(종합박물관, 역사박물관, 향토박물관, 자연사박물관 등의 테마), 사업의 종류와 내용(조사 및 연구, 수집 및 보관, 전시, 보급 및 교육, 정보, 교류 등), 주요 대상자와 연간이용자수, 시설계획(입지, 시설규모, 시설구성,

---

7) D. Dean, 「Museum Exhibition」, Routledge, 1998, 9쪽

설비 등), 운영계획(운영주체, 조직계획 등), 건설연차계획, 개략 총 사업비, 이미지 스케치, 참고자료(조사자료, 검토과정, 위원회명부 등) 등이 구체적인 항목으로 들어간다.

③ 기본계획단계

기본구상단계의 내용을 좀 더 구체화시킨 것으로 전시의 정책이나 시나리오의 골격을 만들어가는 단계이다.

항목	내용
전시이념	박물관 관람객, 더 나아가 시민에게 전시를 통해 무엇을 전달하고 싶은지, 박물관의 이상이 무엇인지, 사회에 어떻게 기여하려고 하는지 등을 몇 개의 항목으로 정리한다.
기본방침	전시를 계획할 때 특히 강조하고 싶은 내용이나 주요 포인트를 정리해서 요약한다. 예를 들어 디오라마 전시를 많이 하고, 오감을 활용한 체험전시를 계획하고 있다면 '입체적인 전시연출로 역동적인 전시구성을 목표로 한다'라고 기술할 수 있다. 기본방침은 다음 설계단계에서 중요한 지표가 되므로, 충분히 의논하여 그 관점을 정한다.
전시테마	기본계획의 뼈대가 되는 부분으로 박물관 전체의 테마, 기본방침에 따라 大테마, 中테마를 추출하고 시나리오의 흐름에 따라 전시물을 균형 있게 구성한다.
동선 및 시선, 공간계획	동선계획은 관람객이 어떻게 하면 이해하기 쉽고, 피로감을 일찍 느끼지 않으며, 즐거울 수 있는지를 생각해 전시물을 배치하는 것이다. 동선에는 강제동선, 반강제동선, 자유동선이 있지만 대부분의 박물관에서는 전시시나리오에 맞추어 반강제동선을 계획하는 경우가 많다. 이것은 관람객에게 보다 나은 전시정보를 제공하는 데 유리하고, 전시시나리오를 구성하기 쉽기 때문이다. 시선계획은 동선을 따라 이동하면서 관람객이 보는 시선과 전시물의 크기, 높이, 거리 등을 시각심리에 의해서 계획하는 것이다. 공간계획은 앞서 밝힌 동선계획과 시선계획을 입체적으로 구성하여 다양한 전시환경을 계획하는 것이다. 이때 전시스토리와 공간계획을 건축계획에 반영시키는 절차가 필요하다.
전체 공정표	일 단위, 월 단위 공정표를 만드는 것은 불가능하지만 각 단계의 작업이 몇 개월이 걸릴지를 상정하여 개관 예정시기부터 연차 공정표를 작성한다. 이 전체 공정표에는 전시계획, 건축공사 등의 계획 스케줄이 담긴다.
개략 예산계획	총 사업비는 토지 취득비, 조성비, 건축공사비, 전시공사비, 설비비 등 개관까지 필요한 경비의 총액이다. 기본계획단계의 전시연출방법을 고려하여 전시실별 개략적인 예산의 기초자료를 작성하고, 설명을 곁들인다.
부속자료	기본계획서에 첨부되는 자료로써 배치도면이나 전시실 내부 이미지 스케치 등이 첨부된다.

④ 기본설계단계

기본계획에 따라 실제로 전시하는 내용과 공간배치를 정하는 구체적인 작업 단계이다.

항목	내용
기본계획 수정하기	기본계획에서 언급했던 전시시나리오, 공간계획, 동선계획 등의 실현 가능성, 예산의 한계에 관한 내용을 추가하거나 수정하여 기본설계의 방침을 마련한다.
전시물 확정	확정된 시나리오에 따라 전시물 리스트를 작성한다.
전시구성과 배치계획의 작성	전시물의 크기나 형태, 색 등을 고려하여 어떤 공간에 어떻게 배치할 것인지 계획한다.
제작물의 설계	실물자료 이외에 제작을 해야 하는 2차 자료에 대한 평면도, 입면도, 단면도, 기본사양을 작성하고, 영상이나 소프트웨어에 대해서도 기본사항을 정한다.
관리운영계획	전시물의 방범, 방화, 도난방지 등에 관한 장치를 설계한다.
법규 조정	「건축법」, 「소방기본법」, 「저작권법」 등 현 시점에 해당하는 법령에 관해 체크하고 관계기관의 지도를 받는다.
기본설계도서로 정리	작업한 내용을 설계도에 의거한 기본사양서와 설명서를 작성한다.
계략예산의 작성	박물관 측이 구입할 전시물의 금액을 산정하고, 모든 2차 자료의 견적서를 작성한다.
공사일정표 작성	실시설계, 공사일정을 전시의 각 분야별로 나눠 월별로 작성한다.

⑤ 실시설계단계

기본설계도면에 있는 대로 상세한 시나리오의 작성과 결정, 최종 전시물 결정, 공사의 상세 설계, 사양의 확정, 설계적산서 작성을 하는 단계이다.

항목	내용
최종 전시물리스트 확정	기본설계로 표시되는 大테마, 中테마, 小테마별로 전시물을 상세하게 결정하고 리스트를 만든다.
일반시방서 작성	제작, 시공을 진행하는 경우의 지침서 같은 것으로 따라야 하는 법령, 현장 관리방법, 재료의 선정, 공사의 나아갈 방향 등을 상세히 기록한다.
특기시방서 작성	일반시방서에 표시가 불가능하거나 각 전시물의 제작, 시공상의 유의점, 재료사양, 제작·시공 방법 등을 열거한다.
실시계획도면 작성	전체평면도, 전체동선도, 전체조감도, 천장도, 각 부분 설계도(평면, 단면, 입면), 모형도, 시스템구성도, 조명도, 전기배선도, 영상·음향 시나리오, 정보시스템 시나리오 등을 작성한다.
적산내역표 작성	제작·시공, 공사비 내용을 작성한다.
건축설계와 조정	건축팀의 실시설계 진행내용을 확인하고 전시내용에 부합하는지 검토 후 조정한다.
공사일정 작성	발주부터 제작, 시공, 완성까지 타임스케줄을 작성한다.

⑥ 제작 및 시공단계

설계도가 완성되면 전시물의 전시 조건(진열장 내부의 온도나 습도, 조명의 세기 등)을 재검토하고, 모형을 실물크기로 제작하여 전시실에 배치해 보고 스케일감이나 관람객 동선의 안전성을 확인해본다. 이때 담당자가 설계의도나 사양대로 작업하여 제작하고 있는지 감리도 진행한다.

2) 전시기획

전시에 필요한 전시물, 전시기획자, 전시공간이 마련되면 전시를 기획한다. 전시를 기획하는 일은 피상적인 구상을 구체화하여 실제로 관람객에게 풀어내는 창조적인 작업이다.

① 계획단계

전시의 개최 이유를 밝히는 단계로, 전시 주제를 선정하고 필요한 자료를 수집한다. 박물관 인력의 공식 또는 비공식적인 회의, 이사회 회의, 관람객과 회원들의 설문조사, 외부 제안 등으로 주제를 선정하며 선정된 아이디어가 실제로 실현 가능한지 검토한다. 이를 위하여 현재 박물관의 상황을 점검하는 한편, 관람객에게 잠재적인 매력이 있는지도 살펴보아야 한다. 이후 전시기획 의도와 주제를 선정하기 위해서는 전시의 대략적 개념과 포괄적인 목표 등을 결정한다.

전시의 주제를 정한 후 박물관은 전시물인 유물의 시대 · 연관성 · 특징 등을, 미술관은 작가 · 작품의 소장처 · 미술시장의 흐름 등을 카탈로그, 도록, 리플릿, 포스터, 논문, 슬라이드 필름, 각 박물관 · 미술관 자료목록, 인터넷 등에서 정보를 얻도록 한다. 수집된 자료는 체계적으로 정리하여 조사카드 형식으로 보고서를 만들어 전시기획과 진행에서 다각도로 사용한다.

② 기획단계

수집한 다양한 자료들을 바탕으로 전시의 내용과 추진방법 등이 명시된 제안서의 전시 아이디어를 재검토한다. 전시의 취지와 목적 및 개요뿐만 아니라 시기, 자료 보존 및 안전적 조치, 인력의 구성, 전시 공간, 일정 및 예산 등을 중점적으로 검토한다. 이와 같은 과정을 거친 후 전시 추진이 결정되면 전시 개요를 보다 구체적으로 기술하여 전시기획서를 작성한다.

전체적인 전시의 틀을 계획하고 결정하였다면, 선정된 전시물을 전시공간으로 옮겨 설치한다. 이때 전시구성과 연출방안을 면밀히 살펴 원활하게 작업이 진행될 수 있도록 하며, 카탈로그, 도록 등의 인쇄물을 제작하고, 안전사고가 일어나지 않도록 지속적으로 확인하여야 한다.

참고내용

반입할 전시물의 소재를 파악했다면 위조품이나 표구, 액자상의 문제도 꾸준히 조사하여 전시물 확보에 만전을 기해야 한다.

반입할 경우 현황보고서를 작성하는데, 이때 포장상태를 그림, 사진 등으로 기록하여 보관하며 등록담당자와 차량운송 중 발생했을 문제에 대하여 확인한다.

인쇄물은 전시내용에 충실하며, 대중의 구매욕구를 자극할 수 있는 디자인과 가격을 잘 선정해야 한다. 제작계획서를 작성하고 업체를 선정한 후 자료정리 및 편집을 통해 교정까지 마무리하면 인쇄한다.

---

③ 진행단계

전시를 개최하는 날에는 개막행사를 통해 전시 개최를 대외적으로 알려야 한다. 개막행사는 전시에 초대한 초대 인사를 가장 먼저 소개하고 테이프커팅을 한 후 담당 학예사가 전시의 큰 틀을 소개하는 전시 관람이 이어진다. 마지막으로 전시개막을 알리는 인사인 리셉션을 하고 폐회를 한다. 전시의 이해를 돕기 위하여 부대행사로 전시를 설명하는 갤러리토크, 강연회, 작가와의 만남, 학술세미나, 시연 등의 각종 전시연계교육프로그램을 진행하기도 한다.

전시일정에 맞춰 전시가 종료되면 전시실을 철거하고 전시물을 회수하여 소장품은 수장고에 보관하고 대여품은 포장하여 소장처로 반출, 운송, 반납을 진행한다. 이후 책정한 사업비에 맞춰 회계정리와 세금 납부 등을 진행하고 그 결과보고서를 작성한다.

3) 전시기획서

① **제목** : 전시주제와 관련된 제목 결정
  - 시간을 넘어서, 혼(魂) 그리고 힘(力), 해석의 확장, 꿈과 희망

② **기획의도**
  - ○○○자료는 창조적인 본능에 의한 것이 아니라 사회적, 기술적 믿음으로 기층민이 만들어 낸 자료이다.
  - ○○○자료는 감성을 창의적으로 표현한 것이다.
  - ○○○ 자료가 탄생하는 시대적 배경, 제작, 유통, 소장, 활용, 보존, 소멸, 재탄생 등의 생명주기에 대해 고찰한다.
  - 이번 전시는 새롭게 부각되는 시대적 미감에 주목하여 전시를 기획한다.

③ **전시기간 및 장소**
  - 20○○년 ○월 ○일, 박물관 중앙홀, 제 1, 2 전시실
  - 20○○년 ○월 ○일 오프닝

④ **공동사업자**
  주최 및 주관 : ○○○박물관
  후원 : 한국문화예술위원회, 한국박물관협회, 문화체육관광부
  협찬 : KBS, MBC, 대한항공, 삼성전자, LG, 현대자동차

⑤ **전시구성**
  - 제 1부 도입부 : 전시 안내문 및 연표 설치, 전시와 관련된 영상 및 사운드 설치
  - 제 2부 ○○○ : ○○○ 자료, ○○○○자료와 관련된 영상, 모형, 사진 전시
  - 제 3부 ○○○ : ○○○ 자료, ○○○○자료와 관련된 영상, 모형, 사진 전시

- ○ ○ ○ 자료를 관통하는 키워드를 전시구성을 위한 맥락으로 설정하여 대표적인 자료를 상호 매칭하는 방식으로 전시를 연출한다.
- 이번 기획전에서는 ○ ○ ○ 자료를 재맥락화하고 ○ ○ ○ 자료를 서로 매칭함으로써 창조와 재창조, 해석과 영향 등의 개념을 소개한다.
- 박물관은 주제에 따라 전체적인 ○ ○ ○ 자료의 흐름을 이해할 수 있도록 설명패널을 설치하고 개별 전시물마다 네임텍을 작성하여 전체 공간과 자료를 이해할 수 있도록 구성한다.
- 독립진열장, 진열대, 전시판 등을 이용하여 주제를 다르게 선정하여 파티션을 나눠 전시할 예정이다. 입구와 출구를 달리하여 관람객이 서로 엉키지 않도록 유도한다.

⑥ 기대효과
- 이번 기획전을 계기로 창작의지를 일깨워 주고, 관람객들에겐 문화예술에 대한 감수성을 고취시키고 문화예술에 대한 관심과 보급을 증대시키고자 한다.
- 이번 기획전은 관련 학자들에게 연구의 기회를 제공할 수 있다.
- 이번 기획전에서는 풍부한 영상, 사진 등의 시청각 자료와 다양한 유형의 아카이브 전시를 통해 관람객의 관심과 흥미를 유발한다.

⑦ 일정
- 전시개념 및 방향 구체화
- 전시물 선정 및 개최계획 수립
- 전시실 공간 디자인 완료 및 설계
- 전시실 공간 조성
- 전시물 운송반입
- 전시물 설치
- 홍보자료 배포
- 각종 사인물 제작 : 배너 및 현수막 제작, 설치 및 부착
- 전시(일반 공개)/ 부대행사
- 전시물 철거 및 재포장 → 전시물 반출

⑧ 예산
- 인건비(해설사, 전시연계프로그램 학술세미나 강사, 체험교육 강사)
- 자료제작비(교육자료집, 전시설명패널, 리플릿, 포스터, 포스트카드)
- 현수막(홍보 현수막)
- 도록 제작비(도록 A4, 80쪽, 500부, 칼라)
- 조사 분석비(논문, 교육자료, 네임텍, 전시설명패널 원고료)

- 촬영비(도록, 포스터)
- 물품 구입비(복사지, 잉크, 소모성 사무용품)
- 행사 진행비(교정, 자료 선정회의)
- 작품 운송비(포장 및 해포, 운반, 사업수행행사 진행비)
- 재료비(체험프로그램 재료비)
- 통신 및 발송비(교육자료, 도록 발송비)
- 행사 진행비(전시업무 협의미팅, 간담회)
- 시설장비 유지비(전시실과 교육실 조명시설 교체, 패널용 파티션 및 진열장, 진열대 제작, 액자걸이 설치, 전시실 및 교육실 도색(천장, 벽면, 계단실))

2. 전시평가

전시평가는 개최된 전시내용이 관람객에게 효과적으로 전달되었는가를 판정하여 향후 전시에 직접적인 지침을 마련하는 작업이다. 과학적인 평가를 위해서 계획, 기획, 진행 등의 전 과정에서 세심한 검토가 필요하다.

| 전시평가 |

구분	내용
개념	• 전시의 목적이 계획대로 잘 수행되고 있는가를 점검하고 판단하는 일련의 과정이다. • 검증, 사정, 자기점검, 비평 등을 의미한다.
목적	• 계획된 전시내용이 관람객에게 효과적으로 잘 전달되었는가 판정한다. • 정보전달계획의 방법론에 있어 보다 효과적인 발전방향을 제시한다.
의의	• 관람객의 다양한 가치기준과 요구를 바탕으로 전시환경의 질적 수준을 진단한다. • 관람객의 전시에 대한 관람 만족도를 높여주기 위한 일련의 과정이다.
효과	• 박물관의 전시 목표에 대한 달성도를 확인할 수 있다. • 향후 박물관 전시의 질이 보다 향상될 수 있다.

1) 전시평가의 종류

전시평가는 전시의 목적과 필요에 따라 다양한 방법이 제시될 수 있는데, 이는 상호 간의 장단점이 있으므로 서로 보완하여 병행하면 뚜렷한 효과를 얻을 수 있다. 전시평가는 종류에 따라 전시를 단계별로 구분하여 진행하는 방법과 평가방식 자체로 구분하여 진행하는 방법으로 나뉜다. 전시평가의 기법에는 추적조사, 행동관찰조사, 설문지조사, 면접조사 등이 있다.

① 단계별 평가

단계별 전시개발 프로그램은 전시를 기획하는 단계, 전시를 형성하여 구성하는 단계, 전시 개관 후 유지 관리하는 최종단계로 나뉜다. 단계별로 잠재관람객과 이용관람객을 상대로 다양한 평가방법이 동원된다.

ⓐ 기획단계

기획단계평가는 전시가 진행되기 전 잠재관람객을 분석하여 평가하는 단계이다. 전시에서 목표 관람객이 원하는 바를 확인한다. 즉, 전시주제·기법·전시물 등에 관하여 관람객의 관심과 흥미, 이해도 등을 점검한다. 앞으로 진행될 전시에 대해 예비 조사하는 단계로 설문조사나 인터뷰 등의 조사방법을 동원한다.

ⓑ 구성단계

구성단계평가는 전시의 아이디어와 전시물이 관람객과 적절하게 의사소통을 하고 있는지 확인하는 기술적인 평가단계이다. 전시의 의도를 극대화하고 비용낭비를 예방할 수 있으며 관찰법, 사전방문분석, 설문조사, 인터뷰 등의 방법을 동원한다.

ⓒ 최종단계

최종단계평가는 전시가 개막된 후 이루어지는 총체적인 전시 평가단계이다. 전시와 관람객과의 관계, 전시의 효과 등을 추적법, 관찰법, 설문조사, 인터뷰, 전문가 비평 등의 형식으로 조사한다. 전시의 전 과정을 알 수 있는 공식적인 평가방법으로 가장 정확한 결과를 도출할 수 있다.

② **전시평가 방식**

전시평가 방식은 추적평가, 목표평가, 자연평가 등이 있다.

ⓐ 추적평가

전시실 체류시간, 전시 관람시간, 관람객이 걸음을 멈추는 횟수 등을 정량적으로 파악하여 간접적으로 조사하는 방법이다. 즉, 시간적인 측면에서 이루어지며, 관람객의 관심도와 이해력을 평가한다.

ⓑ 목표평가

목표평가는 구성단계와 최종단계에서 모두 사용할 수 있는 방법으로 전시목표와 관람객의 반응을 측정하는 방식이다. 지속적으로 전시의 목표를 수정하고 디자인을 변경하면서 관람객의 전시관람 변화를 살펴 본래의 목표와 그 디자인이 부합되는지를 비교 평가하여 조율함으로써 전시를 완성한다. 이 평가는 관람객이 전시를 관람하는 동안 일어나는 변화인 지식 및 개념의 습득, 태도의 변화 등을 측정하는 관찰법을 사용한다.

ⓒ 자연평가

자연평가는 전시 관람 이후 인터뷰를 통해 목적이나 형식이 없이 자연스럽게 전시에 대하여 조사하는 방식이다.

③ 평가기법

평가기법은 추적조사, 행동관찰조사, 설문조사, 면접조사 등이 있다.

ⓐ 추적조사

관람시간, 전시물에 머문 횟수 등을 추적하여 전시에 관한 흥미를 간접적으로 측정하는 방식이다. 직접적인 설문조사와 연계하여 관람객의 관심도 및 이해력을 평가할 수 있다.

ⓑ 행동관찰조사

관람객의 행위 자체를 정성적으로 파악하여 조사하는 방식이다.

ⓒ 설문조사

설문조사는 서면으로 전시의 만족도를 측정하는 가장 널리 사용하는 일반적인 방식이다.

ⓓ 면접조사

면접조사는 전화와 인터뷰를 통해 직접 필요한 정보를 얻는 전시의 전 단계에서 사용하는 방식이다.

| CHAPTER 05 |

박물관 교육

01 교육의 역사

21세기 박물관은 문화의 보고(寶庫)이다. 최근 경제 성장으로 삶의 질이 향상되면서 문화에 대한 관심이 증대된 만큼 박물관은 문화의 중심지이자 수집, 연구, 전시, 교육을 통해 문화·예술을 전파하는 강력한 매개체로의 폭넓게 영역을 확장시켜 평생교육, 정보교류, 위락 등의 서비스를 제공하고 있다.

참고내용

평생교육은 학교의 정규교육과정을 제외한 학력보완교육, 성인 기초·문자해득교육, 직업능력 향상교육, 인문교양교육, 문화예술교육, 시민참여교육 등을 포함하는 모든 형태의 조직적인 교육활동을 말한다.

박물관이 정적인 공간에서 동적인 공간으로 변화할 수 있었던 것은 교육적 요소를 접목시켰기 때문이다. 박물관 교육은 실물자료를 중심으로 이루어지기 때문에 자료 자체가 중요한 교육적 요소이다. 이에 박물관에서는 설립취지와 목표에 맞는 교육철학을 바탕으로 관람객이 흥미로워할 수 있는 주제를 선정하여 강제적인 주입식 교육이 아닌 자발적인 참여를 이끌어낼 수 있는 학습을 하는 것이 박물관 교육의 핵심이다.

박물관 교육은 1683년 엘리아스 애쉬몰(Elias Ashmole)이 트라데산트(Tradescant)의 수집품과 자신의 수집품을 옥스퍼드대학에 기증하면서 건립된 애쉬몰리안박물관이 그 시초이다. 이 박물관은 공식적으로 일반공개의 효시를 이룬 교육적 목적으로 건립된 최초의 박물관이다. 이후 1845년 영국 의회에서 제정·공포한 「박물관령(Museum Acts of 1845)」에 의하여 박물관이 공공기관인 동시에 시민교육기관으로 규정되면서 박물관의 교육적 정체성이 확립되었다. 1851년 영국 런던 수정궁 국제박람회 결과 건립된 빅토리아&알베르트 박물관은 장식미술품과 수공예품을 주로 수집하여 전시하는 박물관으로서 대중교육을 박물관의 건립목적에 두고 있었다. 1920년대 말 박물관의 교육 대상은 일반 대중, 학교 어린이, 성인, 전문 연구자 등으로 확대되었고, 1930년대 본격적인 교육서비스가 진행되었다.

미국에서는 1872년 메트로폴리탄미술관이 성인강좌를 실시하면서 당시 대부분의 미국 박물관이 사회교육기관으로서의 역할을 강화해 나가고 있었다. 1907년 보스턴미술관은 지식을 갖춘 안내인으로서 관람객을 안내하고 전시에 관해 설명하는 사람이라는 의미의 해설사라는 용어를 규정했고, 1908년 메트로폴리탄미술관은 박물관 교사라는 용어를 사용했다. 이처럼 20세기 초 미국의 박물관 교육은 해설사 체제와 박물관학교 실기프로그램을 통한 교육개발에 초점을 두었다. 특히, 1942년 미국박물관협회 교육분과위원회에서는 "교육은 박물관의 목적이라 할 수 있는데, 전문가의 학문 연구부터 단순한 호기심 유발에 이르기까지의 측면이 다 그렇다."라면서 박물관의 모든 활동이 교육을 수행하기 위한 것이라고 정의했다.[1] 또한, 1992년 미국박물관협회에서는 박물관 교육사와 책임자들의 모임을 구성하여 『우수성과 평등성 : 교육과 박물관의 공공적 차원』을 발간하면서 박물관의 교육적 역할을 명시했다.[2]

한편, 우리나라에서는 광복 이후 국립박물관에서 미술연구회를 중심으로 한 회원들의 연구발표와 일반인 대상의 미술강좌를 진행했지만 정기적인 교육활동으로 발전되지 못했다. 본격적인 교육의 시작은 1954년 경주분관장 진홍섭과 향토사학자 윤경렬 등이 정신이 때묻지 않고 생활에 부담 없는 어린이들에게 문화재를 가르치기 위한 경주어린이박물관학교에서부터이다. 이후 국립중앙박물관, 국립민속박물관, 국립현대미술관 등의 국립기관을 중심으로 교육강좌를 실시하면서 박물관 교육의 기틀을 마련하였다.[3]

1980년대에 들어서며 사회교육기관으로서 박물관에 대한 인식이 대두되어 박물관의 주요업무를 교육으로 명시하였고, 본격적으로 교육기능을 강화시켜 나아갔다. 1990년대에는 일부 사립미술관을 중심으로 미술관의 교육기능 강화와 일반인의 문화욕구 충족을 위해 다양한 프로그램들을 개발하기 시작하였다. 국립현대미술관은 국민들의 삶의 질을 향상시킨다는 목적 아래 청소년, 대학생, 일반인, 미술전문가 등을 위한 교육 프로그램을 운영했으며, 어린이 미술교육프로그램도 신설하였다.

---

1) 안광선, 「교육기관으로서의 박물관」, 『박물관학보』, 박물관학회, 1998, 220쪽(최윤희, 「박물관 교육기능의 다양화─사회교육·미술교육·역사교육 중심으로─」, 숙명여자대학교 석사학위논문, 2003, 18쪽, 재인용)

2) 오승신, 「박물관·미술관과 학교 교육과의 협력적 관계에 대한 연구─국내외 학교 교육 연계프로그램 현황을 중심으로─」, 경희대학교 석사학위논문, 2006, 4쪽

3) 한수연, 「학교 연계 교육을 통한 박물관·미술관 교육의 활성화 방안 연구─서울신묵초등학교 사례를 중심으로」, 경희대학교 석사학위논문, 2006, 7쪽

02 교육의 기능

박물관은 유·무형의 문화유산[4]을 수집, 보존, 연구, 전시, 교육하는 평생교육기관이다. 이 중 박물관 교육은 박물관의 정체성을 확립하는 중요한 요소이다.[5] 박물관의 존재 목적은 결론적으로 일반 대중의 흥미와 관심의 폭을 넓혀서 그들의 능력을 개발하고 궁극적으로는 교육적 효과를 거두는 데 있다.[6]

박물관의 교육대상은 성별, 계층, 연령, 지역, 교양 등에 따라 흥미와 관심이 다르기 때문에 교육의 효율성이 늘 문제이다. 각 박물관의 특수성이나 전시내용 및 그에 따른 연구 성과 등이 대상자의 수용태도에 따라 달라지며, 교육의 결과는 당장 그 자리에서 평가되는 것이 아니므로 학습 효과를 판단하는 것은 매우 어렵다.[7]

박물관 교육은 학교 교육과는 달리 이용자의 보다 적극적 의지와 선택에 의해 참가 여부가 결정된다. 그러므로 박물관 교육은 가르치고자 하는 교육내용도 중요하지만 참여자 중심으로 기획되고 진행되어야 한다.[8] 결국 박물관 교육이 학교 교육과 다른 점은 강제성을 띠기보다는 자율성을 바탕으로 흥미 혹은 관심에서 출발하여 지식과 가치를 전달·발전시킨다는 점에서 교육(Education)과 정보(Information)의 긴밀한 유대관계가 필요하다.

박물관 교육은 개방성, 사회성, 정보성, 전문성 등을 지녀야 한다.[9] 첫째, 박물관이 다양한 문화를 향유할 수 있는 공간이 되기 위해서는 전통문화와 대중문화를 적절하게 포용할 수 있는 개방성을 내포해야 한다. 둘째, 박물관은 가치나 정보를 제공할 뿐만 아니라 기호와 휴식을 제공할 수 있는 사회적 공간을 확보하여 보다 안락한 환경에서 교육을 받을 수 있도록 해야 한다. 셋째, 정보화 시대에 맞게 시공간을 초월한 문화정보 네트워크를 이용하여 실시하는 교육방식을 도입하여 창조적인 문화활동을 이끌어 내야 한다. 넷째, 박물관 교육은 대상자에게 잠재되어 있던 재능을 발굴하고 창작할 수 있는 기회를 제공하여 성숙한 문화인으로 거듭날 수 있도록 해야 한다.

 참 고 내 용 ·····································

박물관의 교육 목적
- 대중성 : 자료를 더 쉽고 재미있게 이해할 수 있도록 유도
- 전문성 : 자료에 대해 더 자세하고 심화된 내용 전달
- 자율성 : 학습자가 스스로 몰입, 흥미를 가지고 자료 관찰 탐구

---

4) 한 세대에서 다음 세대로 전해지는 전통, 관습, 기술, 예술 형식, 제도를 지칭한다.
5) 백령,『멀티미디어 시대의 박물관 교육』, 예경, 2005, 26쪽
6) 이난영,『박물관학입문』, 삼화출판사, 1996, 21쪽
7) 위의 책, 23쪽
8) 백령,『멀티미디어 시대의 박물관 교육』, 예경, 2005, 21쪽
9) 송은주,「경기지역 박물관·미술관 교육 프로그램 개발과 지역문화공간으로서의 활성화 방안-부천교육박물관, 토탈야외박물관, 이영미술관 프로그램 개발을 중심으로-」, 경희대학교 석사학위논문, 2004, 5~7쪽

03 교육의 특성

박물관이라는 특수한 장소에서 이루어지는 박물관 교육은 사회교육기관으로서의 역할에 초점을 두며 다음과 같은 교육적 특성을 지니고 있다.[10]

첫째, 박물관 교육은 실물을 중심으로 진행한다. 학교의 주된 교육수단이 언어, 문자라면 박물관에서는 실물자료를 1차 교육자료로 활용한다. 각 박물관은 설립취지, 비전, 미션, 직제, 특성에 따라 실물자료의 차이가 있기 때문에 교육의 접근방향과 프로그램에 차이가 있다.

둘째, 박물관 교육을 통한 정보와 지식은 교육학적 요소를 지닌다. 교육학적 요소는 교육목표, 교수방법, 학습내용, 평가방법 등의 교육과정을 포함한 교육철학, 교육이론, 방법론 등을 말한다. 교육학적 요소에 대한 연구를 꾸준히 진행하여 효과적인 교육방법을 제시해야 한다.

셋째, 박물관 교육은 학교와 달리 일정한 나이와 계층적 제한 없이 비교적 폭넓은 학습자를 대상으로 하여 각기 다른 관람객의 요구와 능력, 관심 등을 반영해야 한다. 가장 유동적인 부분으로 다양한 연령층, 성별, 계층, 관심사, 경험, 지식 등에 따라 교육의 접근방법과 목표가 달라지기 때문에 대상별 차별적인 교육안이 필요하다.

넷째, 박물관 교육은 학습자의 자발적인 참여를 유도하는 주도적 학습의 형태를 지향한다. 학습자는 전시실에서 실물자료와 직접 소통하는 과정에서 스스로 탐색하고 발견하며 직접 자기평가를 할 수 있다.

다섯째, 박물관 교육은 실물을 바탕으로 직접적인 피드백이 이루어질 수 있다. 이는 관람객과의 소통 문제를 고려한 박물관의 중요한 기능과 관련이 있다.

04 교육의 종류

박물관 교육은 광의(廣義)에서 소장품 전시, 교육 프로그램, 특별행사 등의 교육적 목적을 가진 모든 활동을 지칭한다.[11]

---

10) 임성국, 「박물관 교육 프로그램과 활성화 방안 연구」, 동국대학교 석사학위논문, 2008, 12~13쪽

11) Hooper－Greenhill. E. (Ed.), The Educational Role Of The Museum (London : Routledge, 1994, p.2), (정애리, 「박물관·미술관 교육 프로그램의 중요성에 관한 고찰－청소년 교육 프로그램을 중심으로－」, 숙명여자대학교 석사학위논문, 2001, 7쪽 재인용)

1. 유형

1) 전시

전시는 일정한 장소에서 전시물을 진열하여 관람객에게 교육적 가치를 전달하려는 목적을 두고 진행하는 가장 기본적인 교육방법이다. 전시물의 이해를 돕기 위해 전시안내(Guide Tours), 전시실 토론(Gallery Talk), 오디오 가이드(Audio Guide), 비디오 프로그램(Video Program) 등을 제공한다.

───────────────────── 참 고 내 용 ─────────────────────────

전시안내	박물관 관람을 위하여 일반적이고 포괄적인 내용을 중심으로 전시소개를 진행한다.
전시실 토론	학예사와 학자가 소(小) 연구발표의 개념으로 45분가량 발표하고 10~20분 정도로 토론을 진행하는 프로그램이다.
오디오 가이드	워크맨 카세트 플레이어나 트랜지스터 라디오처럼 신호를 받는 리모콘 모양의 막대기 형식을 사용하여 이어폰을 착용하고 전시 해설을 듣는 도구이다. 녹음내용은 학예사가 대본을 쓰고 교육사가 관람객이 이해할 수 있도록 개념과 용어를 수정·보완하면 내레이터가 스튜디오에서 녹음한 후 편집한다. 관람객이 전시물을 평가하고 전시 전반에 대해 종합적인 안목을 파악할 수 있도록 유도할 수 있으며 외국인 관람객에게 외국어 안내서비스를 제공할 수 있는 장점이 있다. 그러나 질문 등의 반론을 할 수 없고, 심리적으로 소극적인 교육적 효과를 얻게 될 수도 있다. 과거 국립박물관을 중심으로 이루어지던 오디오 가이드는 공립과 사립박물관에서도 많이 사용하고 있는 추세로 앞으로도 그 이용률은 더욱 높아질 것으로 사료된다.
비디오 프로그램	박물관에 대한 소개, 교육 프로그램 안내, 작품 및 작가의 삶, 제작기법 등에 관한 내용을 바탕으로 영상물을 상영한다.

2) 강좌

강좌는 연사가 강단에 서서 많은 무리를 대상으로 내용을 전달하는 방식이다. 사실 전달이 가장 중요하며, 정해진 시간에 많은 내용을 전달할 수 있는 장점이 있는 반면 일방적이고 청중과의 상호작용 및 참여도가 낮다는 단점이 있다. 모든 관람객에게 가장 보편적으로 사용할 수 있는 방식이다. 학예사가 관람객을 대상으로 박물관 자료나 전시주제와 관련된 강의하는 정기 강좌와 외부강사를 초빙하여 진행하는 특별 강좌로 나뉜다. 특히, 학예사는 이러한 강좌를 통해 연구결과를 발표할 수 있기 때문에, 강의 능력을 길러야 한다. 강좌는 집단적인 학습으로 참여자의 지적 수준을 고려하는 일이 쉽지 않고, 일방적으로 이루어지는 경향이 있기 때문에 대상을 정확하게 구분하는 것이 매우 중요하다.

3) 심포지엄

심포지엄은 특정하고 지적인 주제에 대해 많은 관중을 대상으로 여러 명이 발표하는 형태로서 대부분 특별전과 연계해 일회성으로 진행한다.

4) 워크숍

워크숍은 심포지엄보다는 소규모이며, 참여자와의 상호작용을 할 수 있고 종종 그룹단위의 실습도 병행한다.

5) 현장실습

현장학습은 전문강사를 초빙하여 실습하거나 발굴 현장 혹은 유적지 등을 답사하는 문화탐방이 있다.

6) 특별행사

영화상영 및 콘서트 등의 특별행사를 진행하는 박물관이 차츰 늘어나고 있다. 이는 박물관이 영화, 음악, 연극, 디자인, 건축 등 폭넓은 예술장르와 연계한다는 것을 의미한다. 이런 특별행사는 자원봉사와 기업의 후원을 통해 재정 및 인적자원의 지원을 받는다면 좋은 결과를 만들 수 있다.

2. 대상자[12]

1) 일반 프로그램

전시실을 찾는 모든 관람객을 대상으로 하는 프로그램으로, 해설사(docent)에 의한 전시물 설명과 비디오 프로그램 및 오디오 가이드 지원 등이 여기에 해당한다.

2) 교사프로그램, 학생프로그램

박물관의 소장품을 중심으로 초, 중, 고등학교의 교육과정을 지원하는 교육 프로그램이다. 교사를 위한 재교육 프로그램인 연수와, 학생을 위한 감상교재 개발 등이 있다.

3) 전문 프로그램

미술 전문인이나 애호가들을 위해서 전시주제를 좀 더 부각시키고, 주요한 논쟁거리를 찾아내 학술적으로 연구한 결과를 토대로 토론하거나 발표하는 강연회, 심포지엄, 정기 강좌 등이 이에 속한다.

---

12) 임성국, 「박물관 교육 프로그램과 활성화 방안 연구」, 동국대학교 석사학위논문, 2008, 41~44쪽

참 고 내 용 ···

레지던시 프로그램(Residency Programs)

예술가들에게 일정 기간 동안 거주 · 전시 공간, 작업실 등 창작 생활공간을 지원해 작품 활동을 돕는 사업이다. 1990년대 후반 외환 위기를 비롯한 경제적 어려움으로 예술가들의 창작 여건이 열악해진 시점부터 레지던시의 필요성이 제기됐다. 2002년 6월 국립현대미술관이 창동창작스튜디오를 개관하면서 국내 레지던시 프로그램이 본격적으로 도입되었다. 레지던시의 활성화는 예술창작 활동의 활성화뿐만 아닌 지역 재생, 경제적 부가가치 창출 등의 효과를 지닌다.

───

4) 어린이 프로그램

어린이들이 박물관을 좀 더 쉽고 편안하게 느끼며, 미적 발달 수준에 따라 전시물에 적절히 접근할 수 있도록 한 창의성 개발을 위한 유희적 성격의 프로그램이다. 주로 전시 관람과 연계한 표현활동을 한다.

5) 가족 프로그램

박물관에서 무언가를 배우며 여가를 즐기기 위해 방문하는 가족 단위 관람객이 간단한 창작활동이나 공연, 음악회 등 이벤트 형식의 행사에 참여하는 것이다.

6) 자원봉사 프로그램

박물관에서의 자원봉사 활동은 자기계발을 원하는 사람이라면 누구나 참여할 수 있는 프로그램이다. 교육보조, 전시보조, 자료조사보조 등의 분야에서 자원봉사자들이 자신의 능력을 발휘하며 문화예술의 저변을 확대하는 데서 보람을 느낄 수 있다.

7) 장애인 프로그램

누구에게나 열린 박물관을 지향하기 위한 목적으로 자발적으로 박물관을 찾기 어려운 장애인들을 위한 프로그램이다. 예를 들어, 수화통역 전시 설명회와 같이 정규적인 교육 프로그램을 통해 청각장애인들도 비장애인과 함께 전시자료를 감상하고 문화생활을 향유하도록 돕는다.

8) 인턴십 프로그램

대학의 박물관 관련 학과를 중심으로 박물관에서 종사하기를 희망하는 대학원생 등과 일반인들이 박물관 소장품에 대한 전문적인 지식과 실무 경험을 쌓도록 일정 기간 동안 진행하는 교육 프로그램이다.

05 　교육개발[13]

박물관은 시간적 여유가 있는 일반인에게 다양한 교육을 제시하여 여가선용의 기회를 제공할 수 있다. 단순한 여가선용이 아니라 편안함과 재충전의 기회를 제공하고 전문지식의 전달과 삶의 활력까지도 찾을 수 있다. 박물관은 일회성 교육이나 단순 반복 교육이 아닌 장기간에 걸쳐 자발적 참여를 유도할 수 있는 프로그램을 개발하여 참여자의 자기계발에 도움을 줄 수 있어야 한다.

1. 교육 프로세스

1) 요구분석

학습자들의 요구사항을 분석한다. 교육 프로그램 종료 후 학습자들에게 소감을 묻는 설문조사나 인터뷰를 통해 나오는 의견들을 모으는 방식의 수요조사를 실시한다.

2) 목적설정

교육 프로그램의 목적과 세부 목표를 설정하는 단계이다. 박물관 자료에 대한 관심을 가지도록 동기를 유발하고 자료의 이해를 돕는 것이 교육 프로그램의 주된 목적이다. 또한 교육 프로그램을 통해 지식, 창조, 영감, 즐거움 등을 제공하는 것을 세부 목표로 삼고 있다.

3) 내용선정

교육 프로그램의 내용을 선정한다. 프로그램의 종류에 따라 내용 개발에 필요한 자료를 수집한다.

4) 교육구성

내용이 선정되면 수집한 자료를 연구하여 교육 프로그램을 어떻게 구현할지 구상한다. 아울러 실제적인 구성을 위한 구체적 절차와 대상, 일시, 장소, 횟수, 참가자 수, 형식, 예산, 교육비 등을 논의한다.

그 후 교육 프로그램 진행에 적합한 강사를 섭외한다. 섭외된 강사와 논의하여 교육 프로그램 진행에 필요한 교육자료를 제작한다. 교육자료는 어디에 중점을 두어 교육 프로그램을 구성할지에 따라 내용과 형식이 달라진다. 이때 교육 대상에 맞는 어휘 난이도를 설정한다.

세부적인 교육구성이 완료되면 교육 프로그램을 소개하는 보도자료가 각종 매체를 통해 소개되고 홍보와 동시에 접수가 이루어지며, 본격적으로 시행되기 전에 실제와 같이 운영해보는 시범 교육을 통해 미흡한 점을 사전에 개선하고 보완하여 최종 점검한다.

---

13) 최종호 외, 『한국박물관 교육학』, 문음사, 2010, 302~305쪽

5) 교육실행

교육구성이 완료되면 준비된 교육 프로그램이 실행된다. 교육 프로그램 시작 전에 강사와 인턴, 자원봉사자 등의 인력은 필요한 교육자료를 빠짐없이 준비한다. 교육 프로그램이 진행되는 동안에는 활동사진이나 동영상을 찍어 홍보 또는 보관 자료로 남긴다.

6) 교육평가

학습자와 인솔자에게 설문지를 작성하도록 요청하거나 간단한 인터뷰를 하기도 한다. 여러 가지 어려움으로 학습자들의 참여 직후 평가만 정리하고 분석하는 것이 일반적이다.

7) 교육수정 및 최종정리

평가기록은 차후 보완을 위한 가이드라인 역할을 하며, 다른 교육 프로그램을 개발할 때 반영된다.

2. 교육기획안

1) 국립중앙박물관 어린이박물관

① "뜨끈뜨끈 우리 구들"의 학습계획서[14]

프로그램 명	뜨끈뜨끈 우리구들	교육 요일	화, 목요일
		교육 시간	9~11월 오전 10 : 00~12 : 00
		교육 장소	어린이박물관 교육실
교육 대상	초등학교 3~6학년 학급 단체(35~40명)		
담당자	조혜진		
학습 주제	선사시대부터 조선시대까지의 난방방식의 변화를 통한 전통가옥 이해		
학습 내용	1. 영상수업을 통하여 난방문화 변천사를 통한 가옥구조 학습 2. 전시실에서 직접 집과 관련된 유물들을 찾아보는 조별활동 3. 조별로 구들 만들기 4. 발표하기		
학습 목표	난방시설에의 변화를 통해 가옥의 변천사를 살펴보고, 이를 통해 옛사람들의 생활을 살펴본다.		
사전준비사항	교재, 필기구, 빔, 노트북, 마이크, 레이저 포인터, 참가명단, 명찰, 활동지, 평가서, 기타		
학습 흐름	시간	교수 · 학습 활동	활용 교재
교육 준비	9 : 50~10 : 00 (10분)	• 참여 학급 확인	교재, 명찰
오리엔테이션	10 : 00~10 : 10 (10분)	• 수업내용과 과정 소개 • 사전 지식 학습과 동기유발	빔프로젝터 및 교육 교재
이론 강의	10 : 10~10 : 30 (20분)	• 시대별 난방시설에 대한 이해 • 구들의 과학적인 원리와 우수성 이해 • 선사부터 조선까지 가옥의 변천사 학습	빔프로젝터 및 교육 교재
전시실 활동	10 : 30~ : 11 : 10 (40분)	• 사랑방과 목조가구에 대한 설명 듣기 • 학습지 풀기	활동지, 필기도구
조별 · 전체 활동	11 : 10~11 : 50 (40분)	• 구들 만들기 • 발표하기	구들 KIT (상자, 찰흙, 돌 등)
교육 마무리	11 : 50~12 : 00 (10분)	• 수업 마무리 • 정리 및 인사하기	
교사 활동사항		• 사전수업과 사후수업 진행	교안 및 PPT 자료

---

14) 이길은, 「박물관 가족교육 프로그램의 현황과 활성화 방안 연구 – 국립중앙박물관 사례를 중심으로 –」, 국민대학교 석사학위논문, 2009, 14쪽

② 보충내용

ⓐ 학습내용

- 영상수업(이론수업)을 통하여 난방 발전에 따른 가옥 구조의 변화를 학습
- 전시실에서 사랑방을 통해 구들의 위치와 고가구에 대한 설명듣기
- 활동지 풀기
- 구들 만들기(조별 체험활동)

ⓑ 이론수업

- 집의 중요성

  추위와 더위를 피하며 생명을 보호하는 집의 중요성과 집의 제작 재료와 환경의 연관성, 생활 공간으로서의 중요성(실제 유적지에서 많은 유물들 출토)

- 가옥 구조의 변천 & 난방시설 발전

  둥굴(불피움) → 움집(화덕) → 삼국시대 집(쪽구들, 부뚜막) → 고려~조선시대(구들)

- 구들의 과학적인 원리와 우수성 이해(구들의 효과와 과학성)
- 다른 나라의 가옥 구조
- 생활 공간으로서의 집

  집안에서 유물 찾기나 현재의 집을 통해서 옛 사람들의 집 안의 유물과 연관하여 이해

ⓒ 전시실 활동

- 상설전시실에 있는 사랑방을 관람하면서 구들의 위치와 가옥·가구에 대한 설명 듣기
- 활동지 풀기(목칠공예실)

ⓓ 조별 체험활동

- 4명이 1개 조
- A4 크기의 상자와 찰흙, 돌을 제공하여 구들 모형 만들기
- 만든 구들을 가지고 발표하기

2) 쉼박물관[15]

① 사업명

삶과 죽음에 대한 이해 – 상여장식 조각을 중심으로 –

---

15) 쉼박물관은 우리 전통 상례문화를 보여주는 상여가마, 혼백을 모셔 운반했던 요여, 옛 사진자료 등을 중심으로 조상들의 죽음에 대한 해석을 재조명하는 편안한 쉼터가 되고자 2007년 10월에 설립한 사립박물관이다. 전시실은 지상 1, 2층과 지하 1층으로 구성되어 있다. 1층 전시실은 망자를 운반하는 상여, 혼백을 운반하는 요여, 잊혀져가는 옛 이야기를 교육적으로 엮은 테마관, 상여가마의 보개 앞뒤를 장식했던 용수판 등을 통해 상례문화를 전반적으로 소개하는 상설전시실이다. 2층 전시실은 용, 봉황, 도깨비 등의 동물 형상의 날것 전시실이다. 지하특별실은 현대 작가들의 작품을 전시하는 갤러리이다.

② 주제 및 목표
- 삶과 죽음에 관한 역사 · 문화적 · 철학적 접근 실시
- 전통 상여장식 조각을 매개체로 한 전통문화에 대한 이해
- 전통 상여놀이 문화체험을 통한 건전한 정서 함양

③ 교육대상

박물관 인근 초등학교 학생(상명초등학교, 세검정초등학교)

④ 사업내용
- 목적 : 전통상례문화 향유기회 제공을 통한 상례문화 이해 증진
  전통상례문화 체험으로 인한 건전한 정서 함양과 여가 선용
  구전설화 소개를 통한 흥미유발
- 내용 : 인형극 관람 및 체험〈혹부리영감, 도깨비방망이, 심청전〉
  지게상여놀이 관람 및 체험〈지게상여놀이의 재현극〉
  옛 이야기〈장례와 관련한 옛이야기 들려주기〉
- 대상 : 박물관 인근 초등학교
- 장소 : 쉼박물관 야외전시장
- 강사 : 지게상여놀이(향토소리연구가)
  옛 이야기(전문 이야기 강사)
  인형극(박첨지놀이 연구소)
  도깨비이야기(민화 박사)
- 활동지 제작(교육 전 과정 소개 자료집 제작)
- 프로젝터(빔) : 다양한 사진자료를 통해 관람객의 흥미 유발
- 이론교육 : 주강사(인형극, 상여놀이, 옛 이야기 진행)
- 실기교육 : 주강사, 보조강사(역할극, 상여놀이 참여 유도)

⑤ 홍보

이번 사업은 초, 중, 고등학교학생들을 대상으로 문화향수 증진에 이바지하기 위하여 기획된 만큼 박물관 주변 초등학교에 적극적인 참여를 유도할 것이다. 종로구에 위치한 50여 개의 초등학교에 교육홍보공문을 발송함과 동시에 직접 방문하여 홍보하는 것을 원칙으로 한다.

사이버 박물관의 개념을 적극적으로 활용하여 각종 포털사이트에 직접적으로 홍보를 실시한다.

⑥ 기대효과
- 서울지역 초등학교에 대한 전통상례문화체험 기회 제공
- 서울지역문화 활성화 및 문화수준의 향상
- 박물관 활성화 및 문화유산 보존

⑦ 추진일정
- 교육용 소책자 제작 및 인쇄
- 교육용 PPT 제작, 강사 섭외 완료
- 교육용 소책자 배부
- 지게상여놀이 체험교실
- 인형극 체험교실
- 옛 이야기 체험교실
- 도깨비교실
- 설문 및 교육성과 분석

⑧ 사업효과
- 서울지역 초등학교에 대한 전통상례문화체험 기회 제공
- 서울지역문화 활성화 및 문화수준의 향상
- 박물관 활성화 및 문화유산 보존

06 박물관 교육의 평가[16)

1. 평가 주체에 따른 분류

① 내부평가

주체 스스로가 평가하는 것을 말한다. 대부분의 박물관에서는 스스로 평가할 항목을 만들어 조사하는데, 교육 참가자들의 심중과 현재 진행되고 있는 프로그램의 만족도를 알아보기 위해 실시하며 다음 프로그램의 기획에 그 결과를 적극적으로 반영하기 위함이다. 가장 흔한 형태로 설문지를 통한 조사가 있고, 참가자들의 교육에 임하는 자세와 표정을 통해서도 기획된 의도대로 참가자들에게 내용이 전달되었는지 확인할 수 있다.

② 외부평가

마케팅 업체가 중심이 되어 교육 평가를 진행하는 조사이다.

2. 평가 시점에 따른 분류

① 진단평가

수업이나 프로그램이 진행되기 전 참여자가 가지고 있는 특성을 파악하기 위해 진행한다. 비

---

16) 최종호 외, 『한국박물관 교육학』, 문음사, 2010, 376~381쪽

숫한 또래라도 소질과 성향이 다 다르기 때문에 피교육자가 겪을 것으로 예상되는 문제점을 사전에 진단하고 교정하여 이에 맞는 적절한 수업내용을 구성할 수 있다.

② 형성평가

수업이 진행되고 있는 도중에 실시하는 평가로서, 현재 진행 중인 학습에 대한 학습자의 이해 정도를 확인하고 이를 극대화하기 위해 진행한다. 형성평가를 실시하는 가장 중요한 목적은 교육자와 피교육자 간의 의사소통이 원활하게 이루어지고 있는지를 확인하기 위한 것이다. 교사 설명에 대한 학습자의 반응인 고개의 끄덕임, 눈의 반짝임, 신체적 지루함의 표현 등이 여기에 해당한다.

③ 총괄평가

참가자들이 얼마만큼 만족하였으며 박물관에서 하고 싶어 하는 것은 무엇이고 개선해야 할 것은 무엇인지 등을 평가하는 것이다. 프로그램 진행 과정의 적절성 여부를 판단하기 위한 자료로도 사용되며 개선을 위한 근거로도 활용된다.

3. 평가자료에 따른 분류

① 양적 평가

경험적, 실증적 탐구의 전통을 따르는 입장으로, 수량화한 자료로 학습의 결과를 기술하고 평가하는 방식이며 객관적인 평가를 가능하게 한다.

② 질적 평가

평가자의 주관적인 판단에 의존하는 것으로, 표준화된 자료를 근거로 측정하는 평가에 비해 객관적이지 못할 수도 있다. 그렇기 때문에 평가자는 무엇보다도 평가하고자 하는 대상에 대한 전문적인 지식을 갖추고 있어야 한다.

4. 평가방법에 따른 분류

① 설문조사

설문지를 구상하는 사람은 그 분야의 전문가로서 교육프로그램을 기획하여 진행하는 담당자이어야 한다. 왜 설문을 하는지 뚜렷한 목표가 있어 묻고자 하는 의도가 잘 전달되어야 한다. 객관식과 주관식 문항을 적절히 사용하되 응답자가 부담 없이 대답할 수 있는 내용으로 구성해야 한다.

② 인터뷰

설문조사보다 진솔한 의견을 들을 수 있지만 인터뷰를 자연스럽게 이끌어 가기 위해서는 담당자의 자질이나 대화를 이끌어 가는 테크닉이 중요하다.

③ 추적관찰

표적이 될만한 관람객 혹은 참여자를 선정하고 이들이 알지 못하게 움직이는 방향대로 따라가며 관찰한다.

07 박물관 교육의 새로운 움직임[17]

1. 교육 전문가 양성 시스템 구축

경희대학교 경영대학원 박물관 · 미술관 경영 전공은 1999년 문화예술경영학과로 개설하였다가 2000년 박물관 · 미술관 경영 전공과 현대미술 경영 전공으로 세분하였다.

경희대학교 교육대학원 박물관 · 미술관 교육 전공은 2001년 신설되어 산하 박물관 · 미술관 교육연구회를 운영하며 매년 학술제를 개최하고 있다.

국민대학교 행정대학원 미술관 · 박물관학 전공은 1999년 문화예술행정학전공으로 행정대학원에 신설되었다가 2002년 전공 명칭을 미술관 · 박물관학전공으로 변경하였다.

단국대학교 문화예술대학원 문화관리학과 미술관 · 박물관 경영 전공은 2007년 대중문화예술대학원 문화관리학과 미술관 · 박물관 경영전공으로 설치되었다가 2010년 디자인대학원과 대중문화예술대학원이 통합되면서 문화예술대학원 소속으로 개편되었고, 당시 문화관리학과 미술관 · 박물관 경영전공으로 확정되어 현재까지 운영되고 있다.

동덕여자대학교 일반대학원 큐레이터학과는 1999년 석 · 박사과정으로 신설된 이래 2003년 첫 석사 학위자를, 2005년 첫 박사 학위자를 배출하였다.

동의대학교 일반대학원 문헌정보 · 사학과 역사정보 · 박물관학 전공은 2010년 신설된 학과의 세부전공으로 문헌정보학, 한국사 및 고고학, 역사정보 · 박물관학 등의 3분야로 이루어져 있다.

명지대학교 문화예술대학원 박물관학과는 1999년 기록과학대학원에 큐레이터학과로 설치되었다가 2001년 박물관학과로 명칭을 변경하였고, 2003년 문화예술대학원으로 이전 · 운영되고 있다.

울산대학교 교육대학원 박물관 · 미술관 교육 전공은 2009년 박물관 · 미술관교육전공 과정으로 신설되어 운영되고 있다.

중앙대학교 예술대학원 예술경영학과 박물관 · 미술관 전공은 1997년 개설된 박물관 · 미술관학 전문과정을 토대로 2001년 박물관 · 미술관학과가 설치 · 운영되었다. 이후 예술경영학과에 예술경영 전공, 문화콘텐츠 전공, 박물관 · 미술관 전공으로 나눠 운영되고 있다.

한양대학교 일반대학원 박물관 교육학과는 2006년 학과 간 협동과정으로 석 · 박사과정을 신

---

17) 최종호외, 『한국박물관 교육학』, 문음사, 2010, 89~91쪽

설하여 운영하고 있다.

서울교육대학교 교육전문대학원 초등융합교육학과 박물관·미술관교육 전공은 2008년 11월 교육대학원에 신설되어 운영되고 있다.

2. 어린이를 위한 교육 강화

현재 전국적으로 어린이를 위한 전문 박물관인 어린이박물관이 개설되어 있다. 예를 들어, 국립청주박물관 어린이박물관, 국립중앙박물관 어린이박물관, 국립현대미술관 어린이미술관, 국립과천과학관 어린이탐구체험관, 경기도어린이박물관, 고양어린이박물관 등이 있다.

이처럼 최근에는 박물관이라는 공간이 어린이들의 체험을 통해 학습이 이루어지는 장소로 변화되고 있다.

3. 박물관 교육의 구심점 마련

한국조형교육학회(1984), 한국박물관 교육학회(2003), 한국문화교육학회(2006), 한국문화예술경영학회(2008), 한국박물관연구소(2011), 한국문화관광복지협회(2011) 등의 기관이 조성되어 박물관 교육의 구심점을 마련하고 있다.

4. 박물관 교육의 영역 다양화

어린이, 청소년, 장애인, 외국인 등 다양한 영역의 대상별 교육이 필요하고 한국문화만을 박물관 교육의 내용 속에 포함하는 것이 아니라 예술, 과학, 역사, 인물, 문화 등을 포함해야 할 것이다. 향후 박물관은 현재 우리 사회의 이슈인 다문화적 요소가 교육적 기능과 잘 어우러질 수 있도록 노력해야 한다.

| CHAPTER 06 |

박물관 전문인력

박물관 조직

1. 박물관 조직의 개념

박물관의 기본적인 구성요소는 자료, 건물, 인력이다. 자료를 수집하여 전시하고 교육하는 활동은 소프트웨어(Software)이고, 이러한 활동을 하는 장소인 박물관 건물은 하드웨어(Hardware)이며, 소프트웨어와 하드웨어를 연결하는 것은 휴먼웨어(Humanware)이다. 휴먼웨어는 박물관의 조직으로 수집, 보존, 조사, 연구, 전시, 교육 등의 기능을 수행하는 인력의 구성체로 상호 연계한 유기적인 형태를 이루고 있다.

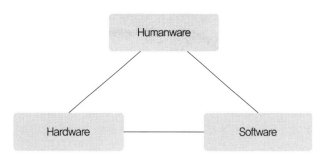

▲ 박물관 구성요소

박물관 조직은 박물관의 설립취지와 목적·실천과제의 달성, 직책별 업무분장과 권한에 관한 직무규정 및 직원의 전문성 규정 준수 등을 위하여 다양한 활동을 진행하는 집단이다.

박물관 구성원의 원활한 상호협력을 위하여 유기적으로 서로 관련 있는 업무를 집단화하여 부서를 조직함으로써 구성원의 책임감을 강화시키고 민주적인 의사결정 및 작업능력을 증대시켜야 한다. 하지만 타 부서에 대한 이해가 부족할 경우 부서 간 갈등을 초래할 수 있기 때문에 반드시 구성원은 조직의 구성과 개념을 명확하게 숙지하려는 노력이 필요하다.

2. 박물관 조직의 구성

박물관은 인력의 업무분장과 내외부기능을 유기적으로 통합하여 상호 관련 있는 업무를 집단화시키는 과정이 필요하다. 즉, 수집, 보존, 연구, 전시, 교육 등과 같은 기본적인 기능과 공공봉사, 관리경영, 특별활동 등을 포함하여 서로 유기성을 갖고 활동해야 한다.

박물관 조직구조는 설립취지, 목표, 실천과제, 설립주체와 운영주체, 경영진, 운영지침, 직책별 업무분장과 권한에 대한 직무규정, 직원의 전문성, 후원회 및 재원출처 등을 기초로 구성한다.

박물관 조직은 행정과 학예연구 등으로 구분하여 수평적인 기능별 구조체계를 구축해야 한다. 행정은 총무, 인사, 경리, 회계, 예산, 재산관리, 지적재산권, 건물관리업무, 안전관리, 보수유지 등을 진행하고, 학예연구는 자료정리, 연구, 조사, 수집, 전시기획, 교육 등을 진행한다.

참 고 내 용

세입	경영주체에 따라 다르지만 국가, 시·도단체, 법인, 단체, 개인, 대학 등에서 출연한 기금과 입장료 징수, 도록·기념품 판매, 편의시설 이용료 등이 있다.
세출	기관운영비(인건비, 여비, 건물유지비, 세금, 전기료, 수도료, 난방비, 보험료, 청소재료비, 전화료, 우편료, 사무실 비품구입비, 경비용역비)와 수집품관리비(보존 및 보관용품비, 재료비, 장비구입비, 보험료, 자료구입비) 그리고 공공봉사비(전시비용, 박물관숍 운영비, 홍보비, 출판비, 교육활동비) 등이 있다.

02 　 박물관 인력

박물관 전문인력과 인력을 구별하는 기준은 전문성이다. 이 전문성은 일반적인 전문직들에게 필요한 특별한 기술과 지식을 포함하는 것이다. 국제박물관협의회 정관과 박물관 윤리강령에 따르면, '박물관 전문직은 전문화된 기술이나 학술적인 훈련을 받은 사람이나 그에 상응하는 실무적인 경험을 가진 사람, 그리고 윤리강령을 존중하고 준수하는 사람으로 박물관 또는 박물관으로 인정받는 기관의 모든 인력이다.'라고 정의하고 있다.[1]

우리나라 「박물관 및 미술관 진흥법」에 따르면 박물관 전문인력은 다음과 같은 업무를 수행해야 한다.

---

1) 지숙화, 「박물관 전문 인력 양성 장애 극복 방안 연구」, 국민대학교 석사학위논문, 2011, 12쪽

1. 박물관 자료의 수집 · 관리 · 보존 · 전시
2. 박물관 자료에 관한 교육 및 전문적 · 학술적인 조사 · 연구
3. 박물관 자료의 보존과 전시 등에 관한 기술적인 조사 · 연구
4. 박물관 자료에 관한 강연회 · 강습회 · 영사회(映寫會) · 연구회 · 전람회 · 전시회 · 발표회 · 감상회 · 탐사회 · 답사 등 각종 행사의 개최
5. 박물관 자료에 관한 복제와 각종 간행물의 제작과 배포
6. 국내외 다른 박물관 및 미술관과의 박물관 자료 · 미술관 자료 · 간행물 · 프로그램과 정보의 교환, 박물관 · 미술관 학예사 교류 등의 유기적인 협력
6의2. 평생교육 관련 행사의 주최 또는 장려
7. 그 밖에 박물관의 설립 목적을 달성하기 위하여 필요한 사업 등

박물관 인력은 관장, 학예사, 교육사, 등록담당자, 보존처리사, 소장품 관리자, 해설사, 자원봉사자 등이다.

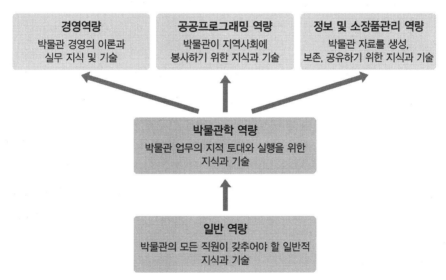

▲ 박물관 전문인력의 역량 모델[2]

1. 관장

관장(Director)은 총체적인 박물관 업무를 책임지는 인물로, 박물관의 정체성을 결정짓는 중요한 역할을 수행한다. 관장은 박물관 소장품에 대한 정확한 식견을 갖추어야 하고, 경영과 행정 전반에 탁월한 리더십을 발휘해야 하며, 직원들을 재교육하고 자기계발을 할 수 있도록 물심양면(物心兩面)으로 도움을 줘야 한다. 또한 관장은 박물관 재원조성을 위하여 정부, 시 · 도단체, 기

2) ICOM curricular guidelines for museum professional development, 2000, (http : //museumstudies.si.edu/ICOM−ICTOP/index.htm)

업체 등과 상호협력 및 교류하고 위원회 구성과 회원을 모집한다. 기부자를 모집하기 위한 대인 관계능력도 필요하다.

근래 박물관의 역할이 증대되고 재원조성의 중요성이 부각되면서 관장의 자질이 과거 학자에서 전문적인 경영인으로 변화되고 있다. 이에 영리적 목적을 지닌 경영인으로서의 관장과 학예사 간의 의견 대립이 일어나기도 한다.[3] 이러한 문제점을 해결하기 위해서는 관장의 끊임없는 연구 자세와 관장의 재교육이 필요하다.

2. 학예사

학예관, 큐레이터, 키퍼(Keeper), 콘서버퇴르(conservateur) 등 다양한 명칭으로 불리는 학예사(Curator)는 박물관의 총괄적인 실무업무를 수행하는 인력으로 미술관에서는 큐레이터라고 한다. 초기 학예사는 소장품을 관리하는 키퍼(Keeper)의 역할을 했다. 그러다가 18세기부터 박물관 자료를 대중에게 본격적으로 공개하면서 학예사의 업무가 변화하기 시작했다. 전시와 교육이라는 개념이 생겨나면서 소장품의 세부적인 연구와 관리가 필요하게 되었고, 박물관의 전문영역을 담당하게 되었다.

현재 유물이나 예술작품인 소장품에 대한 전문적인 지식을 소유한 전문가로서 학예사는 자료 수집, 분류, 처분, 보존 등의 업무와 창의적인 전시, 효율적인 교육활동, 기타 행정업무를 수행하고 있다.

2000년부터 국립중앙박물관에서 일정한 실무경력과 학력 그리고 시험을 통해 준학예사와 1·2·3급 정학예사로 구분된 국가공인자격증을 발급해주고 있다. 또한, 박물관이 정식으로 등록되기 위해서는 학예사 자격증 소지자 1인이 있어야 하고, 실습실무경력인정기관이 되기 위해서는 학예사 자격증 소지자 2인이 있어야 하는 법적 조항이 있어 향후 학예사 자격증에 대한 수요는 더욱 늘어날 것으로 예상된다.

한편, 학예사는 학예연구를 하는 특수연구직으로 국·공립박물관, 사립박물관, 대학박물관, 시·도단체 등에서 근무한다. 국·공립박물관의 경우 공무원 신분으로 6급, 7급, 8급 등의 급수를 유지하며 박물관의 전반적인 업무를 추진하고 시·도단체의 경우 지역의 문화예술행정에 관한 전반적인 업무를 수행하는데, 이들은 순환보직으로 부서 이동이 가능하다. 반면 사립박물관은 개인이 운영하는 곳이 많아 아직은 열악한 실정이다.

---

3) 공립박물관은 행정직 공무원이 관장으로 임명되는 경우도 있고, 사립박물관은 전문 경영인이 박물관 설립을 하는 경우도 있기 때문에 학예사, 교육사 등 전문인력과의 원활한 의사소통에 문제가 있는 박물관도 존재한다.

3. 교육사

박물관 교육 기능의 발달과 더불어 교육을 담당하는 전문인력인 교육사(Educator)가 등장했다. 이들은 교육 프로그램을 개발, 실행, 평가하는 인력으로, 관람객의 성향을 적절하게 파악하여 박물관에서 이루어지는 다양한 전시에 대한 셀프가이드 출판물 기획 및 전시실 안내 등 전시연계 교육프로그램과 강연, 체험, 답사 등의 이론·실기프로그램을 담당한다.

교육사는 별도의 자격증이나 자격기준이 없는 상태로 학예사가 업무를 대신하는 경우가 많다. 하지만 박물관 교육의 전문가를 양성하지 않는다면 양질의 교육을 기대하기란 힘들다. 다행히 2007년부터 한국문화예술진흥원에서 "문화예술교육 전문인력 양성" 지원사업으로 박물관과 진흥원의 5 : 5 매칭(Matching)을 통해 교육사의 급여를 150만 원 정도 지급하였으나 2011년 없어지고 2012년부터 한국사립박물관협회에서 "에듀케이터 인력 지원사업", "교육인력 지원사업"을 통해 월 160만 원 정도를 지급하였다. 이후 한국박물관협회에서 "전문인력 지원사업"으로 월 200만 원＋α 정도를 지급받고 있다.[4] 하지만 여전히 현장에서는 교육사에 대한 인식 부족으로 자긍심이나 성취도가 낮은 편이다.

4. 등록담당자

등록담당자(Registrar)는 자료와 관련된 제반·업무를 담당하는 인력으로 자료의 구입 및 처분, 소장품 상태 점검, 포장 및 이동계획 수립, 이동 시 수송관 임무, 목록 작성, 대여 및 보험가입과 보험금 수령, 관세문제, 판권과 복제 관련 법률서류 작성, 자료 관련 직원교육, 시설관리계획 및 보안계획 수립보조 등의 업무를 진행한다.

참고내용

「저작권법」: 저작권 보호대상은 독창적 창작물에 한정한다. 저작권은 특허권과 달리 신청하지 않아도 자동으로 발생하며, 저작권자를 알 수 없을 경우 문광부의 허가를 받아 보상금을 공탁하거나 지불하여 저작권을 이용해야 한다.

저작물은 인간의 사상 또는 감정을 표현한 창작물을 말한다.
1. 소설·시·논문·강연·연설·각본 그 밖의 어문저작물
2. 음악저작물
3. 연극 및 무용·무언극 그 밖의 연극저작물
4. 회화·서예·조각·판화·공예·응용미술저작물 그 밖의 미술저작물
5. 건축물·건축을 위한 모형 및 설계도서 그 밖의 건축저작물
6. 사진저작물(이와 유사한 방법으로 제작된 것을 포함한다.)
7. 영상저작물
8. 지도·도표·설계도·약도·모형 그 밖의 도형저작물
9. 컴퓨터프로그램저작물

---

[4] 지원자격은 학예사 자격증(1－3급 정학예사, 준학예사), 교사(중등교사, 초등교사, 유치원 정교사), 문화예술교육사 취득 후 박물관 1년 이상 근무자, 학사학위 취득 후 박물관과 문화예술기관 2년 이상 근무자이다.

원저작물을 번역, 편곡, 변형, 각색, 영상제작 그 밖의 방법으로 작성한 창작물은 독자적인 저작물이다. 2차적 저작물의 보호는 그 원저작물의 저작자의 권리에 영향을 미치지 않는다.

보호기간 원칙 (저작재산권은 저작자가 생존하는 동안과 사망한 후 70년간 존속하며, 공동저작물의 저작재산권은 맨 마지막으로 사망한 저작자가 사망한 후 70년간 존속함)

저작재산권	저작인격권
• 복제권(저작물을 복제할 권리) • 공연권(저작물을 공연할 권리) • 공중송신권(저작물을 공중송신할 권리) • 전시권(미술저작물 등의 원본이나 그 복제물을 전시할 권리) • 배포권(저작품의 원본, 그 복제물을 배포할 권리) • 대여권(저작자는 상업적 목적으로 공표된 음반, 프로그램을 영리를 목적으로 대여할 권리) • 2차적 저작물 작성권(저작자는 그의 저작물을 원저작물로 하는 2차적 저작물을 작성하여 이용할 권리)	• 공표권(저작물은 공표하거나 공표하지 아니할 것을 결정할 권리) • 성명표시권(저작자는 저작물의 원본이나 그 복제물에 또는 저작물의 공표 매체에 그의 실명 또는 이명을 표시할 권리) • 동일성 유지권(저작자는 그의 저작물의 내용·형식 및 제호의 동일성을 유지할 권리) • 저작인격원 일신전속성(저작자의 사망 후에 그의 저작물을 이용하는 자는 저작자가 생존하였더라면 그 저작인격권의 침해가 될 행위를 하여서는 아니 됨) • 공동저작물의 저작인격권(저작자 전원의 합의에 의하지 아니하고는 이를 행사할 수 없음)

5. 보존처리사

보존처리사(Conservator)는 박물관 자료의 상태를 조사 분석하여 손상을 방지하고 복원하는 전문인력으로, 수장고와 전시실의 온·습도, 공기, 조명 등을 수시로 감독하여야 한다. 박물관의 성격에 따라 다르지만 소장품을 과학적으로 보존할 수 있도록 지속적인 연구활동을 펼쳐나가야 한다.

과거 자료를 수리하는 정도로 끝났다면 최근에는 첨단 과학장비와 지식을 토대로 한 전문영역으로 인정받고 있다. 이에 동국대학교, 용인대학교, 공주대학교, 한서대학교, 한국전통문화대학교, 경주대학교 등에서 문화재보존학과를 개설하여 자료의 과학적 복원방법을 소개하는 한편 고고, 미술, 역사, 사회 등의 배경지식과 물리, 생물, 화학 등도 교육과정에 포함시켜 기술자이자 과학자로서 보존처리사를 양성하고 있다.

6. 전시디자이너

전시디자이너(Exhibition Designer)는 전시 주제에 맞추어 박물관의 다른 인력들과 회의를 거쳐 전시의 타당성을 검토하고 전시연출기법과 재료, 콘셉트를 결정하여 전시구성물을 고안하고 디자인 계획안을 수립하며, 제작 시공도, 준공도면, 소재목록 등 시공에 필요한 문서를 작성한다. 보통 디자이너나 미술 전공자로 박물관의 설립목적에 맞게 전시디자인을 할 수 있는 미학적 판단능력과 디자인 도면작성능력, 전시실 구상과 설치능력이 요구되며, 전시에 필요한 각종 문서 작성과 견적 및 예산작성능력도 필요하다.

향후 전시디자이너는 관람객과의 소통을 위하여 소장품의 가치를 극대화시킬 수 있는 전문인력이기에 꾸준한 관심을 가지고 인력 양성을 위해 노력해야 한다.

7. 소장품관리자

소장품관리자(Collection Manager)는 소장품의 관리감독, 번호 매기기, 소장품을 개별부서에 보내는 업무 등을 처리하는 전문인력으로 소장품 관리 프로그램의 계획을 수립·관리할 수 있는 능력이 있어야 한다. 기본적으로 보존, 안전에 관한 기술을 바탕으로 소장품을 직접 취급하는 인력으로 정보관리를 담당하는 등록담당자와는 구별된다.

8. 해설사

해설사(Docent)는 라틴어 '가르치다'에서 유래된 용어로, 원래 대학의 강사를 지칭하던 것이 점차 전시물을 설명하는 자원봉사 안내요원으로 변화한 것이다. 일정한 교육을 받고, 전시를 설명하며, 박물관에서 관람객을 인도하는 지식을 갖춘 인력이다.

해설사는 1907년 보스턴미술관(Boston Museum of Fine Arts)에서 자원봉사자들로 이루어진 전시안내원의 등장과 영국박물관에서 1911년 가이드 설명인(Guide Lecture)의 출현과 함께 세계 각국으로 확산된 제도로, 우리나라에는 1995년 광주비엔날레에서 처음으로 도입되었다.

이런 해설사는 박물관에서 전시물을 해설하는 인력으로 불특정 다수를 대상으로 짧은 시간에 설명이 이루어진다. 그렇기 때문에 해설사는 관람객과 처음으로 만나는 인력으로 박물관의 설립 목적과 전시 및 소장품에 대한 이해를 바탕으로 관람객의 특성을 파악하여 원활한 의사소통을 할 수 있어야 한다. 아는 만큼 보이기 때문에 관람객에게 올바른 지식을 전달하는 해설사의 역할과 자질에 따라 박물관 전시의 성패가 좌우된다.

해설사는 학사학위 이상인 자로 박물관의 분과학문에 대한 지식과 관심이 있고, 박물관의 전시 기획의도에 대한 지식과 해석력이 있으며, 스스로 전문성을 향상시키고자 하는 발전 의지를 지니고 있어야 한다.

한편, 박물관의 전시 설명은 일반적인 지식과 교육학에 대한 지식이 요구된다. 교육의 목적은 가르치고 정보를 제공하고 상담하여 학습분위기를 조성하는 것이다. 박물관 해설사의 업무도 가르치고, 설명하며 정보를 제공하기 때문에 교육적 행위라고 할 수 있다. 즉, 해설사는 정보전달과 박물관 자료의 해석, 전시 주제와 연결된 배경지식을 전달함으로써 관람객에게 일정한 학습환경을 조성해 준다.

특히, 해설사는 박물관에 대한 주인의식과 관람객의 대변인적인 태도를 지녀야 한다. 해설사는 박물관의 얼굴이므로 건물구조, 교육·문화행사, 편의시설 등의 정보를 숙지하고 이용자가 필요로 하는 정보를 전달을 할 수 있어야 하며, 이용자의 요구사항을 수집·분석하여 박물관 측에 전달하는 고객의 소리 전달 의무도 있다.

　박물관 해설사는 인사 및 소개하기, 관람개요 설명하기, 전시물 설명하기, 자료개발, 교안 작성 등의 업무를 수행한다. 여기에 해설사는 후배 해설사 양성, 멘토링, 학습동아리 조직 운영 등의 업무를 수행한다.

⚓ 참 고 내 용 ···

　미술관은 박물관보다 전시와 교육뿐 아니라 부대행사가 많기 때문에 미술관 해설사의 경우 미술관 이용 안내, 부대행사 안내, 관련문헌 정보 제공, 인근 관광지 안내 등의 업무를 수행한다.

| 호암미술관 『박수근』 해설사 방법 | 5)

1. 자기소개 및 전시개요 설명	
자기소개	"저는 이번 전시의 작품 설명을 맡은 해설사 ○○○입니다."
전시작품	유화 82점/ 수채 8, 드로잉 40여 점/ 각종 자료(동화집, 삽화, 서신, 사진, 스크랩)
전시구성	1층 – 유화 중심/ 2층 – 종이작업(수채화, 드로잉)과 자료 중심
설명방법	약 10~ 15개의 작품설명, 총 50~60분 소요

2. 작품 설명(한 작품당 3~5분)	
1	설명할 작품 앞으로 관람객을 인도한다.
2	작품 옆으로 충분한 거리를 유지하며 약간 비켜선다.
3	작품이 잘 보이도록 관람객의 위치를 정리한다. (관람객은 작품과 1m 정도 거리를 유지)
4	스스로 작품을 감상하도록 1분 정도 시간을 준다.
5	작품 하나하나에 대한 분석 이전에 먼저 주제나 유형별로 간략하게 설명한다.
6	작품에 대한 분석과 필요한 배경을 설명한다. • 이때 작품에 다가가 손가락으로 가리키지 말고 말로 지칭한다. 　("여러분이 보시기에 우측 상단에…") • 일방적으로 많은 정보와 지식을 나열하지 말고, 작품별로 요점을 정리하여 중요한 내용만을 설명한다. • 대화 시 질문을 유도함으로써 관람객들이 스스로 가치판단을 할 수 있도록 돕는다.
7	다음에 설명할 작품과 위치를 안내한 후 자리를 이동한다. • 동선을 고려하여 이동하고 먼저 가서 기다린다.

3. 마무리	
인사	긴 시간 잘 들어준 것에 감사의 말을 한다.
개인별 감상	해설사의 설명을 듣고 나중에 개인별로 다시 한 번 천천히 감상할 수 있도록 권유한다. • 어린이를 동반한 가족 관람객의 경우, 입구에 비치한 감상용 가이드 "박수근 그림 어떻게 볼까요?"를 참조하도록 권유한다.

5) 곽민경, 「도슨트(docent) 프로그램의 교육적 활성화 방안 연구 – 초·중학생을 중심으로」, 한국교원대학교 석사학위논문, 2007, 48쪽

비디오 안내	매시 정각에 비디오실에서 상영하는 전시 비디오 안내
프로그램 안내	강좌, 주말프로그램, 음악회 등 프로그램 안내

| 해설사 필요능력 | [6]

교육 (Education)	• 광범위한 훈련과 수행의 평가는 일반적으로 박물관에 의해 제공받는다. • 해설사는 특정화된 스태프들이 일반적인 질문들이나 직접적인 관람객들에게 대답하는 것을 도울 수 있도록 박물관의 다양한 정책과 절차를 알게 된다.
경험 (Experence)	• 경험을 가르치는 것은 바람직할 수도 있지만 거의 필요하지 않다. • 박물관 교육은 학교교육의 경험과 매우 다르기 때문에 친숙함 또는 경험, 배우는 이론의 적용에서 나온다.
지식(Knowledge) · 능력(Abilities) · 기술(Skills)	• 박물관 훈련에 대한 지식과 관심 • 박물관 임무 수행 • 박물관에 의해 제공되는 계속적인 교육에 참여하고 훈련에 관한 배움의 자발성 • 지식을 가장 효과적으로 다른 사람들과 공유하고 실제적인 정확성을 나타낼 수 있는 방법 을 배우는 자발성 • 윤리와 전문적인 표준의 박물관 규칙에 대한 지식 • 관람객 사이의 다양한 문화, 교육, 연령에 대한 이해와 지식 • 그룹의 흥미에 빨리 접근하고 그에 따라 관람을 수정할 능력 • 아이들 수준에 맞게 이해시키는 능력 • 여러 관람객을 위해 다양하고 새로운 해석 기술을 사용하는 능력 • 외국어의 유창함 • 필요한 훈련의 자료를 통제하는 능력 • 정해진 의무를 부지런하게 수행하는 능력 • 스케줄을 지키고 시간을 엄수하고 믿음을 갖도록 하는 능력 • 스케줄 상에서 변화와 추가되는 항목들을 채택하는 능력 • 안전한 절차들을 습득하고 예방적인 보존훈련을 학습하는 능력 • 행위와 해석에 대한 구조적인 비판과 평가를 받아들이는 능력 • 효과적인 목소리의 조절, 보디랭귀지, 어휘와 문법을 포함한 커뮤니케이션 기술

9. 자원봉사자[7]

자원봉사는 자발성을 전제로 개인, 집단, 사회문제를 예방 · 통제 · 개선하는 활동이다. 이런 자원봉사는 강요나 억압이 아니기 때문에 정신적인 보람과 만족 이외에는 경제적 보상을 받지 못한다. 그렇기 때문에 자원봉사는 이타성, 계속성, 복지성, 자아실현성, 조직성, 교육성, 민주성 등을 바탕으로 이루어져야 한다.

자원봉사는 자아실현과 사회적 승인을 바라는 인간의 기본적 요구로서 자원봉사 기회가 마련되지 않아 욕구불만으로 이어져 건전한 인격형성에 문제가 생겨 사회에 부적응하는 일도 발생한다.

---

6) 곽민경, 「도슨트(docent) 프로그램의 교육적 활성화 방안 연구 – 초 · 중학생을 중심으로」, 한국교원대학교 석사학위논문, 2007, 38~39쪽

7) 자원봉사는 18세기 영국에서 시민의식과 민주주의 의식이 성장하면서 교회, 종교단체를 위주로 자선활동이나 구빈활동 차원에서 전개되다가 19세기 산업화로 인하여 사회복지의 일환으로 자리매김한다. 1970년대 복지국가 위기론이 대두된 이후 자원봉사가 사회적으로 주목받기 시작하였다.

최근 삶의 질 향상과 주5일제 등으로 여가활동이 증가되면서 여가를 건전하게 보낼 수 있는 방법 중 자원봉사가 각광을 받고 있다. 정신적 안정과 자기충실감을 바탕으로 인간의 기본적인 욕구충족, 인격형성, 범죄예방 등의 사회적 문제를 예방할 수 있다.

한편, 우리나라는 산업화, 경제화, 현대화의 급속한 사회변화로 지역공동체가 해체되었다. 이에 인간성과 가정기능의 회복을 위한 공동체의 재형성이 필요한 시점에서 복지성, 자발성, 연대성, 책임성, 무보수성의 자원봉사는 안성맞춤이다.

자원봉사자(Volunteer)는 각기 다른 자원봉사 동기를 갖고 있다. 사회적으로 자기 만족감과 보람을 찾고 자기성장을 위해 참여하고, 개인적인 신념을 실천하기 위해 참여한다. 또한, 다른 사람과의 만남과 특정단체에 대한 소속감 그리고 타인으로부터 인정을 받는 사회적 위신을 누리기 위해 참여하기도 한다.

결국 이런 사회적 분위기 속에 박물관에서도 자원봉사자를 통해 부족한 인력을 보충하고, 양질의 서비스를 제공하고 있다. 박물관의 핵심목표 밖에 있는 새로운 실험 프로젝트를 촉진시킬 수 있고, 월급받는 직원들의 능력을 강화할 전문기술을 제공할 수 있다. 박물관 서비스를 확대하여 보다 많은 관람객에게 서비스를 제공할 수 있으며, 관람객의 지원자 역할을 할 수도 있다.

박물관 자원봉사자는 전시안내 및 설명,[8] 교육 및 행사 등 각종 박물관 활동을 지원한다. 기본적 교육과 전시안내교육 등 소정교육을 일정시간 이상 이수한 인력을 배치한다.

참고내용 **이사회**

- 박물관의 사명, 활동범위를 정하고 필요시 재검토
- 관장을 채용하고 관장 업무 감독
- 정책 수립과 박물관 특성을 결정
- 박물관 유지, 운영, 성장을 위한 충분하고 지속적인 재원 확보
- 정책 결정과 기획
- 재무 안전성 확보
- 설립취지 및 경영목표 결정

---

8) 상설 · 특별전시 안내 등을 한국어와 외국어로 설명하거나 신체적 · 정신적 장애로 인해 장기간에 걸쳐 일상생활 또는 사회생활에 상당한 제약을 받는 자의 전시안내를 지원한다.(국립민속박물관 자원봉사 관리운영규정 제2조(정의))

| CHAPTER 07 |

박물관 경영

01 박물관 경영의 개념

일반적으로 경영이 조직의 목적에 맞는 논리적 근거를 바탕으로 조직 구성원을 다루는 방법이라고 할 때 박물관 경영은 박물관의 설립취지와 경영목표의 달성이라는 제 기능을 원활히 성취하기 위한 행동원리를 실현하는 것이다.

박물관 경영을 위해서는 먼저 서비스의 방향을 제시하는 탄력적인 정책개발이 필요하다. 박물관의 정책에는 박물관 존재 이유, 즉 미션을 포함하여 기관의 역할을 포괄적으로 규정하는 운영목적과 자료의 취득, 처분, 연구, 기록, 보존, 관리, 현지조사, 커뮤니케이션, 교육, 디자인, 윤리강령, 조직, 재정관리, 수익사업, 공공서비스, 인사관리, 안전과 보안 등의 내용을 포함해야 한다.[1]

정책개발 후에는 박물관의 강점과 약점을 객관적으로 평가하고, 박물관의 개선책을 적극적으로 찾아내어 어떠한 방향으로 나갈 것인지를 경영계획으로 수립한다.

참고 내 용

박물관을 둘러싼 환경분석기법 중 스왓(SWOT Analysis)분석이 있다. 이는 내부자원의 강점과 약점을 발견하고, 외부자원의 기회와 위협을 찾아내는 것이다. 즉, 강점을 살리고, 약점은 줄이며, 기회는 활용하고 위협은 억제한다.

내부 외부	강점(S ; Strengths)	약점(W ; Weaknesses)
기회(O ; Opportunities)	SO	WO
위협(T ; Threats)	ST	WT

---

1) 마이클 벨처, 『박물관 전시의 기획과 디자인』, 예경, 2006, 28쪽

다음으로 박물관 활동평가를 진행한다. 이때 박물관 경영자는 박물관의 설립취지와 중장기 계획에서 제시했던 실천과제가 효과적으로 진행되고 있는지를 점검한다. 활동평가는 자료관리, 이용자 봉사, 박물관 경영의 영역으로 나눠 실시한다.

앞으로 박물관 경영도 획일적인 표준화가 아니라 이용자의 호기심과 흥미가 유발될 수 있도록 특성화시켜야 한다. 보존 중심에서 벗어나 교육중심으로 영역을 확장시켜서 지역의 문화발전을 위한 네트워크를 형성해야 한다.[2]

결국 공급자 중심에서 이용자 중심으로 박물관 경영을 변화시킬 때에는 이용자의 수요에 기초한 공간 배치나 각종 전시와 교육프로그램이 제시될 수 있어야 한다. 또한 오프라인 중심에서 온라인과 오프라인이 결합된 정보화 프로그램을 도입할 필요도 있다. 그리고 관료주의적인 기관운영방식에서 벗어나 합리적인 경영 실현을 박물관 활동의 최종목표로 삼고, 박물관 조직운영의 관점과 실천이 달라져야 한다. 즉, 단순한 학예사를 중심으로 한 박물관이 아니라 다양한 전문인력을 확보하여 창의적인 프로그램 개발이 이루어질 수 있는 방안을 모색해야 한다.

위에서 서술한 것처럼 박물관 경영은 유동적이며 합리적인 이념을 바탕으로 박물관 발전을 도모해야 한다.

한편, 박물관 운영예산은 수입과 지출로 구분된다. 운영수입은 문화상품판매, 입장료 등의 자체 수익과 정부 및 시·도단체, 복권기금·문예진흥기금 등의 기금에 의한 금융수입과 회원에 의한 회비수입, 박물관 시설의 임대수입 등이 있다. 운영지출은 인건비, 자료 관리에 따른 지출, 마케팅 비용, 전기사용료, 새로운 장비·건물 구입비, 건물의 리모델링, 프로그램 운영비 등이 있다.

박물관 프로그램 실행 시 수입예산만으로는 운영하기 어렵기 때문에 재원조성을 위해 박물관의 설립목적에 맞는 목표와 실천과제를 정하고, 재원조성 프로그램을 기획해야 한다.

1. 후원 및 기부 활용

박물관 후원 및 기부제도는 재정 증대를 위한 중요한 방법으로 이미 선진국의 박물관에서는 설립부터 운영 전반에 걸쳐 기업과 개인회원으로부터 커다란 도움을 받고 있다.

그중에서도 기업을 대상으로 한 모금활동은 많은 금액을 확보할 수 있다. 기업들 역시 문화적 이미지 향상과 세제 혜택 외에도 간접적인 홍보효과를 목적으로 상당한 금액을 기부하는 사례가 증가하고 있다.[3]

박물관에서는 후원자들에게 투명한 운영과정을 알리고, 박물관에 기증하는 것이 세금문제에서 보다 유리하다는 것을 설명하고 있어 설득력을 얻고 있다. 한편, 후원, 협찬, 기증, 기부와 함께 필요에 따라 후원자가 박물관 전체 명의, 특정공간, 프로그램, 컬렉션, 건물 등을 지정하여 지원할 수 있도록 유도하고 있다.

---

2) 한국문화관광정책연구원, 『박물관·미술관 중장기 발전방안 연구』, 2002, 75쪽

3) 최병식, 『박물관 경영과 전략』, 동문선, 2010, 75쪽

박물관 후원의 분류[4]		
후원형식	**후원종류**	**후원대상**
후원	협찬	기증
기부	유증	현금
부동산	자료(유물 및 작품)	증권
박물관	특정공간(자료실)	컬렉션
전시회	교육 프로그램, 건물	부대행사(공연, 강연회)

2. 관람객 개발

박물관 환경을 조사하여 관람객의 요구사항을 분석하고 관람객을 위한 마케팅 전략을 수립해야 한다. 이때 거주자와 지역을 세분화하고 전문가, 학생, 청소년, 아동, 성인, 외국인, 장애인 등을 위한 맞춤형 프로그램을 개발한다. 전문가에게는 학술강연회를, 성인·학생·청소년·아동·장애인에게는 다양한 체험프로그램을, 외국인에게는 우리나라 전통문화 전반을 이해할 수 있는 이론·실습 프로그램을 제안한다.

여기에 적극적인 전시와 교육 프로그램 개발, 문화상품과 각종 볼거리 제공을 통한 박물관의 운영은 관람객의 관심을 유도할 수 있으며, 이를 기반으로 박물관이 성장할 수 있다.

3. 콘텐츠 개발

콘텐츠는 모든 형태의 미디어에 담기는 내용물 전반을 의미한다. 박물관의 콘텐츠는 자료 자체 또는 그것이 가진 역사·예술적인 정체성, 상품성을 연구·개발하여 관람객과의 소통할 수 있는 다중적인 가치이다.[5]

박물관의 자료를 관람객에게 효과적으로 전달하기 위해서 지역 문화축제를 박물관과 연계하여 콘텐츠를 개발한다. 축제는 전통문화와 예술을 표현하고 시민의 자긍심을 북돋아 주고 있다. 축제가 행사로 끝나는 것을 방지하고 지역의 문화와 역사 및 문화자원을 하나로 묶어 연결할 수 있는 네트워크를 구성한다. 지역축제와 박물관과의 협력을 통하여 지역문화를 개발하고 발전시켜서 대외적 지명도와 이미지를 향상시킬 수 있도록 유도한다.

예를 들어, 직지문화제와 청주고인쇄박물관, 영월동강국제사진축제와 동강사진박물관, 부천국제만화축제와 한국만화박물관, 춘천막국수닭갈비축제와 춘천막국수체험박물관, 고령대가야문화예술제와 대가야박물관, 담양대나무축제와 한국대나무박물관 등이 서로 협력관계를 맺고 축제기간 동안 박물관에서 특별전, 학술세미나, 체험 프로그램 등을 활발하게 진행하고 있다.

---

4) 최병식, 『박물관 경영과 전략』, 동문선, 2010, 76쪽
5) 전일연, 「박물관의 콘텐츠 개발을 통한 교육적 활용 방안연구」, 『현장에서 바라본 박물관·미술관의 미래』, 중앙대학교, 2006, 132쪽

또한, 문화상품점을 운영한다.[6] 박물관 자료를 이용한 다양한 문화상품을 개발하여 관람객에게 관람의 연장선이 되도록 유도할 수 있다. 문화상품점은 박물관의 재정지원을 담당할 수 있는 가치 있는 사업장으로 박물관 운영에 활성화 요인이 되며, 운영 정도에 따라 그 가능성은 무한하다.

02 마케팅의 개념 및 전략[7]

1. 마케팅의 개념 및 의의

마케팅은 단순히 상품을 파는 차원을 넘어선 일종의 커뮤니케이션으로 개인이나 기관 단체가 그들의 목적을 이루기 위해 아이디어, 상품, 서비스를 창안하고 적절한 가격 책정 및 활발한 홍보 활동을 계획하고 실행하는 과정이다.

한편, 삶의 질을 높이고 문화향수 보급과 지역사회 기여라는 사회적 공익과 교육적 역할을 추구하는 박물관의 마케팅은 일반적인 마케팅에 비해 보다 총체적이고 창의적인 기능으로 이해되어야 한다.

박물관 마케팅은 단순히 물건을 파는 행위를 넘어 박물관의 미션을 확고히 하는 경영 과정으로 설립목적을 효율적으로 달성하기 위해 일반 마케팅의 개념, 체제, 기법을 도입하여 이용자들의 효과적인 체감, 참여, 만족을 주는 데 그 의의가 있다. 비영리 조직인 박물관에서의 마케팅은 조직 목표를 성취할 목적으로 목표 시장과 자발적인 가치 교환을 유도하고 있다.

박물관 마케팅은 일반대중에게 박물관이 어떤 단체이며 무슨 일을 하고 어떻게 박물관의 활동에 참여할 수 있는가를 알려주는 수단이 된다. 결국 이것은 박물관의 사명을 다하고, 다양하게 구분된 관람객을 만족시키기 위한 일련의 창의적 활동이다.

2. 마케팅 목적과 특징

영리기관과 마찬가지로 비영리기관에 마케팅이 적용될 수 있는 근거는 주체(소비자)와 객체(상품 및 용역)와의 관계, 시장 및 경쟁의 존재 등 본질적으로 유사한 점이 있기 때문이다. 하지만 영리기관과 비영리기관의 설립 목적이 본질적으로 다르기 때문에 비영리기관과 영리기관의 마케팅의 목적도 다르다. 이는 시장의 수요와 요구가 조건이 되는 영리기관과 달리, 비영리기관은 궁극적으로 사회적 공익과 교육적 역할을 추구하고 있기 때문이다.

따라서 비영리기관인 박물관의 소장품, 전시·교육 프로그램, 이벤트 등이 관람객들이 원하는

---

6) 박물관 자료를 이용하여 슬라이드, 엽서, 도록 등을 만들어 판매한 수익을 박물관 사업에 재투자할 수 있다. 이때 해당 문화상품은 박물관의 자료로 제작한다.

7) 주진윤, 「사립박물관의 마케팅에 관한 연구」, 단국대학교 석사학위논문, 2008, 19~37쪽

기대와 경험을 얼마나 충족시키는가에 따라 박물관의 수익에 차이가 날 수 있다. 박물관에서 새로운 전시를 진행하는 것, 다양한 계층을 위한 교육 프로그램을 운영하는 것, 특별 이벤트를 진행하는 것 등은 박물관의 대표적인 마케팅 전략이다.

이와 같이 박물관 마케팅은 이윤추구보다는 그 박물관이 추구하는 목표를 얼마나 효과적으로 달성하느냐에 주안점을 두고 있다. 박물관 마케팅 활동은 다음과 같은 특징을 가지고 있다.

첫째, 박물관은 인적 · 물적 자원을 공급하는 후원자나 재정지원자(기업, 지역사회 등)에게 초점을 맞춘다. 그리고 내부조직원으로 전문인력과 자원봉사자가 있고, 전시 및 교육 서비스를 이용하는 그룹으로 관람객이 있다.

둘째, 대중을 상대로 하기 때문에 다중의 목표를 갖게 된다. 따라서 다중의 이해관계와 성격에 따라 목표 설정에 어려움이 있을 수 있다. 이들 집단의 이해와 그에 따른 목표를 잘 조정하고 공감대를 형성하는 것이 가장 필요하다.

셋째, 박물관 마케팅을 전개할 때에는 물건과 같은 유형의 상품을 제공하지 않는다. 박물관의 상품은 전시와 교육 등의 서비스를 통해 이루어진다.

넷째, 박물관은 공익성이란 성격으로 인해 정부, 언론, 후원자 등 다양한 대중들로부터 관심과 감시를 받는다.

이렇게 박물관 서비스는 눈으로 확인하거나 손으로 만질 수 없는 것으로 같은 내용의 서비스라 할지라도 서비스 공급자, 장소, 기간, 환경변화에 따라 다양하게 이루어질 수밖에 없다. 따라서 무엇보다 서비스를 받는 다양한 소비자의 가치와 생각을 찾고 연구하는 것이 가장 중요하다.

3. 마케팅 전략

박물관 마케팅의 핵심은 박물관과 고객 간의 원활한 커뮤니케이션을 바탕으로 고객 확대 및 고객 만족의 극대화이다. 이를 위한 박물관 마케팅 전략은 크게 STP전략과 마케팅 믹스 전략이 있다.

1) STP 전략

STP 전략은 시장세분화(Segmentation), 표적시장(Targeting), 포지셔닝(Positioning)이다. 시장을 여러 개로 구분하여 목표를 정한 뒤, 목표시장을 대상으로 마케팅활동을 집중시키는 전략이다.

참 고 내 용

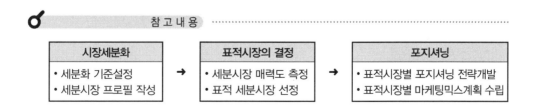

① 시장세분화

시장세분화란 비슷한 성향을 가진 사람들을 다른 성향을 가진 사람들의 집단과 분리하여 하나의 집단으로 묶는 것을 의미한다. 박물관의 시장세분화는 관람객의 연령, 배우자 유무, 지리적 위치, 소득, 인종과 같은 인구통계학적 특성을 고려하여 분류할 수 있다. 그러나 시장이 생산자 중심에서 구매자 중심으로 변하면서 인구통계학적 기준만으로는 완벽하게 시장을 세분화하기가 어렵다. 따라서 라이프스타일에 따른 개인의 심리적 특성도 분석하여 이용하는 심리묘사적 변수를 병행하는 것이 바람직하다.

하나의 박물관이 대상 시장의 모든 소비자를 만족시키기란 실제로 불가능하다. 따라서 성별, 종교, 나이, 구매습관, 심리적 특성에 따라 각기 다른 취향의 문화소비자를 세분화하고 비슷한 유형의 고객군으로 분류하여 그중 한정된 자원으로 박물관의 목표를 극대화할 수 있는 표적시장을 선택하여 마케팅 전략을 적용하는 것이 무엇보다 중요하다.

인구통계학적 변수에는 연령, 성별, 지역, 소득, 종교 등이 있고, 심리 분석적 변수에는 사회계층, 라이프스타일, 개성 등이 있으며, 구매행동 변수에는 사용기회, 사용경험, 사용량, 상표애호도 등이 있다.

이와 같은 변수들을 사용하여 시장을 세분화할 때에는 세분시장의 특성을 정확히 설명할 수 있도록 여러 변수들을 복합적으로 조합하는 것이 객관적인 면에서 효율적이다.

② 표적시장

표적시장은 하나의 세분화된 시장으로서 특정 제품에 대한 요구와 취향을 공유하고 있는 개인 집단이다. 이러한 표적시장은 1차적으로 시장세분화를 통해 전체 시장을 구성하는 잠재 고객들이 원하는 제품 편익과 그 차이까지 함께 고려하여 시장을 세분하고 각 세분시장별로 몇 개의 세분시장에 진출할 것인지, 어느 세분시장을 집중적으로 선택해 최적의 커뮤니케이션 전략을 활용할 것인지를 정하여 선정하게 된다.

표적 세분시장은 대개가 수익성 또는 기대치가 가장 높은 시장을 선정하게 된다. 그러나 이러한 시장의 경우 경쟁이 치열하기 때문에 일반적으로 가장 좋은 기회는 아니다. 기존 경쟁기관(대규모 박물관 및 유사 문화 시설 포함)에 대한 브랜드 충성도가 높은 경우가 많다.

따라서 많은 경우에 경쟁자들의 관심이 적은 세분시장이 가장 좋은 기회요인이 될 수 있다. 효율적인 표적 세분시장을 선정하기 위해서는 일반적으로 수익성, 경쟁 강도, 시장의 반응성 등 세 가지 요소를 기준으로 타겟 시장을 선별하는 것이 바람직하다. 각 세분시장의 잠재성을 평가한 다음 이들 시장을 몇 개의 시장으로 할 것인가 결정하고, 집중화 마케팅과 차별화 마케팅을 적절히 구상하여야 한다.

첫째, 집중화 마케팅이란 1개 또는 소수의 세분시장만을 대상으로 모든 마케팅을 집중하는 전략이다. 박물관들은 마케팅 예산이 한정되어 있기때문에, 범위를 좁혀 표적시장을 선정하게 되면 재원을 좀 더 효과적으로 사용할 수 있다. 그러나 시장 규모의 축소나 시장의 기호변화, 강력한 경쟁자와 대치할 경우 상당히 위험하다. 따라서 매력도가 높은 특정 단일 시장을 표적시장으로 선택하고, 그들에게 적합한 프로그램을 구성하며, 선택된 시장에 도달할 수 있는 촉진도구를 활용해 특정시장만을 위한 집중적 마케팅 활동을 수행하는 전략이다.

둘째, 차별화 마케팅은 세분시장 중 몇 개의 표적시장을 결정한 후 각 표적시장에 적합한 마케팅 믹스를 활용하여 접근하는 전략이다. 그러나 그만큼 마케팅 비용이 많이 들게 되므로 전체적인 수익률 향상이 예상될 때 활용하는 것이 좋다.

③ 포지셔닝

포지셔닝은 소비자의 마인드에 제품과 브랜드에 대한 차별화된(특정한) 우위를 차지하게 만드는 모든 활동을 말한다. 이미지는 제품에 대한 전체적인 인상인 데 반해, 포지션은 일반적으로 경쟁자와 비교하여 소비자의 마음속에 고착화된 것으로 이미지와는 차별화되는 개념이다. 따라서 박물관이 제공하는 모든 서비스가 우선적으로 문화소비자의 마음속에 어떻게 자리 잡고 있는지를 분석하고 경쟁기관으로부터 분리시킬 수 있는 특성을 찾아내는 것이 포지셔닝 전략의 핵심이다.

포지셔닝은 국내 박물관에서도 손쉽게 적용이 가능한 전략으로서 고객의 구매형태에 따라 포지셔닝을 달리함으로써 항구적인 고객확보와 잠재고객 개발에 도움을 줄 수 있다. 포지셔닝은 시장의 특성과 전략적 관점 등 다양한 기준을 토대로 분류할 수 있다. 박물관의 속성, 효익에 의한 포지셔닝, 사용 현황에 대한 포지셔닝, 문화소비자에 의한 포지셔닝, 경쟁기관 또는 매체에 의한 포지셔닝, 틈새시장(Niche Market)에 대한 포지셔닝 등 표적 세분 시장의 분류 기준과 기관의 전략적 의도에 따라 활용될 수 있다.

2) 마케팅 믹스(Marketing Mix) 전략

표적시장에 대한 제품 포지셔닝이 이루어지면, 마케팅 관리자는 마케팅 목표를 달성하기 위한 구체적인 마케팅 믹스 전략을 마련하고 있다.

마케팅 믹스는 조직이 표적시장에서 마케팅 목표를 달성하기 위해 사용되는 마케팅 도구들의 집합으로서 제품(Product), 가격(Price), 유통(Place), 촉진(Promotion) 등 마케팅 믹스의 기본요소가 잘 조화되어 상호 간에 시너지 효과를 낼 수 있도록 하는 혼합 마케팅 전략이다.

① 제품

박물관 운영에 있어 제품이란 고객의 욕구를 충족시킬 수 있는 모든 것을 의미한다. 여기에는 지리적 접근성, 장소(편의시설), 가격 등 여러 개념이 해당되겠지만, 서비스라는 차원에서 볼 때 전시물(실물자료) 및 2차 매체를 넓은 의미에서 제품이라 한다.

박물관의 제품이란 넓은 의미로는 서비스, 사람, 건물, 시설, 분위기, 관람객에 대한 배려, 소장품, 각종행사 등 다양한 양적·질적 요소들의 혼합물이다. 즉, 물리적 시설(박물관 건물, 출입구, 실내건축, 디자인된 공간, 휴식 공간, 의자 등), 소장품과 전시 해석자료(설명패널, 네임텍, 카탈로그, 팸플릿 등), 보충 프로그램(강의, 퍼포먼스, 사회적 이벤트 등), 서비스(관람객에 대한 인적 배려, 정보, 오리엔테이션, 음식서비스, 문화상품점, 쇼핑 등) 등 5가지 기본적인 요소로 혼합 구성되어 있다.

한편, 박물관에서 제공하는 제품을 중심적 공급과 주변적 공급으로 나누어 볼 수 있다. 중심적 공급은 박물관이 공급하는 핵심 프로그램으로 소장품과 전시, 교육 프로그램이다. 주변적 공급은 중심적 공급 이외의 부수적인 부분으로 소비자를 만족시키는 데 필수적이지는 않지만 즐거움을 제공한다. 즉, 문화상품점, 레스토랑, 독특한 문화상품, 박물관 관련 정보 등을 들 수 있다. 중심적 공급과 주변적 공급이 원활하게 구성될 때 관람객의 만족도가 극대화될 수 있다.

② 가격

가격은 박물관의 목적과 의지에 달려 있다. 많은 대중에게 문화예술 체험의 기회를 제공한다는 목적을 가지고 있는 박물관은 저렴한 수준에서 가격을 책정하여 관람객을 확대하고 경쟁자를 견제한다. 반면에 민간 예술기관은 이윤의 폭을 확대하는 데 더 큰 비중을 두어 가격을 결정한다. 입장료와 서비스 요금은 대개 수요와 공급에 따라 정해진다. 경쟁 시장이므로 자신이 가지고 있는 이미지나 서비스 수준을 감안하여 타 박물관과 가격 정책을 비교해 볼 필요가 있다.

가격 전략을 적절히 실행한다면 박물관을 찾아오게 하는 중요한 유인 요소가 된다. 개인 또는 지역 기관이나 정부기관 혹은 자선단체로부터 박물관이 재정지원을 받고자 할 때, 입장료가 시장의 여러 가지 요건에 맞게 책정되었다는 것을 설명할 수 있어야 한다. 입장료나 서비스 요금으로 들어오는 수입이 어떻게 쓰이는지 고객과 후원자들에게 상세히 설명하는 것은, 그들이 부담한 금액이 박물관을 위해 유용하게 쓰이고 있다는 것을 인식시킴으로써 후원이나 지원을 확대할 수 있는 근거가 될 수 있다. 세분화된 가격이 적용될 때만이 공공분야에서도 가격이 마케팅 도구로 활용될 수 있다. 즉, 할인 적용 혹은 선택적 가산금 적용 등이 있을 수 있다. 예를 들어, 일반적으로 관람객 수가 적은 특정한 주중에는 낮은 입장료를 적용하여 사람들의 관심을 끌 수 있다. 이는 부분적으로 할인된 가격임에도 불구하고 수입의 증가를 가져올 수 있다.

비영리를 원칙으로 하는 박물관의 입장료는 가격조정에 따른 수요 예측이 쉽지 않다는 특수성이 있다. 일반적으로 가격이 내려가면 수요가 증가한다. 그러나 박물관 소비자들에게는 가격에 대한 심리적인 기대감이 있어 저렴한 가격이 매력을 끌지 못할 때도 있다. 이는 문화상품의 가격은 비용을 기반한 가격이라기보다는 소비자가 느끼는 가치에 따라 책정하는 가치 지향적 가격의 특성을 갖고 있기 때문이다.

또한, 박물관에서도 회원제를 활성화할 필요가 있다. 박물관 회원제는 기본적으로 박물관과 이용자와의 꾸준한 관계를 형성해 나가기 위한 과정이고, 이를 위해서는 박물관 회원만이 가질 수 있는 혜택을 부여해 줄 필요가 있다. 가령 기부자의 이름을 명판에 새겨, 전시실 입구나 전시 카탈로그에 후원자로서의 이미지를 부각시킨다거나 전시나 교육 프로그램 등 박물관 활동의 기획 단계에 참여하도록 함으로써, 박물관과의 가족 관계를 형성하여 그들의 능력과 애정을 북돋울 수 있다.

③ 촉진

촉진은 박물관이 전달하고자 하는 정보를 소비자가 정확히 인지해서 제품이나 서비스를 구매하도록 설득하고 교육하는 것을 말한다.

정보 전달은 고객이 제품을 소비할 것인지의 여부를 결정하기 위해 필요한 해당 날짜, 장소, 시간, 티켓가격, 구매방법 등의 정보를 전달하는 것이다. 별다른 프로모션이 없어도 문화예술제품의 정보를 상시적으로 탐색하는 적극적인 소비자층에 대해서는 이 작업만으로도 구매를 이끌어낼 수 있다.

박물관에서는 간접홍보로 신문, 잡지, 라디오, 텔레비전 등에 보도자료를 발송하고 직접홍보로 카탈로그, 포스터, 초청장 등을 배포한다. 여기에 정기적으로 박물관 자체에서 박물관 신문을 제작하여 발송하거나 문화상품을 개발하여 판매함으로써 구입한 문화상품을 통해 오랫동안 박물관을 생각하도록 유도한다. 그리고 인터넷을 이용한 포털 검색사이트와 회원 대상 홍보 메일 발송 등 다양한 홍보방법이 널리 전개되고 있다.

설득은 대부분의 잠재고객의 경우, 문화예술제품 소비를 유도하는 부가적인 혜택을 제공하면 효과적이다. 박물관을 입장하는 다양한 관람객 중 대부분은 전시물에 대한 전문적인 지식을 갖고 있지 않다. 따라서 박물관은 관람객에게 일정한 교육을 실시하여 관람객 기반의 박물관 운영 여건을 마련하여야 한다. 즉, 박물관의 교육은 박물관을 이용하는 관람객들이 박물관의 소장품이나 역할 등을 이해하는 데 도움을 주는 것으로 박물관을 홍보하는 것과 더불어 관람객의 저변 확대에 기여한다는 점에서 매우 중요하다.

광고는 박물관의 제품, 각종 서비스, 아이디어 등에 대한 인지도를 높이는 데 가장 효과적인 도구이다. 광범위한 고객을 대상으로 정보 전달을 하고자 할 때 유리하며, 비용 대비 목표 도달률로 볼 때 커뮤니케이션 도구 중 가장 뛰어나다고 할 수 있다.

④ 유통

박물관에서 유통은 소비자에게 서비스를 제공하는 장소, 시간 및 소유의 효용성을 창조하는 활동이다.

박물관 장소 자체가 독특한 이미지와 인상을 줄 수 있는 유효한 공간이 될 수 있고 박물관을 대표하는 전시 활동도 중요하지만 공연이나 세미나 등도 박물관 공간을 활용한 효과적인 마케팅 활동의 대상이 될 수 있다.

또한 새로운 기술이 발달하면서 장소의 개념이 가상공간까지 확대되고 있다. 최근 들어 상당수 박물관이 멀티미디어 기술을 활용하여 온라인을 기반으로 한 VR(Virtual Reality)갤러리를 운용하고 있다. 이처럼 가상현실 기술을 응용함으로써 시간과 공간의 제약으로부터 자유로워졌다.

한편, 현대박물관은 박물관 공간에 적절한 휴식 공간을 구성하여 관람객의 피로를 완화시켜주고 있다. 박물관의 경우 보행에 따른 육체적 피로, 장시간에 걸친 시각적 접촉, 지적 정보 교환에 의한 정신적 피로나 집중력 저하 상태 등 여러 요인이 복합적으로 작용하기 때문에 편안한 공간 활용이 중요하다. 박물관 공간의 구체적인 휴식처를 살펴보면, 전시실뿐만 아니라 박물관 곳곳에 관람객들이 쉴 수 있도록 의자를 배치해야 한다. 이 외에도 물품보관소, 청결한 화장실 등이 구비되어야 한다. 그리고 야외 정원을 활용하여 자연과도 잘 어울리는 자생식물로 꾸며 자연 학습장을 만들고, 작은 음악회를 열 수 있는 공간을 조성하여 종합적인 문화공간으로 바꿀 필요가 있다.

박물관 협력망 구축

01 협력망 개념 및 운영 규칙

1. 박물관 협력망의 개념

일반적으로 조직은 자율적인 프로그램, 인력, 예산, 행정체계를 보유하여 경우에 따라 목적 달성을 위하여 타 조직과의 공동 활동인 협력을 할 수 있다. 즉, 협력은 유사 조직 간의 연계성과 차별성을 동시에 확보하여 조직의 목표를 효율적으로 달성하기 위해 조직 내 취약점을 보완하고 시장경쟁의 체계 아래 그 우위를 점할 수 있도록 해야 한다.

한편, 박물관 협력의 기본적인 요소는 바로 상호협력기관으로서 박물관 활동의 내용을 규정하고 전문인력을 육성하여 장기적인 발전을 도모하는 것이다. 여기에 박물관 간의 관리 및 운영의 신뢰성을 확보하는 것이 매우 중요하다.

결국 박물관에서 협력망[1]을 잘 구축한다면 연구, 전시, 교육, 마케팅 등의 업무를 체계적으로 수행할 수 있고, 잠재 관람객의 개발은 물론 지속적인 회원 모집 및 관리 운영, 효과적인 홍보활동, 수익사업 등 박물관 운영에 필요한 재원 조성도 이끌어 낼 수 있다.

현재 우리나라에서는 박물관 협력망에 관한 사항을 「박물관 및 미술관 진흥법」과 「박물관 및 미술관 진흥법 시행령」 등의 관계법령에서 그 지원·운영체계를 마련하고 있다.

---

1) 망(Network)은 행위자가 개인 혹은 조직 여부에 따라 개인망, 그룹망, 조직망 등으로 조직한 행위자 간의 사이 관계를 의미한다. 즉, 망은 행위자 간 서로 정보를 주고받을 수 있는 길로, 여러 개체가 소통하는 모든 범주를 포함하는 개념이다. 여기에 망구축(Networking)은 시너지를 통한 업무의 효율성과 효과성 향상, 학습사회 (Learning Society) 환경에 맞는 협력형 조직문화를 구축하여 사업 및 운영의 선진화를 구현하기 위해 이루어지는 행위이다. 결국 협력망은 단일 조직이 성취하기 어려운 공동의 목적을 달성하기 위한 활동으로서 개별 조직이나 관련 단체, 시민들의 자율적 혹은 강제적 조정 노력이 필요한 사업이다. 이런 협력망의 구축을 통해 공통된 문제점과 함께 현대의 기술발전과 학문적·문화적 관심, 이용자의 요구에 따라 관계기관과의 긴밀한 협력을 모색할 수 있다.(국립현대미술관,『미술관 협력망 구축·운영 방안 연구』, 2008.)

| 박물관 및 미술관 진흥법 시행령 내용 |

관계법령	조항	내용
박물관 및 미술관 진흥법	제10조 설립과 운영	• 국립중앙박물관 업무 　－국내외 문화유산의 보존 · 관리 　－국내외 박물관자료의 체계적인 보존 · 관리 　－국내 다른 박물관에 대한 지도 · 지원 및 업무 협조 　－국내 박물관 협력망의 구성 및 운영
	제33조 박물관 · 미술관 협력망	• 문화체육관광부장관은 박물관 · 미술관에 관한 자료의 효율적인 유통 · 관리 및 이용과 각종 박물관 · 미술관의 상호 협력을 도모하기 위한 협력체제로서 박물관 · 미술관 협력망 구성 　－전산 정보 체계를 통한 정보와 자료의 유통 　－박물관 자료나 미술관 자료의 정리, 정보처리 및 시설 등의 표준화 　－통합 데이터베이스 구축, 상호 대여 체계 구비 등 박물관 · 미술관 운영의 정보화 · 효율화 • 박물관 · 미술관은 그 설립 목적을 달성하기 위하여 「지방문화원진흥법」, 「도서관법」 및 「문화예술 진흥법」에 따라 설립된 문화원 · 도서관 · 문화예술회관 등 다른 문화시설과 협력
박물관 및 미술관 진흥법 시행령	제20조 협력망 구성 등	박물관 협력망과 미술관 협력망에 각각 중앙관과 지역대표관을 두되, 박물관 협력망의 중앙관은 국립중앙박물관과 국립민속박물관이, 미술관 협력망의 중앙관은 국립현대미술관이 되며, 박물관 협력망과 미술관 협력망의 지역대표관은 시 · 도지사 또는 대도시 시장이 지정하여 중앙관에 통보

2. 협력망 운영규칙[2]

박물관 협력망 운영규칙은 크게 3가지로 평등성, 관계성, 자율성 등이 있는데, 그 특징은 다음과 같다.

첫째, 평등성이다. 각 박물관은 모두 평등하고 자율적으로 행동하며 서로의 의견을 존중하여 특별한 리더를 만들지 않는다. 상황에 따라 역할을 교대하고 이슈에 적극적으로 참여하도록 유도한다.

둘째, 관계성이다. 박물관 협력망의 동반자인 개별 박물관은 서로 관계적인 속성을 지니고 있다. 이들 박물관 관계는 단순한 결합이 아닌 목적과 결과를 위해 긴밀하게 연결되어야 한다.

셋째, 자율성이다. 협력망 구성과 운영에 있어 박물관의 자율성을 보장한다면 개방성과 유연성을 확보할 수 있다. 결국 박물관 협력망을 구성하는 개별 박물관은 고정화된 형식적인 역할과 규칙이 없이 자유롭게 서로 소통할 수 있어야 한다.

박물관 협력망의 개별 박물관은 박물관 운영 개선이라는 목적을 공유하는 개체들의 결합이다. 서로 평등한 입장에서 박물관이 대화 및 논의를 한다면 협력망의 목적, 가치, 방향 등을 유연하게 변화시킬 수 있다. 결국 박물관 협력망은 자율적이며 독립적으로 공동의 가치를 실현하기 위해

---

2) 권영득, 「민속생활사박물관 협력망 사례로 본 박물관 활성화 방안연구」, 중앙대학교 석사학위논문, 2007, 11~14쪽

자발적으로 인적·물적 자원이나 정보를 연계한 협동시스템이며, 그 목적은 박물관의 소장품과 전시에 대해 관람객의 이해도를 높이고, 그들에게 수준 높은 문화체험의 기회를 제공하는 것이다.

02 협력망 운영현황

박물관 협력망은 박물관 간의 협력사업을 통해 정보와 기술의 공유 및 운영 효율성을 향상시킬 수 있다. 또한, 박물관 협력망은 한정된 자원을 극복하고 다수의 관람객을 유치할 수 있는 아이디어를 제공하며, 타 기관과의 연계성을 강화할 수 있다. 즉, 박물관 협력망을 통해 개별 박물관은 소장품의 효율적 수급, 전시·교육프로그램 운영, 전문인력 교류 등 문화기반시설로서의 업무를 충실하게 수행할 수 있다.

우리나라의 박물관 협력망 유형은 다음과 같다. 첫째, 국립중앙박물관이 중앙관인 박물관 협력망, 둘째, 국립현대미술관이 중앙관인 미술관 협력망, 셋째, 국립민속박물관이 중앙관인 민속생활사박물관협력망, 넷째, 대한민국역사박물관이 중앙관인 근현대사박물관협력망 등이 있다.

1. 박물관 협력망

국립중앙박물관과 한국박물관협회의 후원으로 2006년부터는 지역 박물관 협력망이 결성되었다. 국립중앙박물관을 중앙관으로 선정하고 각 지역에 대표관과 개별관을 두어 지역협의회를 조직하였으며, 국고지원이 원활하게 이루어질 수 있도록 한국박물관협회가 중간 매개체 역할을 하고 있다. 구체적인 활동으로는 중앙 및 지역단위의 각 박물관에 대한 체계적인 지원 및 박물관 지원 평가 시스템을 활용하여 마케팅·재정·경영 등의 전략 구축과 운영 컨설팅 등을 진행하며, 박물관 상호 간의 정보공유 및 자료통합DB 구축이 이루어지고 있다. 박물관 협력망의 현황은 다음과 같다.[3]

| 박물관 협력망 대표관 현황 |

중앙 대표관	국립중앙박물관
지역 대표관	서울역사박물관, 부산박물관, 국립대구박물관, 인천시립박물관, 국립광주박물관, 대전선사박물관, 울산박물관, 경기도박물관, 국립춘천박물관, 국립청주박물관, 국립공주박물관, 국립전주박물관, 국립나주박물관, 국립경주박물관, 국립진주박물관, 국립제주박물관
지역 협의체 명칭[4]	서울특별시박물관협의회, 부산광역시박물관협의회, 대구광역시박물관협의회, 인천광역시박물관협의회, 광주광역시박물관미술관협의회, 대전광역시박물관협회, 울산광역시박물관협의회, 경기도박물관협회, 강원도박물관협회, 충청북도박물관미술관협회, 충청남도박물관협의회, 전라북도박물관미술관협회, 전라남도박물관미술관협회, 경상북도박물관협회, 경상남도박물관협회, 제주특별자치도박물관협회

---

3) 국립중앙박물관,『2022 국립박물관 연보』, 2023, 169쪽

4) 지역의 여건과 상황에 따라 박물관협의회와 미술관협의회가 통합 혹은 분리 운영되고 있다. 또한, 협의회가 아닌 협회라는 명칭을 쓰는 지역도 있다.

또한 박물관 협력망의 주요 성과는 다음과 같다.[5]

| 박물관 협력망 주요 성과 |

기간	주요 성과
2006년	박물관 협력망 중앙 대표관 및 지역 대표관 지정 국립중앙박물관 · 국립민속박물관 협력망 사업 통합 운영
2007년	온라인 박물관 협력망 사이트 공식 운영(http://emuseum.go.kr)
2008년	지역 협력체제 강화 사업, 협력망 활성화 워크숍 개최, 박물관뉴스 사이트 운영
2009~2014년	지역 협력체제 강화 사업, 우리 가족 박물관 탐방, 박물관뉴스 사이트 운영
2015년	우리 가족 박물관 탐방, 문화가 있는 날 행사 활성화, 박물관뉴스 사이트 운영, 문화유산표준관리시스템 개발 및 보급(유물관리부 주관)
2016~2019년	문화유산표준관리시스템 개발 및 보급 및 e뮤지엄 소장품 공개(유물관리부 주관), 우리 가족 박물관 탐방, 문화가 있는 날 행사 활성화
2020~2022년	문화유산표준관리시스템 개발 및 보급 및 e뮤지엄 소장품 공개(유물관리부 주관), 문화가 있는 날 행사 활성화

2. 미술관 협력망

미술관 협력망은 「박물관 및 미술관 진흥법」 제33조와 「박물관 및 미술관 진흥법 시행령」 제20조를 근거로 미술관 자료의 효율적인 유통 · 관리 및 이용과 미술관 간의 상호 협력을 도모하기 위해 조직되었다. 국립현대미술관이 중앙관이며, 시도단체장이 지정한 16개관이 지역대표관이다. 정기적으로 상호의견을 교환하고 있으며 정보 교류의 장으로 지역대표관 관장회의, 운영실무협의회, 미술관 전문직 연수프로그램 등을 운영하고 있다.[6]

1) 미술관 네트워크 강화

지역대표관 관장회의를 개최하여 미술관 협력사업 운영 활성화 방안 논의 및 신임 지역대표미술관장 상견례 자리를 마련하였다. 지역대표관 관장회의는 미술관 협력사업에 대한 소개 및 지역대표관의 의견 수렴 및 사업 활성화 방안을 모색하고, 전국 지역 대표미술관 간 소통 및 협력을 강화하기 위하여 운영되고 있다. 또한, 미술관 협력사업의 운영 활성화를 위해 전국 16개 지역대표관 중심으로 실무협의체를 구성하여 2022년 미술관 협력사업 추진현황에 대해 논의하고, 2023년 미술관 협력사업 활성화를 위한 의견 수렴의 자리를 마련하였다.

---

5) 국립중앙박물관, 『2022 국립박물관 연보』, 2023, 170쪽

6) 국립현대미술관, 『2022 미술관 연보』, 2023, 96~99쪽

| 미술관 네트워크 강화 활동 |

일시 및 장소	참석자	주요 내용
• 2022년 3월 25일 국립현대미술관 서울 • 2022년 9월 30일 대전시립미술관 • 2022년 10월 28일 국립현대미술관 서울	전국 16개 지역대표관 관장, 국립현대미술관 관장, 기획운영단장, 학예연구실장, 기획총괄과장 등 20여 명	• 미술관 협력사업 관련 의견 수렴 • 지역대표관 건의사항 청취 및 우수사례 공유 • 문화예술기관의 ESG 도입 및 운영방안에 대한 논의, 워크숍 진행 등
• 2022년 9월 19일 국립현대미술관 서울 • 2022년 12월 16일 국립현대미술관 서울	전국 16개 지역대표관 학예실장, 국립현대미술관 학예연구실장 직무대리, 기획총괄과장, 학예연구실 부서장 등 20여 명	• 2022년 미술관 협력사업 추진현황 논의 • 2023년 미술관 협력사업 추진방향 논의 등

2) 미술관 자료 · 정보 · 시스템 공유

미술관 자료 · 정보 · 시스템 공유를 위하여 크게 4가지 사업을 추진하였다. 첫째, 공립미술관에 기록물관리전문가를 파견하여 자료 분류, 정리, 보존, 관리를 통한 아카이브 구축을 지원하는 사업이다. 2022년에는 광주시립미술관, 대전시립미술관, 부산시립미술관, 성북구립미술관, 양구군립박수근미술관, 제주도립미술관, 창원시립마산문신미술관, 포항시립미술관 등을 지원하였다.

둘째, 공립미술관 추천작가-전문가 매칭 지원 사업이다. 전국 공립미술관 소재 지역에서 활동 중인 작가를 대상으로 분야별 맞춤형 전문가 매칭을 통해 지역 작가의 작업역량을 강화하는 사업이다.

| 선정기관 및 추천작가 |

사업기간 및 대상	선정기관	추천작가 – 전문가
2022년 5월~11월 공립미술관 7개관 (추천작가 12명)	고양시립아람미술관	장지영 – 김주원, 최선희 – 김성호
	대전시립미술관	김희라 – 김종길, 김지수 – 김노암, 윤상희 – 정일주
	성북구립미술관	최만린 – 최태만
	양구군립박수근미술관	박수근 – 뚜시원
	전남도립미술관	송필용 – 박재연
	제주도립미술관	강태석 – 조은정, 이옥문 – 하계훈, 김선일 – 강지선
	청주시립미술관	권오상 – 임성훈

셋째, 공립미술관의 체계적인 소장품관리와 기관 간 정보 공유기반 마련을 위해 소장품관리시스템 보급사업을 추진하였다.

| 소장품관리시스템 보급 기관 |

소장품관리시스템 보급 기관명
경기도미술관, 서울대학교미술관, 이천시립월전미술관, 양구군립박수근미술관, 소마미술관, 포항시립미술관, 세종문화회관, 천안예술의전당, 양형군립미술관, 수원시립아이파크미술관, 설미재미술관, 부산광역시립미술관, 전남도립미술관, 경남도립미술관, 전북도립미술관, 고암이응노생가기념관, 강릉시립미술관, 울산시립미술관(기존 이용 기관/18개) 제주도립미술관 공공수장고, 제주현대미술관('22년 신규 보급기관/2개)

넷째, 작품보존 전문인력 및 시설이 부족한 전국 공사립미술관의 보존 역량강화를 위해 보존교육을 실시하였다.

3) 미술관 전문인력 강화

전국 국·공립 및 사립 미술관 등 문화 관련 기관 재직자의 실무 역량을 강화하기 위한 미술관 전문직 연수프로그램을 개최하였다. 문화예술 및 사회 최신 이슈를 주제로 한 강의와 토의를 통해, 미술계 전문직 종사자의 업무 현장에 적용 가능한 실제적인 연수로 운영하였다. 2022년에는 팬데믹 이후 2년만에 대면 교육을 재개하여 '미래를 향한 사회적 역할과 대응', '지금 여기 미술관의 당면 과제와 해결 방안'을 주제로 '미술관의 사회적 역할'과 '미래 미술관'에 대해 모색하고 각 기관의 우수사례 공유를 통해 네트워크를 확장하는 시간을 가졌다.

4) 미술관 협력 연구

국립현대미술관은 미술관 협력사업 활성화를 위한 학술대회를 개최하였다. 2022년 국공립미술관 학예연구 네트워크 포럼에는 지역대표미술관을 포함한 국공립미술관 학예연구직 100여 명이 참석하여 학예사업의 주요 성과 및 당면 현안 중장기 연구과제 등을 논의하고 국공립미술관 간 학예연구의 협력강화를 모색하였다.

3. 민속생활사박물관협력망

국립민속박물관은 민속생활사박물관협력망사업을 통해 민속계 지역 박물관의 교육 운영 지원 및 교수기법 공유 등 다양한 협력사업을 추진하고 있다. 민속생활사박물관협력망은 각 지역 박물관이 현지 민속문화 교육의 중심지가 될 수 있도록 그 역량을 강화하는 데 목적을 두고 있다. 2022년 12월 기준으로 전국 382개의 기관이 협력망 회원관으로 등록되어 있고, 협력망 교육프로그램으로는 '교육 프로그램 및 교보재 지원',[7] '교육 프로그램 운영'[8] '다문화꾸러미 운영 및 보급 확장'[9] 등이 있다.[10]

---

7) 지역박물관 특성화 교육프로그램 개발 및 교재·교보재 지원은 10개의 기관을, 지역박물관 교육 운영 활성화 및 특성화 지원은 9개의 기관을 대상으로 이루어졌다.

8) '찾아가는 어린이박물관'은 '신비한 마법의 방'이라는 전시 주제로 구성된 버스와 연계 교육프로그램을 진행하는 것으로 총 13개의 지역 기관 및 초등학교를 방문하여 운영하였다. 교육 프로그램은 인형 제작과정 탐색을 통해 어린이들이 사물에 대한 관심과 소중함을 알 수 있도록 기획되었으며, 다양한 체험 요소를 포함하고 있다.

| 민속생활사박물관협력망 현황 |

구분	지역	가입기관	기관 수
1	서울	농업박물관 등	57
2	경기 · 인천	성호기념관 등	86
3	강원	화천민속박물관 등	37
4	충북	세계술문화박물관 리쿼리움 등	16
5	대전 · 충남	공주민속극박물관 등	37
6	대구 · 경북	자연염색박물관 등	39
7	부산 · 경남	부산포민속박물관 등	43
8	광주 · 전남	한국천연염색박물관 등	20
9	전북	전주역사박물관 등	20
10	제주	김영갑갤러리 두모악미술관 등	27
총			382

4. 근현대사박물관협력망[11]

대한민국역사박물관의 근현대사박물관협력망사업은 지역 박물관과의 상호협력을 통한 국민의 문화향유 기회 증진을 도모하는 사업이다. 근현대사박물관협력망은 국내 근현대사자료를 소장하고 있는 박물관 간의 경험을 공유하고 상호 협력을 장려하기 위하여 2013년부터 운영하고 있다. 현재 열린 커뮤니티를 조성하여 근현대사와 관련된 자료수집, 조사연구, 전시, 교육 등의 사업을 펼치고 있다. 2022년 기준 총 128개의 박물관이 협력망에 가입되어 있고, 매년 학예지원사업, 워크숍, 학예역량강화 세미나, 소장자료 기반 주제총서 발간 등의 사업을 진행하고 있다.[12]

---

9) '다문화꾸러미 대여 운영'은 지역거점기관을 활용한 다문화꾸러미 운영 및 보급확장으로 다문화 이해 증진을 도모하는 프로그램이다. 천안박물관(우즈베키스탄 꾸러미, 258회, 11,948명), 대구대학교 중앙박물관(인도네시아 꾸러미, 236회, 10,553명), 사상생활사박물관(중국 꾸러미, 346회, 11,323명), 옥천전통문화체험관(일본 꾸러미, 194회, 6,122명), 김해민속박물관(인도 꾸러미, 281회, 12,159명) 등에서 진행됐다.

10) 국립민속박물관, 『민속연보 2020』, 국립민속박물관, 2021, 33~34쪽

11) 근현대사박물관협력망은 근현대사와 관련된 자료수집, 조사연구, 전시 및 교육활동 등의 학예활동 전반을 수행하는 전국의 국 · 공 · 사립박물관(기념관, 역사관, 문학관 포함) 중 관련 서류 제출, 서류검토, 가입신청 승인 등의 절차를 거쳐 회원관을 지정하고 있다. 사업에 대해서는 제안서 공모 및 평가, 수시 현장 점검, 워크숍 등을 통해 그 결과를 공유한다. 근현대사박물관협력망은 참여기관의 목소리에 귀 기울이는 협력망(지원사업 범위를 전 학예분야로 확대하여 참여기관의 운영에 우선적으로 필요한 부분을 지원하는 수혜자 중심의 지원사업 추진), 잠재력을 키우고 발전하는 협력망(국내 · 외 근현대사분야 학예사업의 모범사례를 발굴 · 공유하여 상생의 기반 마련), 참여기관 간 협업을 장려하는 상생의 협력망(공통 관심을 공유하는 참여기관 간 공동프로젝트 추진) 등을 지향하고 있다.

12) 대한민국역사박물관, 『2022 대한민국역사박물관 연차보고서』, 대한민국역사박물관, 2023, 71쪽

| 근현대사박물관협력망 현황 |

주제별	박물관명
경제 · 금융(6)	우리은행 은행사박물관, 조세박물관, 증권박물관, 한국금융사박물관, 한국은행화폐박물관, 화폐박물관
교육(9)	교과서박물관, 덕포진교육박물관, 배재학당역사박물관, 부천교육박물관, 서울교육박물관, 이화박물관, 진주교육대학교박물관, 한국교원대학교 교육박물관, 한밭교육박물관
군사 · 전쟁 · 치안(13)	DMZ박물관, 경찰박물관, 공군박물관, 국립6.25전쟁납북자기념관, 박진전쟁기념관, 유엔평화기념관, 육군박물관, 임시수도기념관, 전쟁기념관, 칠곡호국평화기념관, 포로수용소유적박물관, 해군사관학교박물관, 호남호국기념관
근현대사 · 지역사(31)	경상북도독립운동기념관, 국립일제강제동원역사관, 국채보상운동기념관, 국회 헌정기념관, 군산근대역사박물관, 대구근대역사관, 독도박물관, 목포근대역사관, 부산근현대역사관, 부산박물관, 부평역사박물관, 사상생활사박물관, 서대문형무소역사관, 소래역사관, 수도국산 달동네박물관, 순천대학교박물관, 안성맞춤박물관, 양구근현대사박물관, 영종역사관, 예천박물관, 울산박물관, 인천개항박물관, 인천광역시립박물관, 제주4.3평화기념관, 제주항일기념관, 창원시립마산박물관, 천안박물관, 충청남도역사박물관, 한국이민사박물관, 한양대학교박물관, 해금강테마박물관
농업(2)	농협 농업박물관, 양평친환경농업박물관
만화 · 애니메이션(4)	둘리뮤지엄, 애니메이션박물관, 피규어뮤지엄W, 한국만화박물관
문학(4)	영인문학관, 한국근대문학관, 한무숙문학관, 황순원문학촌 소나기마을
산업 · 기술(10)	거제조선해양문화관, 대구방짜유기박물관, 대구섬유박물관, 상주자전거박물관, 여명카메라박물관, 여주시립폰박물관, 조명박물관, 책과인쇄박물관, 철도박물관, 한국카메라박물관
생활(11)	대구대학교 중앙박물관, 대구보건대학교 보현박물관, 대구보건대학교 인당뮤지엄, 록봉민속교육박물관, 숙명여자대학교박물관, 인도박물관, 한국도량형박물관, 한국색동박물관, 한국전통창조박물관, 한국족보박물관, 해녀박물관
석탄(3)	문경석탄박물관, 보령석탄박물관, 태백석탄박물관
언론(4)	신문박물관, 영월미디어기자박물관, 한국광고박물관, 한국잡지박물관
예술 · 문화(9)	국립극장 공연예술박물관, 국립태권도박물관, 디자인코리아뮤지엄, 목아박물관, 서울올림픽기념관, 아리랑박물관, 조선민화박물관, 한국대중음악박물관, 한국영화박물관
의학 · 한의학(7)	서울대학교병원의학박물관, 서울약령시 한의약박물관, 연세대학교 의과대학 동은의학박물관, 전남대학교 의학박물관, 춘원당한방박물관, 한독의약박물관, 합천한의학박물관
인물(9)	만해기념관, 몽양여운형 생가기념관, 백범김구기념관, 부천펄벅기념관, 손기정기념관, 안중근의사기념관, 이한열기념관, 최용신기념관, 탄허기념박물관
종교(2)	샬트르 성 바오로 수녀회역사박물관, 한국선교역사기념관
지리 · 지형(4)	강원도산림박물관, 국립산악박물관, 영인산산림박물관, 호야지리박물관

| 2022년 근현대사박물관협력망 지원사업 현황 |

기관명	분야	지원내용
부평역사박물관	영상제작	전시연계 영상물 제작
서울약령시 한의약박물관	도록제작	〈행림서원 100년〉 도록 제작
신문박물관	전시연출	기획전시 〈롱 플레잉 Long-Playing〉 연출
포로수용소 유적박물관	전시연출	기획전시 〈사선에서, 조준사격〉 연출
한국대중음악박물관	전시연출	어린이날 100주년 동요전시 〈병아리떼 뿅뿅뿅〉 연출
한양대학교박물관	영상제작	〈경험과 기억으로 되돌아본 전자시대〉 영상 제작
해녀박물관	도록제작	제주해녀항일운동 90주년 기념 특별전 도록 〈빗창들고, 호미들고, 불꽃 바다로〉 제작
둘리박물관	전시연출	〈대중문화가 사랑한 쌍문동〉 체험존 조성
책과인쇄박물관	전시연출	참여형 전시존 조성
피규어뮤지엄W	메타버스	메타버스 〈피규어뮤지엄W〉 구축
한국색동박물관	교육자료	〈색동 패션 디자이너가 되어볼래?〉 교육자료 제작
황순원문학촌 소나기마을	전시연출	〈역사에서 태어난 詩, 詩가 품은 역사展〉 전시 연출

03 지역 박물관 협력망 현황[13]

지역 박물관 협력망은 서울특별시박물관협의회, 서울특별시미술관협의회, 부산광역시박물관협의회, 대구광역시박물관협의회, 인천광역시박물관협의회, 광주광역시박물관미술관협의회, 대전광역시박물관협회, 울산광역시박물관협의회, 경기도박물관협회, 강원도박물관협의회, 영월박물관협회, 충청북도박물관미술관협회, 충청남도박물관협의회, 전라북도박물관미술관협의회, 전라남도박물관미술관협의회, 경상북도박물관협의회, 경상남도박물관협의회, 제주특별자치도박물관협의회 등이 있다.

서울특별시박물관협의회는 서울특별시의 박물관·미술관이 모여 상호 간의 유기적 협조체계를 유지하기 위하여 2006년 창립총회 개최 이후 2010년 법인설립 허가를 받았다. 추진사업으로

---

13) 박물관 협력단위 중 지역 협력망의 단위는 매우 중요하다. 1991년 지방자치제의 부활로 지방자치단체는 직접 박물관을 지역에 설립할 뿐만 아니라 지역 소재 박물관의 등록과 관리를 위한 역할을 부여받았고, 지역민들의 문화향유 및 문화예술의 활성화를 위해 부단히 노력해 왔다. 이후 지역 차원에서 지역의 문화예술기반시설인 박물관의 협력적 가치를 창출할 수 있도록 지역 협의체가 만들어졌고 그동안 다양한 활동을 수행해 왔다. 본 연구에서는 한국박물관협회 홈페이지(https://museum.or.kr/2014/news05.php, 검색일 2022년 8월 1일)를 통해 지역 협력망의 현황을 정리하였다. 추가적으로 지역 협력망으로 활발하게 활동하고 있는 서울특별시미술관협의회와 영월박물관협회를 추가하였다.

는 '문화는 내친구〈서울 속 박물관투어〉', '서울이 아름답다', '서울시 박물관·미술관 가이드북' 제작, '서울, 경기 박물관·미술관 탐방', '서부교육지원청 평생교육과 〈박물관탐방프로그램〉시범운영', '2013 서울 박물관주간', '평생학습 네트워크 사업', '일본 홋카이도와 서울특별시 간 상호 시설 우대캠페인', '정책토론', '박물관·미술관 도서관行', '서울시 박물관 가이드북 사업', '사립박물관 컨설팅사업', '서울뮤지엄 매거진', '서울뮤지엄파티', '서울뮤지엄페스티벌사업' 등이 있다.

서울특별시미술관협의회는 서울특별시 등록 미술관의 협의회로 서울의 문화예술발전에 기여하기 위해 2016년 설립되었다. 추진사업으로는 '사진·영상 콘텐츠 지원', '우이신설 문화예술철도', '협의회 타임라인', '큐레이터 학교', '미술관 소장품 온라인 아카이브', 'Seoul Art Station', '멤버십 카드 발급' 등이 있다.

부산광역시박물관협의회는 「박물관 및 미술관 진흥법」이 정하는 바의 자격요건을 갖춘 비영리 목적의 박물관·미술관 협의체이다. 추진사업으로는 '학술세미나〈부산지역 박물관의 현황과 과제〉', '연합체험한마당', '부산역사탐방 스탬프투어', '반짝반짝, 전기이야기', '어울림교육한마당', '문화사절 프로그램' 등이 있다.

대구광역시박물관협의회는 2007년 공식출범하여 건전한 박물관문화를 조성할 수 있도록 지역 문화유산을 체계적으로 발굴하고 보존할 수 있는 사업을 추진하고 있다. 추진사업으로는 '학예인력양성사업', '어린이 전통문화해설사 양성' 등이 있다.

인천광역시박물관협의회는 인천광역시의 박물관·미술관 간의 협력체계를 유지하기 위하여 2007년 창립총회 개최 이후 2008년 법인설립 허가를 받아 현재에 이르고 있다. 추진사업으로는 '인천박물관인대회', '해외박물관탐방', '어울림한마당', '함께 돌자! 인천박물관 한 바퀴', '기미독립 3·1운동 100주년기념사업', '인천시민과 함께하는 박물관대축제', '인천에서 다시 태어난 백범 김구' 등이 있다.

광주광역시박물관미술관협의회는 광주광역시 소재 박물관·미술관의 유기적인 협조체계 마련을 위하여 2008년 설립하였다. 추진사업으로는 '학술세미나', '희망을 향해 함께 가요!—제2의 삶 은빛날개', '희망을 향해 함께 가요!—Beautiful Youth', '박물관·미술관 시간여행 안내' 등이 있다.

대전광역시박물관협회는 2007년 창립총회 개최, 2014년 사단법인 발족, 2015년 「대전광역시 박물관 및 미술관 진흥조례」 등을 제정하면서 성장해왔다. 추진사업으로는 '가이드북' 제작, '박물관대축전' 참여, '교원연수', '소외계층 박물관투어사업' 등이 있다.

울산광역시박물관협의회는 2014년 창립총회를 개최하여 박물관 발전을 위한 다양한 지원사업, 상호 간 자료교환 및 협조, 특별전 및 교육의 공동 사업 추진, 워크숍 및 교류 활동 등을 원활하게 추진하고 있다.

경기도박물관협회는 경기도 박물관과 미술관의 협조체계를 구축하여 정보 교류 및 홍보, 전시와 체험프로그램 지원사업을 추진하기 위하여 2004년 설립하였다. 추진사업으로는 '워크숍',

'Gmuseum News Letter 지뮤지엄 뉴스레터' 발간, '집으로 찾아온 뮤지엄 '뮤지홈'',14) '경기도 Museum 플랫폼사업 활성화 정책포럼', '경기도뮤지엄 정책포럼', '경기도 공·사립 뮤지엄 학예 인력 역량강화 해외연수' 등이 있다.

강원도박물관협의회는 2007년 강원도 박물관의 발전을 도모하고 지역의 문화를 계승·발전 시키기 위해서 창립대회를 개최한 이후 '병영문화학교', '미국 문화단체 회원 초청 행사', '연합 기 획전' 등을 진행하고 있다.

영월박물관협회는 영월 박물관의 유기적 협조체제 유지, 제도적 보호 육성, 건전한 활동, 민족 문화발전, 사회교육기관의 역할 강화 등을 목적으로 2005년 발족한 이래 2008년 법인설립 승인 을 받았다. 추진사업으로는 '영월 박물관고을 축제', '주니어큐레이터', '해설사 양성', '스탬프투어 사업', '영월국제박물관포럼 이동전시전', '지붕 없는 박물관 학술연구지' 발간, '노노해설사 아카 데미' 등이 있다.

충청북도박물관미술관협회는 2007년 충북문화예술 활성화를 위해 구성된 협의회이다. 개별 박물관 간의 네트워크 구축과 적극적인 소통의 창구를 마련하여 창의적 문화를 선도하는 문화패 러다임의 주체로 자리매김하고 있다. 추진사업으로는 '연합전 청풍명월의 빛', '출범10주년 기념 강연 및 워크숍', '간담회', '학예연구직 직무교육', '온라인 교육박람회' 등이 있다.

충청남도박물관협의회는 2006년 창립하여 박물관 간의 협력시스템을 구축하고 있다. 문화시 설 관련 제도 개선과 지역 박물관 활성화 대책을 정부 및 지방자치단체에 적극적으로 제시하는 한편 '학술세미나', '연합 기획전', '체험교실', '사생대회' 등을 진행하고 있다.

전라북도박물관미술관협회는 지역 박물관과 미술관의 발전 및 지역문화 진흥에 이바지하기 위하여 2007년 창립한 협의회로, 2012년 「전라북도 박물관 및 미술관 진흥조례」 제정, 2014년 사 단법인 정관 개정 등을 기반으로 성장하고 있다. 추진사업으로는 '전라북도박물관미술관연합 임 진왜란 특별전', '전라북도 박물관·미술관 워크숍', '전라북도박물관미술관협의회 익산지역 연 합전시', '연합전 자연과 인간의 만남, 매사냥' 등이 있다.

전라남도박물관미술관협회는 전라남도 회원 간 협력을 위하여 다양한 운영체제와 아이디어 를 공유, 상호 문화예술 발전 방향성을 제시하고자 2016년 사단법인으로 인가받았다. 추진사업 으로는 합동전시 '남도의 숨결', '위로의 시대', '남도유람기', '남동의 화가', '남도의 향기', '남도의 미' 등과 '전남박물관·미술관 협력망 활성화를 위한 워크숍' 등이 있다.

경상북도박물관협의회는 2006년 창립된 협의회로서 지역 박물관 협력사업으로 '박물관 안내 지도' 발간, '학술포럼', '경북의 박물관·미술관 연합 특별전' 등을 진행하고 있다.

경상남도박물관협의회는 우리의 역사와 문화에 대한 연구와 문화유산을 후대에 영구히 계승

---

14) 집으로 찾아온 뮤지엄 '뮤지홈'은 경기도 박물관 및 미술관 기획프로그램의 정보를 공유할 수 있는 온라인 플랫폼 이다. 박물관 및 미술관에서 제작한 키트를 관람객이 집에서 받아볼 수 있고 키트 제작 영상도 함께 제공하고 있다. 여기에 얼리버드 키트, 박물관 및 미술관 초대권, 전시 소식지 등도 함께 받아볼 수 있다.

시키고자 2006년 12월에 창립총회를 개최했다. 개별 박물관에서 소장하고 있는 자료를 통해 경남 문화자원의 특성을 보급·선양하는 데 기여하며, 개별 박물관이 사회교육기관으로서 역할을 충실히 하는 데 목적을 두고 있다. 추진사업으로는 '도슨트 양성 및 운영사업', '연합전 남해안 시대! 문화그네상를 꿈꾸며', '경상남도 박물관/미술관 특별전 및 바자회', '경상남도박물관협의회 뉴스레터', '경남박물관인 대회' 등이 있다.

제주특별자치도박물관협의회는 2005년 창립하여 건전한 박물관·미술관의 발전을 위한 각종 지원사업과 제주 박물관·미술관의 자료교환 및 협조사업, 연구발표회, 학술지 발간, 공동조사 연구에 관한 사업, 공동 특별전 개최, 사회교육 운영, 홍보사업 등의 사업을 진행하고 있다.

이와 같은 전국의 박물관 협력망은 각 지역 개별 박물관의 힘으로만 성장하기에는 분명한 한계가 있다. 그렇기 때문에 정부, 지방자치단체, 박물관 간의 폭넓은 의견 교환과 지속적인 연계 활동이 필요하다. 즉, 각 지역 박물관 협력망은 독립된 사무국과 직원을 확충하고, 박물관 자료의 전산화 및 교류체계를 구축하여 협력망 발전을 위한 시스템이 마련되어야 한다.

참고내용

- 한국박물관협회 : 「박물관 및 미술관 진흥법」에 정하는 바의 자격요건을 갖춘 비영리 목적의 박물관·미술관 협의체이다. 건전한 박물관 활동을 통하여 민족문화 발전에 기여하며 사회교육기관으로서의 역할을 충실히 이행할 수 있도록 국내외 박물관·미술관 상호간의 유기적 협조체제 및 제도적 보호·육성에 이바지함을 목적으로 한다.(1976년 한국민중박물관협회 창립, 1991년 사단법인 협회 설립인가)

- 한국사립박물관협회 : 한국 사립박물관의 협의체로서 회원의 친목과 정보교류에 역점을 두고 다양한 활동을 펼치고 있다.(1997년 발기인 대회, 1999년 창립, 2005년 사단법인 등록)

- 한국사립미술관협회 : 미술관 진흥과 미술창작 환경 조성, 미술관 전문 인력 양성, 미술관 정책 연구 및 대안 제시, 미술관 프로그램 지원 사업 전개 등 사립미술관의 육성을 위한 다양한 사업을 통해 국내 미술문화의 발전에 기여하기 위해 창립됐다.(2003년 자립형미술관네트워크(한국사립미술관협회 前身) 출범, 2005년 한국사립미술관협회 창립총회, 사단법인 설립허가)

- 한국대학박물관협회 : 국내 대학 박물관의 유기적 협조 및 제도적 보호 육성, 학술적 교류 등을 도모함으로써 각 대학박물관의 발전에 기여함을 목적으로 한다.(1961년 한국대학박물관협회 결성 창립총회 개최, 사회단체등록 규정의거 등록)

| CHAPTER 09 |

신박물관학

1960년대 말부터 대두된 신박물관학(New Museology)의 요점은 박물관에서 가장 중요한 것은 사람이고 사회발전을 위해 박물관은 교육적 역할을 수행해야 한다는 것이다. 그렇기 때문에 신박물관학은 수집된 자료를 바탕으로 관람객과 상호 교류활동을 펼쳐나갈 수 있는 전시와 교육 및 경영에 중점을 두고 있다.[1] 이런 신박물관학의 역사는 다음과 같다.

신박물관학은 1971년 제9회 국제박물관협의회 총회에서 베닌인민공화국의 철학자이자 작가인 스타니슬라스 아도베티(Stanisls Adoveti)가 "제도로서의 근대박물관[2]은 급격한 변화를 겪던지 아니면 현재의 권리를 잃거나 후에 사라질 것이다."라는 주장을 제기하면서 시작되었다.

참고내용 ···

근대박물관은 대중의 문화적·역사적 의식을 교육하고 심미감을 고양시키는 것을 설립의 중요한 이념적 전제로 두고 있다. 이는 전시된 대상이 그 본래 지녔던 위치와 맥락으로부터 단절되며 이용자가 소수의 선택을 받은 사람들이라는 한계점을 가지고 있었다.

1972년 칠레의 산티아고에서 유네스코가 주최한 '오늘날 라틴 아메리카에서의 박물관 역할'이라는 좌담회에서 박물관 전문가들이 공동체의 발전을 도모하는 박물관의 사회적 역할을 강조하면서 박물관학의 학제 간 연구를 촉진시켰다.[3]

---

1) 김혜원, 「박물관 서비스 품질이 고객만족과 고객충성도 및 고객 삶의 질에 미치는 영향」, 숙명여자대학교 석사학위논문, 2008, 2쪽
2) 신숙영, 「박물관 건립 프로젝트에서의 '프로그래밍'의 이론과 실제」, 경희대학교 석사학위논문, 2002, 45~47쪽
3) 박소현, 「신박물관학 이후, 박물관과 사회의 관계론」, 『현대미술사연구』 제29집, 현대미술사학회, 2011, 228쪽

참 고 내 용

산티아고에서 선언한 박물관의 정의는 다음과 같다.

"박물관은 사회의 통합적인 부분으로서 그것이 속한 공동체의 자각을 높이는 일에 주안점을 두고 사회에 봉사해야 한다. 박물관은 현재의 문제들을 명확하게 드러내는 역사적 틀 내에 박물관 활동을 유도하며 과거와 현재를 연결시키고 현재 진행 중인 구조적 변화에 참여해야 한다. 각국이 처한 현실 속에서 다른 변화들을 촉발시킴으로써 행동하는 공동체의 사회적 참여에 기여해야 한다."

이러한 박물관의 시대적 새로운 담론에 대한 접근은 1979년 영국의 총리 대처가 자국의 경제 회생을 꾀하며 추진한 사회경제 정책인 대처리즘을 통해 더욱 본격적으로 전개되었다. 즉, 공공 영역의 재정을 삭감하여 박물관을 시장원리에 내맡기면서 박물관의 상업적 활동으로 인하여 타 기관과의 차별성을 잃게 하였으며 사회 내에서 박물관의 당위성에 대한 회의를 유발시켰다.

또한 1984년 캐나다 퀘벡에서의 '퀘벡선언'으로 박물관학은 모든 발전의 수단을 통합하려는 현대 세계에서 확인하여 보존하고 교육하는 전통적인 기능을 보다 넓은 실천들로 확장시켜 인간적·물리적 환경과 연관된 실천들에 더욱 적극적으로 개입해야 한다는 의지를 표명하였고, 멕시코에서는 '오악스테펙선언'을 통해 박물관 전문가의 기술적인 독백을 배제하고 전통과 집단기억을 수집하여 이를 과학적 지식으로 만드는 공동체 참여를 요청하였다.[4]

이처럼 잇따른 새로운 기조의 움직임은 1985년 세계 신박물관학 운동으로 이어졌고, 박물관을 공동체 내에서의 정체성 형성과 발전을 위한 도구로 정의하였다.

이와 같은 일련의 상황 속에 일상생활에 구체적으로 기여함으로써 사회적 의미를 성취할 수 있도록 그 목적을 변경한 새로운 형태의 신박물관학이 발전하게 되었다. 이때 신박물관학의 주창자들은 박물관이 중립적 장소가 아니므로 직원들이 상상하는 평균적이고 표준화된 전형적 관람객은 더 이상 존재하지 않는다고 주장했다. 이는 기존 박물관에 대한 새로운 대안이 아닌 구박물관학과의 보완적인 성격을 가진 것으로 지역박물관이나 생태박물관 등으로 구체화되고 있다.

결국 신박물관학은 구박물관학의 방법론적인 시각에서 벗어나 사회봉사를 위한 교육적 도구로 박물관을 인식하였으며, 그간의 실천적인 문제를 비판하고 사회 속에서 박물관의 역할을 재점검하였다.[5] 따라서 신박물관학은 일상을 보존하며 그 가치를 살려 생활과 예술이 분리되지 않고 통합하는 것을 일정한 목표로 삼고 있다.[6]

4) 박소현, 위의 논문, 229쪽

5) 양지연, 「New Museology – 서구 박물관학계의 최근 동향」, 『서양미술사학회논문집』 제12집, 서양미술사학회, 1999, 147쪽

6) 최효준, 「서양미술제도사에서 '생태박물관' 개념의 전개와 그 현재적 의미」, 『예술경영연구』 제1집, 한국예술경영학회, 2001, 11쪽

신박물관학과 구박물관학을 비교하면 다음과 같다.[7]

구분	구박물관학	신박물관학
수집범위	물질적 자료	비물질적 자료 포함
주요대상	자료 중심	사람 중심
접근방법	과거 지향적, 단일학문	미래지향적, 학제적
조직	전문인력	지역시민 및 각계 전문가
교육	근대 시민의 교화	교육기관
재정	정부 지원	지역단체 및 개인 후원
시선	제국주의적, 식민주의적 민족주의적, 남성중심적	탈식민주의적, 지역주의적 여성주의적

신박물관학의 관점에서 볼 수 있는 박물관의 형태는 신박물관과 생태박물관이다.[8]

01　신박물관

신박물관학을 기반으로 한 신박물관은 사회와 집단의 공동 기억을 박물관의 설립목적과 서로 부합될 수 있도록 연계하였다. 즉, 구박물관이 미학적·역사적 가치를 바탕으로 수집한 자료를 전시와 교육을 통해 일정한 메시지로 전문인력에 의하여 전달하던 방식이라면, 신박물관은 사회의 변화된 환경에 적응하고 이용자의 참여와 상호 소통을 유도하며 평생교육의 차원에서 박물관이 가진 정체성을 비전, 조직, 프로그램 등으로 담아내고 있다.

1. 이용자

신박물관에서 이용자는 손님이 아니라 필수적인 구성요소이자 박물관의 활동에 적극적으로 참여하기 위하여 각종 의사결정권을 행사하는 박물관의 주체이다. 신박물관은 이용자의 특별한 관심과 요구사항에 늘 관심을 갖고 있으며 공공 및 사회에 대한 개방적인 사고를 유지하고 있다. 그렇기 때문에 신박물관에서는 관 내 조직에 이용자를 개입시키면서 회원, 자문위원, 해설사, 자원봉사자 등의 시스템을 가동하고 있다. 뿐만 아니라 신박물관에서는 이용자의 적극적인 참여에 주목하여 이들이 제시한 의견을 지속적으로 수렴하고 평가 및 개선함으로써 충분한 피드백이 진행되고 있다.

---

7) 이명진, 「신박물관학의 관점에서 본 부산박물관의 발전방안 연구」, 경성대학교 박사학위논문, 2013, 44쪽
8) 신숙영, 「박물관 건립 프로젝트에서의 '프로그래밍'의 이론과 실제」, 경희대학교 석사학위논문, 2002, 48~55쪽

2. 수집과 보존

구박물관이 역사적 의미와 미학적 가치에 중점을 두고 수집을 했다면 신박물관은 지역과 주민이 가지고 있는 모든 생활사 자료를 바탕으로 물질적 또는 비물질적 분야를 아우르는 수집행위를 추구한다. 결국 수집과 보존을 본래의 맥락 그대로 유지하면서 상황에 맞도록 유·무형의 자료를 다양하게 활용할 수 있는 방안을 지속적으로 모색한다면 자료에 대한 정체성을 유지할 수 있다.

3. 전시 및 교육

신박물관의 중요한 기저는 커뮤니케이션이다. 이용자와의 커뮤니케이션을 위하여 박물관에서는 공공의 기억과 동시대의 요구사항을 연계한 전시와 교육 프로젝트를 추진해야 한다. 이때 단순한 의미 전달이 아닌 사회적 맥락 안에서 상호교류가 가능한 특별전과 불특정다수를 대상으로 다양한 장소에서 개최하는 교육 프로그램을 통해 커뮤니케이션이 완성될 수 있다.

4. 경영

신박물관에는 경영의 개념이 필요하다. 경영은 조직의 지도자가 조직의 목적에 맞는 논리적 근거를 바탕으로 서로 협력하여 제품을 생산할 수 있도록 조직 구성원을 다루는 방법이다. 이중 박물관 경영은 박물관의 제 기능을 원활하게 성취할 수 있도록 행동원리를 실현하는 것으로 획일적인 표준화가 아니라 이용자의 호기심과 흥미를 바탕으로 박물관을 특성화하여 보존 중심이 아닌 교육 중심으로 그 영역을 확장시켜 지역의 문화발전을 위한 네트워크를 구축하는 것이다.[9] 이처럼 철저한 고객지향형 경영은 신박물관의 핵심이다.

5. 조직

신박물관은 팀제 조직(team organization)으로 이루어져야 한다. 박물관 조직은 박물관의 설립목적과 실천과제의 달성, 직책별 업무분장과 권한에 관한 직무규정, 후원회의 결성과 확보 등을 실현하기 위한 업무를 진행한다. 전통적인 계급조직은 수직적 구조로 인하여 경직성과 비효율성을 극복하기 어려우므로 신박물관 조직은 상호보완적인 소수가 공동의 목표를 위하여 책임을 공유하고 문제점을 해결하는 수평적인 팀제 조직으로 구성해야 한다. 팀제 조직을 통해 부(部)·과(果)제의 모순에서 탈피하여 팀장을 중심으로 조직의 유연성을 높여 창조적인 업무가 가능도록 유도한다.

---

9) 윤병화, 『학예사를 위한 박물관학』, 예문사, 2014, 98쪽

6. 공간

신박물관은 박물관의 업무를 진행할 수 있는 공간이 다양하다. 구박물관의 주요 공간이 수장 및 전시를 위한 공간이었다면, 신박물관은 이들 공간 외에 기타 공간을 조성하여 종합 문화예술 센터로 활용하고 있다. 이로써 종래에 없었던 교육 및 휴식을 위한 공간이 확대되면서 지적·정서적 안정과 물리적 접근성도 좋아졌다. 이러한 의미에서 신박물관의 공간은 내부만이 아닌 외부와의 연계를 통해 새로운 공간을 만들어 내고 있다.

7. 예산

신박물관의 목표는 박물관의 정체성을 확립하고 이를 바탕으로 일상생활에 주목하며, 향후에는 사회의 발전과 안정을 위하여 존재하는 기관이 되는 것이다.[10] 이런 사회적 역할을 달성하기 위해서는 공적 자금으로 운영되는 박물관이 독립성을 유지하고 시민교육기관으로 자리매김할 수 있는 방안이 필요하다. 즉, 신박물관은 이용자인 시민들의 기부행위를 이끌어 내고, 기업 및 공공기관으로부터 재원을 확보할 수 있도록 유도한다.

02 　생태박물관

신박물관학적인 측면에서 박물관의 중심은 자료가 아니라 사람이며 지역사회의 정체성 형성과 개발을 주요한 근저로 삼아야 한다. 이를 실현시킬 수 있는 박물관이 바로 생태박물관(Ecomuseum)이다.

생태박물관은 생태학(ecology)과 박물관(Museum)의 합성어로 지역에 살고 있는 사람과 이들을 둘러싸고 있는 환경과의 관계에서 생겨난 통합적인 개념으로 살아 있는 박물관, 지붕 없는 박물관, 지역 공생박물관, 주민이 모두 학예사인 박물관 등으로 지칭할 수 있다. 그렇기 때문에 생태박물관은 일정한 지역에서 존재하는 문화를 지역주민들이 주체가 되어 스스로 보존하며, 자신들의 정체성을 확보해 나가는 열린 박물관을 지향하고 있다. 또한, 생태박물관은 보존과 개발 사이의 갈등을 해결할 수 있는 수단으로 자연, 문화, 사회 환경을 원래 상태로 유지하고 이를 존속 보존하면서 발전을 이루는 중요한 개념이다.

이러한 생태박물관은 1960년대 프랑스에서 농촌의 문화시책으로 탄생하였고, 1980년대 유무형의 자원과 인간의 관계성을 총체적으로 바라보고 이들의 생태계를 회복하고자 하는 새로운 형태의 박물관으로 주목받고 있다.

---

10) 양지연, 「박물관의 성공 기준과 성과 지표에 대한 연구」, 『예술경영연구』 제22집, 한국예술경영학회, 2012, 177쪽

생태박물관의 이념적 지향점을 이론화한 박물관학자 알랭 리베르는 세 차례 수정을 거쳐 1980년대에 "생태박물관이란 행정당국과 주민이 함께 구상하고 구체화하여 활용하는 기관이다. 행정당국은 전문가와 함께 편의를 도모하고, 재원을 제공하며 주민들 스스로 각자의 흥미에 따라 자신들의 지식과 대처능력을 제공해야 한다."라고 생태박물관에 대한 정의를 내렸다.11) 이는 생태박물관은 관공서와 지역주민들이 공동으로 설립 · 운영하는 기구이며, 지역사회의 현재와 미래에 영향을 미치는 실험실, 보존연구소, 학교 등의 광범위한 성격을 갖고 있다.12)

결국 생태박물관은 오늘날 거대화되고 지구화되어가는 전 세계 박물관에 성공적인 대안이 될 수 있다.13) 이젠 생태박물관이 지역을 대표하는 관광자원이 될 수 있고 지역 자체가 독립된 박물관이 될 수 있기에 지역 발전에도 중요한 모델이 될 수 있다. 이처럼 신박물관학의 기능 및 개념을 제대로 반영한 대표적인 사례로 생태박물관을 주저없이 선택하는 이유가 여기에 있다.

---

11) 오하라 가즈오키, 『마을은 보물로 가득 차 있다』, 아르케, 2008.

12) 양현미, 「박물관 연구와 박물관 정책 − 문화 연구의 관점에서 본 우리나라 박물관 연구와 정책 −」, 홍익대학교 박사학위논문, 2001, 104쪽

13) 백승길, 『오픈 뮤지엄 프로그램』, 정음사, 2000, 4쪽

| CHAPTER 10 |

생태박물관

생태박물관은 완전히 새로운 개념이 아니라 이미 이전부터 논의된 박물관의 발전방안을 심화된 개념으로 능동적으로 관람객과 소통하는 박물관을 의미한다. 과거와 현재 그리고 미래를 시간 축으로 연결하고 동시에 일정한 공간 축을 내외부로 확장시켜 이를 결합한 결과물이다. 즉, 특정 건물로 한정된 일반적인 박물관이 아니라 지역사회 전체를 관광자원화하여 주민이 주체가 된 박물관이라 할 수 있다.

전통 박물관은 자료에 대한 비중이 높아 자료의 가치평가와 보존을 가장 중요하게 여겼지만 생태박물관은 현장에서 직접 참여가 가능한 전시 및 교육을 통해 일반 대중과 적극적인 의사 소통이 가능하도록 유도하고 있다.

| 전통박물관과 생태박물관 비교[1] |

구분	전통박물관	생태박물관
목적	문화, 예술, 학문의 발전과 국민의 문화향유와 교육 증진에 기여	지역사회의 발전에 기여
전시대상 및 방법	집중 구조로 수집한 박물관 자료를 한 공간에 모아 보존 및 전시하는 형태	네트워크 구조로 지역 문화유산을 현지에서 보존 및 전시하는 형태
운영주체	국가, 시도단체, 개인, 법인, 재단, 대학, 기업 등	시도단체와 지역주민이 협력하여 지역주민이 운영 및 해설 활동

이러한 생태박물관에 대하여 국제박물관협의회 초대 관장 알랭 리베르는 다음과 같이 정의하였다.

---

1) Maurizio Maggi, Vittorio Falletti. Ecomuseums in Europe : What they are and what they can be. p.10. Working paper n.137. Istituto recerche economico-sociali del. Piemonte. 2000(김성진, 『고가·종택·전통마을의 보전적 관광자원화 방안』, 한국문화관광연구원, 2001, 11~12쪽)

생태박물관은 1971년 국제박물관협의회 초대 관장인 알랭 리베르가 정의하였지만 프랑스에서는 이전부터 생태보존과 관련된 사회적 분위기가 형성되고 있었다. 즉, 1968년 프랑스 5월 혁명이 일어나면서 인간 소외와 도시에 대한 비판적 사고가 등장하게 되었고, 생태주의 혹은 환경 보존주의에 대한 새로운 인식이 형성되었다. 이후 일상적인 생활과 관련된 문화유산을 보존하기 위한 총체적인 접근이 이루어지면서 생태박물관에 대한 개념적 논의가 나타나기 시작하였고, 알랭 리베르가 최초로 생태박물관에 대한 정의를 내리게 되었다.

첫째, 생태박물관은 행정당국과 주민이 함께 구상하고 만들어 이용하는 공간이다. 행정당국은 전문가, 편의, 재원 등을 제공하고 주민은 각자의 열망과 지식과 접근 능력에 따라 참여한다.

둘째, 생태박물관은 주민이 스스로를 인식하기 위해서 자신을 비추어보는 거울이다. 주민은 자신이 속한 지역을 세대의 연속성이나 비연속성을 통해서 이전 주민의 설명에 이어서 설명하려고 노력한다. 생태박물관은 자신의 일과 행동과 내면성을 존중받으면서 더 잘 이해할 수 있도록 주민이 방문자에게 내미는 거울이다.

셋째, 생태박물관은 인간과 자연의 표현이다. 인간은 자신이 속한 자연환경 속에서 해석된다. 자연은 전통사회와 산업사회의 이미지를 결합한 원초적 상태이다.

넷째, 생태박물관은 시간의 표현이다. 생태박물관은 인간이 살았던 선사시대와 역사시대를 축적하여 현대에 이르는 과정을 나타낸 공간이다. 또한 미래를 향해 열려 있으나 결정기관을 자처하지 않고 정보 전달과 비평적 분석의 역할을 맡는다.

다섯째, 생태박물관은 공간을 해석한다. 걸음을 멈추기도 하고 유유히 길을 가기도 하는 특권적 공간을 형성한다.

여섯째, 생태박물관은 연구소이다. 외부 연구기관과 협력하여 주민과 그 환경의 역사를 연구하고 전문가 교육을 진행한다.

일곱째, 생태박물관은 보존기관이다. 자연문화유산의 보존과 활용을 돕는다.

여덟째, 생태박물관은 학교이다. 주민을 연구보호 활동에 참여시킴으로써 미래의 여러 가지 문제를 좀 더 잘 파악할 수 있도록 유도한다.

아홉째, 생태박물관은 연구소, 보존기관, 학교라는 공통의 원리에서 착상된 것이다. 이들 기관들이 표방하는 문화는 가장 넓은 의미로 이해되어야 하며, 이 기관들은 어떤 주민층에서 나온 표명이든 문화의 존엄성과 예술적 표현을 인식한다. 문화의 다양성에는 한계가 없다. 이 기관들은 스스로의 테두리 안에 갇히지 않고 이를 받아들이고 그 개념을 부여하고 있다.[2]

---

2) 김아름, 「자연생태박물관을 활용한 생태교육 프로그램 개발」, 동국대학교 석사학위논문, 2014, 4~5쪽

참 고 내 용 ··

알랭 리베르는 1980년 1월 국제박물관협회(ICOM) 총회에서 '생태박물관의 발전적 정의(Evolutionary definition of Ecomuseums)'를 발표하였다. 이 정의에서 강조하고 있는 것은 자연과 주민 그리고 역사로 서 생태박물관의 발전적 정의라는 경계가 모호한 단어를 사용한 것은 바로 박물관의 개념을 확장한 표현 이라 할 수 있다.

01 생태박물관의 등장 배경[3]

1973년 프랑스에서 크뢰조 몽소레민 생태박물관이 건립되면서 유럽, 아시아 전역으로 확산되 었다.[4]

구분	명칭	홈페이지	비고
국제박물관 협회	신박물관학을 위한 국제적 움직임 (International Movement for a New Museology)	www.minom－icom.net	생태박물관 외에도 신박물관학 의 개념을 모두 포함
프랑스	생태박물관과 사회박물관 연맹 (Federation des Ecomusée et des Musées de Societe)	http : //fems.asso.fr	• 1988년 설립 • 기관에 가입한 생태박물관의 경우 웹상에 로고를 기재해 주 고 있음
이탈리아	피에모트 생태박물관 연구회 (Piemote Labatorio Ecomusei)	www.ecomusei.net	• 1998년 설립 • 이탈리아 지방법에 의해 설 립·운영되고 있음
일본	일본 생태박물관 연구회 (Japan Ecomuseological Society)	www.jecoms.jp/kiyaku	1995년 설립

초기 생태박물관은 지방 자연공원과 비슷하게 지역주민의 참여를 통해 자연문화유산을 보존 하고자 하는 취지로 시작되었고, 그 취지 외에 특정한 방식이나 이념 또는 조건을 고집하지 않았 기 때문에 전 세계에서 널리 수용될 수 있었고, 다양한 형태로 진화할 수 있었다.

생태박물관이라는 명칭은 위그 드 바랭과 알랭 리베르가 처음 사용한 것으로 생태, 생태학을 뜻하는 에콜로지(Ecology)와 박물관(Museum)의 합성어이다.

---

3) 위의 논문, 2014, 6~7쪽

4) 생태박물관과 관련된 협회는 다음과 같다. (박정연, 「영국 오픈 에어 박물관(Open－Air Museum)과 프랑스 생태박물관(Ecomuseum)의 특징 비교연구」, 경희대학교 석사학위논문, 2010, 85쪽)

생태박물관의 근원은 1891년 개관한 스웨덴의 스칸센야외박물관이다. 즉, 생태박물관은 야외박물관의 확장된 개념으로 자연환경과 더불어 그 지역 안에 존재하고 있는 다양한 문화유산의 주체자인 지역주민이 이를 관리 · 감독하는 기관이다.

이러한 생태박물관은 문화권 전체를 하나의 영역으로 조성하여 주민 참여형으로 운영되고 있기 때문에 지역 주민들 간에 긴밀한 관계 형성이 필요하다. 결국 지역에 존재하는 인간과 환경의 관계를 통해 인간과 자연이 공존하는 장소이며 역사적 현존자로서 주민이 박물관의 운영자가 되어 다양한 유산을 해석하고 통합하는 과정에서 발전을 도모할 수 있다.

또한 생태박물관의 명칭을 보면 나라와 지역마다 다르게 불리고 있다. 프랑스에서는 '삶을 비추는 거울과 같은 박물관', 일본에서는 '지역 총화박물관', '생활 · 환경 박물관', 캐나다와 호주에서는 '살아 있는 박물관' 등 지역의 삶과 문화를 보여주는 박물관으로 다양하게 정의하고 있다.

이처럼 생태박물관은 생태주의 및 환경주의 등을 그 이념적 바탕에 두고 있기 때문에 근대의 기계주의 세계관을 부정하고 생태중심주의적 접근, 사회적 위계와 지배관계의 새로운 설정 등을 통해 인간 · 환경 · 사회와 관련된 문제를 종합적으로 살펴볼 수 있다. 특히, 생태박물관은 복합적이고 종합적인 학문의 연계성을 지향하며, 과거와 현재를 연결하고 미래를 아우르는 통사적 입장에서 박물관 자체의 조건과 공간을 지역주민의 참여를 통해 보여주고자 노력하고 있다.

앞서 살펴보았던 생태박물관의 변천과정을 요약하면 다음과 같다.

| 생태박물관의 변천[5] |

구분	시기	국가	명칭	특징
초기 생태박물관	1873	스웨덴	스칸디나비아 민족지학 박물관	대중문화와 지역의 다양한 문화의 산물인 생활양식들을 함께 전시하기 위하여 설립
	1891		스칸센야외박물관	스칸디나비아 농촌의 생활모습과 환경을 보존하며 조성된 최초의 야외박물관
	1894	이탈리아	피에뜨레	구스타페 피에르(Giuse Pitre)에 의해 팔레리모에 지역주민들의 생활도구와 문화를 전시하기 위한 공간이 만들어졌고, 이후 국립박물관으로 발전
	1895	노르웨이	노르스크	스칸센야외박물관과 유사한 형태로 스웨덴으로부터 독립된 노르웨이 국가의 정체성을 강조
	1907	스웨덴	노르웨이박물관	'너 자신을 알라'라는 표어를 중심으로 운영되었고, 스웨덴 내의 지역적·문화적·사회적 다양성을 이해하도록 하는 중심 역할을 수행함 (관람객이 스스로 체험함으로써 과거를 인식하고 흡수하는 것을 지향)
대중 박물관	1914 1918	독일	하이마트박물관	하이마트박물관의 주요한 역할은 주민과 지역문화 보존을 위한 것으로 나치 통치기간에 만들어졌으며 민족주의 교육과 정치적 홍보수단으로 이용
	1935	프랑스	대중문화예술박물관	대중문화예술이 박물관의 주제로 등장하기 시작하며, 하이마트박물관 개념과는 다른 유산 접근방법을 사용
국제박물관 협의회 창설	1945	프랑스	국제박물관협의회	유네스코의 제 1차 총회가 열린 프랑스 파리에서 창설
신박물관학	1950	미국	민속박물관 재미-노르웨이민속 박물관	스칸디나비아 이주민들에 의해 소개되었고, 이후 미국에 다수 건립되었으며, 지역의 소수민족들이 그들의 문화보존을 위해 적극적으로 추진
	1960	덴마크	덴마크박물관	아뜰리에 박물관의 개념으로 단순히 전시물을 보는 것이 아니라 직접 만져보고 체험할 수 있는 프로그램을 진행하여 오늘날 체험박물관의 시초를 이룸
	1967	미국	애너크스티아 박물관	미국 흑인들이 밀집한 작은 도시 사회의 일상적인 생활도구들을 전시물로 구성
	1970	미국 영국	지역사박물관	지역의 역사와 산업유산을 가진 작은 박물관들로 대중문화 기술을 전시
	1970	영국	신박물관학	전문가와 관람객들이 직접 박물관의 연구와 경영에 참여하여 박물관 개념 재해석
생태박물관 용어 제안	1971	영국	프랑스 국제박물관협의회 회의	프랑스에서 열린 국제박물관협의회 총회에서 박물관 정의가 변화됨을 인정
생태박물관 용어 공인	1972	스웨덴	스웨덴 국제박물관협의회 세미나	스톡홀름에서 열린 UN 국제회의에서 환경문제의 해결을 위한 자연 및 인간환경과 관련된 박물관 설립이 제안되며 생태박물관이라는 단어가 등장함(장소, 인간 그리고 지역사회가 연계된 개념으로 생태박물관

5) 신현요, 「생태박물관의 발전과정과 개념적 특징에 대한 연구-유럽과 아시아계 중심으로-」, 청주대학교 석사학위논문, 2005, 15~17쪽

구분	시기	국가	명칭	특징
				을 정의)
유산의 개념 정의	1972	칠레	산티아고 선언	주민이 함께 참여하고 지역사회에 기여하는 박물관의 새로운 역할을 선포
통합된 개념의 박물관	1973	프랑스	크뢰조 몽소 생태박물관	지역사회의 주민이 직접 참여한 최초의 생태박물관으로 지역사회의 발전을 위하여 주민의 활동을 강조
	1975	프랑스	그란데 란데	스칸디나비아와 미국의 모델이 함께 융합된 형태로 지역사회의 발전을 위하여 주민의 활동을 강조
시대변화를 반영한 생태박물관	1980	전 세계	환경예술모임	사람과 장소를 연계하여 환경예술을 소재로 지역문화를 보존하기 위한 모임 결성
	1980 년대	프랑스	우송농촌박물관	지역사 보존을 위해 설립한 생태박물관은 지역유산에 근거해 만들어진 것으로 지역에서 전통적으로 사용해왔던 건물이나 일상생활과 관련된 다양한 유물들을 전시
			르네생태박물관	
		이탈리아	산마르티노	
		스웨덴	베르그슬리겐	역사적 문화유산들을 바탕으로 지역사회와 자치단체와의 협조를 통해 포괄적인 개념의 생태박물관을 지향
		프랑스	알사스 생태박물관	생태박물관은 주민 삶의 활동을 결집시키기 위한 장소로서 지역유산을 통합관리하는 시스템으로 테마공원 형식을 지향
		네덜란드	조이데르 박물관	어촌에서 농촌으로 변화한 지역에서 생태박물관을 재계획하여 건립
	1998	프랑스	벤데 생태박물관	다양한 기능을 가진 생태박물관으로 관광경영 시스템을 도입
	1984	전 세계	신박물관학을 위한 국제 운동	뉴박물관을 위한 국제운동의 일환으로 생태박물관을 도입하여 지역사회를 보존하는 시스템을 도입
지역 활성화 개념 발전	1998	프랑스	생태박물관과 사회박물관연맹	프랑스 생태박물관과 관련된 단체를 창설하여 지역 및 관광사업 발전을 위한 다양한 방법으로 생태박물관 설립 유도
글로벌 시대의 생태박물관	1988	이탈리아	피에모토 생태박물관연구회	이탈리아 생태박물관연구회를 설립하여 지역문화에 대한 활발한 연구활동 진행
	1995	일본	일본 생태박물관연구회	일본 생태박물관연구회가 창설되어 본격적인 생태박물관 건립 계획 수립
	1997	스칸디나비아	스칸디나비아 네트워크	생태박물관의 전문화를 위하여 협력체제 구축
		프랑스	생태박물관과 사회박물관연맹 발전	생태박물관의 전문화를 도모하기 위하여 프랑스 생태박물관과 사회박물관연맹에 가입하는 생태박물관 증가
유럽 네트워크	2004	유럽	유럽 생태박물관 네트워크	유럽 각 지역별로 설립된 생태박물관들이 협력하여 생태박물관의 유럽 네트워크를 위한 협력계획 수립

02 생태박물관의 주요 맥락[6]

1. 생태박물관의 구성요소

오하라 가즈오키 교수는 생태박물관의 3가지 필수 구성요소를 다음과 같이 제시했다. 즉, 특정 지역의 영토(Territory)를 대상으로 하는 '박물관(Museum)'이라는 기본조건 아래 해당 지역사회와 주민의 일체화를 위한 수단적 특징으로 '주민의 주체적 참가(Participation)', 지역 내 각종 유산의 보전을 위한 형태적 특징으로 '유산(Heritage)의 현지 보존'을 말한다. 이런 현실적 상황을 고려하여 H(Heritage), P(Participation), M(Museum)을 중요 구성요소로 보았다.[7] H(유산보전)와 P(주민참여)가 교차하는 부분에는 각지에서 마을의 땅과 마을의 산을 지키려는 운동이 있거나, 역사적인 마을 모습을 보전하려는 운동이 있다면 여기에 M(박물관)으로서의 활동이 더해지면서 생태박물관이 될 수 있다고 본 것이다.

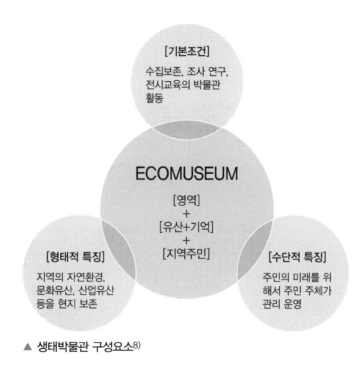

▲ 생태박물관 구성요소[8]

---

6) 이지민, 「지역재생을 위한 에코뮤지엄 개념 적용에 관한 연구」, 홍익대학교 박사학위논문, 2023, 58~71쪽.

7) M(Museum, 기본조건) : 수집 보존, 조사연구, 전시교육 및 보급 등의 박물관 활동

   H(Heritage, 형태적 특징) : 지역의 자연환경, 문화유산, 산업유산 등을 현지 보존

   P(Participation, 수단적 특징) : 주민의 미래를 위해서 주민이 참가하여 관리 운영

8) 오하라가즈오키, 『마을은 보물로 가득 차 있다』, 아르케, 2008, 32쪽

2. 피터 데이비스의 목걸이 모델

생태박물관의 매커니즘을 가장 잘 설명하고 있는 모델이론은 영국 뉴캐슬대학 교수인 피터 데이비스(Peter Davis)가 제시한 '생태박물관을 위한 목걸이 모델(The Necklace Model)'이다. 플로베르(Flaubert)의 '목걸이를 만드는 것은 진주가 아니라 실이다.'라는 것에서 아이디어를 얻었다고 알려진 피터 데이비스의 목걸이 모델은 생태박물관에 대한 탁월한 은유로 평가된다. 피터 데이비스는 만약 생태박물관을 '실'로 생각한다면 그것은 개별 장소를 특별하게 만드는 다양한 요소인 진주를 하나로 묶는 메커니즘으로 인식될 수 있다고 본 것이다.

즉, 생태박물관은 그림과 같이 특정지역의 사이트(Site)들을 연결하는 실의 역할을 하는 것이다. 또한 목걸이에서 보이는 것처럼 특정 지역 내에서 지역의 경관(Landscape), 사이트(Site), 지역(Territory), 기억(Memories), 자연(Nature), 전통(Tradition), 유산(Heritage), 공동체(Community) 등 사이트 자체를 넘어서는 경우도 생각할 수 있다. 여기서 그가 강조하는 것은 목걸이를 채우는 잠금장치(Clasp)다. 이 잠금장치는 생태박물관이 지역 공동체를 기반으로 한다는 측면에서 그 지역에 사는 주민을 나타낼 수도 있지만, 실제로는 조직을 관리하고 지휘하는 활동가들, 생태박물관을 하나로 묶고 작동시키는 사람들을 의미한다. 결국 생태박물관은 지역주민이 활동가로서 또는 전문가 수준의 역할 등을 맡아 박물관 운영에 참여한다라는 공간적 실천을 통해 완성된다는 점을 강조한 것이다.

▲ 생태박물관을 위한 목걸이 모델

3. 제랄드 코세인의 21가지 원칙

2006년 영국 뉴캐슬대학의 제랄드 코세인(Gerard Corsane) 교수는 '생태박물관을 위한 21가지 원칙'을 제시했다. 이후 2017년 강원도 영월에서 개최되었던 『2017 영월국제박물관포럼』에서도 그는 미래의 통합된 유산 관리를 위한 활용 가능한 원칙과 가이드라인으로 21가지 생태박물관의 특성을 다시 언급했다.

생태박물관에 관한 21가지 원칙 중 1~6번까지는 생태박물관의 참여적 특성에 집중하고, 7~12번까지는 생태박물관의 내용과 정체성에 집중하고 있으며, 13~21번까지는 생태박물관 철학에 종종 포함되는 접근 방식과 생태박물관이 할 수 있는 일에 집중하고 있다.

| 제랄드 코세인의 21가지 생태박물관 원칙 |

구분	원칙
1	'생태박물관 이상'의 개념이 유산 및 박물관 실무나 정부 기관 등 외부 기관에 의해서 소개되더라도, 실질적으로는 지역단체가 다른 이해관계자의 지원과 인풋을 받아 직접 시작 및 운영하는 것이 선호된다.
2	모든 이해관계자와 이해관계 단체가 의사결정 과정 및 활동에 민주적인 방식과 공개적인 방식으로 참여할 수 있도록 허용한다.
3	다수의 공동 소유권과 관리시스템을 촉진시키고, 지역 단체, 유산관리 전문가, 지역의 실무자, 지역 기업, 지역 당국, 정부 구조, 학계 자문의 인풋을 받아들여야 한다.
4	생태박물관에서는 단순한 소비를 위한 상품보다 유산 관리의 과정을 강조해야 한다.
5	'생태박물관 이상'은 다양한 이해관계자 단체의 파트너 네트워크와의 협력을 촉진한다.
6	생태박물관의 운영은 지역 이해관계자의 상당히 활동적인 자발적 노력에 의존하는 경우가 잦으며, 지역 단체 사람들의 노력에 자주 의존한다.
7	생태박물관은 지역의 정체성과 지역의 개념을 확인하고 만드는 데 집중한다.
8	지리적 영역이 포함되는 경우가 잦으며, 이는 다양한 공동의 특성으로 결정되곤 한다.
9	생태박물관은 공간 및 시간적인 면을 모두 충족하는 것이 이상적이다.
10	생태박물관은 다양한 지역에 위치하는 '분산된 박물관'의 형태로, 중앙의 허브나 안테나 등을 통한 네트워크로 서로 연결된 다양한 장소, 공간, 위치, 성과 지역, 건물로 구성되곤 한다.
11	'생태박물관 이상'은 유형과 무형의 요소, 관행, 표현 자원, 상품을 원래의 맥락을 벗어나서 바라보는 게 아니라 원래의 지역 환경 속에서 인식, 기록, 문서화, 연구, 보호, 보전한다.
12	'생태박물관 이상'에서는 이동이 가능하거나 불가능한 유형의 유산과 무형의 문화 유산 자원 및 표현에 대해 동일한 관심을 표한다.
13	생태박물관은 지속 가능한 개발을 촉진시키고, 유산 자원의 활용을 검토한다.
14	더 나은 미래를 위한 변화와 개발을 허용한다.
15	과거와 현재의 삶, 사람들과 모든 환경과의 상호작용을 문서화하는 지속적인 프로그램을 촉구한다.
16	다양한 단계에서 연구를 촉구해야 한다.
17	문화유산 연구를 위해서 다양한 분야, 각 분야의 심층적인 내용, 분야 간의 연계를 촉진시켜야 한다.
18	자연/문화 관계, 무형/유형의 유산 요소 및 자원의 커뮤니케이션과 이해에 대한 전체적인 접근방식을 권장한다.

구분	원칙
19	자연/문화, 과거/현재, 개인의 수공예/상업화된 기술의 연관관계를 활용하려고 노력한다.
20	유산 관리 과정과 책임 있는 관광 간의 긍정적인 상호관계를 제공할 수 있다.
21	지역 단체에 혜택을 줄 수 있다.

03　생태박물관의 발전방안

주지하는 바와 같이 박물관의 성공적 대안이 될 수 있는 생태박물관은 국내에서 아직 초기 단계이다. 하지만 여전히 지역의 경제 및 문화적 측면에서 지속적 성장이 가능한 요소를 담고 있다. 이에 생태박물관의 발전방안을 다음과 같이 제시할 수 있다.

1. 마을박물관

현재 전국적으로 많은 박물관이 전문박물관을 지향하면서 종전에 없었던 새로운 형태의 자료를 수집, 보존, 연구, 전시, 교육하고 있다. 이는 표면적으로 좋은 콘텐츠를 개발하여 관람객을 유치할 수 있는 요소이지만 결국에는 박물관이 자리한 지역의 문화와 소통하지 못하여 단절된 문화를 형성할 수도 있다. 이를 극복하기 위하여 지역의 특성을 반영하여 시간을 역사적으로 축적한 콘텐츠를 지속적으로 공유할 수 있는 방안을 모색해야 한다.

급격하게 사라지고 있는 우리 것에 대한 가치를 인정하고 이를 바탕으로 빈집이나 공공시설물을 그대로 활용하여 마을박물관을 만든다면 마을의 역사를 기록하는 아카이브 공간이나 잊혀진 개인들의 기억을 모아놓은 문화공간이 될 수 있다. 결국 마을박물관의 경영자는 그 지역주민들이기 때문에 이를 생태박물관이라 할 수 있다.

2. 법령 개정

현행 「박물관 및 미술관 진흥법 시행령」 제10조에 따르면 1종과 2종 박물관으로 등록하기 위해서는 일정한 등록요건이 필요하다. 자료는 100점 혹은 60점 이상, 학예사는 자격증 소지자 1명이상, 시설은 전시실, 수장고, 작업실, 사무실, 자료실 등이 있으면 등록할 수 있다.

하지만 생태박물관을 단순하게 자료와 학예사 및 시설 등의 정량적인 지표로 등록하기에는 분명히 한계가 있다. 그렇기 때문에 더 많은 생태박물관을 건립하기 위해서는 생태박물관을 단순하게 1종과 2종 박물관으로 분류하기보다는 다른 법적 기준 근거를 마련해야 한다.

「박물관 및 미술관 진흥법」과 별개로 존재하는 「과학관 육성법」, 「수목원 조성 및 진흥에 관한 법률」, 「동물원 및 식물원 진흥법」처럼 생태박물관 등록에 관한 법령을 따로 제정하거나 「박물관 및 미술관 진흥법」에서 생태박물관을 1종으로 등록을 할 수 있도록 해야 한다.

3. 주민들을 활용한 해설사 제도 도입

해설사는 박물관의 최전방에서 관람객과 박물관의 의사소통을 돕는 조력자로 그 역할이 매우 중요하다. 해설사(Docent)라는 단어는 '가르치다'라는 뜻의 라틴어 도세르(docere)에서 유래한 것으로, 박물관에서 관람객들의 이해를 돕도록 전시물 및 작가 등에 대해 설명하는 안내인을 말한다.[9]

생태박물관은 일정 지역권의 박물관이기 때문에 지역주민들이 정중한 인사예절, 상냥한 말투, 친절한 태도와 적절한 유머, 수준과 연령에 맞는 용어를 사용하여 관람객에게 안내한다면 더욱 안정된 분위기를 조성할 수 있으며, 관람객 유입에도 큰 도움이 될 것이다.

주민들을 활용한 해설사제도의 도입은 기존 박물관의 형태에서 더욱 확대되어, 주민들이 직접 생태박물관의 해설사뿐만 아니라 의사결정 및 경영에도 적극 참여할 수 있어야 한다. 즉, 주민들의 자치권을 바탕으로 박물관의 미래를 설계하고, 시도단체와의 의견을 조율하여 공동의 협력체계를 구축하는 것이다.

4. 한국생태박물관협회 발족

국내 생태박물관의 발전을 위해서는 시도단체별로 현재의 문화적 자산에 대한 보존 및 관리가 최우선적으로 이루어져야 한다. 보존가치를 지닌 문화유산을 수집하고 보존하는 것은 매우 중요하고 필요한 작업이기 때문에 이를 모아서 체계적으로 관리할 기관을 설립해야 한다. 이 기관은 향후 건립될 생태박물관의 정보를 공유하고 유기적으로 협조할 수 있는 컨트롤 타워(control tower)가 되어야 한다.

이에 한국생태박물관협회(가칭)를 발족시켜 생태박물관의 필요성에 관한 학술세미나 개최, 생태박물관 관련 법률 제정, 생태박물관 건립 컨설팅, 생태박물관 전문인력 양성 등의 프로젝트를 추진하는 것이다.

---

9) 윤병화, 『학예사를 위한 박물관학』, 예문사, 2013, 91~92쪽

5. 생태박물관 테마 결정

최근 생태박물관은 지역 밀착형 박물관을 지향하며 지역의 다양한 문화유산을 바탕으로 설립·운영되고 있다. 특히, 요즘에는 생태박물관의 개념이 발전하면서 독특한 테마의 박물관이 지속적으로 증가하고 있다. 이때 무엇보다 중요한 것이 바로 지역 전체를 하나의 문화권으로 보고 지역에 알맞은 테마를 결정하여 주민들의 참여를 유도할 수 있는 운영체계를 마련하는 것이다.

| 생태박물관 테마[10] |

구분	테마
자연유산의 보존과 활용	전시방법/ 프로그램의 특징/ 지역활성화를 위한 요소
관광을 위한 지역경제 활성화	테마파크/ 박물관의 특징
주민참여와 커뮤니티	참여방식, 전시방식/ 프로그램/ 재정 및 운영/ 주민협력
지역의 정체성	설립목적/ 프로그램/ 재정 및 운영

이처럼 자연환경, 문화관광, 주민참여, 지역정체성 등에 맞춰 지역마다 특색있는 테마를 만들고 일정한 프로그램을 진행한다면 차별화된 생태박물관을 운영할 수 있다.

---

10) 신현요, 「생태박물관의 발전과정과 개념적 특징에 대한 연구 −유럽과 아시아계 중심으로−」, 청주대학교 석사학위논문, 2005, 87쪽

APPENDIX 01

박물관 및 미술관 진흥법[1]

제1장 총칙

제1조(목적) 이 법은 박물관과 미술관의 설립과 운영에 필요한 사항을 규정하여 박물관과 미술관을 건전하게 육성함으로써 문화·예술·학문의 발전과 일반 공중의 문화향유(文化享有) 및 평생교육 증진에 이바지함을 목적으로 한다. 〈개정 2016. 2. 3.〉

제2조(정의) 이 법에서 사용하는 용어의 뜻은 다음과 같다. 〈개정 2007. 7. 27., 2009. 3. 5., 2016. 2. 3.〉

1. "박물관"이란 문화·예술·학문의 발전과 일반 공중의 문화향유 및 평생교육 증진에 이바지하기 위하여 역사·고고(考古)·인류·민속·예술·동물·식물·광물·과학·기술·산업 등에 관한 자료를 수집·관리·보존·조사·연구·전시·교육하는 시설을 말한다.

2. "미술관"이란 문화·예술의 발전과 일반 공중의 문화향유 및 평생교육 증진에 이바지하기 위하여 박물관 중에서 특히 서화·조각·공예·건축·사진 등 미술에 관한 자료를 수집·관리·보존·조사·연구·전시·교육하는 시설을 말한다.

3. "박물관 자료"란 박물관이 수집·관리·보존·조사·연구·전시하는 역사·고고·인류·민속·예술·동물·식물·광물·과학·기술·산업 등에 관한 인간과 환경의 유형적·무형적 증거물로서 학문적·예술적 가치가 있는 자료 중 대통령령으로 정하는 기준에 부합하는 것을 말한다.

4. "미술관 자료"란 미술관이 수집·관리·보존·조사·연구·전시하는 예술에 관한 자료로서 학문적·예술적 가치가 있는 자료를 말한다.

제2조의2(국가 및 지방자치단체의 책무) ① 국가와 지방자치단체는 박물관 및 미술관의 확충, 지역의 핵심 문화시설로서의 지원·육성, 학예사 양성 등 박물관 및 미술관 진흥을 위한 시책을 강구하여야 한다.

② 국가와 지방자치단체는 제1항에 따른 책무를 다하기 위하여 이에 수반되는 예산상의 조치를 하도록 노력하여야 한다.

[본조신설 2023. 6. 20.] [시행일 : 2023. 12. 21.]

---

1) 시행 2024. 5. 17. 법률 제19590호, 2023. 8. 8. 타법개정

제3조(박물관ㆍ미술관의 구분) ① 박물관은 그 설립ㆍ운영 주체에 따라 다음과 같이 구분한다.

　　1. 국립 박물관 : 국가가 설립ㆍ운영하는 박물관

　　2. 공립 박물관 : 지방자치단체가 설립ㆍ운영하는 박물관

　　3. 사립 박물관 : 「민법」, 「상법」, 그 밖의 특별법에 따라 설립된 법인ㆍ단체 또는 개인이 설립ㆍ운영하는 박물관

　　4. 대학 박물관 : 「고등교육법」에 따라 설립된 학교나 다른 법률에 따라 설립된 대학 교육과정의 교육기관이 설립ㆍ운영하는 박물관

② 미술관은 그 설립ㆍ운영 주체에 따라 국립 미술관, 공립 미술관, 사립 미술관, 대학 미술관으로 구분하되, 그 설립ㆍ운영의 주체에 관하여는 제1항 각 호를 준용한다.

제4조(사업) ① 박물관은 다음 각 호의 사업을 수행한다. 〈개정 2007. 7. 27., 2016. 2. 3.〉

　　1. 박물관 자료의 수집ㆍ관리ㆍ보존ㆍ전시

　　2. 박물관 자료에 관한 교육 및 전문적ㆍ학술적인 조사ㆍ연구

　　3. 박물관 자료의 보존과 전시 등에 관한 기술적인 조사ㆍ연구

　　4. 박물관 자료에 관한 강연회ㆍ강습회ㆍ영사회(映寫會)ㆍ연구회ㆍ전람회ㆍ전시회ㆍ발표회ㆍ감상회ㆍ탐사회ㆍ답사 등 각종 행사의 개최

　　5. 박물관 자료에 관한 복제와 각종 간행물의 제작과 배포

　　6. 국내외 다른 박물관 및 미술관과의 박물관 자료ㆍ미술관 자료ㆍ간행물ㆍ프로그램과 정보의 교환, 박물관ㆍ미술관 학예사 교류 등의 유기적인 협력

　　6의2. 평생교육 관련 행사의 주최 또는 장려

　　7. 그 밖에 박물관의 설립 목적을 달성하기 위하여 필요한 사업 등

② 미술관 사업에 관하여는 제1항을 준용한다. 이 경우 제1호부터 제5호까지의 규정 중 "박물관 자료"는 "미술관 자료"로 보며, 제6호 및 제7호 중 "박물관"은 "미술관"으로 본다.

제5조(적용 범위) 이 법은 자료관, 사료관, 유물관, 전시장, 전시관, 향토관, 교육관, 문서관, 기념관, 보존소, 민속관, 민속촌, 문화관, 예술관, 문화의 집, 야외 전시 공원 및 이와 유사한 명칭과 기능을 갖는 문화시설 중 대통령령으로 정하는 바에 따라 문화체육관광부장관이 인정하는 시설에 대하여도 적용한다. 다만, 다른 법률에 따라 등록한 시설은 제외한다. 〈개정 2008. 2. 29., 2009. 3. 5.〉

제5조의2(박물관 및 미술관 진흥 기본계획) ① 문화체육관광부장관은 박물관 및 미술관의 설립을 촉진하고 그 운영을 활성화하기 위하여 박물관 및 미술관 진흥 기본계획(이하 "기본계획"이라 한다)을 5년마다 수립ㆍ시행하여야 한다.

② 기본계획에는 다음 각 호의 사항이 포함되어야 한다.

　　1. 박물관 및 미술관의 설립 촉진 및 운영 활성화를 위한 정책목표와 기본방향

　　2. 박물관 및 미술관 진흥 시책 및 추진계획

　　3. 진흥 시책 및 추진계획의 시행을 위한 재원조달 계획

　　4. 국내외 박물관 및 미술관의 현황과 전망

　　5. 국내외 박물관 및 미술관 간의 협력에 관한 사항

　　6. 박물관 및 미술관의 전문인력 양성에 관한 사항

　　7. 그 밖에 박물관 및 미술관 진흥을 위하여 필요한 사항

③ 기본계획의 수립 · 시행에 필요한 사항은 대통령령으로 정한다.

[본조신설 2023. 6. 20.] 〈시행일 : 2023. 12. 21.〉

제5조의3(박물관 및 미술관 진흥 시행계획 등) ① 문화체육관광부장관, 관계 중앙행정기관의 장 및 지방자치단체의 장은 기본계획에 따라 소관 박물관 및 미술관에 대하여 박물관 및 미술관 진흥 시행계획(이하 "시행계획"이라 한다)을 수립 · 시행하여야 한다.

② 관계 중앙행정기관의 장과 지방자치단체의 장은 시행계획에 따른 추진실적을 문화체육관광부장관에게 제출하고, 문화체육관광부장관은 추진실적을 평가하여야 한다.

③ 시행계획의 수립 · 시행 및 제2항에 따른 추진실적 평가에 필요한 사항은 대통령령으로 정한다.

[본조신설 2023. 6. 20.] 〈시행일 : 2023. 12. 21.〉

제5조의4(실태조사) ① 문화체육관광부장관은 기본계획 및 시행계획을 효율적으로 수립하기 위하여 박물관 및 미술관 운영 실태에 관한 조사를 실시하고, 그 결과를 기본계획 및 시행계획에 반영하여야 한다.

② 문화체육관광부장관은 제1항에 따른 실태조사를 위하여 관계 중앙행정기관의 장, 지방자치단체의 장 및 관련 법인 · 단체 등에 대하여 필요한 자료의 제출이나 의견의 진술을 요청할 수 있다. 이 경우 요청을 받은 자는 정당한 사유가 없으면 이에 따라야 한다.

③ 제1항에 따른 실태조사의 범위, 방법 등 필요한 사항은 대통령령으로 정한다.

[본조신설 2023. 6. 20.] 〈시행일 : 2023. 12. 21.〉

제6조(박물관 · 미술관 학예사) ① 박물관과 미술관은 대통령령으로 정하는 바에 따라 제4조에 따른 박물관 · 미술관 사업을 담당하는 박물관 · 미술관 학예사(이하 "학예사"라 한다)를 둘 수 있다.

② 학예사는 1급 정(正)학예사, 2급 정학예사, 3급 정학예사 및 준(準)학예사로 구분하고, 그 자격제도의 시행 방법과 절차 등에 필요한 사항은 대통령령으로 정한다.

③ 제2항에 따른 학예사 자격을 취득하려는 사람은 학예사 업무의 수행과 관련된 실무경력 등 대통령령으로 정하는 자격요건을 갖추어 문화체육관광부장관에게 자격요건의 심사와 자격증 발급을 신청하여야 하며, 문화체육관광부장관은 신청인의 자격요건을 심사하여 해당 자격요건을 갖춘 사람에게 자격증을 발급하여야 한다. 이 경우 준학예사 자격을 취득하려는 사람은 문화체육관광부장관이 실시하는 준학예사 시험에 합격하여야 한다. 〈신설 2013. 12. 30., 2019. 11. 26.〉

④ 제3항에 따른 준학예사 시험에 응시하려는 사람은 문화체육관광부령으로 정하는 바에 따라 응시수수료를 납부하여야 한다. 〈신설 2013. 12. 30.〉

⑤ 학예사는 국제박물관협의회의 윤리 강령과 국제 협약을 지켜야 한다. 〈개정 2013. 12. 30.〉

제6조의2(자격취소) 문화체육관광부장관은 제6조제3항에 따라 자격증을 발급받은 사람이 다음 각 호의 어느 하나에 해당하는 경우에는 그 자격을 취소하여야 한다.

1. 거짓이나 그 밖의 부정한 방법으로 자격을 취득한 경우

2. 제6조제3항에 따라 발급받은 자격증을 다른 사람에게 대여한 경우 [본조신설 2019. 11. 26.]

제7조(운영 위원회) ① 제16조에 따라 등록한 국 · 공립의 박물관과 미술관(각 지방 분관을 포함한다)은 전문성 제고와 공공 시설물로서의 효율적 운영 및 경영 합리화를 위하여 그 박물관이나 미술관에 운영 위원회를 둔다.

② 운영 위원회의 구성과 운영에 필요한 사항은 대통령령으로 정한다.

제8조(재산의 기부 등) ① 「민법」, 「상법」, 그 밖의 특별법에 따라 설립된 법인·단체 및 개인은 박물관이나 미술관 시설의 설치, 박물관 자료 또는 미술관 자료의 확충 등 박물관이나 미술관의 설립·운영을 지원하기 위하여 금전이나 부동산, 박물관 또는 미술관 소장품으로서 가치가 있는 재산(이하 "기증품"이라 한다)을 박물관이나 미술관에 기부 또는 기증(이하 "기부 등"이라 한다)할 수 있다. 〈개정 2013. 12. 30., 2016. 5. 29.〉

② 박물관 또는 미술관의 장이 기증품을 기증받고자 하는 경우에는 수증심의위원회를 두어 기증받을지 여부를 결정하여야 한다. 〈신설 2016. 5. 29., 2023. 8. 8.〉

③ 국립 박물관 또는 미술관의 장은 제1항에 따른 법인·단체 및 개인이 해당 박물관이나 미술관에 기증품을 기증하여 감정평가를 신청한 경우 기증유물감정평가위원회를 두어 감정평가를 할 수 있다. 〈신설 2016. 5. 29.〉

④ 수증심의위원회 및 기증유물감정평가위원회의 구성, 운영 및 그 밖에 필요한 사항은 대통령령으로 정한다. 〈신설 2016. 5. 29.〉

⑤ 국가 또는 지방자치단체가 설립한 박물관이나 미술관은 제1항에 따른 기부 등이 있을 때에는 「기부금품의 모집 및 사용에 관한 법률」에도 불구하고 이를 접수할 수 있다. 〈신설 2013. 12. 30., 2016. 5. 29.〉

⑥ 문화체육관광부장관은 제1항에 따른 기부 등에 현저한 공로가 있는 자에 대하여 시상(施賞)을 하거나 「상훈법」에 따라 서훈을 추천할 수 있으며, 수증한 박물관·미술관의 장은 기증품에 대한 전시회 개최 등의 예우를 할 수 있다. 〈신설 2020. 6. 9.〉

⑦ 제1항 및 제5항에 따른 기부 등의 절차, 관리·운영 방법 등은 문화체육관광부령으로 정한다. 〈신설 2016. 5. 29., 2020. 6. 9.〉

제9조 삭제 〈2023. 6. 20.〉

제9조의2(박물관 및 미술관 자료수집 등의 원칙) ① 박물관과 미술관은 박물관·미술관 자료의 목록 및 자료의 취득·변경·활용 등에 관한 사항을 성실히 기록하고 이를 지속적으로 관리하여야 한다.

② 박물관과 미술관은 소장품의 보존 및 관리를 위하여 적정한 전문인력, 수장(收藏) 및 전시 환경을 마련하여야 한다.

③ 제1항에 따른 박물관·미술관의 자료 목록 및 기록방법 등과 제2항에 따른 박물관·미술관 소장품의 보존 및 관리에 필요한 사항은 문화체육관광부령으로 정한다. [본조신설 2017. 11. 28.]

제9조의3(박물관 또는 미술관의 장애인 편의성 보장 등) ① 박물관 또는 미술관을 설립·운영하는 자는 장애인이 박물관 또는 미술관을 자유롭게 이용할 수 있도록 장애 유형 및 정도, 성별 등의 특성에 따른 적절한 편의를 제공하기 위하여 노력하여야 한다. 이 경우 박물관 또는 미술관에 장애인 관련 업무를 전담하는 인력을 둘 수 있다.

② 박물관 또는 미술관을 설립·운영하는 자는 장애인이 문화를 향유할 수 있도록 적절한 프로그램을 운영·제공하기 위하여 노력하여야 한다. [본조신설 2022. 1. 18.]

제9조의4(안전관리매뉴얼 마련·활용 등) ① 문화체육관광부장관은 대통령령으로 정하는 일정 규모 이상의 박물관 및 미술관에 대하여 관람객의 안전과 박물관·미술관 자료의 보존·관리 등에 필요

한 매뉴얼(이하 "안전관리매뉴얼"이라 한다)을 마련하고, 이를 박물관 및 미술관을 운영하는 자가 활용할 수 있도록 하여야 한다.

② 제1항에 따른 안전관리매뉴얼의 수립·활용 등에 필요한 사항은 대통령령으로 정한다.

[본조신설 2023. 10. 31.] 〈시행일 : 2024. 5. 1.〉

제2장 국립 박물관과 국립 미술관

제10조(설립과 운영) ① 국가를 대표하는 박물관과 미술관으로 문화체육관광부장관 소속으로 국립중앙박물관과 국립현대미술관을 둔다. 〈개정 2008. 2. 29.〉

② 민속자료의 수집·보존·전시와 이의 체계적인 조사·연구를 위하여 문화체육관광부장관 소속으로 국립민속박물관을 둔다. 〈개정 2008. 2. 29.〉

③ 국립중앙박물관은 제4조제1항의 사업 외에 다음 각 호의 업무를 수행한다. 〈개정 2023. 8. 8.〉

    1. 국내외 문화유산의 보존·관리

    2. 국내외 박물관 자료의 체계적인 보존·관리

    3. 국내 다른 박물관에 대한 지도·지원 및 업무 협조

    4. 국내 박물관 협력망의 구성 및 운영

    5. 그 밖에 국가를 대표하는 박물관으로서의 기능 수행에 필요한 업무

④ 문화체육관광부장관은 문화유산의 균형 있고 효율적인 수집·보존·조사·연구·전시 및 문화향유의 균형적인 증진을 꾀하기 위하여 필요한 곳에 국립중앙박물관, 국립민속박물관 또는 국립현대미술관의 지방 박물관 및 지방 미술관을 둘 수 있다. 〈개정 2008. 2. 29.〉

⑤ 국립현대미술관은 제4조제1항의 사업 외에 제3항 각 호의 업무를 수행한다. 이 경우 각 호의 "박물관"은 "미술관"으로 본다.

⑥ 국립민속박물관은 민속에 관하여 제4조제1항의 사업 외에 제3항 각 호의 업무를 수행한다. 이 경우 각 호의 "박물관"은 "민속 박물관"으로 본다.

⑦ 국립중앙박물관과 국립현대미술관 및 국립민속박물관의 조직과 운영 등에 필요한 사항은 대통령령으로 정한다.

⑧ 국립중앙박물관에는 관장 1명을 두되, 관장은 정무직으로 한다.

제11조(설립 협의) ① 중앙 행정기관의 장은 소관 업무와 관련하여 국립 박물관이나 국립 미술관을 설립하려면 미리 문화체육관광부장관과 협의하여야 한다. 〈개정 2008. 2. 29.〉

② 제1항의 협의에 필요한 사항은 대통령령으로 정한다.

제3장 공립 박물관과 공립 미술관

제12조(설립과 운영) ① 지방자치단체는 지역사회의 박물관 자료 및 미술관 자료의 구입·관리·보존·전시 및 지역 문화 발전과 지역 주민의 문화향유권 증진을 위하여 대통령령으로 정하는 절차와 기준에 따라 박물관과 미술관을 설립할 수 있다.

② 제1항에 따른 박물관과 미술관 운영에 필요한 사항은 지방자치단체의 조례로 정한다.

제12조의2(공립 박물관의 설립타당성 사전평가) ① 지방자치단체의 장이 제3조제1항제2호에 따른 공립 박물관을 설립하려는 경우에는 미리 박물관 설립·운영계획을 수립하여 문화체육관광부장관으로부터 설립타당성에 관한 사전평가(이하 "사전평가"라 한다)를 받아야 한다. 〈개정 2017. 11. 28.〉
② 사전평가의 절차, 방법 등에 필요한 사항은 대통령령으로 정한다.

제4장 사립 박물관과 사립 미술관

제13조(설립과 육성) ① 법인·단체 또는 개인은 박물관과 미술관을 설립할 수 있다. 〈개정 2007. 7. 27.〉
② 국가나 지방자치단체는 제1항에 따른 박물관 및 미술관의 설립을 돕고, 문화유산의 보존·계승 및 창달(暢達)과 문화 향유를 증진하는 문화 기반 시설로서 지원·육성하여야 한다.
③ 사립 박물관과 사립 미술관은 제1조 및 제2조에 따른 목적과 기능에 맞도록 설립·운영하여야 한다.

제5장 대학 박물관과 대학 미술관

제14조(설립과 운영) ①「고등교육법」에 따라 설립된 학교나 다른 법률에 따라 설립된 대학 교육과정의 교육기관은 교육 지원 시설로 대학 박물관과 대학 미술관을 설립할 수 있다.
② 대학 박물관과 대학 미술관은 대학의 중요한 교육 지원 시설로 평가되어야 한다.
③ 대학 박물관과 대학 미술관은 박물관 자료나 미술관 자료를 효율적으로 보존·관리하고 교육·학술 자료로 활용할 수 있도록 지원·육성되어야 한다.

제15조(업무) 대학 박물관과 대학 미술관은 제4조제1항의 사업 외에 다음 각 호의 업무를 수행한다.
　　1. 교수와 학생의 연구와 교육 활동에 필요한 박물관 자료나 미술관 자료의 수집·정리·관리·보존 및 전시
　　2. 박물관 자료나 미술관 자료의 학술적인 조사·연구
　　3. 교육과정에 대한 효율적 지원
　　4. 지역 문화 활동과 사회 문화 교육에 대한 지원
　　5. 국·공립 박물관 및 미술관, 다른 박물관 및 미술관과의 교류·협조
　　6. 박물관 및 미술관 이용의 체계적 지도
　　7. 그 밖에 교육 지원 시설로서의 기능 수행에 필요한 업무

제6장 등록

제16조(등록 등) ① 박물관과 미술관을 설립·운영하려는 자는 그 설립 목적을 달성하기 위하여 필요한 학예사와 박물관자료 또는 미술관자료 및 시설을 갖추어 대통령령으로 정하는 바에 따라 국립 박물관 및 미술관은 문화체육관광부장관에게, 공립 박물관 및 미술관은 특별시장·광역시장·특별자치시장·도지사·특별자치도지사(이하 "시·도지사"라 한다) 또는 「지방자치법」 제198조에 따른 서울특별시·광역시 및 특별자치시를 제외한 인구 50만 이상 대도시의 시장(이하 "대도시 시장"이라 한다)에게 등록하여야 한다. 다만, 사립·대학 박물관 및 미술관은 시·도지사 또는 대도

시 시장에게 등록할 수 있다. 〈개정 2009. 3. 5., 2016. 5. 29., 2020. 2. 18., 2021. 1. 12.〉

② 제1항에 따라 등록하려는 자(이하 "신청인"이라 한다)는 대통령령으로 정하는 요건을 갖추어 개관 전까지 등록 신청을 하여야 한다. 〈개정 2016. 5. 29.〉

③ 문화체육관광부장관, 시 · 도지사 또는 대도시 시장은 제2항에 따른 등록신청을 받은 경우 신청일부터 40일 이내에 등록심의를 거쳐 그 결과를 신청인에게 통보하여야 한다. 〈개정 2016. 5. 29., 2020. 2. 18.〉

④ 제3항에 따른 등록, 심의방법 및 절차 등에 필요한 사항은 대통령령으로 정한다. 〈신설 2016. 5. 29.〉

제17조(등록증과 등록 표시) ① 문화체육관광부장관, 시 · 도지사 또는 대도시 시장은 제16조제3항에 따른 등록심의 결과가 결정된 때에는 박물관 또는 미술관 등록원부에 필요한 사항을 기재하고, 신청인에게 문화체육관광부령으로 정하는 바에 따라 박물관 등록증 또는 미술관 등록증(이하 "등록증"이라 한다)을 발급하여야 한다. 〈개정 2016. 5. 29., 2020. 2. 18.〉

② 등록증을 받은 박물관 또는 미술관(이하 "등록 박물관 · 미술관"이라 한다)은 국민의 박물관 · 미술관 이용 편의를 위하여 대통령령으로 정하는 바에 따라 옥외 간판, 각종 문서, 홍보물, 박물관 · 미술관 홈페이지 등에 등록 표시를 하여야 한다. 〈개정 2016. 5. 29.〉

제17조의2(변경등록) ① 등록 박물관 · 미술관은 등록 사항에 변경이 발생하면 대통령령으로 정하는 바에 따라 문화체육관광부장관, 시 · 도지사 또는 대도시 시장에게 지체 없이 변경 등록을 신청하여야 한다. 〈개정 2020. 2. 18.〉

② 제1항에 따른 변경 등록의 허용 범위 및 절차 등에 필요한 사항은 대통령령으로 정한다.

③ 문화체육관광부장관, 시 · 도지사 또는 대도시 시장은 제1항 및 제2항에 따른 변경 등록 시에 변경 사항이 대통령령으로 정하는 등록 요건을 충족시키지 못하거나 제2항에 따른 허용 범위 및 절차를 지키지 아니한 경우에는 제28조에 따라 시정 요구를 하여야 한다. 〈개정 2020. 2. 18.〉

[본조신설 2016. 5. 29.]

제17조의3(등록 사실의 통지) 시 · 도지사 또는 대도시 시장은 신규로 등록하거나 변경 등록한 박물관이나 미술관이 발생하였을 경우에 매 반기별로 그 등록 또는 변경 등록 사실을 문화체육관광부장관에게 통지하여야 한다. 〈개정 2020. 2. 18.〉

[본조신설 2016. 5. 29.]

제18조(사립 박물관 · 사립 미술관의 설립 계획 승인 등) ① 시 · 도지사 또는 대도시 시장은 사립 박물관 또는 사립 미술관을 설립하려는 자가 신청하면 대통령령으로 정하는 바에 따라 박물관이나 미술관의 설립 계획을 승인할 수 있다. 〈개정 2020. 2. 18.〉

② 제1항에 따라 설립 계획의 승인을 받은 자가 그 설립 계획 중 대통령령으로 정하는 중요한 사항을 변경하려면 시 · 도지사 또는 대도시 시장의 변경 승인을 받아야 한다. 〈개정 2020. 2. 18.〉

③ 시 · 도지사 또는 대도시 시장은 제1항과 제2항에 따라 설립 계획을 승인하거나 변경 승인하려면 미리 제20조제1항 각 호 해당 사항의 소관 행정기관의 장과 협의하여야 한다. 〈개정 2020. 2. 18.〉

④ 시 · 도지사 또는 대도시 시장은 제1항에 따라 설립 계획의 승인을 받은 자의 사업 추진 실적이 극히 불량할 때에는 대통령령으로 정하는 바에 따라 그 승인을 취소할 수 있다. 〈개정 2020. 2. 18.〉

⑤ 시 · 도지사 또는 대도시 시장은 제1항 · 제2항 및 제4항에 따라 설립 계획을 승인 또는 변경 승

인하거나 승인을 취소한 때에는 지체 없이 제3항에 따른 협의 기관이나 이해관계가 있는 자에게 그 사실을 알려야 한다. 〈개정 2020. 2. 18.〉

제19조(유휴 공간 활용) ① 지방자치단체의 장은 그 소유의 유휴 부동산 또는 건물을 「공유재산 및 물품 관리법」으로 정하는 바에 따라 박물관, 미술관 또는 문화의 집 등 지역 문화 공간으로 용도 변경하여 활용할 수 있다. 〈개정 2016. 5. 29.〉

② 지지방자치단체의 장은 박물관, 미술관 또는 문화의 집 등을 설립·운영하려는 자가 제1항에 따른 유휴 부동산 또는 건물을 대여(貸與)할 것을 요청하면 유상 또는 무상으로 대여할 수 있다. 다만, 제1항의 유휴 부동산 또는 건물 중 폐교시설에 관하여는 「폐교재산의 활용촉진을 위한 특별법」에서 정하는 바에 따른다. 〈개정 2016. 5. 29., 2023. 8. 8.〉

제20조(다른 법률과의 관계) ① 시·도지사 또는 대도시 시장이 제18조제1항과 제2항에 따라 사립 박물관 또는 사립 미술관 설립 계획을 승인하거나 변경 승인하는 경우 같은 조 제3항에 따라 다음 각 호의 어느 하나에 해당하는 사항에 관하여 소관 행정기관의 장과 협의를 한 때에는 그에 해당하는 허가·인가·지정을 받거나 신고나 협의(이하 이 조에서 "허가·인가등"이라 한다)를 한 것으로 본다. 〈개정 2008. 3. 21., 2009. 6. 9., 2010. 5. 31., 2014. 1. 14., 2020. 2. 18., 2022. 12. 27.〉

1. 「국토의 계획 및 이용에 관한 법률」 제56조제1항제1호 및 제2호에 따른 개발 행위의 허가, 같은 법 제86조에 따른 도시 계획 시설 사업 시행자의 지정, 같은 법 제88조에 따른 실시 계획의 인가

2. 「도로법」 제36조에 따른 도로공사 시행 또는 유지의 허가, 같은 법 제61조에 따른 도로의 점용허가

3. 「수도법」 제52조에 따른 전용상수도의 인가

4. 「하수도법」 제16조에 따른 공공하수도에 관한 공사 또는 유지의 허가

5. 「농지법」 제34조에 따른 농지전용의 허가 및 협의

6. 「산지관리법」 제14조 및 제15조에 따른 산지전용허가와 산지전용신고, 같은 법 제15조의2에 따른 산지일시사용허가·신고, 「산림자원의 조성 및 관리에 관한 법률」 제36조제1항·제5항에 따른 입목·벌채등의 허가·신고 및 「산림보호법」 제9조제1항 및 제2항제1호·제2호에 따른 산림보호구역(산림유전자원보호구역은 제외한다)에서의 행위의 허가·신고와 같은 법 제11조제1항제1호에 따른 산림보호구역의 지정해제

② 제18조제1항에 따라 사립 박물관이나 사립 미술관 설립 계획의 승인을 받은 자가 그 승인 내용을 다른 목적으로 용도 변경한 때 또는 제22조에 따라 폐관 신고를 하거나 제29조에 따라 등록이 취소된 경우에는 제1항 각 호의 허가나 인가는 취소된 것으로 본다. 〈개정 2016. 5. 29.〉

③ 제1항에 따라 소관 행정기관의 장이 협의에 응할 때 관련 법률에서 규정한 그 허가·인가등의 기준을 위반하여 협의에 응할 수 없다.

제7장 관리와 운영·지원 〈개정 2016. 5. 29.〉

제21조(개관) 제16조제1항에 따라 등록한 박물관 또는 미술관은 연간 문화체육관광부령으로 정한 일수 이상 일반 공중이 이용할 수 있도록 개방하여야 한다. 〈개정 2008. 2. 29.〉

제22조(폐관 신고) ① 등록한 박물관이나 미술관을 운영하는 자가 박물관이나 미술관을 폐관하려면 박물관 또는 미술관의 시설 및 자료의 처리계획을 첨부하여 대통령령으로 정하는 바에 따라 문화체육관광부장관, 시·도지사 또는 대도시 시장에게 신고하여야 한다. 〈개정 2009. 3. 5., 2017. 11. 28., 2020. 2. 18.〉

② 문화체육관광부장관, 시·도지사 또는 대도시 시장은 제1항에 따른 신고를 받은 날부터 14일 이내에 신고수리 여부를 신고인에게 통지하여야 한다. 〈신설 2018. 10. 16., 2020. 2. 18.〉

③ 문화체육관광부장관, 시·도지사 또는 대도시 시장이 제2항에서 정한 기간 내에 신고수리 여부 또는 민원 처리 관련 법령에 따른 처리기간의 연장을 신고인에게 통지하지 아니하면 그 기간(민원 처리 관련 법령에 따라 처리기간이 연장 또는 재연장된 경우에는 해당 처리기간을 말한다)이 끝난 날의 다음 날에 신고를 수리한 것으로 본다. 〈신설 2018. 10. 16., 2020. 2. 18.〉

④ 문화체육관광부장관, 시·도지사 또는 대도시 시장은 제1항에 따라 신고를 받은 경우(제3항에 따라 신고를 수리한 것으로 보는 경우를 포함한다)에는 그 등록을 취소하여야 한다. 〈개정 2009. 3. 5., 2018. 10. 16., 2020. 2. 18.〉

제23조(자료의 양여 등) ① 박물관이나 미술관은 상호 간에 박물관 자료나 미술관 자료를 교환·양여(讓與) 또는 대여하거나 그 자료의 보관을 위탁할 수 있다.

② 국가나 지방자치단체는 박물관 자료나 미술관 자료로 활용할 수 있는 자료를 「국유재산법」, 「지방재정법」 또는 「물품관리법」에 따라 박물관이나 미술관에 무상이나 유상으로 양여·대여하거나 그 자료의 보관을 위탁할 수 있다.

③ 박물관이나 미술관은 제2항에 따라 박물관 자료나 미술관 자료를 대여받거나 보관을 위탁받은 경우에는 선량한 관리자의 주의 의무를 다하여야 한다.

④ 국가나 지방자치단체는 제2항에 따라 자료의 보관을 위탁할 경우에는 예산의 범위에서 그 보존·처리 및 관리에 필요한 경비를 지원할 수 있다.

제24조(경비 보조 등) ① 국가나 지방자치단체는 제18조제1항에 따라 사립 박물관이나 사립 미술관 설립 계획의 승인을 받은 자에게는 설립에 필요한 경비를, 등록한 박물관이나 미술관에 대하여는 운영에 필요한 경비를 예산의 범위에서 각각 보조할 수 있다.

② 정부는 국영 수송 기관에 의한 박물관 자료나 미술관 자료의 수송에 관하여 운임이나 그 밖의 요금을 할인하거나 감면할 수 있다.

③ 다른 법률에 따라 설립 또는 운영에 필요한 경비 등의 지원을 받고 있는 시설에 대하여는 제1항 또는 제2항에 따른 지원을 하지 아니할 수 있다. 〈신설 2009. 3. 5.〉

제25조(관람료와 이용료) ① 박물관이나 미술관은 관람료, 그 밖에 박물관 자료나 미술관 자료의 이용에 대한 대가를 받을 수 있다.

② 공립 박물관이나 공립 미술관의 관람료, 그 밖에 박물관 자료나 미술관 자료의 이용에 대한 대가는 지방자치단체의 조례로 정한다.

제8장 평가와 지도·감독 〈개정 2016. 5. 29.〉

제26조(박물관 및 미술관의 평가인증) ① 문화체육관광부장관은 박물관 및 미술관의 운영의 질적 수

준을 향상시키기 위하여 제16조에 따라 등록한 후 3년이 지난 국·공립 박물관 및 미술관에 대하여 평가를 실시하여야 한다.

② 문화체육관광부장관은 제1항에 따른 평가결과를 대통령령으로 정하는 바에 따라 공표하고, 관계 행정기관의 장에게 행정기관평가에 반영하도록 협조 요청할 수 있다.

③ 문화체육관광부장관은 제1항에 따른 평가결과에 따라 우수한 박물관 및 미술관을 인증할 수 있다.

④ 문화체육관광부장관은 제3항에 따른 인증 박물관 또는 미술관(이하 "인증 박물관·미술관"이라 한다)에 대하여 문화체육관광부령으로 정하는 바에 따라 인증서를 발급하고 인증사실 등을 공표하여야 한다.

⑤ 제1항, 제3항 및 제4항에 따른 평가실시, 평가인증의 기준·절차 및 방법과 인증 유효기간, 인증표시 등에 필요한 사항은 대통령령으로 정한다.

제27조(인증 박물관·미술관의 평가인증 취소) ① 문화체육관광부장관은 제26조제3항에 따른 인증 박물관·미술관이 다음 각 호의 어느 하나에 해당하는 경우에는 인증을 취소할 수 있다.

   1. 거짓이나 부정한 방법으로 평가인증을 받은 경우

   2. 제29조제1항에 따른 등록취소 및 제22조에 따른 폐관 신고를 받은 경우

   3. 그 밖에 인증자격을 유지하기 어렵다고 문화체육관광부장관이 인정하는 경우

② 문화체육관광부장관은 제1항에 따라 인증을 취소한 경우에는 그 사실을 공표하여야 한다.

제28조(시정 요구와 정관) ① 문화체육관광부장관, 시·도지사 또는 대도시 시장은 박물관이나 미술관이 그 시설과 관리·운영에 관하여 이 법이나 설립 목적을 위반하면 시정할 것을 요구할 수 있다. 〈개정 2009. 3. 5., 2020. 2. 18.〉

② 제1항에 따른 시정 요구를 받은 박물관이나 미술관은 정당한 사유가 없으면 이에 따라야 한다. 〈개정 2023. 8. 8.〉

③ 문화체육관광부장관, 시·도지사 또는 대도시 시장은 제1항에 따라 시정 요구를 받은 박물관이나 미술관이 정당한 사유 없이 이에 따르지 아니하면 6개월 이내의 기간을 정하여 정관(停館)을 명할 수 있다. 〈개정 2009. 3. 5., 2020. 2. 18.〉

④ 문화체육관광부장관, 시·도지사 또는 대도시 시장은 제1항에 따른 시정 요구를 위하여 필요하다고 인정하면 그 시설과 관리·운영에 관한 자료를 제출하게 할 수 있다. 〈개정 2009. 3. 5., 2020. 2. 18.〉

제29조(등록취소) ① 문화체육관광부장관, 시·도지사 또는 대도시 시장은 등록한 박물관이나 미술관이 다음 각 호의 어느 하나에 해당하면 그 등록을 취소할 수 있다. 다만, 천재지변이나 그 밖의 부득이한 사유로 제3호에 해당하게 된 경우 6개월 이내에 그 사유가 해소된 때에는 그러하지 아니하다. 〈개정 2009. 3. 5., 2016. 5. 29., 2020. 2. 18.〉

   1. 속임수나 그 밖의 부정한 방법으로 등록을 한 경우

   2. 제17조의2에 따른 변경 등록을 하지 아니한 경우

   3. 제16조제2항에 따른 등록 요건을 유지하지 못하여 제4조에 따른 사업을 수행할 수 없다고 인정되는 경우

   4. 제21조를 위반하여 제28조제1항에 따른 시정 요구를 받고도 이에 따르지 아니한 경우

   5. 제28조제3항에 따른 정관명령을 받고도 박물관이나 미술관의 정관을 하지 아니한 경우

6. 그 밖에 이 법에 따른 박물관이나 미술관의 설립 목적을 위반하여 박물관자료나 미술관자료를 취득 · 알선 · 중개 · 관리한 경우

② 제1항에 따라 등록이 취소된 경우에 그 박물관 또는 미술관의 대표자는 7일 이내에 등록증을 문화체 육관광부장관, 시 · 도지사 또는 대도시 시장에게 반납하여야 한다. 〈개정 2009. 3. 5., 2020. 2. 18.〉

③ 제1항에 따라 박물관이나 미술관의 등록이 취소되면 취소된 날부터 2년 이내에 취소된 등록 사항을 다시 등록할 수 없다.

제30조(보고) ① 제16조에 따라 등록한 국립 박물관과 미술관의 장, 시 · 도지사 또는 대도시 시장은 매년 대통령령으로 정하는 바에 따라 해당 국립 박물관과 미술관 또는 관할 등록 박물관과 미술관의 관리 · 운영, 관람료와 이용료, 지도 · 감독 현황 등의 운영 현황을 다음 해 1월 20일까지 문화체육관광부장관에게 보고하여야 한다. 〈개정 2008. 2. 29., 2009.3.5., 2020. 2. 18.〉

② 시 · 도지사 또는 대도시 시장은 제16조에 따른 박물관 · 미술관의 등록이나 제22조제4항 또는 제29조제1항에 따른 등록취소의 처분을 하면 그 처분을 한 날부터 7일 이내에 문화체육관광부장관에게 그 사실을 보고하여야 한다. 〈개정 2008. 2. 29., 2016. 5. 29., 2018. 10. 16., 2020. 2. 18.〉

제31조(청문) 문화체육관광부장관, 시 · 도지사 또는 대도시 시장은 다음 각 호의 어느 하나에 해당하는 처분을 하려면 청문을 하여야 한다. 〈개정 2009. 3. 5., 2016. 5. 29., 2019. 11. 26., 2020. 2. 18.〉

1. 제6조의2에 따른 자격취소
2. 제18조제4항에 따른 설립 계획의 승인취소
3. 제28조제3항에 따른 정관명령
4. 제29조제1항에 따른 등록취소

제9장 운영자문 협력 등 〈신설 2016. 5. 29.〉

제32조(중요 사항의 자문) ① 문화체육관광부장관은 다음 각 호의 사항에 관하여 필요한 경우 「문화재보호법」 제8조에 따라 설치된 문화재위원회에 자문을 할 수 있다. 〈개정 2008. 2. 29., 2013. 12. 30., 2023. 6. 20.〉

1. 기본계획의 수립에 관한 사항
2. 제11조에 따른 관계 중앙행정기관의 장과의 협의에 관한 사항
3. 그 밖에 박물관 또는 미술관의 진흥에 관하여 자문할 필요성이 있다고 인정되는 사항

② 시 · 도지사 또는 대도시 시장은 다음 각 호의 사항에 관하여 「문화재보호법」 제71조제1항에 따라 설치된 시 · 도문화재위원회에 자문을 하거나 제34조제1항에 따라 설립된 박물관 협회나 미술관 협회에 자문을 할 수 있다. 〈개정 2013. 12. 30., 2016. 5. 29., 2020. 2. 18., 2023. 6. 20.〉

1. 시행계획의 수립에 관한 사항
2. 박물관 또는 미술관의 등록과 그 취소에 관한 사항
3. 제18조에 따른 사립 박물관이나 사립 미술관 설립 계획 승인에 관한 사항
4. 사립 박물관 또는 사립 미술관에 대한 지원의 방향 및 지원사업의 평가에 관한 사항
5. 그 밖에 박물관 또는 미술관의 진흥에 관하여 자문할 필요성이 있다고 인정되는 사항

제33조(박물관 · 미술관 협력망) ① 문화체육관광부장관은 박물관 또는 미술관에 관한 자료의 효율적인 유통 · 관리 및 이용과 각종 박물관 또는 미술관의 상호 협력을 도모하기 위한 협력 체제로서 다음 각 호의 기능을 수행하는 박물관 · 미술관 협력망(이하 "협력망"이라 한다)을 구성한다. 〈개정 2008. 2. 29.〉

    1. 전산정보체계를 통한 정보와 자료의 유통

    2. 박물관 자료나 미술관 자료의 정리, 정보처리 및 시설 등의 표준화

    3. 통합 데이터베이스 구축, 상호 대여 체계 구비 등 박물관이나 미술관 운영의 정보화 · 효율화

    4. 그 밖에 박물관이나 미술관의 상호 협력에 관한 사항

② 박물관이나 미술관은 그 설립 목적을 달성하기 위하여 「지방문화원진흥법」, 「도서관법」 및 「문화예술진흥법」에 따라 설립된 문화원 · 도서관 · 문화예술회관 등 다른 문화시설과 협력하여야 한다.

③ 협력망의 조직과 운영을 위하여 필요한 사항은 대통령령으로 정한다.

제34조(협회) ① 문화체육관광부장관은 박물관 또는 미술관에 관한 정보 자료의 교환과 업무협조, 박물관이나 미술관의 관리 · 운영 등에 관한 연구, 외국의 박물관이나 미술관과의 교류, 그 밖에 박물관이나 미술관 종사자의 자질 향상을 위하여 필요한 경우 박물관 협회 또는 미술관 협회(이하 "협회"라 한다)의 법인 설립을 각각 허가할 수 있다. 〈개정 2007. 7. 27., 2008. 2. 29.〉

② 국가는 제1항에 따른 협회의 운영에 필요한 경비를 보조할 수 있다.

③ 협회에 관하여는 이 법에 규정된 것 외에는 「민법」 중 사단법인의 규정을 준용한다.

제35조(국립박물관문화재단의 설립) ① 정부는 문화유산의 보존 · 계승 및 이용촉진과 국민의 문화향유 증진을 위하여 국립박물관문화재단(이하 "문화재단"이라 한다)을 설립한다.

② 문화재단은 법인으로 한다.

③ 문화재단에는 정관으로 정하는 바에 따라 임원과 필요한 직원을 둔다.

④ 문화재단은 다음 각 호의 사업을 한다.

    1. 국립 박물관 공연장 운영

    2. 문화예술 창작품 개발 · 보급

    3. 문화관광상품의 개발과 제작 및 보급

    4. 문화상품점, 식음료 매장, 그 밖의 편의 시설 등의 운영

    5. 국가, 지방자치단체 및 공공기관 등으로부터 위탁받은 사업

    6. 그 밖에 문화재단의 설립목적에 필요한 사업

⑤ 문화재단에 관하여 이 법에서 정한 것을 제외하고는 「민법」 중 재단법인에 관한 규정을 준용한다.

⑥ 정부는 예산의 범위에서 문화재단의 사업과 운영에 필요한 재정상의 지원을 할 수 있다.

⑦ 정부는 문화재단의 사업을 위하여 필요하다고 인정하는 경우 「국유재산법」에도 불구하고 국유재산을 문화재단에 무상으로 대부하거나 사용 · 수익하게 할 수 있다.

박물관 및 미술관 진흥법 시행령[1]

제1조(목적) 이 영은 「박물관 및 미술관 진흥법」에서 위임된 사항과 그 시행에 필요한 사항을 규정함을 목적으로 한다.

제1조의2(박물관자료의 기준) 「박물관 및 미술관 진흥법」(이하 "법"이라 한다) 제2조제3호에서 "대통령령으로 정하는 기준"이란 다음 각 호와 같다.

　　1. 박물관의 설립목적 달성과 법 제4조의 사업 수행을 위하여 보존 또는 활용이 가능한 증거물일 것

　　2. 무형적 증거물의 경우 부호 · 문자 · 음성 · 음향 · 영상 등으로 표현된 자료나 정보일 것

제2조(문화시설의 인정) ① 문화체육관광부장관이 법 제5조에 따라 법이 적용되는 문화시설을 인정하려면 법 제4조제1항 각 호에 따른 사업을 수행할 목적으로 설치 · 운영되는 동물원이나 식물원 또는 수족관 중에서 인정하여야 한다. 〈개정 2008. 2. 29., 2009. 6. 4.〉

② 문화체육관광부장관은 제1항에 따라 법의 적용을 받는 문화시설을 인정하려면 「문화재보호법」에 따른 문화재위원회의 의견을 들을 수 있다. 〈개정 2008. 2. 29.〉

제2조의2(박물관 및 미술관 진흥 기본계획의 수립 · 시행) ① 문화체육관광부장관은 법 제5조의2제1항에 따른 박물관 및 미술관 진흥 기본계획(이하 "기본계획"이라 한다)을 수립할 때에는 관계 중앙행정기관의 장 및 지방자치단체의 장의 의견을 들어야 한다.

② 문화체육관광부장관은 관계 중앙행정기관의 장 및 지방자치단체의 장에게 기본계획을 수립하는 데 필요한 자료의 제출을 요청할 수 있다. 이 경우 자료의 제출을 요청받은 관계 중앙행정기관의 장 및 지방자치단체의 장은 특별한 사유가 없으면 이에 따라야 한다.

③ 문화체육관광부장관은 기본계획을 수립하였을 때에는 이를 관계 중앙행정기관의 장 및 지방자치단체의 장에게 통보하고, 문화체육관광부 인터넷 홈페이지에 공고해야 한다.

[본조신설 2023. 12. 12.]

제2조의3(박물관 및 미술관 진흥 시행계획의 수립 · 시행) ① 법 제5조의3제1항에 따른 박물관 및 미술관 진흥 시행계획(이하 "시행계획"이라 한다)에는 다음 각 호의 사항이 포함되어야 한다.

　　1. 소관 박물관 및 미술관 진흥정책 추진의 기본방향

---

1) 시행 2024. 3. 13. 대통령령 제33942호, 2023. 12. 12., 일부개정

2. 소관 박물관 및 미술관의 역량강화 방안

3. 소관 박물관 및 미술관의 관람 활성화 방안

4. 그 밖에 소관 박물관 및 미술관 진흥을 위하여 필요한 사항

② 문화체육관광부장관은 시행계획의 작성방법 등에 관한 지침을 마련하여 매년 9월 30일까지 관계 중앙행정기관의 장 및 지방자치단체의 장에게 통보해야 한다.

③ 관계 중앙행정기관의 장 및 지방자치단체의 장은 제2항의 지침에 따라 수립한 시행계획을 매년 3월 31일까지 문화체육관광부장관에게 제출해야 한다.

[본조신설 2023. 12. 12.]

제2조의4(시행계획의 추진실적 평가) ① 관계 중앙행정기관의 장 및 지방자치단체의 장은 시행계획의 전년도 추진실적을 매년 3월 31일까지 문화체육관광부장관에게 제출해야 한다.

② 문화체육관광부장관은 전년도 시행계획의 추진실적을 평가하고, 그 결과를 매년 관계 중앙행정기관의 장 및 지방자치단체의 장에게 통보해야 한다.

③ 관계 중앙행정기관의 장 및 지방자치단체의 장은 제2항에 따라 통보받은 평가결과를 다음 연도의 시행계획에 반영해야 한다.

[본조신설 2023. 12. 12.]

제2조의5(실태조사) ① 법 제5조의4제1항에 따른 박물관 및 미술관 운영 실태에 관한 조사(이하 "실태조사"라 한다)에는 다음 각 호의 사항이 포함되어야 한다.

1. 박물관 및 미술관의 수(법 제3조의 구분에 따른 박물관 및 미술관의 수를 포함한다)

2. 박물관 및 미술관의 명칭 및 지역별 소재 현황

3. 박물관 및 미술관의 시설, 인력, 이용자 수 및 소장자료 등의 현황

4. 그 밖에 문화체육관광부장관이 기본계획 및 시행계획을 효율적으로 수립하기 위하여 필요하다고 인정하는 사항

② 제1항에 따른 실태조사는 문헌조사 또는 설문조사 등의 방법으로 하며, 필요한 경우 정보통신망, 전자우편 등 전자적 방식을 사용할 수 있다.

[본조신설 2023. 12. 12.]

제3조(학예사 자격요건 등) ① 법 제6조제3항 전단에 따른 박물관·미술관 학예사(이하 "학예사"라 한다)의 자격요건은 별표 1과 같다. 〈개정 2014. 8. 12.〉

② 문화체육관광부장관은 신청인의 자격요건을 심사한 후 별표 1의 자격요건을 갖춘 자에게는 자격증을 내주어야 한다. 〈개정 2008. 2. 29.〉

③ 학예사 자격요건의 심사, 자격증의 발급신청과 발급 등에 필요한 사항은 문화체육관광부령으로 정한다. 〈개정 2008. 2. 29.〉

제4조(준학예사 시험) ① 법 제6조제3항 후단에 따른 준학예사 시험은 연 1회 실시하는 것을 원칙으로 한다. 〈개정 2008. 2. 29., 2009. 1. 14., 2014. 8. 12.〉

② 문화체육관광부장관은 제1항에 따라 준학예사 시험을 실시할 때에는 준학예사 시험의 시행 일시 및 장소를 시험 시행일 90일 전까지 공고하여야 한다. 〈신설 2012. 5. 1.〉

③ 제1항에 따른 준학예사 시험의 방법은 필기시험으로 하며, 공통과목은 객관식으로, 선택과목은 주관식으로 실시한다. 다만, 제4항제1호의 공통과목 중 외국어 과목 시험은 별표 1의2에서

정한 외국어능력검정시험으로 대체한다. 〈개정 2012. 5. 1., 2022. 3. 15.〉

④ 준학예사 시험 과목은 다음 각 호와 같다. 〈개정 2012. 5. 1., 2016. 11. 29., 2022. 3. 15.〉

　　1. 공통과목 : 박물관학 및 외국어(영어 · 불어 · 독어 · 일어 · 중국어 · 한문 · 스페인어 · 러시아어 및 이탈리아어 중 1과목 선택)

　　2. 선택과목 : 고고학 · 미술사학 · 예술학 · 민속학 · 서지학 · 한국사 · 인류학 · 자연사 · 과학사 · 문화사 · 보존과학 · 전시기획론 및 문학사 중 2과목 선택

⑤ 준학예사 시험은 매 과목(외국어 과목은 제외한다) 100점 만점을 기준으로 하여 매 과목 40점 이상과 전 과목 평균 60점 이상을 득점한 자를 합격자로 한다. 〈개정 2012. 5. 1., 2016. 11. 29., 2022. 3. 15.〉

⑥ 준학예사 시험의 응시원서 제출과 합격증 발급, 그 밖에 시험을 실시하는 데에 필요한 사항은 문화체육관광부령으로 정한다. 〈개정 2008. 2. 29., 2012. 5. 1.〉 [시행일 : 2023. 1. 1.]

제5조(학예사 운영위원회) 문화체육관광부장관은 제3조에 따른 학예사 자격요건의 심사나 그 밖에 학예사 자격제도의 시행에 필요한 사항을 심의하기 위하여 그 소속으로 박물관 · 미술관 학예사 운영위원회를 구성하여 운영할 수 있다. 〈개정 2008. 2. 29.〉

제6조(박물관 · 미술관 운영위원회) ① 법 제7조제1항에 따라 등록한 국공립의 박물관 또는 미술관에 두는 박물관 · 미술관 운영 위원회(이하 "운영 위원회"라 한다)는 위원장 1명을 포함하여 10명 이상 15명 이내의 위원으로 구성한다.

② 운영 위원회의 위원장은 위원 중에서 호선(互選)한다.

③ 운영 위원회의 위원은 문화 · 예술계 인사 중에서 그 박물관 · 미술관의 장이 위촉하는 자와 그 박물관 · 미술관의 장이 된다. 이 경우 박물관 · 미술관의 장은 해당 박물관 · 미술관이 소재한 지역의 문화 · 예술계 인사를 우선하여 위촉하도록 노력해야 한다. 〈개정 2023. 11. 16.〉

④ 운영 위원회는 다음 각 호의 사항을 심의한다.

　　1. 박물관 · 미술관의 운영과 발전을 위한 기본방침에 관한 사항

　　2. 박물관 · 미술관의 운영 개선에 관한 사항

　　3. 박물관 · 미술관의 후원에 관한 사항

　　4. 다른 박물관 · 미술관과 각종 문화시설과의 업무협력에 관한 사항

제6조의2(수증심의위원회의 구성 등) ① 법 제8조제2항에 따른 수증심의위원회(이하 "수증심의위원회"라 한다)는 위원장 1명을 포함하여 3명 이상의 위원으로 구성한다.

② 수증심의위원회의 위원은 박물관 또는 미술관의 자료 등에 관하여 학식과 경험이 풍부한 사람 중에서 박물관 또는 미술관의 장이 위촉한다.

③ 수증심의위원회의 위원장은 박물관 또는 미술관의 장이 된다.

④ 위원회의 회의는 위원 과반수의 찬성으로 의결한다.

⑤ 박물관 또는 미술관의 장은 수증심의위원회의 심의를 거쳐 법 제8조제1항에 따른 기증품(이하 "기증품"이라 한다)을 기증받을지 여부를 결정한 후 기증을 하려는 자에게 서면으로 그 결과를 통보하여야 한다. 이 경우 기증받지 아니하는 것으로 결정하면 그 사유를 명시하여 즉시 해당 기증품을 반환하여야 한다.

⑥ 제1항부터 제5항까지에서 규정한 사항 외에 수증심의위원회의 운영 등에 필요한 사항은 박물관 또는 미술관의 장이 정한다.

제6조의3(기증유물감정평가위원회의 구성 등) ① 법 제8조제3항에 따른 기증유물감정평가위원회(이하 "기증유물감정평가위원회"라 한다)는 위원장 1명을 포함하여 5명 이상의 위원으로 구성한다.

② 기증유물감정평가위원회의 위원은 박물관 또는 미술관 자료의 감정평가에 관하여 학식과 경험이 풍부한 사람 중에서 국립 박물관 또는 미술관의 장이 위촉한다.

③ 기증유물감정평가위원회의 위원장은 국립 박물관 또는 미술관의 장이 된다.

④ 위원회의 회의는 위원 과반수의 찬성으로 의결한다.

⑤ 제1항부터 제4항까지에서 규정한 사항 외에 기증유물감정평가위원회의 운영 등에 필요한 사항은 국립 박물관 또는 미술관의 장이 정한다.

제7조(협의) ① 중앙행정기관의 장은 법 제11조제2항에 따라 국립박물관이나 국립미술관을 설립하려면 다음 각 호의 서류를 첨부하여 문화체육관광부장관에게 협의를 요청하여야 한다. 〈개정 2008. 2. 29.〉

　　1. 사업계획서

　　2. 시설의 명세서 및 평면도

　　3. 박물관 자료 또는 미술관 자료 내역서

　　4. 조직 및 정원

② 지방자치단체의 장은 법 제12조제1항에 따라 공립박물관이나 공립미술관을 설립하려면 제1항 각 호의 서류를 첨부하여 문화체육관광부장관에게 협의를 요청하여야 한다. 〈개정 2008. 2. 29.〉

제7조의2(공립 박물관·공립 미술관의 설립타당성 사전평가) ① 지방자치단체의 장은 법 제12조의2 제1항에 따라 공립 박물관 또는 공립 미술관의 설립타당성에 관한 사전평가(이하 "사전평가"라 한다)를 받으려면 문화체육관광부령으로 정하는 사전평가 신청서에 다음 각 호의 사항에 관한 서류를 첨부하여 문화체육관광부장관에게 제출하여야 한다. 〈개정 2018. 5. 28.〉

　　1. 설립의 목적 및 필요성

　　2. 박물관 또는 미술관의 설립 추진계획 및 운영계획

　　3. 운영 조직 및 인력구성계획

　　4. 부지 및 시설 명세

　　5. 박물관 또는 미술관 자료의 목록 및 수집계획

② 사전평가는 반기별로 실시한다.

③ 지방자치단체의 장은 상반기에 실시되는 사전평가를 받으려면 1월 31일까지, 하반기에 실시되는 사전평가를 받으려면 7월 31일까지 제1항에 따른 사전평가 신청서와 첨부 서류를 문화체육관광부장관에게 제출하여야 한다.

④ 문화체육관광부장관은 상반기에 실시되는 사전평가의 경우에는 4월 30일까지, 하반기에 실시되는 사전평가의 경우에는 10월 31일까지 해당 사전평가를 완료하여야 한다.

⑤ 문화체육관광부장관은 제4항에 따른 사전평가 결과를 사전평가 완료일부터 14일 이내에 해당 지방자치단체의 장 및 관계 중앙행정기관의 장에게 통보하여야 한다.

⑥ 제1항부터 제5항까지에서 규정한 사항 외에 사전평가의 운영 등에 필요한 사항은 문화체육관광부장관이 정한다. [본조신설 2016. 11. 29.]

제8조(등록신청 등) ① 법 제16조제1항에 따라 박물관이나 미술관을 등록하려는 자는 등록신청서에 다음 각 호의 서류를 첨부하여 국립 박물관 및 미술관은 문화체육관광부장관에게, 공립·사립·대학 박물관 및 미술관은 관할 특별시장·광역시장·특별자치시장·도지사·특별자치도지사(이하 "시·도지사"라 한다) 또는 「지방자치법」 제198조제1항에 따른 서울특별시·광역시 및 특별자치시를 제외한 인구 50만 이상 대도시의 시장(이하 "대도시 시장"이라 한다)에게 제출(전자문서에 의한 제출을 포함한다)해야 한다. 〈개정 2007. 12. 31., 2009. 6. 4., 2016. 11. 29., 2020. 9. 8., 2021. 12. 16.〉

    1. 시설명세서

    2. 박물관 자료 또는 미술관 자료의 목록

    3. 학예사 명단

    4. 관람료 및 자료의 이용료

② 제1항에 따른 신청을 받은 문화체육관광부장관, 시·도지사 또는 대도시 시장은 박물관 또는 미술관 자료의 규모와 가치, 학예사의 보유, 시설의 규모와 적정성 등에 대하여 심의한 후 박물관 또는 미술관의 등록 여부를 결정해야 한다. 〈신설 2016. 11. 29., 2020. 9. 8.〉

③ 문화체육관광부장관, 시·도지사 또는 대도시 시장은 제2항에 따라 등록을 하면 법 제17조제1항에 따라 문화체육관광부령으로 정하는 등록증을 내주어야 한다. 〈개정 2008. 2. 29., 2009. 6. 4., 2016. 11. 29., 2020. 9. 8.〉

제9조(등록요건) ① 법 제16조에 따른 박물관 또는 미술관의 등록은 박물관 또는 미술관의 자료, 학예사, 시설의 규모 등에 따라 제1종 박물관 또는 미술관, 제2종 박물관 또는 미술관으로 구분하여 등록한다. 〈개정 2016. 11. 29.〉

② 법 제16조제2항에서 "대통령령으로 정하는 요건"이란 별표 2에 따른 요건을 말한다. 〈신설 2016. 11. 29.〉

제10조(변경 등록) ① 법 제17조제1항에 따라 등록증을 받은 박물관 또는 미술관(이하 "등록 박물관·미술관"이라 한다)은 다음 각 호의 어느 하나에 해당하는 등록 사항에 변경이 발생하면 법 제17조의2제1항에 따라 그 등록 사항이 변경된 날부터 14일 이내에 문화체육관광부장관, 시·도지사 또는 대도시 시장에게 변경 등록을 신청해야 한다. 〈개정 2020. 9. 8.〉

    1. 명칭, 설립자 또는 대표자

    2. 종류

    3. 소재지

    4. 삭제 〈2022. 3. 15.〉

    5. 시설명세서

    6. 박물관 자료 또는 미술관 자료의 목록

    7. 학예사 명단

    8. 관람료 및 자료의 이용료

② 제1항에 따라 변경 등록을 신청하려는 등록 박물관·미술관은 문화체육관광부령으로 정하는 변경등록 신청서에 다음 각 호의 서류를 첨부하여 문화체육관광부장관, 시·도지사 또는 대도시 시장에게 제출(전자문서에 의한 제출을 포함한다)해야 한다. 〈개정 2020. 9. 8.〉

    1. 등록증(제1항제1호부터 제4호까지의 변경에 한정한다)

2. 변경 사항을 증명하는 서류

③ 문화체육관광부장관, 시·도지사 또는 대도시 시장은 제1항에 따른 변경 등록의 신청이 있는 날부터 30일 이내에 변경 사항이 기재된 등록증을 내주어야 한다. 〈개정 2020. 9. 8.〉

제11조(등록표시) 제8조제2항에 따라 등록증을 받은 박물관과 미술관이 등록 표시를 할 때에는 설립주체, 등록연도 및 등록번호 등을 문화체육관광부장관이 정하여 고시하는 방법에 따라 표시해야 한다. [전문개정 2023. 12. 12.]

제12조(사립박물관 또는 사립미술관의 설립계획 승인신청) ① 법 제18조제1항에 따라 사립 박물관 또는 사립 미술관의 설립계획을 승인받으려는 자는 설립계획 승인 신청서에 다음 각 호의 서류를 첨부하여 시·도지사 또는 대도시 시장에게 제출(전자문서에 의한 제출을 포함한다)해야 한다. 〈개정 2007. 12. 31., 2020. 9. 8.〉

　　1. 사업계획서

　　2. 토지의 조서(위치·지번·지목·면적, 소유권 외의 권리명세, 소유자의 성명·주소, 지상권·지역권·전세권·저당권·사용대차 또는 임대차에 관한 권리, 토지에 관한 그 밖의 권리를 가진 자의 성명·주소를 적은 것)

　　3. 건물의 조서(위치·대지지번·건물구조·바닥면적·연면적, 소유권 외의 권리명세, 소유자의 성명·주소, 전세권·저당권·사용대차 또는 임대차에 관한 권리, 건물에 관한 그 밖의 권리를 가진 자의 성명·주소를 적은 것)

　　4. 위치도

　　5. 개략설계도

　　6. 박물관 자료 또는 미술관 자료의 목록과 내역서

② 법 제18조제2항에 따라 설립계획의 변경승인을 받으려는 자는 설립계획 변경승인 신청서에 문화체육관광부령으로 정하는 서류를 첨부하여 시·도지사 또는 대도시 시장에게 제출(전자문서에 의한 제출을 포함한다)해야 한다. 〈개정 2007. 12. 31., 2008. 2. 29., 2020. 9. 8.〉

제13조(중요 사항의 변경) 법 제18조제2항에서 "대통령령으로 정하는 중요한 사항"이란 승인된 해당 설립계획 중 다음 각 호의 어느 하나에 해당하는 사항을 말한다.

　　1. 박물관·미술관의 명칭 및 별표 2에 따른 종류·유형

　　2. 박물관·미술관의 설립위치 및 면적

　　3. 전시실·야외전시장 또는 수장고(收藏庫) 시설의 위치 및 면적

　　4. 전시실·야외전시장 또는 수장고 시설을 제외한 시설의 면적(해당 면적의 10분의 1 이상의 면적을 변경하는 경우로 한정한다)

　　5. 사업시행기간(해당 사업시행기간을 3개월 이상 연장하는 경우로 한정한다)

제14조(설립계획 승인 등의 협의) ① 시·도지사 또는 대도시 시장은 법 제18조제3항에 따라 소관 행정기관의 장에게 설립계획의 승인 또는 변경승인의 협의를 요청하는 때에는 각각 제12조제1항 또는 같은 조 제2항에 따른 서류의 사본을 첨부해야 한다. 〈개정 2020. 9. 8.〉

② 제1항에 따라 협의를 요청받은 소관 행정기관의 장은 특별한 사유가 없으면 협의요청을 받은 날부터 30일 이내에 의견을 통보하여야 한다.

제15조(설립계획 승인의 취소) 법 제18조제4항에 따라 시·도지사 또는 대도시 시장은 제12조에 따른 설립계획의 승인 또는 변경승인을 받은 자가 그 승인내용을 1년 이내에 추진하지 않거나 정당한 사유 없이 6개월 이상 사업추진을 중단하면 시정을 명할 수 있으며, 시정명령에 따르지 않으면 그 승인을 취소할 수 있다. 〈개정 2020. 9. 8.〉

제16조(대관 및 편의시설) ① 등록한 박물관 또는 미술관은 필요한 경우 그 설립목적에 지장을 주지 아니하는 범위에서 그 시설의 일부를 대관(貸館)할 수 있다. 〈개정 2015. 1. 6.〉

② 등록한 박물관 또는 미술관은 그 설립목적을 달성하기 위하여 필요한 범위에서 매점·기념품 판매소, 그 밖의 편의시설을 설치하여 운영할 수 있다.

제17조(폐관신고) 등록한 박물관 또는 미술관을 폐관한 자는 법 제22조제1항에 따라 폐관 즉시 폐관 신고서에 등록증, 박물관 또는 미술관의 시설 및 자료의 처리계획을 첨부하여 문화체육관광부장관, 시·도지사 또는 대도시 시장에게 신고해야 한다. 〈개정 2009. 6. 4., 2018. 5. 28., 2020. 9. 8.〉

제17조의2(박물관 및 미술관의 평가인증) ① 문화체육관광부장관은 법 제26조제1항에 따라 박물관 및 미술관에 대한 평가를 실시하려면 해당 연도의 평가대상을 매년 1월 31일까지 고시하여야 한다.

② 문화체육관광부장관은 다음 각 호의 기준에 따라 평가를 실시한다.

    1. 설립 목적의 달성도

    2. 조직·인력·시설 및 재정 관리의 적정성

    3. 자료의 수집 및 관리의 충실성

    4. 전시 개최 및 교육 프로그램 실시 실적

    5. 그 밖에 박물관 또는 미술관 운영의 적정성을 평가하는 데 필요하다고 인정되어 문화체육관광부장관이 정하는 사항

③ 문화체육관광부장관은 평가에 필요한 자료를 해당 박물관 및 미술관에 요청할 수 있다.

④ 문화체육관광부장관은 해당 박물관 및 미술관에 대한 평가 결과를 해당 연도의 12월 31일까지 해당 지방자치단체의 장, 박물관 및 미술관의 장에게 통보하고, 그 평가결과를 문화체육관광부 홈페이지 등에 공표하여야 한다.

⑤ 법 제26조제3항에 따른 인증의 유효기간은 3년으로 한다. 〈개정 2022. 3. 15〉

⑥ 법 제26조제4항에 따른 인증 박물관·미술관은 옥외간판, 각종 문서, 홍보물 및 박물관 또는 미술관 홈페이지 등에 해당 인증사실 및 내용을 표시할 수 있다.

⑦ 제1항부터 제6항까지에서 규정한 사항 외에 평가 실시 및 평가인증의 운영 등에 필요한 사항은 문화체육관광부장관이 정하여 고시한다.

제18조(시정요구 및 정관) ① 문화체육관광부장관, 시·도지사 또는 대도시 시장은 법 제28조제1항에 따라 시정을 요구하려면 해당 박물관이나 미술관이 위반한 내용, 시정할 사항과 시정기한 등을 명확하게 밝혀 서면으로 알려야 한다. 〈개정 2009. 6. 4., 2016. 11. 29., 2020. 9. 8.〉

② 문화체육관광부장관, 시·도지사 또는 대도시 시장은 법 제28조제3항에 따라 정관(停館)을 명하려면 그 사유와 정관기간 등을 명확하게 밝혀 서면으로 알려야 한다. 〈개정 2009. 6. 4., 2016. 11. 29., 2020. 9. 8.〉

제19조(공고) 문화체육관광부장관, 시·도지사 또는 대도시 시장은 다음 각 호의 사항이 발생하면 7일 이내에 공고해야 한다. 〈개정 2009. 6. 4., 2016. 11. 29., 2020. 9. 8.〉

    1. 법 제16조제1항에 따른 박물관 또는 미술관의 등록

    2. 법 제18조제1항에 따른 사립 박물관 또는 사립 미술관 설립계획의 승인

    3. 법 제18조제4항에 따른 사립 박물관 또는 사립 미술관 설립계획승인의 취소

    4. 법 제29조제1항에 따른 박물관 또는 미술관 등록의 취소

제20조(협력망 구성 등) ① 법 제33조제1항에 따른 박물관·미술관 협력망은 박물관 협력망과 미술관 협력망으로 구분한다. 〈개정 2016. 11. 29.〉

② 박물관 협력망과 미술관 협력망에 각각 중앙관과 지역대표관을 두되, 박물관 협력망의 중앙관은 국립중앙박물관과 국립민속박물관이, 미술관 협력망의 중앙관은 국립현대미술관이 되며, 박물관 협력망과 미술관 협력망의 지역대표관은 시·도지사 또는 대도시 시장이 지정하여 중앙관에 통보한다. 〈개정 2020. 9. 8.〉

③ 문화체육관광부장관은 법 제33조제1항에 따른 박물관·미술관 협력망의 기능을 효율적으로 수행하기 위하여 협력망 운영계획을 수립하여 시행할 수 있다. 〈개정 2008. 2. 29., 2016. 11. 29.〉

제21조(고유식별정보의 처리) ① 문화체육관광부장관(해당 권한이 위임·위탁된 경우에는 그 권한을 위임·위탁받은 자를 포함한다)은 다음 각 호의 사무를 수행하기 위하여 불가피한 경우 「개인정보 보호법 시행령」 제19조제1호 또는 제4호에 따른 주민등록번호 또는 외국인등록번호가 포함된 자료를 처리할 수 있다.

    1. 법 제6조제3항 전단에 따른 학예사 자격 취득 신청의 접수, 자격요건의 심사 및 자격증 발급

    2. 법 제6조제3항 후단에 따른 준학예사 시험의 관리에 관한 사무

② 문화체육관광부장관, 시·도지사 또는 대도시 시장(해당 권한이 위임·위탁된 경우에는 그 권한을 위임·위탁받은 자를 포함한다)은 법 제16조제1항 및 제17조의2제1항에 따른 박물관·미술관 등록 및 변경등록에 관한 사무를 수행하기 위하여 불가피한 경우 「개인정보 보호법 시행령」 제19조제1호 또는 제4호에 따른 주민등록번호 또는 외국인등록번호가 포함된 자료를 처리할 수 있다.

③ 시·도지사 또는 대도시 시장(해당 권한이 위임·위탁된 경우에는 그 권한을 위임·위탁받은 자를 포함한다)은 법 제18조제1항 및 제2항에 따른 사립 박물관 또는 사립 미술관 설립 계획의 승인 또는 변경 승인에 관한 사무를 수행하기 위하여 불가피한 경우 「개인정보 보호법 시행령」 제19조제1호 또는 제4호에 따른 주민등록번호 또는 외국인등록번호가 포함된 자료를 처리할 수 있다.

[전문개정 2020.9.8.]

제22조(규제의 재검토) 문화체육관광부장관은 제13조에 따른 설립계획 중 변경승인을 받아야 하는 중요 사항에 대하여 2017년 1월 1일을 기준으로 3년마다(매 3년이 되는 해의 1월 1일 전까지를 말한다) 그 타당성을 검토하여 개선 등의 조치를 하여야 한다. 〈개정 2016. 12. 30.〉

[본조신설 2014. 12. 9.]

[별표 1] 〈개정 2023. 12. 12.〉

학예사 등급별 자격요건(제3조 관련)

등급	자격요건
1급 정학예사	2급 정학예사 자격을 취득한 후 다음 각 호의 기관(이하 "경력인정대상기관"이라 한다)에서의 재직경력이 7년 이상인 자 1. 국공립 박물관 2. 국공립 미술관 3. 삭제 〈2015.10.6.〉 4. 삭제 〈2015.10.6.〉 5. 삭제 〈2015.10.6.〉 6. 박물관 · 미술관 학예사 운영 위원회가 등록된 사립박물관 · 사립미술관, 등록된 대학박물관 · 대학미술관 및 외국박물관 등의 기관 중에서 인력 · 시설 · 자료의 관리실태 및 업무실적에 대한 전문가의 실사를 거쳐 인정한 기관
2급 정학예사	3급 정학예사 자격을 취득한 후 경력인정대상기관에서의 재직경력이 5년 이상인 자
3급 정학예사	1. 박사학위 취득자로서 학사학위를 취득(법령에 따라 이와 같은 수준으로 인정되는 학력을 취득한 경우를 포함한다)한 후 경력인정대상기관에서 1년 이상의 실무경력이 있는 사람 2. 석사학위 취득자로서 학사학위를 취득(법령에 따라 이와 같은 수준으로 인정되는 학력을 취득한 경우를 포함한다)한 후 경력인정대상기관에서 2년 이상의 실무경력이 있는 사람 3. 준학예사 자격을 취득한 후 경력인정대상기관에서 4년 이상의 재직경력이 있는 사람
준학예사	1. 「고등교육법」에 따라 학사학위 이상을 취득(법령에 따라 이와 같은 수준 이상으로 인정되는 학력을 취득한 경우를 포함한다)한 후 준학예사 시험에 합격한 사람으로서 학사학위를 취득한 후 경력인정대상기관에서 1년 이상의 실무경력이 있는 사람 2. 「고등교육법」에 따라 3년제 전문학사학위를 취득(법령에 따라 이와 같은 수준으로 인정되는 학력을 취득한 경우를 포함한다)한 후 준학예사 시험에 합격한 사람으로서 전문학사학위를 취득한 후 경력인정대상기관에서 2년 이상의 실무경력이 있는 사람 3. 「고등교육법」에 따라 2년제 전문학사학위를 취득(법령에 따라 이와 같은 수준으로 인정되는 학력을 취득한 경우를 포함한다)한 후 준학예사 시험에 합격한 사람으로서 전문학사학위를 취득한 후 경력인정대상기관에서 3년 이상의 실무경력이 있는 사람 4. 제1호부터 제3호까지의 규정에 따른 학사 또는 전문학사학위를 취득하지 아니하고 준학예사 시험에 합격한 사람으로서 경력인정대상기관에서 5년 이상의 실무경력이 있는 사람

※ 비 고

1. 삭제 〈2009.1.14〉
2. 실무경력은 재직경력 · 실습경력 및 실무연수과정 이수경력 등을 포함한다.
3. 등록된 박물관 · 미술관에서 학예사로 재직한 경력은 경력인정대상기관 여부에 관계없이 재직경력으로 인정할 수 있다.

[별표 1의2] 〈개정 2022. 3. 15.〉

외국어능력검정시험의 종류 및 기준 점수·등급(제4조제3항 단서 관련)

구분		시험의 종류	기준점수
1. 영어	가. 토플(TOEFL)	아메리카합중국 이.티.에스.(ETS : Education Testing Service)에서 시행하는 시험(Test of English as a Foreign Language)으로서 그 실시방식에 따라 피.비.티.(PBT : Paper Based Test), 시.비.티.(CBT : Computer Based Test) 및 아이.비.티.(IBT : Internet Based Test)로 구분한다.	PBT 490점 이상 IBT 58점 이상
	나. 토익(TOEIC)	미국의 교육평가원(Education Testing Service)에서 시행하는 시험(Test of English for International Communi－cation)을 말한다.	625점 이상
	다. 텝스(TEPS)	서울대학교 영어능력검정시험(Test of English Proficiency developed by Seoul National University)을 말한다.	520점 이상 (2018. 5. 12. 전에 실시된 시험)
			280점 이상 (2018. 5. 12. 이후에 실시된 시험)
	라. 지텔프 (G－TELP)	미국의 국제테스트연구원(International Testing Services Center)에서 주관하는 시험(General Tests of English Language Proficiency)을 말한다.	Level 2의 50점 이상
	마. 플렉스(FLEX)	한국외국어대학교 어학능력검정시험(Foreign Language Efficiency Examination)을 말한다.	520점 이상
	바. 토셀(TOSEL)	국제토셀위원회에서 주관하는 시험(Test of Skills in the English Language)	Advanced 550점 이상
2. 불어	가. 플렉스(FLEX)	한국외국어대학교 어학능력검정시험(Foreign Language Efficiency Examination)을 말한다.	520점 이상
	나. 델프(DELF) 달프(DALF)	알리앙스 프랑세즈 프랑스어 자격증시험 델프(Diploma d'Etudes en Langue Francaise), 달프(Diploma app－rofondi de Langue Francaise)를 말한다.	DELF B1 이상
3. 독어	가. 플렉스(FLEX)	한국외국어대학교 어학능력검정시험(Foreign Language Efficiency Examination)을 말한다.	520점 이상
	나. 괴테어학검정 시험(Goethe Zertifikat)	독일문화원 독일어능력시험(Goethe－Zertifikat)을 말한다.	GZ B1 이상
4. 일본어	가. 플렉스(FLEX)	한국외국어대학교 어학능력검정시험(Foreign Language Efficiency Examination)을 말한다.	520점 이상
	나. 일본어능력 시험(JPT)	일본순다이학원 일본어능력시험(Japanese Proficiency Test)을 말한다.	510점 이상
	다. 일본어능력 시험(JLPT)	일본국제교류기금 및 일본국제교육지원협회 일본어능력시험(Japanese Language Proficiency Test)을 말한다.	N2 120점 이상

구분		시험의 종류	기준점수
5. 중국어	가. 플렉스(FLEX)	한국외국어대학교 어학능력검정시험(Foreign Language Efficiency Examination)을 말한다.	520점 이상
	나. 한어수평고시(신HSK)	중국국가한반 한어수평고시(신HSK)를 말한다.	4급 194점 이상
6. 한문	가. 한자능력검정	한국어문회에서 시행하는 한자시험을 말한다.	4급 이상
	나. 상공회의소 한자	대한상공회의소에서 시행하는 한자시험을 말한다.	3급 이상
7. 스페인어	가. 플렉스(FLEX)	한국외국어대학교 어학능력검정시험(Foreign Language Efficiency Examination)을 말한다.	520점 이상
	나. 델레(DELE)	스페인 문화교육부 스페인어 자격증시험 델레(Diplomas de Espanol como Lengua Extranjera)를 말한다.	B1 이상
8. 러시아어	가. 플렉스(FLEX)	한국외국어대학교 어학능력검정시험(Foreign Language Efficiency Examination)을 말한다.	520점 이상
	나. 토르플 (TORFL)	러시아 교육부 러시아어능력시험 토르플(Test of Russian as a Foreign Language)을 말한다.	기본단계 이상
9. 이탈리아어	가. 칠스(CILS)	이탈리아 시에나 외국인 대학에서 시행하는 이탈리아어 자격증명시험(Certificazione di Italiano come Lingua Straniera)를 말한다.	B1 이상
	나. 첼리(CELI)	이탈리아 페루지아 국립언어대학에서 시행하는 이탈리아어 자격증명시험(Certificato di Conoscenza della Lingua Italiana)을 말한다.	Level 2 이상

※ 비고

1. 위 표에서 정한 시험의 종류 및 기준 점수·등급은 준학예사 시험예정일부터 거꾸로 계산하여 3년이 되는 해의 1월 1일 이후 실시된 시험으로서, 시험 접수마감일까지 점수가 발표된 시험에 대해서만 인정한다.

2. 시험 응시원서를 제출할 때에는 위 표에서 정한 기준 점수·등급을 확인할 수 있어야 한다.

3. 「장애인복지법」 제32조에 따라 등록된 장애인으로서 같은 법 시행령 별표 1 제4호의 청각장애인 응시자에 대해서는 문화체육관광부장관이 정하여 고시하는 청각장애 응시자의 합격 기준 점수·등급을 적용한다.

[별표 2] 〈개정 2022. 11. 29.〉

박물관 또는 미술관 등록요건(제9조 관련)

1. 공통요건

가. 「소방시설 설치 및 관리에 관한 법률」 제12조제1항에 따른 소방시설의 설치

나. 「화재의 예방 및 안전관리에 관한 법률」 제36조제3항에 따른 피난유도 안내정보의 부착(「소방시설 설치·유지 및 안전관리에 관한 법률」 제20조제2항 전단에 따른 소방안전관리대상물에 해당하는 박물관 또는 미술관으로 한정한다)

다. 박물관 또는 미술관 자료의 가치는 다음의 기준에 따라 평가한다.

  1) 자료의 해당 분야에의 적합성

  2) 자료 수집의 적정성

  3) 자료의 학술적·예술적·교육적·역사적 가치

  4) 자료의 희소성

  5) 그 밖에 박물관 또는 미술관의 자료가 해당 박물관 또는 미술관에서 소장할 가치가 있다고 판단할 수 있는 기준으로서 문화체육관광부장관 또는 시·도지사가 정하는 기준

2. 개별요건

가. 제1종 박물관 또는 미술관

유형	박물관 자료 또는 미술관 자료	학예사	시설
종합 박물관	각 분야별 100점 이상	각 분야별 1명 이상	1) 각 분야별 전문박물관의 해당 전시실 2) 수장고(收藏庫) 3) 작업실 또는 준비실 4) 사무실 또는 연구실 5) 자료실·도서실·강당 중 1개 시설 6) 도난 방지시설, 온습도 조절장치
전문 박물관	100점 이상	1명 이상	1) 100제곱미터 이상의 전시실 또는 2,000제곱미터 이상의 야외 전시장 2) 수장고 3) 사무실 또는 연구실 4) 자료실·도서실·강당 중 1개 시설 5) 도난 방지시설, 온습도 조절장치
미술관	100점 이상	1명 이상	1) 100제곱미터 이상의 전시실 또는 2,000제곱미터 이상의 야외 전시장 2) 수장고 3) 사무실 또는 연구실 4) 자료실·도서실·강당 중 1개 시설 5) 도난 방지시설, 온습도 조절장치

동물원	100종 이상	1명 이상	1) 300제곱미터 이상의 야외전시장(전시실을 포함한다) 2) 사무실 또는 연구실 3) 동물 사육 · 수용 시설 4) 동물 진료 · 검역 시설 5) 사료창고 6) 오물 · 오수 처리시설
식물원	실내 : 100종 이상 야외 : 200종 이상	1명 이상	1) 200제곱미터 이상의 전시실 또는 6,000제곱미터 이상의 야외 전시장 2) 사무실 또는 연구실 3) 육종실(育種室 : 품종 개량 및 개발 연구 공간) 4) 양묘장 5) 식물병리시설 6) 비료저장시설
수족관	100종 이상	1명 이상	1) 200제곱미터 이상의 전시실 2) 사무실 또는 연구실 3) 수족치료시설 4) 순환장치 5) 예비수조

나. 제2종 박물관 또는 미술관

유형	박물관 자료 또는 미술관 자료	학예사	시설
자료관 · 사료관 · 유물관 · 전시장 · 전시관 · 향토관 · 교육관 · 문서관 · 기념관 · 보존소 · 민속관 · 민속촌 · 문화관 및 예술관	60점 이상	1명 이상	1) 82제곱미터 이상의 전시실 2) 수장고 3) 사무실 또는 연구실 · 자료실 · 도서실 및 강당 중 1개 시설 4) 도난 방지시설, 온습도 조절장치
문화의 집	도서 · 비디오테 이프 및 콤팩트디스크 각각 300점 이상		1) 다음의 시설을 갖춘 363제곱미터 이상의 문화공간 가) 인터넷 부스(개인용 컴퓨터 4대 이상 설치) 나) 비디오 부스(비디오테이프 레코더 2대 이상 설치) 다) 콤팩트디스크 부스(콤팩트디스크 플레이어 4대 이상 설치) 라) 문화관람실(빔 프로젝터 1대 설치) 마) 문화창작실(공방 포함) 바) 안내데스크 및 정보자료실 사) 문화사랑방(전통문화사랑방 포함) 2) 도난 방지시설

박물관 및 미술관 진흥법 시행규칙[1)]

제1조(목적) 이 규칙은 「박물관 및 미술관 진흥법」과 같은 법 시행령에서 위임된 사항과 그 시행에 필요한 사항을 규정함을 목적으로 한다.

제2조(학예사 자격요건 심사 및 자격증 발급 신청서 등) ① 「박물관 및 미술관 진흥법」(이하 "법"이라한다) 제6조제3항에 따른 박물관·미술관 학예사(이하 "학예사"라 한다)의 등급별 자격을 취득하려는 자는 별지 제1호서식의 학예사 자격요건 심사 및 자격증 발급 신청서에 다음 각 호의 서류 중해당 서류와 반명함판 사진 2장을 첨부하여 문화체육관광부장관에게 제출하여야 한다. 〈개정 2008. 3. 6., 2014. 8. 28., 2016. 11. 29.〉

　1. 해당 기관에서 발급한 재직경력증명서 또는 실무경력확인서

　2. 학예사 자격증 사본

　3. 최종학교 졸업증명서 또는 최종학교 학위증 사본

　4. 삭제 〈2016.11.29.〉

② 제1항제1호에 따른 재직경력증명서와 실무경력확인서는 각각 별지 제2호서식과 별지 제3호서식에 따른다.

③ 「박물관 및 미술관 진흥법 시행령」(이하 "영"이라 한다) 제3조제2항에 따른 학예사 자격증은 별지 제4호서식에 따른다. 〈개정 2014. 8. 28.〉

제3조(응시원서 및 응시수수료) ① 영 제4조에 따른 준학예사 시험에 응시하려는 자는 별지 제5호서식의 준학예사 시험 응시원서를 작성하여 문화체육관광부장관에게 제출하여야 한다. 〈개정 2008. 3. 6., 2008. 8. 27., 2014. 8. 28.〉

　1. 삭제 〈2008. 8. 27.〉

　2. 삭제 〈2008. 8. 27.〉

② 법 제6조제4항에 따른 준학예사 시험의 응시수수료는 실비(實費) 등을 고려하여 문화체육관광부장관이 정하여 고시한다. 〈개정 2014. 8. 28.〉

③ 준학예사 시험에 응시하려는 사람이 납부한 응시수수료에 대한 반환기준은 다음 각 호와 같다. 〈신설 2011. 3. 17.〉

1) 시행 2021. 1. 1., 문화체육관광부령 제426호, 2020. 12. 28. 일부개정

1. 응시수수료를 과오납한 경우 : 그 과오납한 금액의 전부
2. 시험 시행일 20일 전까지 접수를 취소하는 경우 : 납입한 응시수수료의 전부
3. 시험관리기관의 귀책사유로 인해 시험에 응시하지 못한 경우 : 납입한 응시수수료의 전부
4. 시험 시행일 10일 전까지 접수를 취소하는 경우 : 납입한 응시수수료의 100분의 50

제4조(박물관 · 미술관 학예사 운영 위원회의 구성 및 운영) ① 영 제5조에 따른 박물관 · 미술관 학예사 운영 위원회는 박물관 · 미술관계 및 학계 등의 인사 중에서 문화체육관광부장관이 위촉하는 15명 이내의 위원으로 구성한다. 〈개정 2008. 3. 6., 2016. 11. 29.〉

② 제1항에 따른 박물관 · 미술관 학예사 운영 위원회는 다음 각 호의 사항을 심의한다.

1. 준학예사 시험의 기본 방향
2. 학예사 자격 취득 신청자의 등급별 학예사 자격요건의 심사
3. 영 별표 1에 따른 경력인정 대상기관의 인정
4. 삭제 〈2009.6.3.〉

제4조의2(기증의 절차 등) ① 법 제8조제1항에 따른 기증품(이하 "기증품"이라 한다)을 기증하려는 자는 기증품과 별지 제5호의2서식의 기증서약서를 박물관 또는 미술관의 장에게 제출하여야 한다.

② 박물관 또는 미술관의 장은 영 제6조의2제5항에 따라 기증품을 기증받는 것으로 결정하면 해당 기증품에 관한 사항을 별지 제5호의3서식의 기증품 관리대장에 기록 · 관리하여야 한다.

③ 박물관 또는 미술관의 장은 기증받는 것으로 결정한 기증품의 명칭 · 수량 · 크기 및 사진을 박물관 또는 미술관의 홈페이지 등에 게시하여야 한다.

제4조의3(박물관 · 미술관의 자료 목록 및 기록방법) ① 박물관과 미술관은 법 제9조의2제1항에 따라 박물관 · 미술관 자료의 취득에 관한 사항을 별지 제5호의4서식의 관리대장에 기록 · 관리(전자문서로 작성 · 관리하는 것을 포함한다. 이하 같다)하여야 한다.

② 박물관과 미술관은 법 제9조의2제1항에 따라 박물관 · 미술관 자료의 목록 및 자료의 변경 · 활용에 관한 사항을 별지 제5호의5서식의 관리대장에 기록 · 관리하여야 한다.

[본조신설 2018. 5. 29.]

제4조의4(박물관 · 미술관 소장품의 보존 및 관리) 박물관과 미술관은 법 제9조의2제2항에 따라 소장품의 보존 및 관리를 위하여 다음 각 호의 수장(收藏) 및 전시 환경을 마련하여야 한다.

1. 도난방지를 위하여 2개 이상의 잠금장치를 설치한 수장고(收藏庫)
2. 온도 · 습도 조절장치
3. 소화설비 및 안전장치

제4조의5(공립 박물관 · 공립 미술관 사전평가 신청서) 영 제7조의2제1항에 따른 사전평가 신청서는 별지 제5호의6서식에 따른다. 〈개정 2018. 5. 29.〉

[본조신설 2016. 11. 29.]

제5조(등록 신청서 등) ① 영 제8조제1항에 따른 박물관 또는 미술관 등록 신청서는 별지 제6호서식에 따르고, 등록 신청서에 첨부하는 서류의 서식은 다음 각 호와 같다.

1. 시설명세서
2. 박물관 자료 또는 미술관 자료의 목록
3. 학예사 명단

4. 관람료 및 자료의 이용료

② 영 제8조제3항에 따른 박물관 또는 미술관 등록증은 별지 제11호서식에 따른다. 〈개정 2016. 11. 29.〉

제6조(변경등록 신청서 등) ① 영 제10조제2항에 따른 변경등록 신청서는 별지 제6호서식에 따른다. 〈개정 2016. 11. 29.〉

② 삭제 〈2016. 11. 29.〉

제7조(사립박물관 또는 사립미술관 설립계획 승인 신청서) ① 영 제12조에 따른 사립박물관 또는 사립미술관의 설립계획 승인 신청서와 설립계획 변경승인 신청서는 별지 제12호서식에 따른다.

② 영 제12조제2항에서 "문화체육관광부령으로 정하는 서류"란 설립계획 승인사항의 변경을 증명하는 서류를 말한다. 〈개정 2008. 3. 6.〉

제8조(개방일수) 법 제16조제1항에 따라 등록한 박물관 또는 미술관은 법 제21조에 따라 연간 90일 이상 개방하되, 1일 개방시간은 4시간 이상이 되도록 하여야 한다.

제9조(폐관신고) ① 영 제17조에 따른 박물관 또는 미술관의 폐관신고서는 별지 제13호서식에 따른다. 〈개정 2018. 5. 29.〉

② 영 제17조에 따른 박물관 또는 미술관의 시설 및 자료의 처리계획은 별지 제13호의2서식에 따른다. 〈신설 2018. 5. 29.〉

제9조의2(인증서) 법 제26조제4항에 따른 인증서는 별지 제13호의3서식에 따른다. 〈개정 2018. 5. 29.〉

[본조신설 2016. 11. 29.]

제10조(등록박물관 및 등록미술관의 운영현황 보고서) 법 제28조에 따른 등록박물관 및 등록미술관의 운영현황 보고서는 별지 제14호서식에 따른다.

제11조(규제의 재검토) ① 문화체육관광부장관은 다음 각 호의 사항에 대하여 다음 각 호의 기준일을 기준으로 3년마다(매 3년이 되는 해의 기준일과 같은 날 전까지를 말한다) 그 타당성을 검토하여 개선 등의 조치를 하여야 한다. 〈개정 2015. 12. 30.〉

1. 삭제 〈2020. 6. 23.〉

2. 제3조에 따른 응시원서 제출 및 응시수수료 납부 : 2014년 1월 1일

3. 삭제 〈2016. 12. 28.〉

② 삭제 〈2019. 8. 2.〉

[별지 제1호서식] 박물관 및 미술관 진흥법 시행규칙 〈개정 2016. 11. 29.〉 박물관미술관학예사홈페이지 (curator.emuseum.go.kr)에서 신청할 수 있습니다.

학예사 자격요건 심사 및 자격증 발급 신청서

※ [ ]에는 해당되는 곳에 ✓ 표시를 합니다. (앞쪽)

접수번호	접수일		처리기간

신청인	성명	한글	반명함판 사진 (3cm×4cm) (3개월 이내의 촬영 사진)
		한자	
	주민등록번호		
	주소	(휴대전화 : / e-mail :)	

학력	학교명(대학원)	대학교 대학원 학과		
		학위종별	전공분야	졸업연도
	학교명 (대학교 이하)	학교 학과 (4년제 / 3년제 / 2년제)		
		졸업연도		

재직 경력	기관명	기간	담당업무
		(총 년 월)	
		(총 년 월)	
		(총 년 월)	

실무 경력	기관명	기간	실무분야
		(총 년 월/ 시간)	
		(총 년 월/ 시간)	
		(총 년 월/ 시간)	

취득희망 학예사 등급   [ ] 1급   [ ] 2급   [ ] 3급   [ ] 준학예사

「박물관 및 미술관 진흥법」 제6조제3항에 따라 학예사 자격요건 심사 및 학예사 자격증 발급을 신청합니다.

년   월   일

신청인   (서명 또는 인)

문화체육관광부장관   귀하

접수번호	학예사 자격요건 심사 및 자격증 발급 신청서 접수증

성명		주민등록번호	
취득희망 학예사 등급	[ ] 1급 [ ] 2급 [ ] 3급 [ ] 준학예사		

년   월   일

문화체육관광부장관 | 직인 |

210mm×297mm[백상지(80g/㎡) 또는 중질지(80g/㎡)]

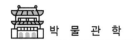

[별지 제2호서식] 박물관 및 미술관 진흥법 시행규칙 〈개정 2014. 6. 19〉

재직경력증명서

신청인	성명	(한자)
	생년월일 (외국인의 경우 생년월일과 국적 기재)	
	직위 · 직급	

재직경력	기간	업무분야

위와 같이 재직하였음을 증명합니다.

년   월   일

발급 기관의 장   인

210mm×297mm[백상지 80g/㎡(재활용품)]

[별지 제3호서식] 박물관 및 미술관 진흥법 시행규칙 〈개정 2014. 6. 19〉

실무경력확인서

신청인	성명	(한자)
	생년월일 (외국인의 경우 생년월일과 국적 기재)	
	직위 · 직급 (재직자의 경우에만 적음)	

실무경력	기간	실무분야

위와 같이 실무경력이 있음을 확인합니다.

                                                        년   월   일

발급 기관의 장   [　인　]

210mm×297mm[백상지 80g/㎡(재활용품)]

[별지 제4호서식] 박물관 및 미술관 진흥법 시행규칙 〈개정 2014. 6. 19〉

제 호

박물관 · 미술관 학예사 자격증

1. 성   명 :

2. 생년월일 :

  (외국인의 경우 생년월일과 국적 기재)

3. 전공분야 :

  위 사람은 「박물관 및 미술관 진흥법」 제6조제1항 및 같은 법 시행령 제3조제1항에 따른 (   )학예사 자격이 있음을 증명합니다.

년   월   일

문화체육관광부장관

인

210mm×297mm[백상지 120g/㎡(재활용품)]

[별지 제5호서식] 박물관 및 미술관 진흥법 시행규칙 〈개정 2014. 6. 19〉

(앞쪽)

응시원서

사진 (3cm × 4cm) (3개월 이내의 촬영 사진)	지원자	성명	(한자)
		생년월일 (외국인의 경우 생년월일과 국적 기재)	
		주소	(전화 :　　　　　）

학력	출신학교명		학제	4년제, 2년제(3년제 포함)
	학과명			(전공분야 :　　　　　）
	졸업연도			
	학위명			

「박물관 및 미술관 진흥법 시행령」 제4조에 따라 준학예사 시험에 응시하고자 소정의 서류를 갖추어 제출합니다.

년　　　　월　　　　일

응시자 성명　　　　（서명 또는 인)

문화체육관광부장관 귀하

응시번호		수수료	원

- -

응시번호	**준학예사 시험 응시표**		사진 (3cm × 4cm) (3개월 이내의 촬영 사진)
성명		생년월일 (외국인의 경우 국적 기재)	

년　　　　월　　　　일

문화체육관광부장관　　[인]

210mm × 297mm[백상지 120g/㎡(재활용품)]

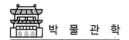

[별지 제5호의2서식] 박물관 및 미술관 진흥법 시행규칙 〈신설 2016. 11. 29.〉

제   호

기 증 서 약 서

명 칭	수 량	크 기	비 고
합계 :	건	점	

「박물관 및 미술관 진흥법」 제8조에 따라 위의 기증품을   [   ] ○○ 박물관   에
[   ] ○○ 미술관
기증합니다.

                                                                      년   월   일

성   명: (날인 또는 서명)

법인 · 단체명: (대표자의 날인 또는 서명)

주   소:

전 화 번 호:

[   ] ○○박물관
                              귀하
[   ] ○○미술관

210mm×297mm[백상지(80g/㎡) 또는 중질지(80g/㎡)]

[별지 제5호의3서식] 박물관 및 미술관 진흥법 시행규칙 〈신설 2016. 11. 29.〉

기 증 품 관 리 대 장

(기증품번호)	명 칭 (작품명)	수 량 (작가명)	국 적/시 대 (제작연도)	제 질 (제료 및 기법)	사 진
	기증자		기증일자		
	크 기				
	특 징 (비 고)				
(기증품번호)	명 칭 (작품명)	수 량 (작가명)	국 적/시 대 (제작연도)	제 질 (제료 및 기법)	사 진
	기증자		기증일자		
	크 기				
	특 징 (비 고)				

소 계   건   점 /   건   점   누계   건   점

297mm×210mm[백상지(80g/㎡)]

[별지 제5호의4서식] 박물관 및 미술관 진흥법 시행규칙 <신설 2018. 5. 29.>

박물관·미술관 자료의 취득 관리대장

(페이지:)

연번	명칭	취득 일자/경위/처/가격	크기	특징	수량	국적/시대	출토(소)지/출처	재질	사진
연번	명칭	취득 일자/경위/처/가격	크기	특징	수량	국적/시대	출토(소)지/출처	재질	사진
연번	명칭	취득 일자/경위/처/가격	크기	특징	수량	국적/시대	출토(소)지/출처	재질	사진
연번	명칭	취득 일자/연유/처/가격	크기	특징	수량	국적/시대	출토(소)지/출처	재질	사진

소계 건 / 점 누계 건 점

210mm×297mm[백상지(80g/㎡) 또는 중질지(80g/㎡)]

174

[별지 제5호의5서식] 박물관 및 미술관 진흥법 시행규칙 〈신설 2018. 5. 29.〉

박물관 · 미술관 자료의 목록 및 변경 · 활용 관리대장

(페이지 :   )

연번	명칭	수량	관내 소장/전시 위치		활용 내용	참고사항
			일시	위치		

210mm×297mm[백상지(80g/㎡) 또는 중질지(80g/㎡)]

[별지 제5호의6서식] 박물관 및 미술관 진흥법 시행규칙 〈개정 2018. 5. 29.〉

행 정 기 관 명

수신자 문화체육관광부
(경유)
제 목 공립 박물관 또는 공립 미술관 설립타당성 사전평가 신청서

「박물관 및 미술관 진흥법」 제12조의2 및 같은 법 시행령 제7조의2에 따라 아래와

같이 공립 박물관 또는 공립 미술관의 설립타당성 사전평가를 신청합니다.

신청기관	기관명	
	소재지	
사업내용	시설명	
	사업개요	
	소요예산	
	시행주체	
	사업기간	
	사업담당자(소속/연락처)	

붙임   1. 설립의 목적 및 필요성 1부.
         2. 박물관 또는 미술관의 설립 추진계획 및 운영계획1부.
         3. 운영 조직 및 인력구성계획 1부.
         4. 부지 및 시설 명세 1부.
         5. 박물관 또는 미술관 자료의 목록 및 수집계획 1부. 끝.

발 신 명 의   직인

기안자 (직위/직급) 서명   검토자 (직위/직급)서명   결재권자 (직위/직급)서명
협조자
시행   처리과명－연도별일련번호(시행일) 접수   처리과명－연도별일련번호(접수일)
우   도로명주소   / 홈페이지 주소
전화번호( )   팩스번호( )   / 공무원의 전자우편주소   / 공개구분

210㎜×297㎜[백상지(80g/㎡)]

[별지 제6호서식] 〈개정 2020. 12. 28.〉

[ ] 박물관 [ ] 등록
[ ] 미술관 [ ] 변경등록 　신청서

변경등록 신청 시에는 * 표시란만 적어 넣으십시오.　　　　　　　　　　　　　(앞쪽)

접수번호		접수일자		처리기간 등록 : 40일/변경등록 : 5일 (다만, 명칭 또는 종류의 변경등록인 경우 20일)	
신청인	성명			생년월일	
	주소				
박물관 · 미술관	명칭				
	종류(1종/2종)			유형	
	소재지			개관연월일	
	설립자 성명(명칭)			설립자 주소	
	대표자 성명(명칭)			대표자 주소	
	*등록번호			*등록 연월일	
변경사항	변경 전				
	변경 후				

「박물관 및 미술관 진흥법」 제16조제1항·제17조의2제1항 및 같은 법 시행령 제8조제1항, 제10조제1항·제2항에 따라 위와 같이 ([ ]등록, [ ]변경등록)을 신청합니다.

　　　　　　　　　　　　　　　　　　　　　　　　년　　　월　　　일

　　　　　　　　　신청인　　　　　　　　　　　　　　(서명 또는 인)

문화체육관광부장관 ·
특별시장 · 광역시장 · 특별자치시장 ·　　귀하
도지사 · 특별자치도지사 · 시장

첨부 서류	〈등록 신청 시〉 1. 「박물관 및 미술관 진흥법 시행규칙」 별지 제7호서식의 시설명세서 2부 2. 「박물관 및 미술관 진흥법 시행규칙」 별지 제8호서식의 박물관 자료 또는 미술관 자료의 목록(자료의 사진 첨부) 1부 3. 「박물관 및 미술관 진흥법 시행규칙」 별지 제9호서식의 학예사 명단 2부 4. 「박물관 및 미술관 진흥법 시행규칙」 별지 제10호서식의 관람료 및 자료의 이용료 내역 2부 〈변경등록 신청 시〉 1. 등록증(박물관 또는 미술관의 명칭·종류, 설립자 또는 대표자의 성명·주소, 소재지가 변경된 경우로 한정합니다.) 2. 등록사항의 변경을 증명하는 서류 1부(시설명세서, 박물관 자료 또는 미술관 자료의 목록, 학예사 명단, 관람료 및 자료의 이용료가 변경된 경우에는 2부)	수수료 없음

210mm×297mm[백상지 80g/㎡(재활용품)]

[별지 제7호서식] 박물관 및 미술관 진흥법 시행규칙 〈개정 2019. 10. 7.〉

박물관(미술관) 시설명세서

1. 명칭				
2. 종류	[ ] 1종　[ ] 2종		3. 유형	
4. 부지면적	m²			
5. 전시실	실			m²
6. 수장고	실			m²
7. 작업실 · 준비실	실			m²
8. 사무실 · 연구실	실			m²
9. 자료실 · 도서실	실			m²
10. 시청각실 · 강당	실			m²
11. 화재방지시설				
12. 도난방지시설				
13. 온습도조절장치				
14. 사육 · 수용시설	실			m²
15. 진료 · 검역시설	실			m²
16. 사료창고	실			m²
17. 오물 · 오수처리시설				
18. 육종실(育種室 : 품종 개량 및 개발 연구 공간)	실			m²
19. 양묘장	실			m²
20. 식물병리시설	실			m²
21. 비료저장시설	실			m²
22. 수족치료시설	실			m²
23. 순환장치				
24. 예비수조				
25. 기타시설				

※ 작성요령 : 「박물관 및 미술관 진흥법 시행령」 별표 2의 시설란의 시설 중 해당되는 시설만 쓰십시오.

210mm×297mm[백상지(80g/㎡) 또는 중질지(80g/㎡)]

[별지 제8호서식] 박물관 및 미술관 진흥법 시행규칙 〈개정 2015. 12. 31.〉

(앞쪽)

박물관 자료 또는 미술관 자료의 목록

(페이지 :   )

번호	자료명	수량	물질	시대	소장 연월일	소장 경위	출처	크기	구조 · 특징	참고사항

210mm×297mm[백상지(80g/㎡) 또는 중질지(80g/㎡)]

사진 첨부란

1	2	3
(5cm × 7cm)		

4	5	6

[별지 제9호서식] 박물관 및 미술관 진흥법 시행규칙 〈개정 2015. 12. 31.〉

학예사 명단

명칭			
종류	[ ] 1종　　[ ] 2종	유형	
등급	성명	주민등록번호	학력(전공학과) 및 경력

※ 작성요령 : 1급 정학예사, 2급 정학예사, 3급 정학예사 및 준학예사 순으로 쓰십시오.

210mm×297mm[백상지(80g/㎡) 또는 중질지(80g/㎡)]

[별지 제10호서식] 박물관 및 미술관 진흥법 시행규칙 〈개정 2015. 12. 31.〉

관람료 및 자료의 이용료

1. 관람료

구 분	개 인	단 체	비 고
어린이	원	원	세 이하
청소년 · 군인	원	원	세 ~ 세
어른	원	원	세 ~ 세
노인	원	원	세 이상

2. 자료의 이용료

구 분	수 량	금 액
사진촬영	1점	원
사진원판이용	1장	원

210mm×297mm[백상지(80g/㎡)]

[별지 제11호서식] 박물관 및 미술관 진흥법 시행규칙 〈개정 2020. 12. 28.〉

제   호

박물관(미술관) 등록증

1. 명   칭 :

2. 종류(유형) :

3. 소 재 지 :

4. 설립자 성명(명칭) :

            (주소) :

5. 대표자 성명(명칭) :

            (주소) :

6. 등록연월일 :   년   월   일

「박물관 및 미술관 진흥법」 제16조제1항 및 같은 법 시행령 제8조에 따라 위와 같이 등록하였습니다.

                    년   월   일

**문화체육관광부장관
특별시장 · 광역시장 ·특별자치시장 ·
도지사 · 특별자치도지사 · 시장**

직인

210mm×297mm[백상지 150g/㎡]

[별지 제12호서식] 박물관 및 미술관 진흥법 시행규칙 〈개정 2020. 12. 28〉

[ ] 사립박물관 설립계획 [ ] 승인
[ ] 사립미술관 설립계획 [ ] 변경승인　　신청서

변경승인 신청 시에는 * 표시란만 적어 넣으십시오.　　　　　　　　　　　　　　　　(앞쪽)

접수번호	접수일자	처리기간	승　인 : 30일 변경승인 : 10일

*신청인	성명		생년월일	
	주소		(전화 : 　　　　　)	

설립예정	명칭		
	종류(1종/2종)	유형	
	위치	개관연월일	
	규모(부지/㎡)	규모(건평/㎡)	
	소장자료(점)	소요 예산(천원)	
	착공예정일	준공예정일	

*변경사항	당　초
	변　경

「박물관 및 미술관 진흥법」 제18조제1항 및 같은 법 시행령 제12조제1항에 따라 위와 같이 사립박물관 · 미술관에 대한 설립계획의 ([ ]승인 [ ]변경승인)을 신청합니다.

년　　　월　　　일

신청인　　　　　　　　　　(서명 또는 인)

특별시장 · 광역시장 · 특별자치시장 · 도지사 · 특별자치도지사 · 시장　　귀하

첨부 서류	〈설립계획 승인 신청 시〉 1. 사업계획서 1부 2. 토지의 조서(위치 · 지번 · 지목 · 면적, 소유권 외의 권리명세, 소유자의 성명 · 주소, 지상권 · 지역권 · 전세권 · 저당권 · 사용대차 또는 임대차에 관한 권리, 토지에 관한 그 밖의 권리를 가진 자의 성명 · 주소를 적은 것) 1부 3. 건물의 조서(위치 · 대지지번 · 건물구조 · 바닥면적 · 연면적, 소유권 외의 권리명세, 소유자의 성명 · 주소, 전세권 · 저당권 · 사용대차 또는 임대차에 관한 권리, 건물에 관한 그 밖의 권리를 가진 자의 성명 · 주소를 적은 것) 1부 4. 위치도 1부 5. 개략설계도 1부 6. 박물관 자료 또는 미술관 자료의 목록과 내역서 각 1부 〈변경등록 신청 시〉 설립계획 승인 사항의 변경을 증명하는 서류 1부	수수료 없음

210mm×297mm[백상지 80g/㎡(재활용품)]

[별지 제13호서식] 박물관 및 미술관 진흥법 시행규칙 〈개정 2020. 12. 28.〉

[　] 박물관
[　] 미술관　**폐관신고서**

(앞쪽)

접수번호		접수일		처리기간	14일

| 등록현황 | 등록번호 | | | | |
| | 등록연월일 | | | | |

신고인	박물관 · 미술관 명칭				
	소재지		연락처		
	설립자 · 대표자 명칭		연락처		

| 폐관사유 | | | | | |

「박물관 및 미술관 진흥법」 제22조제1항 및 같은 법 시행령 제17조에 따라 위와 같이 신고합니다.

년　　월　　일

신고인　　　　　　(서명 또는 인)

문화체육관광부장관
특별시장 · 광역시장 · 특별자치시장　귀하
도지사 · 특별자치도지사 · 시장

첨부 서류	1. 등록증 2. 박물관 또는 미술관의 시설 및 자료의 처리계획	수수료 없음

210mm×297mm[백상지(80g/㎡) 또는 중질지(80g/㎡)]

[별지 제13호의2서식] 박물관 및 미술관 진흥법 시행규칙 〈신설 2018. 5. 29.〉

박물관 또는 미술관의 시설 및 자료의 처리계획

(페이지 :   )

자료 소계 (기준 일시)	점 건 (년 월 일)	보유 예정 자료	점	건
		기증 예정 자료	점	건
		매도 예정 자료	점	건
		위탁 관리 예정 자료	점	건
		폐기 예정 자료	점	건
시설	종류			
	소계			
	처리방법			

지정문화재의 처리계획

자료 번호	지정문화재 명칭	처리방법(보유, 기증, 판매, 위탁 관리, 폐기 등)					비고
		(보유 시) 보유자 또는 보유기관	(기증 시) 수증자 또는 수증기관	(매도 시) 매입자 또는 매입기관	(위탁 관리 시) 수탁자 또는 수탁기관	(폐기 시) 폐기 사유 및 방법	

210mm×297mm[백상지(80g/㎡) 또는 중질지(80g/㎡)]

[별지 제13호의3서식] 박물관 및 미술관 진흥법 시행규칙 〈개정 2018. 5. 29.〉

(박물관)

(미술관) **평가인증서**

명   칭 :

종   류(유   형) :

소   재   지 :

인   증   기   간 :   년   월   일부터   년   월   일까지

「박물관 및 미술관 진흥법」 제26조에 따라   위   (박물관)   을

(미술관)

우수 (박물관)   으로 인증합니다.

(미술관)

년   월   일

문화체육관광부장관   직인

210mm×297mm[백상지(80g/㎡)]

등록박물관 · 등록미술관 운영현황보고

①(박물관 · 미술관) 명칭	
②소재지	(전화 :　　　)
③설립자 주소	(전화 :　　　)
④등록번호	제　　호(　.　.　.) ⑤개관일　　.　.　.

구분	직업	성명	생년월일	전공	구분	
⑥설립자					유급	자원봉사
⑦ 직원현황	관 장 (원 장)				[ ]	[ ]
	학예사				[ ]	[ ]
					[ ]	[ ]
					[ ]	[ ]
	그 밖의 직원			명	명	명
	총인원(⑥+⑦)			명	명	명
⑧소장 자료현황	구분(류)				기타	계
	수량					

⑨ 시설현황	구분	시설수/총면적	비고	구분	시설수/총면적	비고
	대지	m²		도서실	실　m²	
	건평	m²		시청각실	실　m²	
	전시실	실　m²		강당	실　m²	
	작업실	실　m²				
	준비실	실　m²				
	사무실	실　m²				
	연구실	실　m²				
	자료실	실　m²				

210mm×297mm[백상지(80g/㎡) 또는 중질지(80g/㎡)]

⑩수지현황	총수입		천원	⑫ 관 람 료	개인		원
	총비용		천원				원
⑪관람인원	총인원		명		단체		원
	단체관람인원		명				원
⑬휴관일							무료
⑭개관시간				⑮관람소요시간		시간	분

⑯편의시설	주차장	평 대	식당	[ ]유 [ ]무
	사진촬영	[ ]허가 [ ]비허가	매점	[ ]유 [ ]무
	장애인 시설	[ ]유 [ ]무	그 밖의 시설	

⑰문화 교육현황 (특별전 등)	프로그램명	참석인원	기간	그 밖의 사항

⑱자료발간 현황	자료명	종류	비고

| ⑲박물관 주요 특징 | |
| ⑳앞으로의 사업계획 | |

| APPENDIX 04 |

국제박물관협의회 박물관 윤리강령

서 문

본 ICOM 박물관 윤리강령은 6년 동안 이루어진 개정작업의 완성물이다. 현대박물관 업무의 시각에서 ICOM 윤리강령의 면밀한 재검토를 통해 2001년에는 이전의 윤리강령을 기초로 하여 수정본을 발행하였다. 2001년에 예견되었듯이, 이번의 윤리강령은 종합적인 윤리 지침을 보다 상세히 제공하고, 직업 활동의 핵심적인 원칙에 기반을 둔 박물관직의 진정한 의미를 알리기 위하여 완전히 재구성되었다. 본 강령은 3차에 걸쳐 회원들과 협의한 내용이며 2004년 ICOM 서울 세계박물관대회 제20회 총회에서 구두 표결로 승인되었다.

본 강령의 총체적인 정신은 박물관직 종사자들이 갖추어야 할 직업의식의 확립뿐만 아니라 사회, 지역 공동체, 대중 및 다양한 관람객 층에 대한 봉사의 정신으로 이어진다. 문서 전반에 걸쳐 새로운 문장 구성, 핵심 사항에 대한 강조와 간결한 단락의 사용 등과 같은 변화도 보이지만, 완전히 새로운 내용은 많지 않다. 새롭게 추가된 내용은 2, 11항과 3, 5, 6장에서 개괄하고 있는 원칙에서 살펴볼 수 있다.

ICOM 박물관 윤리강령은 국가적 차원에서의 법령이 가변적이고 일관성이 부족한 공공 규정 부문에서의 핵심적인 분야인 직업적 자율에 관한 방안을 제공한다. 이는 박물관직에 대한 일반 대중의 합리적인 기대 사항에 관한 성명서를 제공할 뿐만 아니라, 전 세계 박물관직 종사자들이 정당히 추구할 수 있는 업무수행에 관한 최소한의 규범을 설정하여 제시하고 있다.

ICOM은 1970년 소장품 취득 윤리강령을, 그리고 1986년에는 전문직 윤리강령 전문을 발행하였다. 본 개정본과 2001년의 잠정 합의된 수정본의 많은 부분이 이전의 윤리강령을 기반으로 하여 만들어진 것이다. 그러나 개정의 주요한 작업과 새로운 구성은 윤리위원회 위원들이 수행한 것이다. 목표와 일정에 맞추기 위한 위원들의 결단력과 회의(실제 회의와 전자 회의 모두)에서 보여준 그들의 공헌에 대하여 모두 감사하고 있다. 참고로 위원들의 성명이 아래에 적혀 있다.

우리의 임무를 마치면서 윤리강령의 사명을 새로이 구성된 윤리위원회에 넘기고자 한다. 차기 윤리위원회는 ICOM의 전 부회장이며 동시에 본 위원회의 전 위원으로서의 모든 지식과 경험을 지닌 Bernice Murphy를 신임 위원장으로 하여 운영될 예정이다.

1. 박물관은 인류의 자연과 문화유산을 보전, 해석하고 장려한다.

〈원칙〉

박물관은 유형·무형의 자연과 문화유산에 대한 책임을 져야 한다. 박물관의 전략적 지도 감독에 관여하는 관리주체는 박물관의 역할 수행을 위한 인적, 물적, 재정적 자원뿐만 아니라 위와 같은 유산을 보호하고 장려해야 할 일차적 책임을 지닌다.

〈기관으로서의 적격성 〉

1. 1 합법적 설립의 문서화

관리주체는 박물관의 법적 지위, 사명, 영속성 및 비영리적 성격을 명확하게 명시하여 공표한 성문화된 정관, 규칙 또는 국내법에 따라 작성된 공문서를 박물관이 가지고 있음을 확인해야 한다.

1. 2 사명, 목적, 정책에 대한 성명서

관리주체는 박물관의 사명, 목적, 정책 및 관리주체의 역할과 구성에 대한 성명서를 작성, 공표하고 이에 따라 업무를 수행해야 한다.

〈물적 자원〉

1. 3 건물

관리주체는 박물관의 사명에 명시된 기본적 역할을 충실히 수행하는 데 적합한 환경이 구비된 알맞은 건물을 갖추고 있어야 한다.

1. 4 접근성

관리주체는 박물관과 소장품을 적당한 시간과 정기적인 기간에 모든 사람들이 이용 가능하도록 해야 한다. 특별한 요구 사항이 있는 사람에게는 개별적인 배려가 있어야 한다.

1. 5 후생 및 안전

관리주체는 후생, 안전 그리고 접근 가능성에 대한 기관의 기준이 박물관 직원 및 방문객에게 공히 적용되도록 해야 한다.

1. 6 재난 대비 보호

관리주체는 자연 재해 및 인재에 대비하여 일반인과 박물관 직원, 소장품, 그 밖의 자원을 보호하기 위한 정책을 개발하고 유지해야 한다.

1. 7 보안 요건

관리주체는 진열, 전시, 작업실 및 수장고 보관, 그리고 이동 중에 발생할 수 있는 도난이나 훼손에 대비하여 소장품을 보호할 수 있는 적절한 보안책을 마련해야 한다.

1. 8 보험 및 손해 보상

소장품을 위해 상업적 보험을 이용하는 경우, 관리주체는 그러한 보험이 적절한지 여부, 이송 또는 대여 중인 소장품과 박물관의 책임하에 있는 기타 물건까지 포함하고 있는지를 확인해야 한다. 손해 보상을 받는 경우, 박물관 소유가 아닌 모든 박물관 자료까지도 적절히 보상받을 수 있도록 해야 한다.

〈재정적 자원〉

1. 9 자금 운용

관리주체는 박물관 활동을 수행하고 개발하기 위한 자금이 충분한지를 확인해야 한다. 모든 자금에 대해서는 전문적인 회계 처리가 수반되어야 한다.

1. 10 수입 산출에 대한 정책

관리주체는 본래의 운영 활동이나 외부로부터 기인하여 산출된 수입에 대해 명문화된 정책을 갖고 있어야 한다. 자금의 출처와 관계없이, 박물관은 수행하고 있는 프로그램, 전시, 활동 등의 내용과 총체성에 대한 관리를 유지해야 한다. 수입 산출 활동이 기관이나 공공성에 대한 규범에 위반하여 이루어져서는 안 된다.(6.6 참조).

〈직원〉

1. 11 고용 정책

관리주체는 인사에 관한 모든 활동이 적절하고 합법적인 절차뿐만 아니라 박물관의 정책에 따라 이루어지고 있음을 확인해야 한다.

1. 12 관장의 임명

박물관의 관장은 매우 중요한 직책이다. 따라서 관리주체가 관장을 임명할 때에는 해당 역할을 효율적으로 이행하는 데 필요한 지식과 능력을 고려해야 한다. 이와 같은 자질에는 높은 수준의 윤리적 품행이 겸비된 지적 능력과 전문지식이 포함되어야 한다.

1. 13 관리주체와의 소통

박물관의 관장은 해당 관리주체와 소통할 수 있는 직접적인 경로를 가지며, 직접적인 보고 의무를 지닌다.

1. 14 박물관 직원의 자질

모든 책무를 완수하는 데 필요한 전문적 지식을 갖춘 자질 있는 인력을 고용해야 한다.
(2. 19 ; 2. 24 ; 8장 참조).

1. 15 직원의 훈련

효율적인 업무 능력을 유지하기 위하여 모든 박물관 직원의 평생 교육과 업무능력 계발을 위한 적절한 기회를 마련해야 한다.

1. 16 윤리적 상충

관리주체는 박물관 직원에게 본 윤리강령의 조항, 국내법 또는 기타 전문분야의 윤리강령과 상충될 수 있는 방법으로 업무 지시를 내려서는 안 된다.

1. 17 박물관 직원과 자원 봉사자

관리주체는 자원 봉사자와 박물관직 종사자 간의 긍정적인 관계를 활성화하는 성문화된 자원 봉사 정책을 마련하고 있어야 한다.

1. 18 자원 봉사자와 윤리

관리주체는 자원 봉사자가 박물관 활동 및 개인 활동을 할 때 ICOM 박물관 윤리강령과 기타 적용 가능한 강령 및 법령을 충분히 숙지하고 있도록 해야 한다.

2. 소장품을 관리하는 박물관은 사회의 공익과 발전을 위해 이를 보관한다.

〈원칙〉

박물관은 자연, 문화, 과학 유산 보호에 기여하기 위하여 소장품을 수집, 보존, 장려할 의무가 있다. 소장품은 중요한 공공 유산임과 동시에 법적으로 특별한 지위를 가지며 국제적 법령에 의해 보호받는다. 정당한 소유권, 영속성, 문서 및 정보 관리, 접근성 그리고 책임 있는 처분 등을 포함하는 책무는 이와 같은 공적인 의무에 내재되어 있다.

〈소장품의 취득〉

2. 1 소장품 정책

박물관의 관리주체는 소장품의 취득, 관리, 이용 등을 명시하는 문서화된 소장품 정책을 채택하여 공표해야 한다. 본 정책은 소장품 목록에 수록되지 않거나, 보존 처리 또는 전시되지 않는 박물관 자료의 기준을 명확히 해야 한다.(2. 7 ; 2. 8 참조)

2. 2 합법적 소유권

박물관이 합법적 소유권을 가진다는 요건이 충족되지 않는 경우, 어떠한 박물관 자료도 구입, 기증, 대여, 유증 또는 교류를 통해 수집될 수 없다. 일정한 국가 내에서 법률상 소유자임을 증명하는 자료가 반드시 합법적인 소유권을 의미하는 것은 아니다.

2. 3 출처와 주의 의무

박물관 자료를 취득하는 경우에는 구입, 기증, 대여, 유증, 교류 등을 목적으로 제공된 해당 자료들이 불법적인 소유에 기인한 것이 아니며, 또는 (박물관 소재국을 포함하여) 합법적으로 소유되었던 출처지 국가나 제2의 국가에서 불법적으로 유출되지 않았음을 사전에 확인하기 위한 모든 노력이 기울여져야 한다. 이와 같은 주의의 의무를 통하여 박물관 자료의 발굴이나 제작 시점 이후의 모든 내력을 입증해야 한다.

2. 4 인가받지 않았거나 비학리적인 현지 조사에서 기인한 박물관 자료

박물관은 인가받지 않았거나 비학리적인 현지 조사, 기념물, 고고학 또는 지질학적 유적지, 생물종 또는 자연 서식지에 대한 의도적인 파괴 혹은 훼손이 수반되어 얻어졌다고 믿을 만한 합리적인 이유가 있는 박물관 자료를 취득하지 않아야 한다. 이와 마찬가지로, 해당 토지의 소유자 또는 점유자, 적법한 관계 당국이나 정부 기관에 박물관 자료의 발견에 대한 보고가 이행되지 않았다면 그것을 취득할 수 없다.

2. 5 문화적으로 민감한 박물관 자료

사람의 인골이나 신성한 의미를 지닌 박물관 자료는 안전하게 보관되고 삼가 신중하게 관리할 수 있는 경우에만 취득될 수 있다. 이는 전문적인 규범과 함께, 박물관 자료가 유래되었다고 알려진 지역 사회, 민족 또는 종교 단체 구성원들의 이해관계와 믿음에 부합하여 이루어져야 한다.(3. 7 ; 4. 3 참조)

2. 6 보호 대상 생물학적 지질학적 박물관 자료

박물관은 야생 동식물 보호나 자연사 보존에 관한 지방, 국가, 지역, 국제적 법령이나 협정을 위반하여 수집, 매매, 또는 양도된 생물학적 지질학적 박물관 자료를 취득해서는 안 된다.

2. 7 살아 있는 소장품

소장품이 살아 있는 동식물 표본을 포함하는 경우, 야생 동식물 보호나 자연사 보존에 관한 지방, 국가, 지역, 국제적 법령이나 협정뿐만 아니라 표본들이 연유한 자연적 사회적 환경에 대한 특별한 고려가 있어야 한다.

2. 8 활용을 위한 소장품

박물관 자료가 유형물로서의 기능보다 문화, 과학 또는 기술적 과정의 보전에 중점이 주어지거나, 통상적인 이용 혹은 교육 목적으로 구성된 경우 박물관의 소장품 정책에는 활용을 위한 소장품 유형에 대한 특별한 고려 사항이 포함될 수 있다.

2. 9 소장품 정책 범주 이외의 취득

박물관의 문서화된 소장품 정책 이외의 범주에 속하는 박물관 자료의 취득은 예외적인 상황하에서만 허용된다. 관리 주체는 이에 대한 전문적인 견해와 모든 이해 당사자들의 의견을 참작해야 한다. 여기에는 문화 및 자연 유산의 맥락을 포함한 박물관 자료의 중요성, 다른 박물관이 이러한 박물관 자료를 취득하는 것에 대한 특정한 이해관계 등이 고려되어야 한다. 그러나 이러한 조건하에서도 합법적 소유권을 갖지 않은 박물관 자료는 취득되어서는 안 된다.(3. 4 참조)

2. 10 관리주체 임원 또는 박물관

직원의 제공에 의한 취득 관리주체의 임원, 박물관 직원 혹은 그들의 가족 친지나 동료들이 제공하고자 하는 박물관 자료에 대해서는 그것이 판매, 기증 또는 세금수혜와 관련한 기증인지 등에 관계없이, 특별한 주의가 필요하다.

2. 11 최후의 보관소

본 윤리강령의 어떠한 조항도 박물관이, 법적 책임 관할지역 내에서 출처가 불분명하거나 부정하게 수집 혹은 발견된 박물관 자료에 대한, 인가된 보관소의 역할을 하는 것을 제한할 수 없다.

〈소장품의 처분〉

2. 12 처분에 대한 법적 혹은 기타 권한

박물관이 처분을 허가하는 법적 권한을 가졌거나 혹은 처분 조건에 해당할 수도 있는 박물관 자료를 취득하였다면, 이와 관련한 법적 또는 기타 준수 사항과 절차가 완전하게 이행되어야 한다. 박물관 자료의 취득이 의무사항이었거나 다른 규제사항이 있는 경우, 그러한 규제 사항을 준수하는 것이 불가능하다거나 이러한 준수 행위가 기관에 불리하다는 것이 명백하지 않는 한 그러한 조건들은 지켜져야 한다. 적절한 경우, 법적 절차를 통해 조건 변경을 요청할 수 있다.

2. 13 박물관 소장품에서의 처분

박물관 소장품에서 박물관 자료를 처분할 때에는 박물관 자료의 중요도, 특성(새롭게 구할 수 있는 것인지 아닌지), 법적 지위 그리고 처분 행위로 인해 잃을 수도 있는 공적 신인도 등에 대한 충분한 이해가 반드시 있어야만 처분이 가능하다.

2. 14 처분에 대한 책임

관장 및 해당 소장품의 담당 학예직원이 실무를 담당하는 박물관에서의 처분에 관한 결정은 관리주체의 책임하에 이루어져야 한다. 활용을 위한 소장품에 대해서는 특별한 절차가 적용될 수 있다.(2. 7 ; 2. 8 참조)

2. 15 소장품에서 처분된 박물관 자료의 처리

각 박물관은 기증, 양도, 교환, 매각, 반환 혹은 훼손 등으로 인해 박물관 자료를 영구적으로 처분하기 위한 인가된 방법이 정의된 정책을 마련해야 하며, 수령기관에는 제한 없는 소유권을 양도하도록 해야 한다. 박물관은 모든 처분 결정, 관련 박물관 자료, 박물관 자료의 처분에 대한 일체의 정보를 갖고 있어야 한다. 필수적인 전제로서, 처분된 박물관 자료가 우선적으로 다른 박물관에 제공되어야 한다.

2. 16 소장품 처분에 따른 수입

박물관 소장품은 공적 위탁 상태에 있으므로 현금 변환이 가능한 자산으로 다루어서는 안 된다. 박물관 소장품에서 처분되는 박물관 자료로부터 발생한 현금이나 보상은 전적으로 소장품을 위해 사용되어야 하고 대개 동일한 종류의 소장품 취득에 사용되어야 한다.

2. 17 처분된 소장품의 구입

박물관 직원, 관리주체 혹은 그들의 가족 친지나 동료들은 그들이 책임지고 있던 소장품에서 처분한 박물관 자료를 구매할 수 없다.

〈소장품의 관리〉

2. 18 소장품의 영속성

박물관은 소장품(영구 및 임시 모두)과 적절히 기록된 관련 정보가 현재 활용이 가능한지 그리고 실제적으로 안전한 조건하에 현재의 지식과 자원을 고려하여 다음 세대에 물려줄 수 있는지를 확인할 수 있는 정책을 수립하여 실행해야 한다.

2. 19 소장품에 대한 책임의 위임

소장품 관리에 관한 직업적 책임은 적절한 지식과 기술을 겸비한 직원 혹은 충분히 지도받은 직원에게 맡겨져야 한다.(8. 11참조)

2. 20 소장품에 관한 문서 및 정보 관리

박물관 소장품은 인정된 업무 기준에 따라 문서화되어 관리되어야 한다. 작성된 자료에는 박물관 자료의 감정, 설명, 관련 자료, 출처, 상태, 취급방법 및 현재의 위치 등이 포함되어야 한다. 이러한 정보는 안전한 환경에서 보관되어야 하며, 박물관 직원이나 적법한 이용자가 사용할 수 있는 정보 검색 시스템에 의해 지원되어야 한다.

2. 21 재난 대비 보호

무력 충돌 및 전쟁, 기타 인재 또는 자연 재해가 발생할 경우 소장품을 보호하기 위한 정책 개발에 세심한 주의를 기울여야 한다.

2. 22 소장품 및 관련 정보 자료의 보안

박물관은 소장품 정보 자료가 일반인에게 공개될 경우, 민감한 개인 신상 관련 정보나 기밀 사안들이 노출되는 것을 방지하기 위해 관리 감독권을 행사해야 한다.

2. 23 예방 보존

예방 보존은 박물관 정책과 소장품 보호에 있어서 중요한 요소이다. 소장품이 수장고 및 전시실 내에 있거나 운송 중인 경우 보호를 위해 안전한 환경을 조성하고 유지하는 것은 박물관직 종사자의 필수적인 임무이다.

2. 24 소장품 보존과 수복

박물관은 박물관 자료가 언제 보존 · 수복 처리 및 보존 전문가 · 수복 전문가의 작업이 필요한지를 정하기 위해 소장품의 상태를 세심하게 관찰해야 한다. 주된 목적은 박물관 자료의 안정화이어야 한다. 모든 보존 처리 절차는 상세히 기록되어야 하며, 처리 절차는 가능한 한 역으로 복원될 수 있어야 한다. 그리고 모든 변경 작업 결과는 원래의 박물관 자료와 명백하게 구별 가능하여야 한다.

2. 25 살아 있는 동물의 후생

살아 있는 동물을 관리하는 박물관은 동물의 보건과 후생에 대해 전적으로 책임을 져야 한다. 동물뿐만 아니라 직원 및 관람객의 보호를 위하여 수의학 전문가에게 승인받은 안전수칙을 마련하고 이행해야 한다. 유전자 조작 여부도 명백히 확인 가능해야 한다.

2. 26 박물관 소장품의 사적 이용

박물관 직원, 관리주체, 그들의 가족 친지나 동료 및 그 외 사람들은 박물관 소장품을 한시적일지라도 사적인 용도로 도용할 수 없다.

3. 박물관은 지식을 확립하고 증진시키기 위한 주요한 증거들을 보유한다.

〈원칙〉

박물관은 소장품에 있는 주요한 증거들의 관리, 접근성 그리고 해석과 관련된 모든 면에 특별한 책임이 있다.

〈주요한 증거〉

3. 1 주요한 증거로서의 소장품

박물관의 소장품 정책은 주요한 증거로 서의 소장품에 대한 중요성을 명백하게 나타내야 한다. 그러나 소장품 정책이 현대의 지적 경향이나 현재 박물관에서의 관행에 의해 결정되어서는 안 된다.

3. 2 소장품의 유용성

박물관은 소장품과 모든 관련 정보를 보안과 안전상 일어날 수 있는 문제들을 최소화하면서, 가능한 한 자유롭게 이용될 수 있도록 해야 하는 특별한 책임이 있다.

〈박물관의 수집 활동과 연구〉

3. 3 현지 수집 활동

현지 수집 활동을 하는 박물관은 학문적 기준과 적용 가능한 국내 및 국제법과 협약에 입각해서 정책을 개발해야 한다. 현지 조사는 문화 및 자연 유산을 개발하기 위한 노력뿐만 아니라 지역 사회의 의견, 환경 자원 그리고 그들의 문화적 풍습에 대한 존중과 고려가 있어야만 수행될 수 있다.

3. 4 주된 증거의 예외적인 수집활동

예외적으로, 출처가 불분명한 박물관 자료 일지라도 학문에 기여하는 바가 본래부터 현저하여 그것을 보존하는 것이 공공의 관심사가 되는 경우가 있다. 이러한 박물관 자료를 박물관 소장품으로 수용하는 문제는 국내 혹은 국제적인 편견을 배제하고 관련 분야 전문가들이 결정해야 할 사안이다.(2. 11 참조)

3. 5 연구

박물관 직원이 수행하는 연구는 박물관의 사명과 목적에 부합해야 하고, 기존의 법적, 윤리적, 학술적 관례를 따라야 한다.

3. 6 파괴 분석

파괴 분석 기법이 시행되는 경우, 분석된 자료에 대한 모든 기록과 분석 결과, 출판물을 비롯한 연구 결과는 해당 박물관 자료에 대한 영구적인 기록물에 포함되어야 한다.

3. 7 사람의 인골 및 신성한 의미를 지닌 박물관 자료

사람의 인골 및 신성한 의미를 지닌 박물관 자료에 대한 연구는 그것이 유래되었다고 알려진 공동사회, 민족 또는 종교 단체 구성원들의 이해관계와 믿음을 고려하고 전문적인 규범에 부합하는 방식으로 이루어져야 한다.(2. 5 ; 4. 3 참조)

3. 8 연구 자료에 대한 권리 보유

박물관 직원이 발표나 현지 조사 기록을 위해 자료를 준비하는 경우, 해당 작업의 모든 권리 사항에 대해 연구 지원 박물관의 분명한 동의를 얻어야 한다.

3. 9 전문성 공유

박물관직 종사자들은 그들의 지식과 경험을 관련 분야의 동료, 학자, 학생들과 공유해야 할 의무가 있다. 후자는 가르침을 준 사람들에 대한 경의와 감사를 표시하고, 다른 사람들에게 도움이 될 수 있는 기술상의 진보와 경험을 지속하여 전달해야 한다.

3. 10 박물관과 타 기관 간의 협력

박물관 직원은 유사한 관심과 수집활동을 하는 기관과의 협력 및 자문에 대한 필요성을 인지하고 인정하여야 한다. 이는 특히 고등교육기관 및 장기적인 보안책 없이 중요 소장품들을 양산할 수 있는 연구를 하는 공익사업체와 협력할 때에 더욱 그러하다.

4. 박물관은 자연과 문화유산에 대한 올바른 인식, 이해, 관리를 위한 기회를 제공한다.

〈원칙〉

박물관은 교육적 역할을 개발하고 박물관이 이바지하는 지역 사회 혹은 공동체로부터 광범위한 이용자의 관심을 이끌어야 할 중요한 의무가 있다. 지역 사회와의 상호작용 및 그들의 유산을 진흥하는 것은 박물관의 교육적 역할에서 매우 중요한 부분이다.

〈진열 및 전시〉

4. 1 진열, 전시 및 특별 활동

진열과 임시 전시(실물 또는 전자 전시) 등은 명문화된 박물관의 사명, 정책, 목적에 부합해야 하며 소장품의 상태 수준이나 적절한 보호, 보존 등에 저촉되지 않아야 한다.

4. 2 전시의 해석

박물관은 진열과 전시에서 전달하는 정보가 사실에 입각하여 정확히 표현되어 있는지, 또한 전시 내용과 관련된 공동체나 신앙에 대한 존중이 적절하게 내포되고 있는지를 확인해야 한다.

4. 3 민감한 박물관 자료의 전시

사람의 인골 및 신성한 의미를 지닌 박물관 자료는 그것이 유래되었다고 알려진 공동사회, 민족 또는 종교 단체 구성원들의 이해관계와 믿음을 고려하고 전문적인 규범에 부합하여 전시되어야 한다. 이러한 박물관 자료는 모든 인류가 가지고 있는 인간의 존엄성에 대한 배려와 함께 훌륭한 미적 감각을 활용하여 전시되어야 한다.

4. 4 공개 전시의 철수

사람의 유골 및 신성한 의미를 지닌 박물관 자료를 해당 공동체에서 철수하도록 요청받을 때에는 세심한 주의와 민감성을 가지고 신속하게 처리하여야 한다. 그러한 박물관 자료의 반환 요청 역시 유사하게 처리하여야 한다. 박물관의 정책은 이러한 요청에 대응하는 절차를 명백하게 규정하고 있어야 한다.

4. 5 출처가 불분명한 박물관 자료의 전시

박물관은 출처가 의문스럽거나 출처 파악을 위한 정보가 부족한 박물관 자료를 전시하거나 활용하지 않아야 한다. 이러한 전시나 활용은 문화재의 부정한 거래를 묵과하거나 원인을 제공하는 행위로 보일 수 있다.

〈기타 자원〉

4. 6 출판

매체를 불문하고 박물관이 발간하는 모든 정보는 근거가 충분함과 동시에 정확해야 하며, 관련 학문 분야, 사회, 신앙에 대한 책임 있는 고찰을 해야 한다. 박물관의 출판물은 해당 기관의 기준에 저촉되지 않아야 한다.

4. 7 복제

박물관은 소장품 내 박물관 자료의 재현품, 모사품 혹은 복제품을 제작할 경우 진품의 총체적 완전성을 중요시해야 한다. 모든 복제품들은 복제본으로 영구히 표시되어야 한다.

5. 박물관은 공공 서비스와 공익을 위한 기회를 제공하는 자원을 보유한다.

〈원칙〉

박물관은 더욱 널리 응용할 수 있는 전문성, 기술, 그리고 물적 자원 등의 폭넓은 다양함을 활용한다. 이러한 활용은 확대된 개념의 박물관 활동으로서 자원의 공유나 서비스의 제공으로 이어질 수 있으며, 이는 명문화된 박물관의 사명에 저촉되지 않게 운영되어야 한다.

〈감정 업무〉

5. 1 불법적이거나 부정한 방법으로 취득된 박물관 자료의 감정

박물관이 감정 업무를 제공하는 경우 그것을 통해 박물관이 직간접적인 이득을 취한다고 여겨지는 행동을 해서는 안 된다. 불법적이거나 부정하게 취득, 양도, 반입 혹은 반출되었다고 믿어지거나 의심되는 박물관 자료의 감정과 진위 여부는 적절한 관계 당국에 보고되기 전까지 공개되어서는 안 된다.

5. 2 진위 여부와 감정 평가

감정 평가는 박물관 소장품의 보험 가입을 목적으로 할 때 이루어질 수 있다. 그 외 박물관 자료의 금전적 가치에 대한 의견은 다른 박물관, 소관 사법기관, 정부 또는 기타 공공기관의 공식 요구가 있을 때에만 제시할 수 있다. 그러나 박물관이 수혜기관이 되는 경우 박물관 자료의 감정 평가는 독립적으로 이루어져야 한다.

6. 박물관은 그들이 봉사하는 지역사회뿐만 아니라, 박물관의 소장품이 유래한 지역사회와도 긴밀히 협력하여 활동한다.

〈원칙〉

박물관 소장품은 해당 소장품이 유래한 지역사회의 문화 및 자연 유산을 반영한다. 이러한 유산들은 자산으로서의 일반적인 특성을 넘어서 국가, 지역, 지방, 민족, 종교 및 정치적 정체성과 밀접한 관계가 있을 수 있다. 따라서, 박물관의 정책은 그러한 상황에 따라 적절히 대처하는 것이 중요하다.

〈소장품의 출처지〉

6. 1 협력

박물관은 박물관 자료가 유래한 국가와 지역사회의 박물관 및 문화기관과의 지식, 정보, 소장품의 교류 등을 활성화하여야 한다. 또한 중요한 유산 등을 소실한 국가 혹은 지역 내 박물관과의 협력 관계를 발전시킬 수 있는 가능성을 검토하여야 한다.

6. 2 문화재의 반환

박물관은 박물관 자료가 유래한 국가 또는 민족과 문화재 반환에 관한 대화를 개진할 준비가 되어 있어야 한다. 이는 정부나 정치적 차원의 활동에 앞서, 적용 가능한 해당국의 법령 및 국제적 법령뿐만 아니라 과학적, 전문적, 인도주의적 원칙에 근거하여 공명정대한 방법으로 이행되어야 한다.

6. 3 문화재의 원상 회복

박물관 자료가 유래한 국가 또는 민족이, 국제 및 국내 법령을 위반하여 반출 또는 양도된 것으로 확실시되는 박물관 자료의 반환을 요청하고 그것이 실제 요청 국가 또는 민족의 문화적 자연적 유산인 경우, 관련 박물관은 법이 허용하는 한 해당 박물관 자료의 반환에 협력하기 위한 신속하고 책임 있는 조치를 취해야 한다.

6. 4 피점령국에서 유래한 문화재

박물관은 피점령국 영토에서 유래한 문화재의 구입이나 취득을 금지하고 박물관 자료의 반입, 반출 및 양도를 규제하는 모든 법과 협약을 전적으로 준수해야 한다.

〈지역사회에 대한 존중〉

6. 5 현대의 지역사회

박물관 활동이 현대의 지역사회 혹은 그 유산과 관련하고 있는 경우 박물관 자료의 취득은 기존 소유자나 정보 제공자에게 철저한 신뢰를 제공하고 충분한 설명과 상호 간의 동의에 기반을 두며 이루어져야 한다. 해당 지역사회가 희망하는 바를 존중하는 것은 매우 중요하다.

6. 6 지역사회 참여 활동을 위한 자금 운용

박물관이 현대의 지역사회 참여 활동을 위한 자금을 마련하고자 할 때에는 지역사회의 이해관계에 저촉되어서는 안 된다.(1. 10 참조)

6. 7 현대 지역사회에서 유래한 소장품의 이용

현대 지역사회에서 유래한 소장품을 박물관이 이용하려면 인간의 존엄성과 그 박물관 자료를 사용하는 전통과 문화를 존중해야 한다. 이와 같은 소장품은 다양한 사회, 다양한 문화, 다양한 언어적 표현을 지지함으로써 인류의 복지, 사회의 발전, 관용 및 존중을 증진시키기 위하여 활용되어야 한다.(4. 3 참조)

6. 8 지역사회의 지원 단체

박물관은 지역사회의 지원을 얻기 위한 우호적인 환경을 조성하고(예 : 박물관 친구들, 기타 지원 단체), 그들의 기여에 감사하며, 지역사회와 박물관 직원들 간의 조화로운 관계를 증진해야 한다.

7. 박물관은 합법적으로 운영되어야 한다.

〈원칙〉

박물관은 국제, 지역, 국가 그리고 지방의 법령과 조약의 의무 사항을 반드시 준수 하여야 한다. 또한 관리주체는 박물관과 소장품, 박물관 운영에 관련하여 법적 구속력이 있는 신탁이나 조건에 따라야 한다.

〈법적 체계〉

7. 1 국내 법령

박물관은 모든 국내법 및 지방 법령을 준수하고 박물관 운영에 영향을 미칠 수 있는 다른 국가의 법령도 중요시하여야 한다.

7. 2 국제 법령

박물관 정책은 ICOM 박물관 윤리강령을 해석하는 기준으로서 다음의 국제법령을 인정하여야 한다.
- 무력 충돌 및 전쟁 시 문화재 보호를 위한 협약(1954년 "헤이그협약" 제1차 의정서, 1999년 제2차 의정서)

- 문화재의 불법 반출입 및 소유권 양도의 금지와 예방 수단에 관한 협약(UNESCO, 1970)
- 멸종 위기에 처한 야생 동식물의 국제 거래에 관한 협약(워싱턴, 1973)
- 생물 다양성에 관한 협약(UN, 1992)
- 도난당했거나 불법적으로 반출된 문화재에 관한 협약(UNIDROIT, 1995)
- 수중문화재 보호 협약(UNESCO, 2001)
- 무형문화유산 보호 협약(UNESCO, 2003)

8. 박물관은 전문적으로 운영되어야 한다.

〈원칙〉

박물관직 종사자는 공인된 규범과 법령을 준수해야 하고 해당 직업의 품격과 명예를 유지해야 한다. 또한 불법적이거나 비윤리적인 업무행위로부터 일반 대중을 보호해야 한다. 박물관의 사회적 기여에 대한 일반인의 이해를 돕기 위해 박물관은 박물관직의 사명, 목적, 포부를 대중에게 교육시키고 알리는 데 모든 기회를 활용해야 한다.

〈직업적 품행〉

8. 1 관련 법령의 숙지

모든 박물관직 종사자는 관련 국제법, 국내법, 지방 법령 그리고 임용 조건 등을 숙지하고 있어야 한다. 그리하여 부적절한 행위로 여겨질 수 있는 상황을 미연에 방지해야 한다.

8. 2 직업적 의무

박물관직 종사자는 그들이 소속된 기관의 정책과 절차를 따라야 할 의무가 있다. 그러나 박물관, 박물관직, 직업윤리 등에 해가 된다고 여겨지는 관행에 대해서는 정당하게 반대할 수 있다.

8. 3 직업적 품행

동료 직원과 소속 박물관에 대해 성실한 태도를 갖는 것은 중요한 직업적 의무이다. 이는 직업 전반에 걸쳐 적용될 수 있는 기본적인 윤리 원칙의 준수에 기반을 두어야 한다. 이러한 윤리 원칙은 ICOM 박물관 윤리강령의 조항에 위배되지 않아야 하며 박물관 업무와 관련 있는 다른 강령이나 정책에 대해서도 인지하고 있어야 한다.

8. 4 학술적 과학적 책임

박물관직 종사자는 소장품의 고유 정보에 대한 조사, 보존 그리고 이용을 증진해야 한다. 그러므로 박물관직 종사자는 학술적·과학적 정보 자료의 손실을 초래할 수 있는 활동이나 상황을 멀리하고 삼가야 한다.

8. 5 불법 시장

박물관직 종사자는 자연 및 문화유산의 부정한 거래 혹은 매매를 직간접적으로 옹호해서는 안 된다.

8. 6 기밀성

박물관직 종사자는 업무상 취득한 기밀정보를 보호해야 한다. 더욱이 감정을 목적으로 박물관에 들여온 박물관 자료의 정보는 기밀이며 소유자의 특별한 허락 없이 다른 기관 및 개인에게 공표되거나 전달되어서는 안 된다.

8. 7 박물관 및 소장품 보안

박물관 직원은 박물관 혹은 개인 소장품들의 보안 관련 정보나 업무수행 중 방문한 장소에 대해 철저히 기밀을 유지해야 한다.

8. 8 기밀유지 의무의 예외

도난, 부정 획득 혹은 불법 양도의 가능성이 있는 문화재에 대해 조사할 때에는 경찰이나 해당 기관에 협조해야 하는 법적 의무가 기밀 유지에 우선한다.

8. 9 개인의 자주성

직업 종사자들이 개인의 자주성에 대한 방편을 마련할 권리가 있지만, 개인적 용무나 직업적인 이해관계가 소속 기관으로부터 전적으로 분리될 수는 없다는 것을 명심해야 한다.

8. 10 직업적 관계

박물관직 종사자는 소속된 박물관의 내부 및 외부의 많은 사람들과 업무 관계를 형성한다. 그리고 다른 사람들을 위하여 직업으로서의 서비스를 효과적이고 높은 수준으로 제공하여야 한다.

8. 11 직업적 자문

바람직한 의사결정을 명확히 내리는데 필요한 전문성이 박물관 내에서 부족한 경우 해당 박물관의 내부 혹은 외부의 동료들에게 자문을 구하는 것은 직업적인 의무이다.

〈이해의 상충〉

8. 12 선물, 후원, 대부 혹은 기타 사적 이익

박물관 직원은 직무 관계상 제공될 수도 있는 선물, 후원, 대부 혹은 기타 사적인 이익을 받아들여서는 안 된다. 가끔 직업적 예의로서 선물을 주고받는 경우가 있지만 이는 반드시 해당 기관의 이름으로 이루어져야 한다.

8. 13 외부 고용 또는 업무적 이해관계

박물관직 종사자들은 개인의 자주성에 대한 방편을 마련할 권리가 있지만, 개인적 용무나 직업적인 이해관계가 소속 기관으로부터 전적으로 분리될 수는 없다는 것을 명심해야 한다. 그들은 다른 유급 고용직을 맡는다든지 박물관의 이해와 상충되거나 그렇게 보일 수 있는 외부의 임무를 받아들여서는 안 된다.

8. 14 자연과 문화유산의 거래

박물관직 종사자는 직간접적으로 자연과 문화유산의 거래(영리를 위한 매매)에 관여해서는 안 된다.

8. 15 거래 업자와의 상호 관계

박물관직 종사자는 거래업자, 경매인 혹은 타인으로부터, 박물관 자료의 구입이나 처분을 유도하거나 공식적인 업무에 영향력을 행사하기 위한 선물, 접대, 기타 어떠한 형태의 보상도 받아서는 안 된다. 더욱이 박물관직 종사자는 특정 거래업자, 경매인 또는 감정인을 일반인에게 소개해서는 안 된다.

8. 16 개인적인 수집 활동

박물관직 종사자는 박물관 자료를 취득하거나 개인적인 수집 활동을 하는 데 있어서 소속된 기관과 경쟁을 해서는 안 된다. 모든 개인적인 수집 활동에 관련하여 당사자와 관리주체 간의 합의가 공식적으로 이루어져야 하고, 합의사항은 성실히 이행되어야 한다.

8. 17 ICOM의 명칭과 로고의 사용

본 기관의 명칭, 약칭 및 로고는 영리를 목적으로 하는 사업이나 상품의 장려 또는 승인에 이용되어서는 안 된다.

8. 18 기타 이해의 상충

개인과 박물관 간의 이해가 상충되는 경우, 박물관의 이익이 우선되어야 한다.

| APPENDIX 05 |

문화유산의 보존 및 활용에 관한 법률[1)]

제1장 총칙

제1조(목적) 이 법은 문화유산을 보존하여 민족문화를 계승하고, 이를 활용할 수 있도록 함으로써 국민의 문화적 향상을 도모함과 아울러 인류문화의 발전에 기여함을 목적으로 한다. 〈개정 2023. 8. 8.〉

제2조(정의) ① 이 법에서 "문화유산"이란 「국가유산기본법」 제3조제2호에 해당하는 다음 각 호의 것을 말한다. 〈개정 2015. 3. 27., 2020. 12. 22., 2023. 3. 21., 2023. 8. 8.〉

1. 유형문화유산 : 건조물, 전적(典籍 : 글과 그림을 기록하여 묶은 책), 서적(書跡), 고문서, 회화, 조각, 공예품 등 유형의 문화적 소산으로서 역사적 · 예술적 또는 학술적 가치가 큰 것과 이에 준하는 고고자료(考古資料)

2. 삭제 〈2023. 8. 8.〉

3. 기념물 : 절터, 옛무덤, 조개무덤, 성터, 궁터, 가마터, 유물포함층 등의 사적지(史蹟地)와 특별히 기념이 될 만한 시설물로서 역사적 · 학술적 가치가 큰 것

   가. 삭제 〈2023. 3. 21.〉

   나. 삭제 〈2023. 3. 21.〉

   다. 삭제 〈2023. 3. 21.〉

4. 민속문화유산 : 의식주, 생업, 신앙, 연중행사 등에 관한 풍속이나 관습에 사용되는 의복, 기구, 가옥 등으로서 국민생활의 변화를 이해하는 데 반드시 필요한 것

② 이 법에서 "문화유산교육"이란 문화유산의 역사적 · 예술적 · 학술적 · 경관적 가치 습득을 통하여 문화유산 애호의식을 함양하고 민족 정체성을 확립하는 등에 기여하는 교육을 말하며, 문화유산교육의 구체적 범위와 유형은 대통령령으로 정한다. 〈신설 2019. 11. 26., 2023. 8. 8.〉

③ 이 법에서 "지정문화유산"이란 다음 각 호의 것을 말한다. 〈개정 2014. 1. 28., 2019. 11. 26., 2023. 8. 8.〉

1. 국가지정문화유산 : 문화재청장이 제23조부터 제26조까지의 규정에 따라 지정한 문화유산

2. 시 · 도지정문화유산 : 특별시장 · 광역시장 · 특별자치시장 · 도지사 또는 특별자치도지사(이하 "시 · 도지사"라 한다)가 제70조제1항에 따라 지정한 문화유산

---

1) 시행 2024. 11. 1., 법률 제19796호, 2023. 10. 31., 일부개정

3. 문화유산자료 : 제1호나 제2호에 따라 지정되지 아니한 문화유산 중 시·도지사가 제70조제 2항에 따라 지정한 문화유산

④ 삭제 〈2023. 9. 14.〉

⑤ 이 법에서 "보호구역"이란 지상에 고정되어 있는 유형물이나 일정한 지역이 문화유산으로 지정된 경우에 해당 지정문화유산의 점유 면적을 제외한 지역으로서 그 지정문화유산을 보호하기 위하여 지정된 구역을 말한다. 〈개정 2019. 11. 26., 2023. 8. 8.〉

⑥ 이 법에서 "보호물"이란 문화유산을 보호하기 위하여 지정한 건물이나 시설물을 말한다. 〈개정 2019. 11. 26., 2023. 8. 8.〉

⑦ 이 법에서 "역사문화환경"이란 문화유산 주변의 자연경관이나 역사적·문화적인 가치가 뛰어난 공간으로서 문화유산과 함께 보호할 필요성이 있는 주변 환경을 말한다. 〈개정 2019. 11. 26., 2023. 8. 8.〉

⑧ 이 법에서 "건설공사"란 토목공사, 건축공사, 조경공사 또는 토지나 해저의 원형변경이 수반되는 공사로서 대통령령으로 정하는 공사를 말한다. 〈개정 2019. 11. 26.〉

⑨ 이 법에서 "국외소재문화유산"이란 외국에 소재하는 「국가유산기본법」 제3조제2호에 따른 문화유산(제39조제1항 단서 또는 제60조제1항 단서에 따라 반출된 문화유산은 제외한다)으로서 대한민국과 역사적·문화적으로 직접적 관련이 있는 것을 말한다. 〈개정 2017. 3. 21., 2019. 11. 26., 2023. 8. 8.〉

⑩ 이 법에서 "문화유산지능정보화"란 문화유산데이터의 생산·수집·분석·유통·활용 등에 문화유산지능정보기술을 적용·융합하여 문화유산의 보존·관리 및 활용을 효율화·고도화하는 것을 말한다. 〈신설 2022. 1. 18., 2023. 8. 8.〉

⑪ 이 법에서 "문화유산데이터"란 문화유산지능정보화를 위하여 정보처리능력을 갖춘 장치를 통하여 생성 또는 처리되어 기계에 의한 판독이 가능한 형태로 존재하는 정형 또는 비정형의 정보를 말한다. 〈신설 2022. 1. 18., 2023. 8. 8.〉

⑫ 이 법에서 "문화유산지능정보기술"이란 「지능정보화 기본법」 제2조제4호에 따른 지능정보기술 중 문화유산의 보존·관리 및 활용을 위한 기술 또는 그 결합 및 활용 기술을 말한다. 〈신설 2022. 1. 18., 2023. 8. 8.〉

⑬ 이 법에서 "문화유산디지털콘텐츠"란 문화유산 보존·관리 및 활용의 효용을 높이기 위하여 문화유산 기록 및 지식·정보·기술 등을 이용한 창작물로서 「문화산업진흥 기본법」 제2조제5호에 따른 디지털콘텐츠 및 같은 조 제7호에 따른 멀티미디어콘텐츠를 말한다.

제3조(문화유산보호의 기본원칙) 문화유산의 보존·관리 및 활용은 원형유지를 기본원칙으로 한다. 〈개정 2023. 8. 8.〉

제4조(국가와 지방자치단체 등의 책무) ① 국가는 문화유산의 보존·관리 및 활용을 위한 종합적인 시책을 수립·추진하여야 한다. 〈개정 2023. 8. 8.〉

② 지방자치단체는 국가의 시책과 지역적 특색을 고려하여 문화유산의 보존·관리 및 활용을 위한 시책을 수립·추진하여야 한다. 〈개정 2023. 8. 8.〉

③ 국가와 지방자치단체는 각종 개발사업을 계획하고 시행하는 경우 문화유산이나 문화유산의 보호물·보호구역 및 역사문화환경이 훼손되지 아니하도록 노력하여야 한다. 〈개정 2023. 8. 8.〉

④ 국민은 문화유산의 보존 · 관리를 위하여 국가와 지방자치단체의 시책에 적극 협조하여야 한다. 〈개정 2023. 8. 8.〉

제4조의2(전문인력의 배치 등) ① 지방자치단체의 장은 해당 기관의 문화유산 보존 · 관리 및 활용을 위한 시책을 수립 · 시행하기 위하여 소속 공무원 중에서 문화유산전담관을 지정 · 운영하고, 필요한 문화유산 관리 전문인력을 두어야 한다.

② 지방자치단체의 장은 해당 기관의 문화유산 업무를 수행할 전담부서를 설치하도록 노력하여야 한다.

③ 제1항에 따른 문화유산전담관과 전문인력의 지정 · 운영 등에 필요한 사항은 대통령령으로 정한다.

[본조신설 2023. 10. 31.]

제5조(다른 법률과의 관계) ① 문화유산의 보존 · 관리 및 활용에 관하여 다른 법률에 특별한 규정이 있는 경우를 제외하고는 이 법에서 정하는 바에 따른다. 〈개정 2023. 8. 8.〉

② 지정문화유산(제32조에 따른 임시지정문화유산을 포함한다)의 수리 · 실측 · 설계 · 감리와 매장유산의 보호 및 조사, 근현대문화유산의 보존 및 활용에 관하여는 따로 법률로 정한다. 〈개정 2023. 8. 8., 2023. 9. 14.〉

제2장 문화유산 보호 정책의 수립 및 추진 〈개정 2023. 8. 8.〉

제6조(문화유산기본계획의 수립) ① 문화재청장은 관계 중앙행정기관의 장 및 시 · 도지사와의 협의를 거쳐 문화유산의 보존 · 관리 및 활용을 위하여 다음 각 호의 사항이 포함된 종합적인 기본계획(이하 "기본계획"이라 한다)을 5년마다 수립하여야 한다. 〈개정 2012. 1. 26., 2015. 3. 27., 2017. 3. 21., 2019. 11. 26., 2022. 1. 18., 2022. 5. 3., 2023. 8. 8.〉

1. 문화유산 보존에 관한 기본방향 및 목표
2. 이전의 기본계획에 관한 분석 평가
3. 문화유산 보수 · 정비 및 복원에 관한 사항
4. 문화유산의 역사문화환경 보호에 관한 사항
5. 문화유산 안전관리에 관한 사항

5의2. 문화유산 관련 시설 및 구역에서의 감염병 등에 대한 위생 · 방역 관리에 관한 사항

6. 문화유산 기록정보화에 관한 사항

6의2. 문화유산지능정보화에 관한 사항

7. 문화유산 보존에 사용되는 재원의 조달에 관한 사항

7의2. 국외소재문화유산 환수 및 활용에 관한 사항

7의3. 남북한 간 문화유산 교류 협력에 관한 사항

7의4. 문화유산교육에 관한 사항

8. 문화유산의 보존 · 관리 및 활용 등을 위한 연구개발에 관한 사항
9. 그 밖에 문화유산의 보존 · 관리 및 활용에 필요한 사항

② 문화재청장은 기본계획을 수립하는 경우 대통령령으로 정하는 소유자, 관리자 또는 관리단체

및 관련 전문가의 의견을 들어야 한다. 〈개정 2023. 8. 8.〉

③ 문화재청장은 기본계획을 수립하면 이를 시ㆍ도지사에게 알리고, 관보(官報) 등에 고시하여야 한다. 〈개정 2023. 8. 8.〉

④ 문화재청장은 기본계획을 수립하기 위하여 필요하면 시ㆍ도지사에게 관할구역의 문화유산에 대한 자료를 제출하도록 요청할 수 있다. 〈개정 2023. 8. 8.〉

제6조의2(문화유산의 연구개발) ① 문화재청장은 문화유산의 보존ㆍ관리 및 활용 등의 연구개발을 효율적으로 추진하기 위하여 고유연구 외에 공동연구 등을 실시할 수 있다. 〈개정 2023. 8. 8.〉

② 제1항에 따른 공동연구는 분야별 연구과제를 선정하여 대학, 산업체, 지방자치단체, 정부출연 연구기관 등과 협약을 맺어 실시한다.

③ 문화재청장은 제2항에 따른 공동연구의 수행에 필요한 비용의 전부 또는 일부를 예산의 범위에서 출연하거나 지원할 수 있다.

④ 제2항에 따른 공동연구의 대상 사업이나 그 밖에 공동연구 수행에 필요한 사항은 대통령령으로 정한다.

[본조신설 2017. 3. 21.] [제목개정 2023. 8. 8.]

제7조(문화유산 보존 시행계획 수립) ① 문화재청장 및 시ㆍ도지사는 기본계획에 관한 연도별 시행계획(이하 "시행계획"이라 한다)을 수립ㆍ시행하여야 한다. 이 경우 시행계획에는 다음 각 호의 사항이 포함되어야 한다. 〈개정 2019. 11. 26., 2023. 8. 8., 2023. 10. 31.〉

1. 해당 연도의 사업 추진방향에 관한 사항
2. 주요 사업별 추진방침
3. 주요 사업별 세부계획
4. 제4조의2에 따른 전문인력의 배치에 관한 사항
5. 그 밖에 문화유산의 보존ㆍ관리 및 활용을 위하여 필요한 사항

② 시ㆍ도지사는 해당 연도의 시행계획 및 전년도의 추진실적을 대통령령으로 정하는 바에 따라 매년 문화재청장에게 제출하여야 한다. 〈개정 2019. 11. 26.〉

③ 문화재청장 및 시ㆍ도지사는 시행계획을 수립한 때에는 이를 공표하여야 한다. 〈개정 2019. 11. 26.〉

④ 시행계획의 수립ㆍ시행 및 제3항에 따른 공표방법 등에 관하여 필요한 사항은 대통령령으로 정한다. 〈개정 2019. 11. 26.〉 [제목개정 2023. 8. 8.]

제7조의2(국회 보고) 문화재청장은 기본계획, 해당 연도 시행계획 및 전년도 추진실적을 확정한 후 지체 없이 국회 소관 상임위원회에 제출하여야 한다. 〈개정 2023. 8. 8.〉 [본조신설 2019. 11. 26.]

제8조(문화유산위원회의 설치) ① 문화유산의 보존ㆍ관리 및 활용에 관한 다음 각 호의 사항을 조사ㆍ심의하기 위하여 문화재청에 문화유산위원회를 둔다. 〈개정 2018. 12. 24., 2023. 8. 8., 2023. 9. 14.〉

1. 기본계획에 관한 사항
2. 국가지정문화유산의 지정과 그 해제에 관한 사항
3. 국가지정문화유산의 보호물 또는 보호구역 지정과 그 해제에 관한 사항
4. 삭제 〈2015. 3. 27.〉
5. 국가지정문화유산의 현상변경에 관한 사항

6. 국가지정문화유산의 국외 반출에 관한 사항

7. 국가지정문화유산의 역사문화환경 보호에 관한 사항

8. 「근현대문화유산의 보존 및 활용에 관한 법률」에 따른 국가등록문화유산의 등록, 등록 말소 및 보존에 관한 사항

8의2. 「근현대문화유산의 보존 및 활용에 관한 법률」에 따른 근현대문화유산지구의 지정, 구역의 변경 및 지정의 해제에 관한 사항

9. 매장유산의 발굴 및 평가에 관한 사항

10. 국가지정문화유산의 보존·관리에 관한 전문적 또는 기술적 사항으로서 중요하다고 인정되는 사항

11. 그 밖에 문화유산의 보존·관리 및 활용 등에 관하여 문화재청장이 심의에 부치는 사항

② 문화유산위원회 위원은 다음 각 호의 어느 하나에 해당하는 사람 중에서 문화재청장이 위촉한다. 〈개정 2023. 8. 8.〉

1. 「고등교육법」에 따른 대학에서 문화유산의 보존·관리 및 활용과 관련된 학과의 부교수 이상에 재직하거나 재직하였던 사람

2. 문화유산의 보존·관리 및 활용과 관련된 업무에 10년 이상 종사한 사람

3. 인류학·사회학·건축·도시계획·관광·환경·법률·종교·언론분야의 업무에 10년 이상 종사한 사람으로서 문화유산에 관한 지식과 경험이 풍부한 전문가

③ 제1항 각 호의 사항에 관하여 문화유산 종류별로 업무를 나누어 조사·심의하기 위하여 문화유산위원회에 분과위원회를 둘 수 있다. 〈개정 2023. 8. 8.〉

④ 제3항에 따른 분과위원회는 조사·심의 등을 위하여 필요한 경우 다른 분과위원회와 함께 위원회(이하 "합동분과위원회"라 한다)를 열 수 있다.

⑤ 분과위원회 또는 합동분과위원회에서 제1항제2호부터 제8호까지, 제8호의2 및 제9호부터 제11호까지에 관하여 조사·심의한 사항은 문화유산위원회에서 조사·심의한 것으로 본다. 〈신설 2017. 11. 28., 2023. 8. 8., 2023. 9. 14.〉

⑥ 문화유산위원회, 분과위원회 및 합동분과위원회는 다음 각 호의 사항을 적은 회의록을 작성하여야 한다. 이 경우 필요하다고 인정되면 속기나 녹음 또는 녹화를 할 수 있다. 〈개정 2017. 11. 28., 2023. 8. 8.〉

1. 회의일시 및 장소

2. 출석위원

3. 심의내용 및 의결사항

⑦ 제6항에 따라 작성된 회의록은 공개하여야 한다. 다만, 특정인의 재산상의 이익에 영향을 미치거나 사생활의 비밀을 침해하는 등 대통령령으로 정하는 경우에는 해당 위원회의 의결로 공개하지 아니할 수 있다. 〈개정 2017. 11. 28.〉

⑧ 문화유산위원회, 분과위원회 및 합동분과위원회의 조직, 분장사항 및 운영 등에 필요한 사항은 대통령령으로 정한다. 〈개정 2017. 11. 28., 2023. 8. 8.〉

⑨ 문화유산위원회에는 문화재청장이나 각 분과위원회 위원장의 명을 받아 문화유산위원회의 심의사항에 관한 자료수집·조사 및 연구 등의 업무를 수행하는 비상근 전문위원을 둘 수 있다.

〈신설 2011. 7. 14., 2017. 11. 28., 2023. 8. 8.〉

⑩ 문화유산위원회 위원 및 전문위원의 수와 임기, 전문위원의 자격 등에 필요한 사항은 대통령령으로 정한다. 〈신설 2011. 7. 14., 2017. 11. 28., 2023. 8. 8.〉 [제목개정 2023. 8. 8.]

제9조 삭제 〈2023. 8. 8.〉

제3장 문화유산 보호의 기반 조성 〈개정 2023. 8. 8.〉

제10조(문화유산 기초조사) ① 국가 및 지방자치단체는 문화유산의 멸실 방지 등을 위하여 현존하는 문화유산의 현황, 관리실태 등에 대하여 조사하고 그 기록을 작성할 수 있다. 〈개정 2023. 8. 8.〉

② 문화재청장 및 지방자치단체의 장은 제1항에 따른 조사를 위하여 필요한 경우 직접 조사하거나 문화유산의 소유자, 관리자 또는 조사ㆍ발굴과 관련된 단체 등에 대하여 관련 자료의 제출을 요구할 수 있다. 〈개정 2023. 8. 8.〉

③ 문화재청장 및 지방자치단체의 장은 지정문화유산이 아닌 문화유산에 대하여 조사를 할 경우에는 해당 문화유산의 소유자 또는 관리자의 사전 동의를 받아야 한다. 〈개정 2023. 8. 8.〉

④ 문화유산 조사의 구체적인 절차와 방법 등에 관하여 필요한 사항은 대통령령으로 정한다. 〈개정 2023. 8. 8.〉 [제목개정 2023. 8. 8.]

제11조(문화유산 정보화의 촉진) ① 문화재청장은 제10조에 따른 조사 자료와 그 밖의 문화유산 보존ㆍ관리에 필요한 자료를 효율적으로 활용하고, 국민이 문화유산 정보에 쉽게 접근하고 이용할 수 있도록 문화유산정보체계를 구축ㆍ운영하여야 한다. 〈개정 2023. 8. 8.〉

② 문화재청장은 제1항에 따른 문화유산정보체계 구축을 위하여 관계 중앙행정기관의 장 및 지방자치단체의 장과 박물관ㆍ연구소 등 관련 법인 및 단체의 장에게 필요한 자료의 제출을 요청할 수 있다. 이 경우 요청을 받은 자는 특별한 사유가 없으면 이에 따라야 한다. 〈개정 2017. 11. 28., 2023. 8. 8.〉

③ 문화재청장은 제2항에 따라 필요한 자료의 제출을 요청하는 경우 관계 중앙행정기관의 장 및 지방자치단체의 장 외의 자에 대하여는 정당한 대가를 지급할 수 있다. 〈신설 2017. 11. 28.〉

④ 제1항에 따른 문화유산정보체계의 구축 범위ㆍ운영절차 및 그 밖에 필요한 사항은 대통령령으로 정한다. 〈개정 2017. 11. 28., 2023. 8. 8.〉 [제목개정 2023. 8. 8.]

제12조(건설공사 시의 문화유산 보호) 건설공사로 인하여 문화유산이 훼손, 멸실 또는 수몰(水沒)될 우려가 있거나 그 밖에 문화유산의 역사문화환경 보호를 위하여 필요한 때에는 그 건설공사의 시행자는 문화재청장의 지시에 따라 필요한 조치를 하여야 한다. 이 경우 그 조치에 필요한 경비는 그 건설공사의 시행자가 부담한다. 〈개정 2023. 8. 8.〉 [제목개정 2023. 8. 8.]

제13조(역사문화환경 보존지역의 보호) ① 시ㆍ도지사는 지정문화유산(동산에 속하는 문화유산을 제외한다. 이하 이 조에서 같다)의 역사문화환경 보호를 위하여 문화재청장과 협의하여 조례로 역사문화환경 보존지역을 정하여야 한다. 〈개정 2023. 8. 8.〉

② 건설공사의 인가ㆍ허가 등을 담당하는 행정기관은 지정문화유산의 외곽경계(보호구역이 지정되어 있는 경우에는 보호구역의 경계를 말한다. 이하 이 조에서 같다)의 외부 지역에서 시행하려는 건설공사로서 제1항에 따라 시ㆍ도지사가 정한 역사문화환경 보존지역에서 시행하는 건

설공사에 관하여는 그 공사에 관한 인가 · 허가 등을 하기 전에 해당 건설공사의 시행이 지정문화유산의 보존에 영향을 미칠 우려가 있는 행위에 해당하는지 여부를 검토하여야 한다. 이 경우 해당 행정기관은 대통령령으로 정하는 바에 따라 관계 전문가의 의견을 들어야 한다. 〈개정 2014. 1. 28., 2019. 11. 26., 2023. 8. 8.〉

③ 역사문화환경 보존지역의 범위는 해당 지정문화유산의 역사적 · 예술적 · 학문적 · 경관적 가치와 그 주변 환경 및 그 밖에 문화유산 보호에 필요한 사항 등을 고려하여 그 외곽경계로부터 500미터 안으로 한다. 다만, 문화유산의 특성 및 입지여건 등으로 인하여 지정문화유산의 외곽경계로부터 500미터 밖에서 건설공사를 하게 되는 경우에 해당 공사가 문화유산에 영향을 미칠 것이 확실하다고 인정되면 500미터를 초과하여 범위를 정할 수 있다. 〈개정 2019. 11. 26., 2023. 8. 8.〉

④ 제27조제2항에 따라 지정된 보호구역이 조정된 경우 시 · 도지사는 지정문화유산의 보존에 영향을 미치지 않는다고 판단하면 문화재청장과 협의하여 제3항에 따라 정한 역사문화환경 보존지역의 범위를 기존의 범위대로 유지할 수 있다. 〈신설 2019. 11. 26., 2023. 8. 8.〉

⑤ 문화재청장 또는 시 · 도지사는 문화유산을 지정하면 그 지정 고시가 있는 날부터 6개월 안에 역사문화환경 보존지역에서 지정문화유산의 보존에 영향을 미칠 우려가 있는 행위에 관한 구체적인 행위기준을 정하여 고시하여야 한다. 〈개정 2019. 11. 26., 2023. 8. 8.〉

⑥ 제5항에 따른 구체적인 행위기준을 정하려는 경우 문화재청장은 시 · 도지사 또는 시장 · 군수 · 구청장(자치구의 구청장을 말한다. 이하 같다)에게, 시 · 도지사는 시장 · 군수 · 구청장에게 필요한 자료 또는 의견을 제출하도록 요구할 수 있다. 〈신설 2014. 1. 28., 2019. 11. 26.〉

⑦ 제5항에 따른 구체적인 행위기준이 고시된 지역에서 그 행위기준의 범위 안에서 행하여지는 건설공사에 관하여는 제2항에 따른 검토는 생략한다. 〈개정 2014. 1. 28., 2019. 11. 26.〉

⑧ 제6항에 따른 자료 또는 의견 제출절차 등에 필요한 세부 사항은 문화체육관광부령으로 정한다. 〈신설 2014. 1. 28., 2019. 11. 26.〉

제13조의2(주민지원사업 계획 수립 · 시행) ① 시 · 도지사는 문화재청장과 협의하여 역사문화환경 보존지역에 거주하는 주민의 생활환경을 개선하고 복리를 증진하기 위한 지원사업(이하 "주민지원사업"이라 한다)에 관한 계획을 수립 · 시행할 수 있다.

② 주민지원사업의 종류는 다음 각 호와 같다.

    1. 복리증진사업

    2. 주택수리 등 주거환경 개선사업

    3. 도로, 주차장, 상하수도 등 기반시설 개선사업

    4. 그 밖에 시 · 도지사가 주민지원사업으로서 필요하다고 인정하는 사업

③ 시 · 도지사는 주민지원사업 계획 수립 과정에 역사문화환경 보존지역의 주민 의견을 청취하고, 그 의견을 반영하도록 노력하여야 한다.

④ 제1항부터 제3항까지에 따른 주민지원사업에 관한 계획의 수립 · 시행 절차, 지원대상 · 기준, 의견수렴 절차 등에 필요한 사항은 대통령령으로 정한다. [본조신설 2023. 10. 31.]

제14조(화재등 방지 시책 수립과 교육훈련 · 홍보 실시) ① 문화재청장과 시 · 도지사는 지정문화유산 및 「근현대문화유산의 보존 및 활용에 관한 법률」 제2조제2호에 따른 등록문화유산(이하 "등록문화유산"이라 한다)의 화재, 재난 및 도난(이하 "화재등"이라 한다) 방지를 위하여 필요한 시책을 수

립하고 이를 시행하여야 한다. 〈개정 2023. 8. 8., 2023. 9. 14.〉

② 문화재청장과 지방자치단체의 장은 문화유산 소유자, 관리자 및 관리단체 등을 대상으로 문화유산 화재등에 대한 초기대응과 평상시 예방관리를 위한 교육훈련을 실시하여야 한다. 〈개정 2023. 8. 8.〉

③ 문화재청장과 지방자치단체의 장은 문화유산 화재등의 방지를 위한 대국민 홍보를 실시하여야 한다. 〈개정 2023. 8. 8.〉 [전문개정 2017. 3. 21.]

제14조의2(화재등 대응매뉴얼 마련 등) ① 문화재청장 및 시·도지사는 지정문화유산 및 등록문화유산의 특성에 따른 화재등 대응매뉴얼을 마련하고, 이를 그 소유자, 관리자 또는 관리단체가 사용할 수 있도록 조치하여야 한다. 〈개정 2023. 8. 8.〉

② 제1항에 따른 매뉴얼에 포함되어야 할 사항, 매뉴얼을 마련하여야 하는 문화유산의 범위 및 매뉴얼의 정기적 점검·보완 등에 필요한 사항은 대통령령으로 정한다. 〈개정 2023. 8. 8.〉

[본조신설 2017. 3. 21.]

제14조의3(화재등 방지 시설 설치 등) ① 지정문화유산의 소유자, 관리자 및 관리단체는 지정문화유산의 화재예방 및 진화를 위하여 「소방시설 설치 및 관리에 관한 법률」에서 정하는 기준에 따른 소방시설과 재난방지를 위한 시설을 설치하고 유지·관리하여야 하며, 지정문화유산의 도난방지를 위하여 문화체육관광부령으로 정하는 기준에 따라 도난방지장치를 설치하고 유지·관리하도록 노력하여야 한다. 〈개정 2021. 11. 30., 2023. 8. 8.〉

② 제1항의 시설을 설치하고 유지·관리하는 자는 해당 시설과 역사문화환경보존지역이 조화를 이루도록 하여야 한다.

③ 문화재청장 또는 지방자치단체의 장은 다음 각 호의 어느 하나에 해당하는 시설을 설치 또는 유지·관리하는 자에게 예산의 범위에서 그 소요비용의 전부나 일부를 보조할 수 있다.

1. 제1항에 따른 소방시설, 재난방지 시설 또는 도난방지장치
2. 제14조의4제2항에 따른 금연구역과 흡연구역의 표지

[본조신설 2017. 3. 21.]

제14조의4(금연구역의 지정 등) ① 지정문화유산 및 등록문화유산과 그 보호물·보호구역 및 보관시설(이하 이 조에서 "지정문화유산등"이라 한다)의 소유자, 관리자 또는 관리단체는 지정문화유산등 해당 시설 또는 지역 전체를 금연구역으로 지정하여야 한다. 다만, 주거용 건축물은 화재의 우려가 없는 경우에 한정하여 금연구역과 흡연구역을 구분하여 지정할 수 있다. 〈개정 2023. 8. 8.〉

② 지정문화유산등의 소유자, 관리자 또는 관리단체는 제1항에 따른 금연구역과 흡연구역을 알리는 표지를 설치하여야 한다. 〈개정 2023. 8. 8.〉

③ 시·도지사는 제2항을 위반한 자에 대하여 일정한 기간을 정하여 그 시정을 명할 수 있다.

④ 제2항에 따른 금연구역과 흡연구역을 알리는 표지의 설치 기준 및 방법 등은 문화체육관광부령 또는 시·도조례로 정한다.

⑤ 누구든지 제1항에 따른 금연구역에서 흡연을 하여서는 아니 된다.

[본조신설 2017. 3. 21.]

제14조의5(관계 기관 협조 요청) 문화재청장 또는 지방자치단체의 장은 화재등 방지시설을 점검하거

나, 화재등에 대비한 훈련을 하는 경우 또는 화재등에 대한 긴급대응이 필요한 경우에 다음 각 호의 어느 하나에 해당하는 기관 또는 단체의 장에게 필요한 장비 및 인력의 협조를 요청할 수 있으며, 요청을 받은 기관 및 단체의 장은 특별한 사유가 없으면 이에 협조하여야 한다. 〈개정 2023. 8. 8.〉

1. 소방관서
2. 경찰관서
3. 「재난 및 안전관리 기본법」 제3조제5호의 재난관리책임기관
4. 그 밖에 대통령령으로 정하는 문화유산 보호 관련 기관 및 단체

[본조신설 2017. 3. 21.]

제14조의6(정보의 구축 및 관리) ① 문화재청장은 화재등 문화유산 피해에 대하여 효과적으로 대응하기 위하여 문화유산 방재 관련 정보를 정기적으로 수집하여 이를 데이터베이스화하여 구축·관리하여야 한다. 이 경우 문화재청장은 구축된 정보가 항상 최신으로 유지될 수 있도록 하여야 한다. 〈개정 2023. 8. 8.〉

② 제1항에 따른 정보의 구축범위 및 운영절차 등 세부사항은 대통령령으로 정한다.

[본조신설 2017. 3. 21.]

제15조(문화유산보호활동의 지원 등) 문화재청장은 문화유산을 보호·보급하거나 널리 알리기 위하여 필요하다고 인정하면 관련 단체를 지원·육성할 수 있다. 〈개정 2020. 12. 22., 2023. 8. 8.〉

[제목개정 2023. 8. 8.]

제15조의2(문화유산매매업자 교육) 문화재청장은 문화유산매매업자 등을 대상으로 문화유산매매업자가 준수하여야 할 사항과 문화유산 관련 소양 등에 관한 교육을 실시하여야 한다. 〈개정 2023. 8. 8.〉

[본조신설 2020. 6. 9.] [제목개정 2023. 8. 8.]

제16조(문화유산 전문인력의 양성) ① 문화재청장은 문화유산의 보호 등을 위한 전문인력을 양성할 수 있다. 〈개정 2023. 8. 8.〉

② 문화재청장은 제1항의 전문인력 양성을 위하여 필요하다고 인정하면 장학금을 지급할 수 있다.

③ 문화재청장은 제2항의 장학금(이하 "장학금"이라 한다)을 지급받고 있는 사람의 교육이나 연구 상황을 확인하기 위하여 필요하다고 인정하면 성적증명서나 연구실적보고서를 제출하도록 명할 수 있다. 〈개정 2023. 8. 8.〉

④ 장학금을 지급받고 있는 사람 또는 받은 사람은 수학이나 연구의 중단, 내용 변경 등 문화체육관광부령으로 정하는 사유가 발생하면 지체 없이 문화재청장에게 신고하여야 한다. 〈개정 2023. 8. 8.〉

⑤ 문화재청장은 수학이나 연구의 중단, 내용변경, 실적저조 등 문화체육관광부령으로 정하는 사유가 발생하면 장학금 지급을 중지하거나 반환을 명할 수 있다.

⑥ 제1항부터 제5항까지의 규정에 따른 장학금 지급 대상자, 장학금 지급 신청, 장학금 지급 중지 또는 반환 등에 필요한 사항은 문화체육관광부령으로 정한다.

[제목개정 2023. 8. 8.]

제17조 삭제 〈2023. 8. 8.〉

제17조의2 삭제 〈2015. 3. 27.〉

제18조 삭제 〈2023. 8. 8.〉

제19조 삭제 〈2023. 8. 8.〉

제20조 삭제 〈2023. 8. 8.〉

제21조(비상시의 문화유산보호) ① 문화재청장은 전시·사변 또는 이에 준하는 비상사태 시 문화유산의 보호에 필요하다고 인정하면 국유문화유산과 국유 외의 지정문화유산 및 제32조에 따른 임시지정문화유산을 안전한 지역으로 이동·매몰 또는 그 밖에 필요한 조치를 하거나 해당 문화유산의 소유자, 보유자, 점유자, 관리자 또는 관리단체에 대하여 그 문화유산을 안전한 지역으로 이동·매몰 또는 그 밖에 필요한 조치를 하도록 명할 수 있다. 〈개정 2019. 11. 26., 2023. 8. 8.〉

② 문화재청장은 전시·사변 또는 이에 준하는 비상사태 시 문화유산 보호를 위하여 필요하면 제39조에도 불구하고 이를 국외로 반출할 수 있다. 이 경우에는 미리 국무회의의 심의를 거쳐야 한다. 〈개정 2023. 8. 8.〉

③ 제1항에 따른 조치 또는 명령의 이행으로 인하여 손실을 받은 자에 대한 보상에 관하여는 제46조를 준용한다. 다만, 전쟁의 피해 등 불가항력으로 인한 경우에는 예외로 한다. 〈개정 2020. 12. 22.〉

[제목개정 2023. 8. 8.]

제22조(지원 요청) 문화재청장이나 그 명령을 받은 공무원은 제21조제1항의 조치를 위하여 필요하면 관계 기관의 장에게 필요한 지원을 요청할 수 있다.

제22조의2(문화유산교육의 진흥을 위한 정책의 추진) 국가와 지방자치단체는 문화유산교육의 진흥을 위하여 다음 각 호의 사항에 관한 정책을 수립하고 시행하기 위하여 노력하여야 한다. 〈개정 2023. 8. 8.〉

　　1. 문화유산교육의 진흥을 위한 기반 구축

　　2. 문화유산교육 프로그램 및 교육자료의 개발·보급

　　3. 문화유산교육 관련 전문인력의 양성 및 지원

　　4. 「유아교육법」 제22조 및 「초·중등교육법」 제21조에 따른 교원에 대한 문화유산교육의 지원

　　5. 문화유산교육 진흥을 위한 재원조달 방안

　　6. 그 밖에 문화유산교육 진흥을 위하여 필요한 사항

[본조신설 2019. 11. 26.] [제목개정 2023. 8. 8.]

제22조의3(문화유산교육의 실태조사) ① 문화재청장은 문화유산교육 관련 정책의 수립·시행을 위하여 문화유산교육 현황 등에 대한 실태조사를 실시할 수 있다. 〈개정 2023. 8. 8.〉

② 제1항의 실태조사의 범위와 방법, 그 밖에 필요한 사항은 대통령령으로 정한다.

[본조신설 2019. 11. 26.] [제목개정 2023. 8. 8.]

제22조의4(문화유산교육지원센터의 지정 등) ① 문화재청장은 지역 문화유산교육을 활성화하기 위하여 문화유산교육을 목적으로 하거나 문화유산교육을 실시할 능력이 있다고 인정되는 기관 또는 단체를 문화유산교육지원센터(이하 "지원센터"라 한다)로 지정할 수 있다. 〈개정 2023. 8. 8.〉

② 지원센터는 다음 각 호의 사업을 수행한다. 〈개정 2023. 8. 8.〉

　　1. 지역 문화유산교육 인력의 연수 및 활용

　　2. 지역 실정에 맞는 문화유산교육 프로그램 및 문화유산교육 교재의 개발과 운영

　　3. 지역 문화유산교육 관련 기관 또는 단체 간의 협력망 구축 및 운영

　　4. 소외계층 등 지역주민에 대한 문화유산교육

5. 지역 문화유산교육을 활성화하기 위하여 문화재청장이 위탁하는 사업

6. 그 밖에 지역 실정에 맞는 문화유산교육을 하기 위하여 필요한 사업

③ 문화재청장은 제1항에 따라 지정된 지원센터가 다음 각 호의 어느 하나에 해당하는 경우에는 대통령령으로 정하는 바에 따라 그 지정을 취소하거나 6개월의 범위에서 그 업무의 정지를 명할 수 있다. 다만, 제1호에 해당하는 경우에는 그 지정을 취소하여야 한다.

1. 거짓이나 그 밖의 부정한 방법으로 지정을 받은 경우

2. 지정요건을 충족하지 못한 경우

3. 업무수행능력이 현저히 부족하다고 인정하는 경우

④ 문화재청장은 대통령령으로 정하는 바에 따라 문화유산교육에 관한 업무를 지원센터 및 그 밖에 대통령령으로 정하는 기관에 위탁할 수 있다. 〈개정 2023. 8. 8.〉

⑤ 국가 및 지방자치단체는 지원센터에 대하여 예산의 범위에서 사업 수행에 필요한 비용의 전부 또는 일부를 지원할 수 있다.

⑥ 그 밖에 지원센터의 지정요건 및 운영 등에 필요한 사항은 대통령령으로 정한다.

[본조신설 2019. 11. 26.] [제목개정 2023. 8. 8.]

제22조의5(문화유산교육의 지원) ① 국가 및 지방자치단체는 국민들의 문화유산에 대한 이해와 관심을 높이기 위하여 문화유산교육 내용의 연구 · 개발 및 문화유산교육 활동을 위한 시설 · 장비를 지원할 수 있다. 〈개정 2023. 8. 8.〉

② 국가 및 지방자치단체는 문화유산교육의 지원을 위하여 예산의 범위에서 그 사업비의 전부 또는 일부를 보조할 수 있다. 〈개정 2023. 8. 8.〉

[본조신설 2019. 11. 26.] [제목개정 2023. 8. 8.]

제22조의6(문화유산교육 프로그램의 개발 · 보급 및 인증 등) ① 문화재청장 및 지방자치단체는 모든 국민에게 다양한 문화유산교육의 기회를 제공하기 위하여 문화유산교육 프로그램을 개발 · 보급할 수 있다. 〈개정 2023. 8. 8.〉

② 문화유산교육 프로그램을 개발 · 운영하는 자는 문화재청장에게 문화유산교육 프로그램에 대한 인증을 신청할 수 있다. 〈개정 2023. 8. 8.〉

③ 문화재청장은 제2항에 따라 인증을 신청한 문화유산교육 프로그램이 교육내용 · 교육과목 · 교육시설 등 문화체육관광부령으로 정하는 인증기준에 부합하는 경우 이를 인증할 수 있다. 〈개정 2023. 8. 8.〉

④ 제3항에 따른 인증의 유효기간은 인증을 받은 날부터 3년으로 한다.

⑤ 제3항에 따라 인증을 받은 자는 해당 문화유산교육 프로그램에 대하여 문화체육관광부령으로 정하는 바에 따라 인증표시를 할 수 있다. 〈개정 2023. 8. 8.〉

⑥ 누구든지 제3항에 따른 인증을 받지 아니한 문화유산교육 프로그램에 대하여 제5항의 인증표시를 하거나 이와 비슷한 표시를 하여서는 아니 된다. 〈개정 2023. 8. 8.〉

⑦ 그 밖에 문화유산교육 프로그램 인증에 필요한 사항은 문화체육관광부령으로 정한다. 〈개정 2023. 8. 8.〉

[본조신설 2019. 11. 26.] [제목개정 2023. 8. 8.]

제22조의7(문화유산교육 프로그램 인증의 취소) 문화재청장은 제22조의6제3항에 따라 인증한 문화유산교육 프로그램이 다음 각 호의 어느 하나에 해당하는 경우에는 그 인증을 취소할 수 있다. 다만, 제1호에 해당하는 경우에는 이를 취소하여야 한다. 〈개정 2023. 8. 8.〉

    1. 거짓이나 그 밖의 부정한 방법으로 인증 받은 경우

    2. 제22조의6제3항에 따른 인증기준에 적합하지 아니한 경우

[본조신설 2019. 11. 26.] [제목개정 2023. 8. 8.]

제22조의8(지정문화유산 등의 기증) ① 지정문화유산 및 등록문화유산의 소유자는 문화재청에 해당 문화유산을 기증할 수 있다. 〈개정 2023. 8. 8.〉

② 문화재청장은 제1항에 따라 문화유산을 기증받는 경우에는 제3항에 따라 설치된 문화유산수증심의위원회의 심의를 거쳐 수증여부를 결정하여야 한다. 〈개정 2023. 8. 8.〉

③ 지정문화유산 및 등록문화유산의 소유자가 기증하는 문화유산의 수증 여부를 결정하기 위하여 문화재청에 문화유산수증심의위원회를 두며, 문화유산수증심의위원회의 구성 및 운영 등에 필요한 사항은 대통령령으로 정한다. 〈개정 2023. 8. 8.〉

④ 문화재청장은 제1항에 따른 문화유산의 기증이 있을 때에는 「기부금품의 모집 및 사용에 관한 법률」에도 불구하고 이를 접수할 수 있다. 〈개정 2023. 8. 8.〉

⑤ 문화재청장은 제1항에 따른 기증에 현저한 공로가 있는 자에 대하여 시상(施賞)을 하거나 「상훈법」에 따른 서훈을 추천할 수 있으며, 문화유산 관련 전시회 개최 등의 예우를 할 수 있다. 〈개정 2023. 8. 8.〉

⑥ 제1항에 따른 기증의 절차, 관리 · 운영방법 및 제5항에 따른 추천 및 예우 등에 필요한 사항은 문화체육관광부령으로 정한다.

[본조신설 2020. 6. 9.] [제목개정 2023. 8. 8.]

제3장의2 문화유산지능정보화 기반 구축 〈개정 2023. 8. 8.〉

제22조의9(문화유산지능정보화 정책의 추진) ① 문화재청장은 객관적이고 과학적인 문화유산의 보존 · 관리 및 활용 등을 위하여 문화유산지능정보화 정책을 수립하고 시행하여야 한다. 〈개정 2023. 8. 8.〉

② 제1항에 따른 문화유산지능정보화 정책의 수립 · 시행 등에 관하여 필요한 사항은 대통령령으로 정한다. 〈개정 2023. 8. 8.〉

[본조신설 2022. 1. 18.] [제목개정 2023. 8. 8.]

제22조의10(문화유산데이터 관련 사업의 추진) ① 문화재청장은 문화유산지능정보화의 효율적 추진을 위하여 다음 각 호의 사업을 추진할 수 있다. 〈개정 2023. 8. 8.〉

    1. 문화유산데이터의 생산 · 수집 · 저장 · 가공 · 분석 · 제공 및 활용

    2. 문화유산데이터의 이용 활성화 및 유통체계 구축

    3. 문화유산데이터에 관한 기술개발의 추진

    4. 문화유산데이터의 표준화 및 품질제고

    5. 그 밖에 문화유산데이터의 생산 · 수집 · 분석 · 유통 · 활용 등에 필요한 사항

② 문화재청장은 제1항에 따라 관리하는 문화유산데이터에 대한 메타데이터(데이터의 체계적인

관리와 편리한 검색 및 활용을 위하여 데이터의 구조, 속성, 특성, 이력 등을 표현한 자료를 말한다. 이하 같다) 및 데이터관계도(데이터 간의 관계를 나타낸 그림을 말한다)를 체계적으로 관리하여야 한다. 〈개정 2023. 8. 8.〉

③ 문화재청장은 문화유산데이터의 효율적 관리를 위하여 전문인력을 양성하거나 국가기관, 지방자치단체 및 대학 등과 연계하여 공동활용체계를 구축하고, 이를 지원·육성할 수 있다. 〈개정 2023. 8. 8.〉

④ 제3항에 따른 대상·내용 및 방법 등에 관하여 필요한 사항은 대통령령으로 정한다.

[본조신설 2022. 1. 18.] [제목개정 2023. 8. 8.]

제22조의11(문화유산지능정보기술의 개발 등) ① 문화재청장은 문화유산지능정보화의 효율적 추진을 위하여 다음 각 호의 사업을 추진할 수 있다. 〈개정 2023. 8. 8.〉

　　1. 문화유산지능정보기술의 개발 및 보급

　　2. 문화유산지능정보기술의 표준화

　　3. 문화유산지능정보기술 개발에 필요한 데이터의 수집·분석·가공

　　4. 문화유산지능정보기술의 관리 및 활용을 위한 정보체계의 구축·운영

　　5. 그 밖에 문화유산지능정보기술의 개발·관리·활용 등에 필요한 사항

② 문화재청장은 문화유산지능정보기술의 지속적 발전을 위하여 문화유산지능정보기술을 개발하는 대학, 정부출연연구기관, 법인 또는 단체(이하 "대학등"이라 한다)와 협력체계를 구축하고, 예산의 범위에서 지원할 수 있다. 〈개정 2023. 8. 8.〉

③ 제2항에 따른 지원의 대상·내용 및 방법 등에 관하여 필요한 사항은 대통령령으로 정한다.

[본조신설 2022. 1. 18.] [제목개정 2023. 8. 8.]

제22조의12(문화유산지능정보서비스플랫폼의 구축·운영) ① 문화재청장은 문화유산지능정보화의 추진을 위하여 다음 각 호의 사항을 포함한 문화유산지능정보서비스플랫폼을 구축·운영하여야 한다. 〈개정 2023. 8. 8.〉

　　1. 문화유산데이터 및 메타데이터의 체계적인 관리

　　2. 문화유산지능정보기술의 개발·관리·활용 등

　　3. 문화유산데이터 및 메타데이터의 분석 등을 통한 문화유산 보존·관리 및 활용 관련 정책 수립, 의사결정 지원, 관련 산업 지원, 문화유산 활용 활성화 지원 등

　　4. 그 밖에 문화유산지능정보서비스플랫폼 구축·운영에 필요한 사항

② 문화재청장은 문화유산지능정보서비스플랫폼의 구축을 위하여 필요한 경우 계약 또는 업무협약 등을 통하여 대학등에 해당 대학등이 생성하거나 취득하여 관리하는 데이터를 제공하여 줄 것을 요청할 수 있다. 〈개정 2023. 8. 8.〉

③ 문화재청장은 문화유산지능정보서비스플랫폼의 효율적 운영을 위하여 국가기관, 지방자치단체 및 대학등에서 구축·운영하고 있는 데이터 관리에 관한 시스템을 상호 연계할 수 있다. 이 경우 해당 국가기관, 지방자치단체 및 대학등의 장과 사전에 협의하여야 한다. 〈개정 2023. 8. 8.〉

④ 제2항에 따른 계약 또는 업무협약의 내용 및 절차, 제3항에 따른 시스템의 상호 연계 및 사전 협의에 필요한 사항은 대통령령으로 정한다.

[본조신설 2022. 1. 18.] [제목개정 2023. 8. 8.]

제22조의13(업무의 위탁) ① 문화재청장은 제22조의10제1항·제2항, 제22조의11제1항 및 제22조의12제1항의 업무를 대통령령으로 정하는 바에 따라 법인 또는 단체에 위탁할 수 있다.

② 문화재청장은 제1항에 따라 업무를 위탁받은 법인 또는 단체가 해당 업무를 원활하게 수행할 수 있도록 필요한 지원을 할 수 있다.

[본조신설 2022. 1. 18.]

제3장의3 문화유산디지털콘텐츠의 보급 활성화 〈신설 2024. 1. 9.〉

제22조의14(문화유산디지털콘텐츠 정책의 추진) ① 국가와 지방자치단체는 문화유산디지털콘텐츠의 수집·개발·활용 등 보급 활성화를 위한 정책을 수립하고 추진하여야 한다.

② 제1항에 따른 정책을 수립·추진할 때에는 다음 각 호의 원칙에 따라야 한다.

1. 모든 국민이 문화유산디지털콘텐츠를 이용·활용할 수 있도록 노력할 것
2. 지식재산권 등 타인의 권리를 침해하지 아니할 것
3. 개인정보의 보호 및 안전을 확보할 것

③ 문화재청장은 문화유산디지털콘텐츠 관련 정책을 효과적으로 수립·추진하기 위하여 국민, 대학, 법인 및 단체를 대상으로 문화유산디지털콘텐츠의 이용수요, 이용현황, 애로사항 등을 조사할 수 있다.

[본조신설 2024. 1. 9.]

제22조의15(문화유산디지털콘텐츠의 수집) ① 문화재청장은 문화유산디지털콘텐츠의 수집을 위하여 문화유산디지털콘텐츠의 소유자 또는 관리자에게 그 소유·관리 목록의 제출을 요청할 수 있다.

② 문화재청장은 이용 활성화의 가치가 높다고 인정되는 문화유산디지털콘텐츠를 그 권리자와의 협의를 통하여 제공받거나 정당한 대가를 지급하여 구입할 수 있다.

③ 제1항 및 제2항에 따른 문화유산디지털콘텐츠의 수집 등에 필요한 사항은 대통령령으로 정한다.

[본조신설 2024. 1. 9.]

제22조의16(문화유산디지털콘텐츠의 개발) ① 문화재청장은 문화유산디지털콘텐츠의 개발을 위하여 다음 각 호의 사업을 추진할 수 있다.

1. 문화유산디지털콘텐츠 관련 기술의 연구 및 기술수준에 관한 조사
2. 문화유산디지털콘텐츠의 제작 및 개발
3. 그 밖에 문화유산디지털콘텐츠의 개발을 위하여 필요한 사항

② 문화재청장은 문화유산디지털콘텐츠를 제작 또는 개발하는 대학·법인 또는 단체 등을 예산의 범위에서 지원할 수 있다.

③ 제2항에 따른 지원의 대상·절차 등에 관하여 필요한 사항은 대통령령으로 정한다.

[본조신설 2024. 1. 9.]

제22조의17(문화유산디지털콘텐츠의 공공정보 이용 촉진) ① 문화재청장과 지방자치단체의 장은 보유·관리하는 정보 중 「공공기관의 정보공개에 관한 법률」 제9조에 따른 비공개 대상 정보를 제외한 정보(이하 "공공정보"라 한다)를 공개하는 때에는 대학이나 법인 또는 단체 등으로 하여금 해당 정보를 문화유산디지털콘텐츠 제작·개발에 이용하도록 할 수 있다. 이 경우 「저작권법」에 따라

이용허락이 필요한 경우에는 미리 이용허락을 받아야 한다.

② 문화재청장과 지방자치단체의 장은 제1항에 따른 공공정보의 이용 촉진을 위하여 대통령령으로 정하는 바에 따라 그 이용 조건·방법 등을 정하고 이를 공개하여야 한다.

[본조신설 2024. 1. 9.]

제22조의18(문화유산디지털콘텐츠의 협동개발·연구 촉진) ① 문화재청장은 문화유산디지털콘텐츠의 개발·연구를 위하여 인력, 시설, 기자재, 자금 및 정보 등의 공동활용을 통한 협동개발과 협동연구를 촉진시킬 수 있도록 노력하여야 한다.

② 문화재청장은 제1항에 따른 협동개발과 협동연구를 추진하는 자에 대하여 그 소요되는 비용의 전부 또는 일부를 지원할 수 있다.

[본조신설 2024. 1. 9.]

제22조의19(문화유산디지털콘텐츠의 이용 활성화) 문화재청장은 문화유산디지털콘텐츠 이용 활성화를 위하여 다음 각 호의 사업을 추진할 수 있다.

1. 제22조의20에 따른 문화유산디지털콘텐츠플랫폼의 구축 및 운영
2. 영상 문화유산디지털콘텐츠의 개발·보급을 위한 방송채널 운영
3. 문화유산디지털콘텐츠 이용을 위한 공간 조성 및 운영
4. 문화유산디지털콘텐츠 이용 활성화를 위한 포럼 및 세미나 개최
5. 그 밖에 문화유산디지털콘텐츠의 이용 활성화에 필요한 사업

[본조신설 2024. 1. 9.]

제22조의20(문화유산디지털콘텐츠플랫폼의 구축·운영) ① 문화재청장은 모든 국민이 문화유산디지털콘텐츠를 자유롭게 이용·활용 및 공유할 수 있도록 문화유산디지털콘텐츠플랫폼을 구축·운영할 수 있다.

② 문화재청장은 관계 중앙행정기관의 장 및 지방자치단체의 장에게 문화유산디지털콘텐츠플랫폼의 구축과 운영에 필요한 문화유산디지털콘텐츠의 연계·제공 등의 협력을 요청할 수 있다.

③ 그 밖에 문화유산디지털콘텐츠플랫폼의 구축·운영과 이용·활용의 촉진 등에 필요한 사항은 대통령령으로 정한다.

[본조신설 2024. 1. 9.]

제22조의21(문화유산디지털콘텐츠의 복제 등) ① 문화재청장은 제22조의20에 따른 문화유산디지털콘텐츠플랫폼의 문화유산디지털콘텐츠 전부 또는 일부를 복제 또는 간행하여 판매 또는 배포하거나 이용자에게 복제 또는 출력하여 제공할 수 있다. 다만, 다른 법령에서 제공이 금지되거나 「저작권법」에 따라 보호되는 권리에 대한 이용허락이 없는 문화유산디지털콘텐츠는 그러하지 아니하다.

② 문화재청장은 대통령령으로 정하는 바에 따라 문화유산디지털콘텐츠플랫폼의 문화유산디지털콘텐츠를 복제 또는 출력하여 활용하려는 이용자로부터 수수료를 받을 수 있다.

[본조신설 2024. 1. 9.]

제22조의22(업무의 위탁) ① 문화재청장은 제22조의20에 따른 문화유산디지털콘텐츠플랫폼의 운영 업무를 대통령령으로 정하는 바에 따라 법인 또는 단체에 위탁할 수 있다.

② 문화재청장은 제1항에 따라 업무를 위탁받은 법인 또는 단체가 해당 업무를 원활하게 수행할

수 있도록 필요한 행정적 · 재정적 지원을 할 수 있다.

[본조신설 2024. 1. 9.]

제22조의23(문화유산디지털콘텐츠의 국제협력) 문화재청장은 문화유산디지털콘텐츠의 이용 활성화 등에 관한 국제적 동향을 파악하고, 다음 각 호에 관한 국제협력을 추진할 수 있다.

> 1. 문화유산디지털콘텐츠 관련 기술과 인력의 국제교류 지원
> 2. 문화유산디지털콘텐츠 국제표준화와 국제공동연구개발사업 등의 지원
> 3. 문화유산디지털콘텐츠와 관련된 민간부문의 국제협력 지원
> 4. 그 밖에 문화유산디지털콘텐츠의 국제협력을 위하여 필요한 사항

[본조신설 2024. 1. 9.]

제22조의24(문화유산디지털콘텐츠 소외계층 지원) 문화재청장은 경제적 · 지역적 · 신체적 또는 사회적 여건으로 인하여 문화유산디지털콘텐츠에 자유롭게 접근하거나 문화유산디지털콘텐츠를 이용하기 어려운 사회적 약자들이 편리하게 문화유산디지털콘텐츠를 이용할 수 있도록 필요한 시책을 수립 · 시행하여야 한다.

[본조신설 2024. 1. 9.]

제4장 국가지정문화유산 〈개정 2023. 8. 8.〉

제1절 지정

제23조(보물 및 국보의 지정) ① 문화재청장은 문화유산위원회의 심의를 거쳐 유형문화유산 중 중요한 것을 보물로 지정할 수 있다. 〈개정 2023. 8. 8.〉

② 문화재청장은 제1항의 보물에 해당하는 문화유산 중 인류문화의 관점에서 볼 때 그 가치가 크고 유례가 드문 것을 문화유산위원회의 심의를 거쳐 국보로 지정할 수 있다. 〈개정 2023. 8. 8.〉

③ 제1항과 제2항에 따른 보물과 국보의 지정기준과 절차 등에 필요한 사항은 대통령령으로 정한다.

제24조 삭제 〈2023. 8. 8.〉

제25조(사적의 지정) ① 문화재청장은 문화유산위원회의 심의를 거쳐 기념물 중 중요한 것을 사적으로 지정할 수 있다.

② 제1항에 따른 사적의 지정기준과 절차 등에 필요한 사항은 대통령령으로 정한다.

[전문개정 2023. 8. 8.]

제26조(국가민속문화유산 지정) ① 문화재청장은 문화유산위원회의 심의를 거쳐 민속문화유산 중 중요한 것을 국가민속문화유산으로 지정할 수 있다. 〈개정 2017. 3. 21., 2023. 8. 8.〉

② 제1항에 따른 국가민속문화유산의 지정기준과 절차 등에 필요한 사항은 대통령령으로 정한다. 〈개정 2017. 3. 21., 2023. 8. 8.〉

[제목개정 2023. 8. 8.]

제27조(보호물 또는 보호구역의 지정) ① 문화재청장은 제23조 · 제25조 또는 제26조에 따른 지정을 할 때 문화유산 보호를 위하여 특히 필요하면 이를 위한 보호물 또는 보호구역을 지정할 수 있다. 〈개정 2023. 8. 8.〉

② 문화재청장은 인위적 또는 자연적 조건의 변화 등으로 인하여 조정이 필요하다고 인정하면 제1

항에 따라 지정된 보호물 또는 보호구역을 조정할 수 있다.

③ 문화재청장은 제1항 및 제2항에 따라 보호물 또는 보호구역을 지정하거나 조정한 때에는 지정 또는 조정 후 매 10년이 되는 날 이전에 다음 각 호의 사항을 고려하여 그 지정 및 조정의 적정성을 검토하여야 한다. 다만, 특별한 사정으로 인하여 적정성을 검토하여야 할 시기에 이를 할 수 없는 경우에는 대통령령으로 정하는 기간까지 그 검토시기를 연기할 수 있다. 〈개정 2023. 8. 8.〉

1. 해당 문화유산의 보존가치

2. 보호물 또는 보호구역의 지정이 재산권 행사에 미치는 영향

3. 보호물 또는 보호구역의 주변 환경

④ 제1항부터 제3항까지의 규정에 따른 지정, 조정 및 적정성 검토 등에 필요한 사항은 대통령령으로 정한다.

제28조(지정의 고시 및 통지) ① 문화재청장이 제23조, 제25조부터 제27조까지의 규정에 따라 국가지정문화유산(보호물과 보호구역을 포함한다)를 지정하면 그 취지를 관보에 고시하고, 지체 없이 해당 문화유산의 소유자에게 알려야 한다. 〈개정 2015. 3. 27., 2023. 8. 8.〉

② 제1항의 경우 그 문화유산의 소유자가 없거나 분명하지 아니하면 그 점유자 또는 관리자에게 이를 알려야 한다. 〈개정 2023. 8. 8.〉

[제목개정 2015. 3. 27.]

제29조(지정서의 교부) ① 문화재청장은 제23조나 제26조에 따라 국보, 보물 또는 국가민속문화유산을 지정하면 그 소유자에게 해당 문화유산의 지정서를 내주어야 한다. 〈개정 2017. 3. 21., 2023. 8. 8.〉

② 삭제 〈2015. 3. 27.〉

[제목개정 2015. 3. 27.]

제30조(지정의 효력 발생 시기) 제23조, 제25조부터 제27조까지의 규정에 따른 지정은 그 문화유산의 소유자, 점유자 또는 관리자에 대하여는 관보에 고시한 날부터 그 효력을 발생한다. 〈개정 2015. 3. 27., 2023. 8. 8.〉

[제목개정 2015. 3. 27.]

제31조(지정의 해제) ① 문화재청장은 제23조 · 제25조 또는 제26조에 따라 지정된 문화유산이 국가지정문화유산으로서의 가치를 상실하거나 가치평가를 통하여 지정을 해제할 필요가 있을 때에는 문화유산위원회의 심의를 거쳐 그 지정을 해제할 수 있다. 〈개정 2023. 8. 8.〉

② 삭제 〈2015. 3. 27.〉

③ 삭제 〈2015. 3. 27.〉

④ 문화재청장은 제27조제3항에 따른 검토 결과 보호물 또는 보호구역 지정이 적정하지 아니하거나 그 밖에 특별한 사유가 있으면 보호물 또는 보호구역 지정을 해제하거나 그 범위를 조정하여야 한다. 국가지정문화유산 지정이 해제된 경우에는 지체 없이 해당 문화유산의 보호물 또는 보호구역 지정을 해제하여야 한다. 〈개정 2023. 8. 8.〉

⑤ 제1항 및 제4항에 따른 문화유산 지정의 해제에 관한 고시 및 통지와 그 효력 발생시기에 관하여는 제28조 및 제30조를 준용한다. 〈개정 2015. 3. 27., 2023. 8. 8.〉

⑥ 국보, 보물 또는 국가민속문화유산의 소유자가 제5항과 제28조에 따른 해제 통지를 받으면 그

통지를 받은 날부터 30일 이내에 해당 문화유산 지정서를 문화재청장에게 반납하여야 한다. 〈개정 2017. 3. 21., 2023. 8. 8.〉

⑦ 삭제 〈2015. 3. 27.〉

[제목개정 2015. 3. 27.]

제32조(임시지정) ① 문화재청장은 제23조 · 제25조 또는 제26조에 따라 지정할 만한 가치가 있다고 인정되는 문화유산이 지정 전에 원형보존을 위한 긴급한 필요가 있고 문화유산위원회의 심의를 거칠 시간적 여유가 없으면 중요문화유산으로 임시지정할 수 있다. 〈개정 2019. 11. 26., 2023. 8. 8.〉

② 제1항에 따른 임시지정의 효력은 임시지정된 문화유산(이하 "임시지정문화유산"이라 한다)의 소유자, 점유자 또는 관리자에게 통지한 날부터 발생한다. 〈개정 2019. 11. 26., 2023. 8. 8.〉

③ 제1항에 따른 임시지정은 임시지정한 날부터 6개월 이내에 제23조 · 제25조 또는 제26조에 따른 지정이 없으면 해제된 것으로 본다. 〈개정 2019. 11. 26.〉

④ 제1항에 따른 임시지정의 통지와 임시지정서의 교부에 관하여는 제28조와 제29조제1항을 준용하되, 제28조제1항에 따른 관보 고시는 하지 아니한다. 〈개정 2019. 11. 26.〉

[제목개정 2019. 11. 26.]

제2절 보존 · 관리 및 활용 〈개정 2023. 8. 8.〉

제33조(소유자관리의 원칙) ① 국가지정문화유산의 소유자는 선량한 관리자의 주의로써 해당 문화유산을 보호하여야 한다. 〈개정 2023. 8. 8.〉

② 국가지정문화유산의 소유자는 필요에 따라 그에 대리하여 그 문화유산을 보호할 관리자를 선임할 수 있다. 〈개정 2023. 8. 8.〉

제34조(관리단체에 의한 관리) ① 문화재청장은 국가지정문화유산의 소유자가 분명하지 아니하거나 그 소유자 또는 관리자에 의한 관리가 곤란하거나 적당하지 아니하다고 인정하면 해당 국가지정문화유산 관리를 위하여 지방자치단체나 그 문화유산을 관리하기에 적당한 법인 또는 단체를 관리단체로 지정할 수 있다. 이 경우 국유에 속하는 국가지정문화유산 중 국가가 직접 관리하지 아니하는 문화유산의 관리단체는 관할 특별자치시, 특별자치도 또는 시 · 군 · 구(자치구를 말한다. 이하 같다)가 된다. 다만, 문화유산이 2개 이상의 시 · 군 · 구에 걸쳐 있는 경우에는 관할 특별시 · 광역시 · 도(특별자치시와 특별자치도는 제외한다)가 관리단체가 된다. 〈개정 2014. 1. 28., 2023. 8. 8.〉

② 관리단체로 지정된 지방자치단체는 문화재청장과 협의하여 그 문화유산을 관리하기에 적당한 법인 또는 단체에 해당 문화유산의 관리 업무를 위탁할 수 있다. 〈개정 2023. 8. 8.〉

③ 문화재청장은 제1항 전단에 따라 관리단체를 지정할 경우에 그 문화유산의 소유자나 지정하려는 지방자치단체, 법인 또는 단체의 의견을 들어야 한다. 〈개정 2023. 8. 8.〉

④ 문화재청장이 제1항에 따라 관리단체를 지정하면 지체 없이 그 취지를 관보에 고시하고, 국가지정문화유산의 소유자 또는 관리자와 해당 관리단체에 이를 알려야 한다. 〈개정 2023. 8. 8.〉

⑤ 누구든지 제1항에 따라 지정된 관리단체의 관리행위를 방해하여서는 아니 된다. 〈개정 2014. 1. 28.〉

⑥ 관리단체가 국가지정문화유산을 관리할 때 필요한 운영비 등 경비는 이 법에 특별한 규정이 없으면 해당 관리단체의 부담으로 하되, 관리단체가 부담능력이 없으면 국가나 지방자치단체가 예산의 범위에서 이를 지원할 수 있다. 〈개정 2016. 2. 3., 2023. 8. 8.〉

⑦ 제1항에 따른 관리단체 지정의 효력 발생 시기에 관하여는 제30조를 준용한다.

제34조의2(국가에 의한 특별관리) ① 문화재청장은 국가지정문화유산에 대하여 제34조제1항에도 불구하고 소유자ㆍ관리자 또는 관리단체에 의한 관리가 곤란하거나 적당하지 아니하다고 인정하면 문화유산위원회의 심의를 거쳐 해당 문화유산을 특별히 직접 보호할 수 있다. 〈개정 2023. 8. 8.〉

② 제1항에 따른 국가지정문화유산의 보호에 필요한 경비는 국가가 부담한다. 〈개정 2023. 8. 8.〉

[본조신설 2014. 1. 28.]

제35조(허가사항) ① 국가지정문화유산에 대하여 다음 각 호의 어느 하나에 해당하는 행위를 하려는 자는 대통령령으로 정하는 바에 따라 문화재청장의 허가를 받아야 하며, 허가사항을 변경하려는 경우에도 문화재청장의 허가를 받아야 한다. 다만, 국가지정문화유산 보호구역에 안내판 및 경고판을 설치하는 행위 등 대통령령으로 정하는 경미한 행위에 대해서는 특별자치시장, 특별자치도지사, 시장ㆍ군수 또는 구청장의 허가(변경허가를 포함한다)를 받아야 한다. 〈개정 2014. 1. 28., 2015. 3. 27., 2017. 11. 28., 2019. 11. 26., 2020. 12. 22., 2021. 5. 18., 2023. 3. 21., 2023. 8. 8.〉

　　1. 국가지정문화유산(보호물 및 보호구역을 포함한다)의 현상을 변경하는 행위로서 대통령령으로 정하는 행위

　　2. 국가지정문화유산(동산에 속하는 문화유산은 제외한다)의 보존에 영향을 미칠 우려가 있는 행위로서 대통령령으로 정하는 행위

　　3. 국가지정문화유산을 탁본 또는 영인(影印 : 원본을 사진 등의 방법으로 복제하는 것)하거나 그 보존에 영향을 미칠 우려가 있는 촬영 행위로서 대통령령으로 정하는 행위

　　4. 삭제 〈2023. 3. 21.〉

② 국가지정문화유산과 시ㆍ도지정문화유산의 역사문화환경 보존지역이 중복되는 지역에서 제1항제2호에 따라 문화재청장이나 특별자치시장, 특별자치도지사, 시장ㆍ군수 또는 구청장의 허가를 받은 경우에는 제74조제2항에 따른 시ㆍ도지사의 허가를 받은 것으로 본다. 〈개정 2014. 1. 28., 2023. 8. 8.〉

③ 문화재청장은 제1항제2호에 따른 국가지정문화유산의 보존에 영향을 미칠 우려가 있는 행위에 관하여 허가한 사항 중 대통령령으로 정하는 경미한 사항의 변경허가에 관하여는 시ㆍ도지사에게 위임할 수 있다. 〈개정 2014. 1. 28., 2023. 8. 8.〉

④ 문화재청장과 특별자치시장, 특별자치도지사, 시장ㆍ군수 또는 구청장은 제1항에 따른 허가 또는 변경허가의 신청을 받은 날부터 30일 이내에 허가 여부를 신청인에게 통지하여야 한다. 〈신설 2018. 6. 12.〉

⑤ 문화재청장과 특별자치시장, 특별자치도지사, 시장ㆍ군수 또는 구청장이 제4항에서 정한 기간 내에 허가 또는 변경허가 여부나 민원 처리 관련 법령에 따른 처리기간의 연장을 신청인에게 통지하지 아니하면 그 기간(민원 처리 관련 법령에 따라 처리기간이 연장 또는 재연장된 경우에는 해당 처리기간을 말한다)이 끝난 날의 다음 날에 허가 또는 변경허가를 한 것으로 본다. 〈신설 2018. 6. 12.〉

제36조(허가기준) ① 문화재청장과 특별자치시장, 특별자치도지사, 시장ㆍ군수 또는 구청장은 제35조제1항에 따라 허가신청을 받으면 그 허가신청 대상 행위가 다음 각 호의 기준에 맞는 경우에만 허가하여야 한다. 〈개정 2014. 1. 28., 2019. 11. 26., 2023. 8. 8.〉

1. 문화유산의 보존과 관리에 영향을 미치지 아니할 것
2. 문화유산의 역사문화환경을 훼손하지 아니할 것
3. 기본계획과 시행계획에 들어맞을 것

② 문화재청장과 특별자치시장, 특별자치도지사, 시장·군수 또는 구청장은 제1항에 따른 허가를 위하여 필요한 경우 대통령령으로 정하는 바에 따라 관계 전문가에게 조사를 하게 할 수 있다. 〈신설 2014. 1. 28.〉

제37조(허가사항의 취소) ① 문화재청장은 제35조제1항 본문, 같은 조 제3항, 제39조제1항 단서, 같은 조 제3항 및 제48조제5항에 따라 허가를 받은 자가 다음 각 호의 어느 하나에 해당하는 경우에는 허가를 취소할 수 있다. 〈개정 2014. 1. 28., 2016. 2. 3., 2018. 6. 12.〉

1. 허가사항이나 허가조건을 위반한 때
2. 속임수나 그 밖의 부정한 방법으로 허가를 받은 때
3. 허가사항의 이행이 불가능하거나 현저히 공익을 해할 우려가 있다고 인정되는 때

② 특별자치시장, 특별자치도지사, 시장·군수 또는 구청장은 제35조제1항 단서에 따라 허가를 받은 자가 제1항 각 호의 어느 하나에 해당하는 경우에는 허가를 취소할 수 있다. 〈신설 2014. 1. 28.〉

③ 제35조제1항에 따라 허가를 받은 자가 착수신고를 하지 아니하고 허가기간이 지난 때에는 그 허가가 취소된 것으로 본다. 〈개정 2014. 1. 28.〉

제38조 삭제 〈2023. 3. 21.〉

제39조(수출 등의 금지) ① 국보, 보물 또는 국가민속문화유산은 국외로 수출하거나 반출할 수 없다. 다만, 문화유산의 국외 전시 등 국제적 문화교류를 목적으로 반출하되, 그 반출한 날부터 2년 이내에 다시 반입할 것을 조건으로 문화재청장의 허가를 받으면 그러하지 아니하다. 〈개정 2023. 8. 8.〉

② 제1항 단서에 따라 문화유산의 국외 반출을 허가받으려는 자는 반출 예정일 5개월 전에 관세청장이 운영·관리하는 전산시스템을 통하여 문화체육관광부령으로 정하는 반출허가신청서를 문화재청장에게 제출하여야 한다. 〈신설 2016. 2. 3., 2019. 11. 26., 2023. 8. 8.〉

③ 문화재청장은 제1항 단서에 따라 반출을 허가받은 자가 그 반출 기간의 연장을 신청하면 당초 반출목적 달성이나 문화유산의 안전 등을 위하여 필요하다고 인정되는 경우 제4항에 따른 심사기준에 부합하는 경우에 한정하여 2년의 범위에서 그 반출 기간의 연장을 허가할 수 있다. 〈개정 2016. 2. 3., 2023. 8. 8.〉

④ 제1항 단서 및 제3항에 따른 국외 반출 또는 반출 기간의 연장을 허가하기 위한 구체적 심사기준은 문화체육관광부령으로 정한다. 〈신설 2016. 2. 3.〉

⑤ 문화재청장은 제1항 단서에 따라 국외 반출을 허가받은 자에게 해당 문화유산의 현황 및 보존·관리 실태 등의 자료를 제출하도록 요구할 수 있다. 이 경우 요구를 받은 자는 특별한 사유가 없으면 이에 따라야 한다. 〈신설 2017. 11. 28., 2023. 8. 8.〉

⑥ 삭제 〈2023. 3. 21.〉

⑦ 삭제 〈2023. 3. 21.〉

⑧ 삭제 〈2023. 3. 21.〉

제40조(신고 사항) ① 국가지정문화유산(보호물과 보호구역을 포함한다. 이하 이 조에서 같다)의 소

유자, 관리자 또는 관리단체는 해당 문화유산에 다음 각 호의 어느 하나에 해당하는 사유가 발생하면 대통령령으로 정하는 바에 따라 그 사실과 경위를 문화재청장에게 신고하여야 한다. 다만, 제35조제1항 단서에 따라 허가를 받고 그 행위를 착수하거나 완료한 경우에는 특별자치시장, 특별자치도지사, 시장·군수 또는 구청장에게 신고하여야 한다. 〈개정 2014. 1. 28., 2015. 3. 27., 2017. 11. 28., 2023. 3. 21., 2023. 8. 8.〉

1. 관리자를 선임하거나 해임한 경우
2. 국가지정문화유산의 소유자가 변경된 경우
3. 소유자 또는 관리자의 성명이나 주소가 변경된 경우
4. 국가지정문화유산의 소재지의 지명, 지번, 지목(地目), 면적 등이 변경된 경우
5. 보관 장소가 변경된 경우
6. 국가지정문화유산의 전부 또는 일부가 멸실, 유실, 도난 또는 훼손된 경우
7. 제35조제1항제1호에 따라 허가(변경허가를 포함한다)를 받고 그 문화유산의 현상변경을 착수하거나 완료한 경우
8. 제39조제1항에 따라 허가받은 문화유산을 반출한 후 이를 다시 반입한 경우
9. 삭제 〈2023. 3. 21.〉
9의2. 삭제 〈2023. 3. 21.〉
9의3. 삭제 〈2023. 3. 21.〉

② 제1항에 따른 신고를 하는 때에는 같은 항 제1호의 경우 소유자와 관리자가, 같은 항 제2호의 경우에는 신·구 소유자가 각각 신고서에 함께 서명하여야 한다. 〈신설 2014. 1. 28.〉

③ 역사문화환경 보존지역에서 건설공사를 시행하는 자는 해당 역사문화환경 보존지역에서 제35조제1항제2호에 따라 허가(변경허가를 포함한다)를 받고 허가받은 사항을 착수 또는 완료한 경우에는 대통령령으로 정하는 바에 따라 그 사실과 경위를 문화재청장에게 신고하여야 한다. 다만, 제35조제1항 단서에 따라 허가를 받고 그 행위를 착수하거나 완료한 경우에는 특별자치시장, 특별자치도지사, 시장·군수 또는 구청장에게 신고하여야 한다. 〈개정 2014. 1. 28.〉

제41조 삭제 〈2023. 3. 21.〉

제42조(행정명령) ① 문화재청장이나 지방자치단체의 장은 국가지정문화유산(보호물과 보호구역을 포함한다. 이하 이 조에서 같다)과 그 역사문화환경 보존지역의 보존·관리를 위하여 필요하다고 인정하면 다음 각 호의 사항을 명할 수 있다. 〈개정 2015. 3. 27., 2023. 8. 8.〉

1. 국가지정문화유산의 관리 상황이 그 문화유산의 보존상 적당하지 아니하거나 특히 필요하다고 인정되는 경우 그 소유자, 관리자 또는 관리단체에 대한 일정한 행위의 금지나 제한
2. 국가지정문화유산의 소유자, 관리자 또는 관리단체에 대한 수리, 그 밖에 필요한 시설의 설치나 장애물의 제거
3. 국가지정문화유산의 소유자, 관리자 또는 관리단체에 대한 문화유산 보존에 필요한 긴급한 조치
4. 제35조제1항 각 호에 따른 허가를 받지 아니하고 국가지정문화유산의 현상을 변경하거나 보존에 영향을 미칠 우려가 있는 행위 등을 한 자에 대한 행위의 중지 또는 원상회복 조치

② 문화재청장 또는 지방자치단체의 장은 국가지정문화유산의 소유자, 관리자 또는 관리단체가 제1

항제1호부터 제3호까지의 규정에 따른 명령을 이행하지 아니하거나 그 소유자, 관리자, 관리단체에 제1항제1호부터 제3호까지의 조치를 하게 하는 것이 적당하지 아니하다고 인정되면 국가의 부담으로 직접 제1항제1호부터 제3호까지의 조치를 할 수 있다. 〈개정 2015. 3. 27., 2023. 8. 8.〉

③ 문화재청장 또는 지방자치단체의 장은 제1항제4호에 따른 명령을 받은 자가 명령을 이행하지 아니하는 경우「행정대집행법」에서 정하는 바에 따라 대집행하고, 그 비용을 명령 위반자로부터 징수할 수 있다.

④ 지방자치단체의 장은 제1항에 따른 명령을 하면 문화재청장에게 보고하여야 한다.

제43조(기록의 작성 · 보존) ① 문화재청장과 해당 특별자치시장, 특별자치도지사, 시장 · 군수 또는 구청장 및 관리단체의 장은 국가지정문화유산의 보존 · 관리 및 변경 사항 등에 관한 기록을 작성 · 보존하여야 한다. 〈개정 2014. 1. 28., 2023. 8. 8.〉

② 문화재청장은 국가지정문화유산의 보존 · 관리를 위하여 필요하다고 인정하면 문화유산에 관한 전문적 지식이 있는 자나 연구기관에 국가지정문화유산의 기록을 작성하게 할 수 있다. 〈개정 2023. 8. 8.〉

제44조(정기조사) ① 문화재청장은 국가지정문화유산의 현상, 관리, 그 밖의 보존상황 등에 관하여 정기적으로 조사하여야 한다. 〈개정 2015. 3. 27., 2023. 8. 8.〉

② 문화재청장은 제1항에 따른 정기조사 후 보다 깊이 있는 조사가 필요하다고 인정하면 그 소속 공무원에게 해당 국가지정문화유산에 대하여 재조사하게 할 수 있다. 〈개정 2023. 8. 8.〉

③ 제1항과 제2항에 따라 조사하는 경우에는 미리 그 문화유산의 소유자, 관리자, 관리단체에 대하여 그 뜻을 알려야 한다. 다만, 긴급한 경우에는 사후에 그 취지를 알릴 수 있다. 〈개정 2015. 3. 27., 2023. 8. 8.〉

④ 제1항과 제2항에 따라 조사를 하는 공무원은 소유자, 관리자, 관리단체에 문화유산의 공개, 현황자료의 제출, 문화유산 소재장소 출입 등 조사에 필요한 범위에서 협조를 요구할 수 있으며, 그 문화유산의 현상을 훼손하지 아니하는 범위에서 측량, 발굴, 장애물의 제거, 그 밖에 조사에 필요한 행위를 할 수 있다. 다만, 해 뜨기 전이나 해 진 뒤에는 소유자, 관리자, 관리단체의 동의를 받아야 한다. 〈개정 2015. 3. 27., 2023. 8. 8.〉

⑤ 제4항에 따라 조사를 하는 공무원은 그 권한을 표시하는 증표를 지니고 이를 관계인에게 내보여야 한다.

⑥ 문화재청장은 제1항과 제2항에 따른 정기조사와 재조사의 전부 또는 일부를 대통령령으로 정하는 바에 따라 지방자치단체에 위임하거나 전문기관 또는 단체에 위탁할 수 있다.

⑦ 문화재청장은 제1항 및 제2항에 따른 정기조사 · 재조사의 결과를 다음 각 호의 국가지정문화유산의 관리에 반영하여야 한다. 〈개정 2023. 8. 8.〉

1. 문화유산의 지정과 그 해제

2. 보호물 또는 보호구역의 지정과 그 해제

3. 삭제 〈2015. 3. 27.〉

4. 문화유산의 수리

5. 문화유산 보존을 위한 행위의 제한 · 금지 또는 시설의 설치 · 제거 및 이전

6. 그 밖에 관리에 필요한 사항

제45조(직권에 의한 조사) ① 문화재청장은 필요하다고 인정하면 그 소속 공무원에게 국가지정문화유산의 현상, 관리, 그 밖의 보존상황에 관하여 조사하게 할 수 있다. 〈개정 2015. 3. 27., 2023. 8. 8.〉

② 제1항에 따라 직권에 의한 조사를 하는 경우 조사통지, 조사의 협조요구, 조사를 위하여 필요한 행위범위, 조사 증표 휴대 및 제시 등에 관하여는 제44조제3항부터 제5항까지의 규정을 준용한다. 〈개정 2023. 8. 8.〉

제46조(손실의 보상) ① 국가는 다음 각 호의 어느 하나에 해당하는 자에 대하여는 그 손실을 보상하여야 한다. 〈개정 2020. 12. 8.〉

　　1. 제42조제1항제1호부터 제3호까지의 규정에 따른 명령을 이행하여 손실을 받은 자

　　2. 제42조제2항에 따른 조치로 인하여 손실을 받은 자

　　3. 제44조제4항(제45조제2항에 따라 준용되는 경우를 포함한다)에 따른 조사행위로 인하여 손실을 받은 자

② 제1항에 따른 손실보상의 구체적인 대상 및 절차 등에 관하여 필요한 사항은 대통령령으로 정한다. 〈신설 2020. 12. 8.〉

제47조(임시지정문화유산에 관한 허가사항 등의 준용) 임시지정문화유산의 보호에 관하여는 제35조제1항, 제37조, 제39조, 제40조제1항(같은 항 제2호부터 제4호까지 및 제6호부터 제8호까지에 한정한다), 제40조제2항, 제42조제1항제1호 · 제3호 및 제46조를 준용한다. 〈개정 2014. 1. 28., 2019. 11. 26., 2023. 8. 8.〉

[제목개정 2019. 11. 26., 2023. 8. 8.]

제3절 공개 및 관람료

제48조(국가지정문화유산의 공개 등) ① 국가지정문화유산은 제2항에 따라 해당 문화유산의 공개를 제한하는 경우 외에는 특별한 사유가 없으면 이를 공개하여야 한다. 〈개정 2015. 3. 27., 2023. 8. 8.〉

② 문화재청장은 국가지정문화유산의 보존과 훼손 방지를 위하여 필요하면 해당 문화유산의 전부나 일부에 대하여 공개를 제한할 수 있다. 이 경우 문화재청장은 해당 문화유산의 소유자(관리단체가 지정되어 있으면 그 관리단체를 말한다)의 의견을 들어야 한다. 〈개정 2023. 8. 8.〉

③ 문화재청장은 제2항에 따라 국가지정문화유산의 공개를 제한하면 해당 문화유산이 있는 지역의 위치, 공개가 제한되는 기간 및 지역 등을 문화체육관광부령으로 정하는 바에 따라 고시하고, 해당 문화유산의 소유자 · 관리자 또는 관리단체, 관할 시 · 도지사와 시장 · 군수 또는 구청장에게 알려야 한다. 〈개정 2023. 8. 8.〉

④ 문화재청장은 제2항에 따른 공개 제한의 사유가 소멸하면 지체 없이 제한 조치를 해제하여야 한다. 이 경우 문화재청장은 문화체육관광부령으로 정하는 바에 따라 이를 고시하고 해당 문화유산의 소유자 · 관리자 또는 관리단체, 관할 시 · 도지사와 시장 · 군수 또는 구청장에게 알려야 한다. 〈개정 2023. 8. 8.〉

⑤ 제2항과 제3항에 따라 공개가 제한되는 지역에 출입하려는 자는 그 사유를 명시하여 문화재청장의 허가를 받아야 한다.

⑥ 문화재청장은 제5항에 따른 허가의 신청을 받은 날부터 30일 이내에 허가 여부를 신청인에게 통지하여야 한다. 〈신설 2018. 6. 12.〉

⑦ 문화재청장이 제6항에서 정한 기간 내에 허가 여부 또는 민원 처리 관련 법령에 따른 처리기간의 연장을 신청인에게 통지하지 아니하면 그 기간(민원 처리 관련 법령에 따라 처리기간이 연장 또는 재연장된 경우에는 해당 처리기간을 말한다)이 끝난 날의 다음 날에 허가를 한 것으로 본다. 〈신설 2018. 6. 12.〉

[제목개정 2023. 8. 8.]

제49조(관람료의 징수 및 감면) ① 국가지정문화유산의 소유자는 그 문화유산을 공개하는 경우 관람자로부터 관람료를 징수할 수 있다. 다만, 관리단체가 지정된 경우에는 관리단체가 징수권자가 된다. 〈개정 2015. 3. 27., 2023. 8. 8.〉

② 제1항에 따른 관람료는 해당 국가지정문화유산의 소유자 또는 관리단체가 정한다. 〈개정 2015. 3. 27., 2023. 8. 8.〉

③ 국가 또는 지방자치단체는 제1항에도 불구하고 국가가 관리하는 국가지정문화유산의 경우 문화체육관광부령으로, 지방자치단체가 관리하는 국가지정문화유산의 경우 조례로 각각 정하는 바에 따라 지역주민 등에 대하여 관람료를 감면할 수 있다. 〈신설 2014. 1. 28., 2023. 8. 8.〉

④ 국가 또는 지방자치단체는 국가 또는 지방자치단체가 아닌 국가지정문화유산의 소유자 또는 관리단체가 제1항에 따른 관람료를 감면하는 경우 국가지정문화유산 관리를 위하여 대통령령으로 정하는 바에 따라 감면된 관람료에 해당하는 비용을 지원할 수 있다. 〈신설 2022. 5. 3., 2023. 8. 8.〉

[제목개정 2014. 1. 28.]

제50조 삭제 〈2015. 3. 27.〉

제4절 보조금 및 경비 지원

제51조(보조금) ① 국가는 다음 각 호의 경비의 전부나 일부를 보조할 수 있다. 〈개정 2023. 8. 8.〉

1. 제34조제1항에 따른 관리단체가 그 문화유산을 관리할 때 필요한 경비

2. 제42조제1항제1호부터 제3호까지에 따른 조치에 필요한 경비

3. 제1호와 제2호의 경우 외에 국가지정문화유산의 보존ㆍ관리 및 활용 또는 기록 작성을 위하여 필요한 경비

4. 삭제 〈2015. 3. 27.〉

② 문화재청장은 제1항에 따른 보조를 하는 경우 그 문화유산의 수리나 그 밖의 공사를 감독할 수 있다. 〈개정 2023. 8. 8.〉

③ 제1항제2호 및 제3호의 경비에 대한 보조금은 시ㆍ도지사를 통하여 교부하고, 그 지시에 따라 관리ㆍ사용하게 한다. 다만, 문화재청장이 필요하다고 인정하면 소유자, 관리자, 관리단체에게 직접 교부하고, 그 지시에 따라 관리ㆍ사용하게 할 수 있다. 〈개정 2015. 3. 27.〉

제52조(지방자치단체의 경비 부담) 지방자치단체는 그 관할구역에 있는 국가지정문화유산으로서 지방자치단체가 소유하거나 관리하지 아니하는 문화유산에 대한 보존ㆍ관리 및 활용 등에 필요한 경비를 부담하거나 보조할 수 있다. 〈개정 2023. 8. 8.〉

제5장 **삭제** 〈2023. 9. 14.〉

제53조 삭제 〈2023. 9. 14.〉

제54조 삭제 〈2023. 9. 14.〉

제55조 삭제 〈2023. 9. 14.〉

제56조 삭제 〈2023. 9. 14.〉

제57조 삭제 〈2023. 9. 14.〉

제58조 삭제 〈2023. 9. 14.〉

제59조 삭제 〈2023. 9. 14.〉

제6장 **일반동산문화유산** 〈개정 2023. 8. 8.〉

제60조(일반동산문화유산 수출 등의 금지) ① 이 법에 따라 지정 또는 「근현대문화유산의 보존 및 활용에 관한 법률」에 따라 등록되지 아니한 문화유산 중 동산에 속하는 문화유산(이하 "일반동산문화유산"이라 한다)에 관하여는 제39조제1항과 제3항을 준용한다. 다만, 일반동산문화유산의 국외전시 등 국제적 문화교류를 목적으로 다음 각 호의 어느 하나에 해당하는 사항으로서 문화재청장의 허가를 받은 경우에는 그러하지 아니하다. 〈개정 2016. 2. 3., 2023. 8. 8., 2023. 9. 14.〉

　　1. 「박물관 및 미술관 진흥법」에 따라 설립된 박물관 등이 외국의 박물관 등에 일반동산문화유산을 반출한 날부터 10년 이내에 다시 반입하는 경우

　　2. 외국 정부가 인증하는 박물관이나 문화유산 관련 단체가 자국의 박물관 등에서 전시할 목적으로 국내에서 일반동산문화유산을 구입 또는 기증받아 반출하는 경우

② 문화재청장은 제1항 단서에 따라 허가를 받은 자가 제37조제1항 각 호의 어느 하나에 해당하는 경우에는 허가를 취소할 수 있다.

③ 제1항제2호에 따른 일반동산문화유산의 수출이나 반출에 관한 절차 등에 필요한 사항은 문화체육관광부령으로 정한다. 〈개정 2023. 8. 8.〉

④ 제1항 단서에 따라 허가받은 자는 허가된 일반동산문화유산을 반출한 후 이를 다시 반입한 경우 문화체육관광부령으로 정하는 바에 따라 문화재청장에게 신고하여야 한다. 〈개정 2021. 5. 18., 2023. 8. 8.〉

⑤ 일반동산문화유산으로 오인될 우려가 있는 동산을 국외로 수출하거나 반출하려면 미리 문화재청장의 확인을 받아야 한다. 〈개정 2023. 8. 8.〉

⑥ 제1항 및 제5항에 따른 일반동산문화유산의 범위와 확인 등에 필요한 사항은 대통령령으로 정한다. 〈개정 2023. 8. 8.〉

⑦ 문화재청장은 제1항 단서(제1호의 경우에 한정한다)에 따라 반출을 허가받은 자가 그 반출 기간의 연장을 신청하면 당초 반출목적 달성이나 문화유산의 안전 등을 위하여 필요하다고 인정되는 경우 제8항에 따른 심사기준에 부합하는 경우에 한정하여 당초 반출한 날부터 10년의 범위에서 그 반출 기간의 연장을 허가할 수 있다. 〈신설 2021. 5. 18., 2023. 8. 8.〉

⑧ 제1항 단서 및 제7항에 따른 일반동산문화유산의 국외 반출 · 수출 및 반출 · 수출 기간의 연장을

허가하기 위한 구체적 심사기준은 문화체육관광부령으로 정한다. 〈신설 2021. 5. 18., 2023. 8. 8.〉

⑨ 문화재청장은 제1항 단서에 따라 국외 반출ㆍ수출을 허가받은 자에게 해당 문화유산의 현황 및 보존ㆍ관리 실태 등의 자료를 제출하도록 요구할 수 있다. 이 경우 요구를 받은 자는 특별한 사유가 없으면 이에 따라야 한다. 〈신설 2021. 5. 18., 2023. 8. 8.〉

[제목개정 2023. 8. 8.]

제60조의2(문화유산감정위원의 배치 등) ① 문화재청장은 문화유산의 불법반출 방지 및 국외 반출 동산에 대한 감정 등에 관한 업무를 수행하기 위하여 「공항시설법」 제2조제3호에 따른 공항, 「항만법」 제2조제2호의 무역항, 「관세법」 제256조제2항의 통관우체국 등에 문화유산감정위원을 배치할 수 있다. 〈개정 2016. 3. 29., 2023. 8. 8.〉

② 제1항에 따른 문화유산감정위원의 배치ㆍ운영 등에 필요한 사항은 대통령령으로 정한다. 〈개정 2023. 8. 8.〉

[본조신설 2015. 3. 27.] [제목개정 2023. 8. 8.]

제61조(일반동산문화유산에 관한 조사) ① 문화재청장은 필요하다고 인정하면 그 소속 공무원으로 하여금 국가기관 또는 지방자치단체가 소장하고 있는 일반동산문화유산에 관한 현상, 관리, 그 밖의 보존상황에 관하여 조사하게 할 수 있다. 이 경우 해당 국가기관 또는 지방자치단체의 장은 조사에 협조하여야 한다. 〈개정 2023. 8. 8.〉

② 문화재청장은 제1항에 따라 조사한 결과 문화유산의 보존ㆍ관리가 적절하지 아니하다고 인정되면 해당 기관의 장에게 문화유산에 관한 보존ㆍ관리 방안을 마련하도록 요청할 수 있다. 〈개정 2023. 8. 8.〉

③ 제2항에 따라 문화재청장의 요청을 받은 국가기관 또는 지방자치단체의 장은 해당 문화유산에 관한 보존ㆍ관리 방안을 마련하여 대통령령으로 정하는 바에 따라 문화재청장에게 보고하여야 한다. 〈개정 2023. 8. 8.〉

④ 제1항에 따라 문화재청장이 조사를 하는 경우 조사의 통지, 조사의 협조요구, 그 밖에 조사에 필요한 사항 등에 관하여는 제44조제3항부터 제5항까지의 규정을 준용한다.

[제목개정 2023. 8. 8.]

제61조의2(건조물 등에 포장되어 있는 일반동산문화유산의 발견신고 등) ① 건조물 등에 포장(包藏)되어 있는 일반동산문화유산의 발견자나 그 건조물 등의 소유자ㆍ점유자 또는 관리자는 그 현상을 변경하지 말고 대통령령으로 정하는 바에 따라 그 발견된 사실을 문화재청장에게 신고하여야 한다.

② 제1항에 따라 발견신고된 일반동산문화유산의 처리방법, 소유권 판정 및 국가귀속 등에 필요한 사항은 「매장유산 보호 및 조사에 관한 법률」 제18조부터 제20조까지를 준용한다.

③ 제2항에도 불구하고 제1항에 따라 발견신고된 일반동산문화유산의 소유권을 판정하는 경우 해당 일반동산문화유산이 발견된 건조물 등을 소유 또는 점유한 자가 제1항에 따른 발견신고 후 90일 이내에 그 일반동산문화유산의 소유자임을 주장하면서 그 건조물 등을 계속하여 소유 또는 점유(승계하여 소유 또는 점유하는 경우를 포함한다)하고 있음을 역사고증 등 대통령령으로 정하는 방법으로 증명하는 때에는 그 소유권 판정 결과 정당한 소유자가 있는 것으로 판정된 경우를 제외하고는 그 건조물 등의 소유자 또는 점유자를 해당 일반동산문화유산의 소유자로 추정한다. [본조신설 2023. 9. 14.]

제7장 국유문화유산에 관한 특례 〈개정 2023. 8. 8.〉

제62조(관리청과 총괄청) ① 국유에 속하는 문화유산(이하 "국유문화유산"이라 한다)은 「국유재산법」 제8조와 「물품관리법」 제7조에도 불구하고 문화재청장이 관리ㆍ총괄한다. 다만, 국유문화유산이 문화재청장 외의 중앙관서의 장(「국가재정법」에 따른 중앙행정기관의 장을 말한다. 이하 같다)이 관리하고 있는 행정재산(行政財産)인 경우 또는 문화재청장 외의 중앙관서의 장이 관리하여야 할 특별한 필요가 있는 것인 경우에는 문화재청장은 관계 기관의 장 및 기획재정부장관과 협의하여 그 관리청을 정한다. 〈개정 2023. 8. 8.〉

② 문화재청장은 제1항 단서에 따라 관리청을 정할 때에는 문화유산위원회의 의견을 들어야 한다. 〈개정 2023. 8. 8.〉

③ 문화재청장은 제1항 단서에 해당하지 아니하는 국유문화유산의 관리를 지방자치단체에 위임하거나 비영리법인 또는 법인 아닌 비영리단체에 위탁할 수 있다. 이 경우 국유문화유산의 관리로 인하여 생긴 수익은 관리를 위임받거나 위탁받은 자의 수입으로 한다. 〈개정 2023. 8. 8.〉

제63조(회계 간의 무상관리전환) 국유문화유산을 문화재청장이 관리하기 위하여 소속을 달리하는 회계로부터 관리전환을 받을 때에는 「국유재산법」 제17조에도 불구하고 무상으로 할 수 있다. 〈개정 2023. 8. 8.〉

제64조(절차 및 방법의 특례) ① 문화재청장이 제62조제1항 단서에 따라 그 관리청이 따로 정하여진 국유문화유산을 국가지정문화유산으로 지정 또는 임시지정하거나 그 지정이나 임시지정을 해제하는 경우 이 법에 따라 행하는 해당 문화유산의 소유자나 점유자에 대한 통지는 그 문화유산의 관리청에 대하여 하여야 한다. 〈개정 2019. 11. 26., 2023. 8. 8.〉

② 제62조제1항 단서에 따라 그 관리청이 따로 정하여진 국유문화유산에 관하여 제40조ㆍ제42조ㆍ제45조 및 제49조를 적용하는 경우 그 문화유산의 소유자란 그 문화유산의 관리청을 말한다. 〈개정 2023. 8. 8.〉

제65조(처분의 제한) 제62조제1항 단서에 따른 관리청이 그 관리에 속하는 국가지정문화유산 또는 임시지정문화유산에 관하여 제35조제1항 각 호에 정하여진 행위 외의 행위를 하려면 미리 문화재청장의 동의를 받아야 한다. 〈개정 2019. 11. 26., 2023. 8. 8.〉

제66조(양도 및 사권설정의 금지) 국유문화유산(그 부지를 포함한다)은 이 법에 특별한 규정이 없으면 이를 양도하거나 사권(私權)을 설정할 수 없다. 다만, 그 보호에 지장이 없다고 인정되면 공공용, 공용 또는 공익사업에 필요한 경우에 한정하여 일정한 조건을 붙여 그 사용을 허가할 수 있다. 〈개정 2023. 8. 8.〉

제8장 국외소재문화유산 〈개정 2023. 8. 8.〉

제67조(국외소재문화유산의 보호) 국가는 국외소재문화유산의 보호ㆍ환수 등을 위하여 노력하여야 하며, 이에 필요한 조직과 예산을 확보하여야 한다. 〈개정 2023. 8. 8.〉

[제목개정 2023. 8. 8.]

제68조(국외소재문화유산의 조사ㆍ연구) ① 문화재청장 또는 지방자치단체의 장은 국외소재문화유산

의 현황, 보존 · 관리 실태, 반출 경위 등에 관하여 조사 · 연구를 실시할 수 있다. 〈개정 2016. 2. 3., 2023. 8. 8.〉

② 문화재청장 또는 지방자치단체의 장은 제1항에 따른 조사 · 연구의 효율적 수행을 위하여 박물관, 한국국제교류재단, 국사편찬위원회 및 각 대학 등 관련 기관에 필요한 자료의 제출과 정보 제공 등을 요청할 수 있으며, 요청을 받은 관련 기관은 이에 협조하여야 한다. 〈개정 2016. 2. 3.〉

[제목개정 2023. 8. 8.]

제69조(국외소재문화유산 보호 및 환수 활동의 지원) ① 문화재청장 또는 지방자치단체의 장은 국외소재문화유산 보호 및 환수를 위하여 필요하면 관련 기관 또는 단체를 지원 · 육성할 수 있다. 〈개정 2016. 2. 3., 2023. 8. 8.〉

② 제1항에 따라 지방자치단체의 장이 지원 · 육성하는 기관 또는 단체의 선정 및 재정지원 등에 필요한 사항은 해당 지방자치단체의 조례로 정한다. 〈신설 2016. 2. 3.〉

[제목개정 2023. 8. 8.]

제69조의2(국외소재문화유산 환수 및 활용에 대한 의견 청취) 문화재청장은 국외소재문화유산 환수 및 활용 관련 중요 정책 등에 대하여 관계 전문가 또는 관계 기관의 의견을 들을 수 있다. 〈개정 2023. 8. 8.〉

[전문개정 2016. 2. 3.] [제목개정 2023. 8. 8.]

제69조의3(국외소재문화유산재단의 설립) ① 국외소재문화유산의 현황 및 반출 경위 등에 대한 조사 · 연구, 국외소재문화유산 환수 · 활용과 관련한 각종 전략 · 정책 연구 등 국외소재문화유산과 관련한 각종 사업을 종합적 · 체계적으로 수행하기 위하여 문화재청 산하에 국외소재문화유산재단 (이하 "국외문화유산재단"이라 한다)을 설립한다. 〈개정 2020. 12. 22., 2023. 8. 8.〉

② 국외문화유산재단은 법인으로 한다. 〈개정 2023. 8. 8.〉

③ 국외문화유산재단에는 정관으로 정하는 바에 따라 임원과 필요한 직원을 둔다. 〈개정 2023. 8. 8.〉

④ 국외문화유산재단에 관하여 이 법에서 규정한 것 외에는 「민법」 중 재단법인에 관한 규정을 준용한다. 〈개정 2023. 8. 8.〉

⑤ 국가는 국외문화유산재단의 설립과 운영에 소요되는 경비를 예산의 범위에서 또는 「국가유산보호기금법」에 따른 국가유산보호기금에서 출연 또는 보조할 수 있다. 〈개정 2023. 8. 8.〉

⑥ 국외문화유산재단은 설립목적을 달성하기 위하여 다음 각 호의 사업을 행한다. 〈개정 2023. 8. 8.〉

　1. 국외소재문화유산의 현황, 반출 경위 등에 대한 조사 · 연구

　2. 국외소재문화유산 환수 및 보호에 관한 연구

　3. 국외소재문화유산의 취득 및 보존 · 관리

　4. 국외소재문화유산의 환수 및 활용 관련 단체에 대한 지원 · 교류 및 국제연대 강화

　5. 국외소재문화유산 환수 및 활용 관련 홍보 · 교육 · 출판 및 보급

　6. 외국박물관 한국실 운영 지원

　7. 한국담당 학예사의 파견 및 교육 훈련

　8. 국외소재문화유산의 보존처리 및 홍보 지원

　9. 국외문화유산재단의 설립목적을 달성하기 위한 수익사업. 이 경우 수익사업은 문화재청장의 사전승인을 받아야 한다.

　10. 그 밖에 국외문화유산재단의 설립 목적을 달성하는 데 필요한 사업

⑦ 국외문화유산재단은 문화재청장을 거쳐 관계 행정기관이나 국외소재문화유산 환수 및 활용과 관련된 법인 또는 단체의 장에게 사업수행에 필요한 자료의 제공을 요청할 수 있다. 〈개정 2023. 8. 8.〉

[본조신설 2012. 1. 26.] [제목개정 2023. 8. 8.]

제69조의4(금전 등의 기부) ① 누구든지 국외소재문화유산의 환수·활용을 위하여 금전 및 그 밖의 재산을 국외문화유산재단에 기부할 수 있다. 〈개정 2023. 8. 8.〉

② 국외문화유산재단은 제1항에 따른 기부가 있을 때에는 「기부금품의 모집 및 사용에 관한 법률」 제5조제2항 각 호 외의 부분 본문에도 불구하고 자발적으로 기탁되는 금품을 사업목적에 부합하는 범위에서 접수할 수 있다. 이 경우 국외문화유산재단은 접수한 기부금을 별도 계정으로 관리하여야 한다. 〈개정 2023. 8. 8.〉

③ 제1항 및 제2항에 따른 기부 및 접수의 절차, 관리·운영 방법 등 필요한 사항은 대통령령으로 정한다.

④ 국외문화유산재단은 제2항에 따른 기부금품의 접수 및 처리 상황 등을 대통령령으로 정하는 바에 따라 문화재청장에게 보고하여야 한다. 〈개정 2023. 8. 8.〉

⑤ 문화재청장은 제1항에 따른 기부로 국외소재문화유산의 환수·활용에 현저한 공로가 있는 자에 대하여 시상(施賞) 등의 예우를 할 수 있다. 〈개정 2023. 8. 8.〉

[본조신설 2022. 1. 18.]

제9장 시·도지정문화유산 〈개정 2023. 9. 14.〉

제70조(시·도지정문화유산의 지정 등) ① 시·도지사는 그 관할구역에 있는 문화유산으로서 국가지정문화유산으로 지정되지 아니한 문화유산 중 보존가치가 있다고 인정되는 것을 시·도지정문화유산으로 지정할 수 있다. 〈개정 2015. 3. 27., 2023. 8. 8.〉

② 시·도지사는 제1항에 따라 지정되지 아니한 문화유산 중 향토문화 보존을 위하여 필요하다고 인정하는 것을 문화유산자료로 지정할 수 있다. 〈개정 2023. 8. 8.〉

③ 삭제 〈2023. 9. 14.〉

④ 문화재청장은 문화유산위원회의 심의를 거쳐 필요하다고 인정되는 문화유산에 대하여 시·도지사에게 시·도지정문화유산이나 문화유산자료(보호물이나 보호구역을 포함한다. 이하 같다)로 지정·보존할 것을 권고할 수 있다. 이 경우 시·도지사는 특별한 사유가 있는 경우를 제외하고는 문화유산 지정절차를 이행하고 그 결과를 문화재청장에게 보고하여야 한다. 〈개정 2018. 12. 24., 2023. 8. 8., 2023. 9. 14.〉

⑤ 제1항·제2항 및 제4항에 따라 시·도지정문화유산 또는 문화유산자료로 지정할 때에는 해당 특별시·광역시·특별자치시·도 또는 특별자치도가 지정하였다는 것을 알 수 있도록 "지정" 앞에 해당 특별시·광역시·특별자치시·도 또는 특별자치도의 명칭을 표시하여야 한다. 〈개정 2014. 1. 28., 2018. 12. 24., 2023. 8. 8., 2023. 9. 14.〉

⑥ 시·도지정문화유산과 문화유산자료의 지정 및 해제절차, 보호 등에 필요한 사항은 해당 지방자치단체의 조례로 정한다. 〈개정 2018. 12. 24., 2023. 8. 8., 2023. 9. 14.〉

[제목개정 2018. 12. 24., 2023. 8. 8., 2023. 9. 14.]

제70조의2(시 · 도지정문화유산 또는 문화유산자료의 보호물 또는 보호구역의 지정) ① 시 · 도지사는 제70조제1항 또는 제2항에 따른 지정을 할 때 문화유산 보호를 위하여 특히 필요하면 이를 위한 보호물 또는 보호구역을 지정할 수 있다. 〈개정 2023. 8. 8.〉

② 시 · 도지사는 인위적 또는 자연적 조건의 변화 등으로 인하여 조정이 필요하다고 인정하면 제1항에 따라 지정된 보호물 또는 보호구역을 조정할 수 있다.

③ 시 · 도지사는 제1항 및 제2항에 따라 보호물 또는 보호구역을 지정하거나 조정한 때에는 지정 또는 조정 후 매 10년이 되는 날 이전에 다음 각 호의 사항을 고려하여 그 지정 및 조정의 적정성을 검토하여야 한다. 다만, 특별한 사정으로 인하여 적정성을 검토하여야 할 시기에 이를 할 수 없는 경우에는 대통령령으로 정하는 기간까지 그 검토시기를 연기할 수 있다. 〈개정 2023. 8. 8.〉

　1. 해당 문화유산의 보존가치

　2. 보호물 또는 보호구역의 지정이 재산권 행사에 미치는 영향

　3. 보호물 또는 보호구역의 주변 환경

④ 제1항부터 제3항까지의 규정에 따른 지정, 조정 및 적정성 검토 등에 필요한 사항은 시 · 도조례로 정한다.

⑤ 제2항에 따라 지정된 보호구역이 조정된 경우 시 · 도지사는 시 · 도지정문화유산의 보존에 영향을 미치지 않는다고 판단하면 제13조제3항에 따라 정한 역사문화환경 보존지역의 범위를 기존의 범위대로 유지할 수 있다. 〈개정 2023. 8. 8.〉

[본조신설 2019. 11. 26.] [제목개정 2023. 8. 8.]

제71조(시 · 도문화유산위원회의 설치) ① 시 · 도지사의 관할구역에 있는 문화유산의 보존 · 관리와 활용에 관한 사항을 조사 · 심의하기 위하여 시 · 도에 문화유산위원회(이하 "시 · 도문화유산위원회"라 한다)를 둔다. 〈개정 2023. 8. 8.〉

② 시 · 도문화유산위원회의 조직과 운영 등에 관한 사항은 조례로 정하되, 다음 각 호의 사항을 포함하여야 한다. 〈개정 2023. 8. 8.〉

　1. 문화유산의 보존 · 관리 및 활용과 관련된 조사 · 심의에 관한 사항

　2. 위원의 위촉과 해촉에 관한 사항

　3. 분과위원회의 설치와 운영에 관한 사항

　4. 전문위원의 위촉과 활용에 관한 사항

③ 시 · 도지사가 그 관할구역에 있는 문화유산의 국가지정문화유산(보호물과 보호구역을 포함한다) 지정 또는 해제 및 「근현대문화유산의 보존 및 활용에 관한 법률」에 따른 국가등록문화유산 등록 또는 말소를 문화재청장에게 요청하려면 시 · 도문화유산위원회의 사전 심의를 거쳐야 한다. 〈개정 2018. 12. 24., 2023. 8. 8., 2023. 9. 14.〉

[제목개정 2023. 8. 8.]

제72조(경비부담) ① 제70조제1항 및 제2항에 따라 지정된 시 · 도지정문화유산 또는 문화유산자료가 국유 또는 공유재산이면 그 보존을 위하여 필요한 경비는 국가나 해당 지방자치단체가 부담한다. 〈개정 2018. 12. 24., 2023. 8. 8., 2023. 9. 14.〉

② 국가나 지방자치단체는 국유 또는 공유재산이 아닌 시 · 도지정문화유산 및 문화유산자료의 보존 · 관리 · 활용 또는 기록 작성을 위한 경비의 전부 또는 일부를 보조할 수 있다. 〈개정 2015.

3. 27., 2018. 12. 24., 2023. 8. 8., 2023. 9. 14.〉

제73조(보고 등) ① 시·도지사는 다음 각 호의 어느 하나에 해당하는 사유가 있으면 대통령령으로 정하는 바에 따라 이를 문화재청장에게 보고하여야 한다. 〈개정 2018. 12. 24., 2023. 8. 8., 2023. 9. 14.〉

1. 시·도지정문화유산이나 문화유산자료를 지정하거나 그 지정을 해제한 경우

2. 삭제 〈2023. 9. 14.〉

3. 시·도지정문화유산 또는 문화유산자료의 소재지나 보관 장소가 변경된 경우

4. 시·도지정문화유산이나 문화유산자료의 전부 또는 일부가 멸실, 유실, 도난 또는 훼손된 경우

② 문화재청장은 제1항제1호 및 제3호의 행위가 적합하지 아니하다고 인정되면 시정이나 필요한 조치를 명할 수 있다. 〈개정 2018. 12. 24., 2023. 9. 14.〉

제74조(준용규정) ① 시·도지정문화유산 및 문화유산자료의 수출 또는 반출에 관하여는 제39조제1항부터 제5항까지를 준용한다. 〈개정 2016. 2. 3., 2017. 11. 28., 2018. 12. 24., 2023. 8. 8., 2023. 9. 14.〉

② 시·도지정문화유산과 문화유산자료의 지정해제 및 관리 등에 관하여는 제31조제1항·제4항, 제32조부터 제34조까지, 제35조제1항, 제36조, 제37조, 제40조, 제42조부터 제45조까지, 제48조, 제49조 및 제81조를 준용한다. 이 경우 "문화재청장"은 "시·도지사"로, "대통령령"은 "시·도조례"로, "국가"는 "지방자치단체"로 본다. 〈개정 2015. 3. 27., 2018. 10. 16., 2019. 11. 26., 2023. 8. 8.〉

③ 삭제 〈2023. 9. 14.〉

제10장 문화유산매매업 등 〈개정 2023. 8. 8.〉

제75조(매매 등 영업의 허가) ① 동산에 속하는 유형문화유산이나 민속문화유산을 매매 또는 교환하는 것을 업으로 하려는 자(위탁을 받아 매매 또는 교환하는 것을 업으로 하는 자를 포함한다)는 대통령령으로 정하는 바에 따라 특별자치시장, 특별자치도지사, 시장·군수 또는 구청장의 문화유산매매업 허가를 받아야 한다. 〈개정 2014. 1. 28., 2023. 8. 8.〉

② 제1항에 따라 허가를 받은 자(이하 "문화유산매매업자"라 한다)는 특별자치시장, 특별자치도지사, 시장·군수 또는 구청장에게 대통령령으로 정하는 바에 따라 문화유산의 보존 상황, 매매 또는 교환의 실태를 신고하여야 한다. 〈개정 2014. 1. 28., 2023. 8. 8.〉

③ 제2항에 따라 신고를 받은 특별자치시장, 특별자치도지사, 시장·군수 또는 구청장은 신고받은 사항을 대통령령으로 정하는 바에 따라 문화재청장에게 정기적으로 보고하여야 한다. 〈개정 2014. 1. 28.〉

④ 제1항에 따라 허가를 받은 자는 다음 각 호의 어느 하나에 해당하는 사항이 변경된 때에는 문화체육관광부령으로 정하는 바에 따라 특별자치시장, 특별자치도지사, 시장·군수 또는 구청장에게 변경신고를 하여야 한다. 〈신설 2018. 6. 12., 2019. 11. 26., 2023. 8. 8.〉

1. 상호 변경

2. 영업장 주소지의 변경

3. 법인의 대표자의 변경

4. 제76조제1항제5호의 자격 요건으로 문화유산매매업의 허가를 받은 법인의 임원의 변경

제75조의2(영업의 승계) ① 제75조에 따라 문화유산매매업의 허가를 받은 자가 문화유산매매업을 다른 자에게 양도하거나 법인의 합병이 있는 경우에는 그 양수한 자 또는 합병 후 존속하는 법인이나 합병에 의하여 설립되는 법인은 문화유산매매업자로서의 지위를 승계한다. 〈개정 2023. 8. 8.〉

② 제1항에 따라 문화유산매매업자로서의 지위를 승계받은 자는 문화체육관광부령으로 정하는 바에 따라 특별자치시장, 특별자치도지사, 시장·군수 또는 구청장에게 신고하여야 한다. 〈개정 2023. 8. 8.〉

③ 제2항에 따른 신고에 관하여는 제76조제1항에 따른 자격 요건과 제77조에 따른 결격사유에 관한 규정을 준용한다.

[본조신설 2019. 11. 26.]

제76조(자격 요건) ① 제75조제1항에 따라 문화유산매매업의 허가를 받으려는 자는 다음 각 호의 어느 하나에 해당하는 자이어야 한다. 〈개정 2019. 11. 26., 2023. 8. 8.〉

1. 국가, 지방자치단체, 박물관 또는 미술관에서 2년 이상 문화유산을 취급한 사람

2. 전문대학 이상의 대학(대학원을 포함한다)에서 역사학·고고학·인류학·미술사학·민속학·서지학·전통공예학 또는 문화유산관리학 계통의 전공과목(이하 "문화유산 관련 전공과목"이라 한다)을 일정 학점 이상 이수한 사람

3. 「학점인정 등에 관한 법률」 제7조에 따라 문화유산 관련 전공과목을 일정 학점 이상을 이수한 것으로 학점인정을 받은 사람

4. 문화유산매매업자에게 고용되어 3년 이상 문화유산을 취급한 사람

5. 고미술품 등의 유통·거래를 목적으로 「상법」에 따라 설립된 법인으로서 제1호부터 제4호까지의 자격 요건 중 어느 하나를 갖춘 대표자 또는 임원을 1명 이상 보유한 법인

② 제1항에 따른 박물관·미술관의 범위, 일정 학점 등에 관하여 필요한 사항은 문화체육관광부령으로 정한다. 〈개정 2019. 11. 26.〉

제77조(결격사유) 다음 각 호의 어느 하나에 해당하는 자는 문화유산매매업자가 될 수 없다. 〈개정 2017. 3. 21., 2023. 8. 8.〉

1. 삭제 〈2020. 12. 8.〉

2. 이 법과 「형법」 제347조 또는 제362조를 위반하여 금고 이상의 실형을 선고받고 그 집행이 끝나거나 집행을 받지 아니하기로 확정된 후 3년이 지나지 아니한 자

3. 제80조에 따라 허가가 취소된 날부터 3년이 지나지 아니한 자

제77조의2(명의대여 등의 금지) 문화유산매매업자는 다른 자에게 자기의 명의 또는 상호를 사용하여 문화유산매매업을 하게 하거나 그 허가증을 다른 자에게 빌려 주어서는 아니 된다. 〈개정 2023. 8. 8.〉

[본조신설 2019. 11. 26.]

제78조(준수 사항) ① 문화유산매매업자는 문화체육관광부령으로 정하는 바에 따라 매매·교환 등에 관한 장부를 갖추어 두고 그 거래 내용을 기록하며, 해당 문화유산을 확인할 수 있도록 실물 사진을 촬영하여 붙여 놓아야 한다. 〈개정 2014. 1. 28., 2023. 8. 8.〉

② 문화유산매매업자는 문화체육관광부령으로 정하는 바에 따라 해마다 제1항에 따른 매매·교환 등에 관한 장부에 대하여 검인을 받아야 한다. 문화유산매매업을 폐업하려는 경우에도 또한

같다. 〈신설 2014. 1. 28., 2023. 8. 8.〉

제79조(폐업신고의 의무) 제75조제1항에 따라 허가를 받은 자는 문화유산매매업을 폐업하면 3개월 이내에 문화체육관광부령으로 정하는 바에 따라 폐업신고서를 특별자치시장, 특별자치도지사, 시장·군수 또는 구청장에게 제출하여야 한다. 〈개정 2014. 1. 28., 2023. 8. 8.〉

제80조(허가취소 등) ① 특별자치시장, 특별자치도지사, 시장·군수 또는 구청장은 문화유산매매업자가 다음 각 호의 어느 하나에 해당하면 그 허가를 취소하거나 1년 이내의 기간을 정하여 그 영업의 전부 또는 일부의 정지를 명할 수 있다. 다만, 제1호부터 제3호까지의 규정에 해당하면 그 허가를 취소하여야 한다. 〈개정 2014. 1. 28., 2019. 11. 26., 2023. 8. 8.〉

  1. 거짓이나 그 밖의 부정한 방법으로 허가를 받은 경우
  2. 제90조·제92조 및 「매장유산 보호 및 조사에 관한 법률」 제31조를 위반하여 벌금 이상의 처벌을 받은 경우
  3. 영업정지 기간 중에 영업을 한 경우
  4. 제76조제1항제5호의 자격 요건으로 문화유산매매업을 허가받은 법인이 해당 자격 요건을 상실한 경우. 다만, 해당 법인이 3개월 이내에 자격 요건에 해당하는 자를 대표자 또는 임원으로 선임하는 경우에는 그러하지 아니하다.
  5. 제77조의2에 따른 명의대여 등의 금지 사항을 위반한 경우
  6. 제78조에 따른 준수 사항을 위반한 경우
  ② 제1항에 따른 행정처분의 세부 기준은 문화체육관광부령으로 정한다.

제80조의2(행정 제재처분 효과의 승계) 문화유산매매업자가 매매업을 양도하거나 법인이 합병되는 경우에는 제75조제2항, 같은 조 제4항, 제75조의2제2항, 제78조를 위반하거나 제80조제1항제1호부터 제3호까지의 규정에 해당되어 종전의 문화유산매매업자에게 행한 행정 제재처분의 효과는 그 처분기간이 끝난 날부터 1년간 양수한 자나 합병 후 존속하는 법인에 승계되며, 행정 제재처분의 절차가 진행 중인 경우에는 양수한 자나 합병 후 존속하는 법인에 대하여 행정 제재처분 절차를 계속할 수 있다. 다만, 양수한 자나 합병 후 존속하는 법인이 양수하거나 합병할 때에 그 처분 또는 위반사실을 알지 못하였음을 증명하는 때에는 그러하지 아니하다. 〈개정 2023. 8. 8.〉
[본조신설 2019. 11. 26.]

제10장의2 문화유산의 상시적 예방관리 〈신설 2020. 6. 9., 2023. 8. 8.〉

제80조의3(문화유산돌봄사업) ① 국가와 지방자치단체는 다음 각 호의 어느 하나에 해당하는 문화유산의 보존을 위하여 상시적인 예방관리 사업(이하 "문화유산돌봄사업"이라 한다)을 실시할 수 있다. 〈개정 2023. 8. 8.〉

  1. 지정문화유산
  2. 등록문화유산
  3. 임시지정문화유산
  4. 그 밖에 역사적·문화적·예술적 가치가 높은 문화유산으로서 대통령령으로 정하는 것
  ② 문화유산돌봄사업의 범위는 다음 각 호와 같다. 〈개정 2023. 8. 8.〉

1. 문화유산의 주기적인 모니터링
2. 문화유산 관람환경 개선을 위한 일상적 · 예방적 관리
3. 문화유산 주변지역 환경정비 및 재해예방
4. 문화유산 및 그 주변지역의 재해 발생에 대응한 신속한 조사 및 응급조치
5. 「국가유산수리 등에 관한 법률」 제5조제1항 단서에 따른 해당 문화유산의 보존에 영향을 미치지 아니하는 경미한 수리
6. 그 밖에 문화유산돌봄사업을 위하여 필요한 사업

③ 문화재청장은 매년 문화유산돌봄사업 추진지침을 수립하여 시 · 도지사 및 제80조의4에 따른 중앙문화유산돌봄센터와 제80조의5에 따른 지역문화유산돌봄센터에 각각 통보하여야 한다. 〈개정 2023. 8. 8.〉

[본조신설 2020. 6. 9.] [제목개정 2023. 8. 8.]

제80조의4(중앙문화유산돌봄센터) ① 문화재청장은 문화유산돌봄사업에 관한 다음 각 호의 업무를 종합적이고 효율적으로 수행하기 위하여 중앙문화유산돌봄센터를 설치 · 운영한다. 〈개정 2023. 8. 8.〉

1. 문화유산돌봄사업의 관리 및 지원
2. 문화유산돌봄사업을 위한 연구 및 조사
3. 문화유산돌봄사업을 위한 정보관리시스템 구축 및 운영
4. 지역문화유산돌봄센터 평가의 지원
5. 지역문화유산돌봄센터 종사자에 대한 전문교육의 관리 · 지원
6. 지역문화유산돌봄센터 상호 간의 연계 · 협력 지원
7. 그 밖에 중앙문화유산돌봄센터의 설치목적 달성에 필요한 사업

② 문화재청장은 제1항에 따른 중앙문화유산돌봄센터의 운영을 대통령령으로 정하는 바에 따라 문화유산 관련 기관 또는 단체에 위탁할 수 있다. 〈개정 2023. 8. 8.〉

③ 문화재청장은 제2항에 따라 중앙문화유산돌봄센터의 운영을 문화유산 관련 기관 또는 단체에 위탁하는 경우 운영에 필요한 비용의 전부 또는 일부를 보조할 수 있다. 〈개정 2023. 8. 8.〉

④ 그 밖에 중앙문화유산돌봄센터의 설치 · 운영에 필요한 사항은 대통령령으로 정한다. 〈개정 2023. 8. 8.〉

[본조신설 2020. 6. 9.] [제목개정 2023. 8. 8.]

제80조의5(지역문화유산돌봄센터) ① 시 · 도지사는 다음 각 호의 업무를 효율적으로 실시하기 위하여 문화유산 관련 기관 또는 단체를 지역문화유산돌봄센터로 지정할 수 있다. 〈개정 2023. 8. 8.〉

1. 지역여건에 적합한 문화유산돌봄사업
2. 지역여건에 적합한 문화유산돌봄사업을 위한 연구 및 조사
3. 지역문화유산돌봄센터 상호 간의 인적 · 물적 자원의 교류
4. 지역문화유산돌봄센터 종사자에 대한 안전교육 등 직장교육
5. 그 밖에 지역문화유산돌봄센터의 지정목적 달성에 필요한 사업

② 시 · 도지사는 지역문화유산돌봄센터가 다음 각 호의 어느 하나에 해당하는 경우 그 지정을 취소할 수 있다. 다만, 제1호에 해당하는 경우에는 지정을 취소하여야 한다. 〈개정 2023. 8. 8.〉

1. 거짓이나 그 밖의 부정한 방법으로 지정을 받은 경우

2. 제4항에 따른 지정기준에 적합하지 아니하게 된 경우

③ 국가와 지방자치단체는 지역문화유산돌봄센터의 운영에 필요한 비용의 전부 또는 일부를 보조할 수 있다. 〈개정 2023. 8. 8.〉

④ 지역문화유산돌봄센터의 지정 및 취소의 기준과 절차 등에 관하여 필요한 사항은 대통령령으로 정한다. 〈개정 2023. 8. 8.〉

[본조신설 2020. 6. 9.] [제목개정 2023. 8. 8.]

제80조의6(지역문화유산돌봄센터의 평가 등) ① 문화재청장은 지역문화유산돌봄센터가 제80조의3 제3항에 따른 추진지침에 따라 적정하게 운영되었는지를 평가하여야 한다. 〈개정 2023. 8. 8.〉

② 문화재청장은 제1항에 따른 평가 결과를 시·도지사에게 통보하고, 이를 공개하여야 한다.

③ 제1항에 따른 평가 시기, 방법 및 제2항에 따른 평가 결과의 공개 등에 필요한 사항은 대통령령으로 정한다.

[본조신설 2020. 6. 9.] [제목개정 2023. 8. 8.]

제80조의7(지역문화유산돌봄센터의 종사자에 대한 전문교육) ① 지역문화유산돌봄센터의 종사자는 문화체육관광부령으로 정하는 바에 따라 문화재청장이 실시하는 문화유산돌봄사업에 필요한 교육(이하 "전문교육"이라 한다)을 받아야 한다. 〈개정 2023. 8. 8.〉

② 문화재청장은 전문교육을 문화유산 관련 기관 또는 단체에 위임 또는 위탁할 수 있다. 〈개정 2023. 8. 8.〉

③ 제1항에 따른 전문교육의 내용·방법 및 시기와 제2항에 따른 전문교육의 위임 또는 위탁 등에 필요한 사항은 문화체육관광부령으로 정한다.

[본조신설 2020. 6. 9.] [제목개정 2023. 8. 8.]

제11장 보칙

제81조(권리·의무의 승계) ① 국가지정문화유산(보호물과 보호구역 및 임시지정문화유산을 포함한다)의 소유자가 변경된 때에는 새 소유자는 이 법 또는 이 법에 따라 문화재청장이 행하는 명령·지시, 그 밖의 처분으로 인한 전소유자(前所有者)의 권리·의무를 승계한다. 〈개정 2019. 11. 26., 2023. 8. 8.〉

② 제34조에 따라 관리단체가 지정되거나 그 지정이 해제된 경우에 관리단체와 소유자에 대하여는 제1항을 준용한다. 다만, 소유자에게 전속(專屬)하는 권리·의무는 그러하지 아니하다.

제82조(권한의 위임·위탁) 이 법에 따른 문화재청장의 권한은 대통령령으로 정하는 바에 따라 그 일부를 소속 기관의 장, 시·도지사 또는 시장·군수·구청장에게 위임하거나 문화유산의 보호·보급 등을 목적으로 설립된 기관이나 법인 또는 단체 등에 위탁할 수 있다. 〈개정 2019. 11. 26., 2023. 8. 8.〉

제82조의2 삭제 〈2023. 8. 8.〉

제82조의3(금지행위) ① 누구든지 지정문화유산에 글씨 또는 그림 등을 쓰거나 그리거나 새기는 행위 등을 하여서는 아니 된다. 〈개정 2023. 8. 8.〉

② 문화재청장 또는 지방자치단체의 장은 제1항의 행위를 한 사람에게 훼손된 문화유산의 원상 복구를 명할 수 있다. 〈개정 2023. 8. 8.〉

③ 문화재청장 또는 지방자치단체의 장은 제2항에 따른 명령을 이행하지 아니하거나 제1항의 행위를 한 사람에게 원상 복구 조치를 하게 하는 것이 적당하지 아니하다고 인정되면 국가 또는 지방자치단체의 부담으로 훼손된 문화유산을 원상 복구하고, 대통령령으로 정하는 바에 따라 제1항의 행위를 한 사람에게 그 비용을 청구할 수 있다. 〈개정 2023. 8. 8.〉

④ 제3항에 따라 청구한 비용을 납부하여야 할 사람이 이를 납부하지 아니하는 때에는 국세 체납처분의 예 또는 「지방세외수입금의 징수 등에 관한 법률」에 따라 징수한다.

[본조신설 2020. 6. 9.]

제83조(토지의 수용 또는 사용) ① 문화재청장이나 지방자치단체의 장은 문화유산의 보존·관리를 위하여 필요하면 지정문화유산이나 그 보호구역에 있는 토지, 건물, 나무, 대나무, 그 밖의 공작물을 「공익사업을 위한 토지 등의 취득 및 보상에 관한 법률」에 따라 수용(收用)하거나 사용할 수 있다. 〈개정 2020. 12. 22., 2023. 8. 8.〉

② 삭제 〈2014. 1. 28.〉

제84조(국·공유재산의 대부·사용 등) ① 국가 또는 지방자치단체는 문화유산의 보존·관리·활용 또는 전승을 위하여 필요하다고 인정하면 「국유재산법」 또는 「공유재산 및 물품 관리법」에도 불구하고 국유 또는 공유재산을 수의계약으로 대부·사용·수익하게 하거나 매각할 수 있다. 〈개정 2023. 8. 8.〉

② 제1항에 따른 국유 또는 공유재산의 대부·사용·수익·매각 등의 내용 및 조건에 관하여는 「국유재산법」 또는 「공유재산 및 물품 관리법」에서 정하는 바에 따른다.

제85조(문화유산 방재의 날) ① 문화유산을 화재 등의 재해로부터 안전하게 보존하고 국민의 문화유산에 대한 안전관리의식을 높이기 위하여 매년 2월 10일을 문화유산 방재의 날로 정한다. 〈개정 2023. 8. 8.〉

② 국가 및 지방자치단체는 문화유산 방재의 날 취지에 맞도록 문화유산에 대한 안전점검, 방재훈련 등의 사업 및 행사를 실시한다. 〈개정 2023. 8. 8.〉

③ 문화유산 방재의 날 행사에 관하여 필요한 사항은 문화재청장 또는 시·도지사가 따로 정할 수 있다. 〈개정 2023. 8. 8.〉

[제목개정 2023. 8. 8.]

제86조(포상금) ① 문화재청장은 제90조부터 제92조까지와 「매장유산 보호 및 조사에 관한 법률」 제31조의 죄를 저지른 자나 그 미수범(未遂犯)이 기소유예 처분을 받거나 유죄판결이 확정된 경우 그 자를 수사기관에 제보(提報)한 자와 체포에 공로가 있는 자에게 예산의 범위에서 포상금을 지급하여야 한다. 〈개정 2023. 8. 8.〉

② 수사기관의 범위, 제보의 처리, 포상금의 지급기준 등 포상금 지급에 필요한 사항은 대통령령으로 정한다.

제87조(다른 법률과의 관계) ① 문화재청장이 「자연공원법」에 따른 공원구역에서 대통령령으로 정하는 면적 이상의 지역을 대상으로 다음 각 호의 어느 하나에 해당하는 행위를 하려면 해당 공원관리청과 협의하여야 한다. 〈개정 2014. 1. 28., 2023. 3. 21.〉

　1. 제25조에 따라 일정한 지역을 사적으로 지정하는 경우

2. 제27조에 따라 보호구역을 지정하는 경우

3. 제35조제1항 본문에 따라 허가나 변경허가를 하는 경우

② 특별자치시장, 특별자치도지사, 시장·군수 또는 구청장이 「자연공원법」에 따른 공원구역에서 대통령령으로 정하는 면적 이상의 지역을 대상으로 제35조제1항 단서에 따라 허가나 변경허가를 하려면 해당 공원관리청과 협의하여야 한다. 〈신설 2014. 1. 28.〉

③ 제35조제1항(제74조제2항에 따라 준용되는 경우를 포함한다)에 따라 허가를 받은 때에는 다음 각 호의 허가를 받은 것으로 본다. 〈개정 2014. 1. 28.〉

1. 「자연공원법」 제23조에 따른 공원구역에서의 행위 허가

2. 「도시공원 및 녹지 등에 관한 법률」 제24조·제27조 및 제38조에 따른 도시공원·도시자연공원구역·녹지의 점용 및 사용 허가

④ 제23조, 제25조부터 제27조까지 또는 제70조제1항에 따라 국가지정문화유산 또는 시·도지정문화유산으로 지정되거나 그의 보호물 또는 보호구역으로 지정·고시된 지역이 「국토의 계획 및 이용에 관한 법률」 제6조제1호에 따른 도시지역에 속하는 경우에는 같은 법 제37조제1항제5호에 따른 보호지구로 지정·고시된 것으로 본다. 〈개정 2014. 1. 28., 2017. 4. 18., 2023. 8. 8.〉

⑤ 다음 각 호의 어느 하나에 해당하는 문화유산의 매매 등 거래행위에 관하여는 「민법」 제249조의 선의취득에 관한 규정을 적용하지 아니한다. 다만, 양수인이 경매나 문화유산매매업자 등으로부터 선의로 이를 매수한 경우에는 피해자 또는 유실자(遺失者)는 양수인이 지급한 대가를 변상하고 반환을 청구할 수 있다. 〈개정 2014. 1. 28., 2023. 8. 8.〉

1. 문화재청장이나 시·도지사가 지정한 문화유산

2. 도난물품 또는 유실물(遺失物)인 사실이 공고된 문화유산

3. 그 출처를 알 수 있는 중요한 부분이나 기록을 인위적으로 훼손한 문화유산

⑥ 제5항제2호에 따른 공고에 필요한 사항은 문화체육관광부령으로 정한다. 〈개정 2014. 1. 28.〉

제88조(청문) 문화재청장, 시·도지사, 시장·군수 또는 구청장은 다음 각 호의 어느 하나에 해당하는 처분을 하려면 청문을 하여야 한다. 〈개정 2019. 11. 26., 2020. 6. 9., 2023. 8. 8., 2023. 9. 14.〉

1. 제22조의4제3항에 따른 지역센터의 지정 취소

2. 제22조의7에 따른 문화유산교육 프로그램의 인증 취소

3. 제35조제1항, 제39조 또는 제60조제1항 단서에 따라 허가받은 자가 그 허가 사항이나 허가 조건을 위반한 경우의 허가취소

4. 삭제 〈2023. 3. 21.〉

5. 제80조에 따른 문화유산매매업자의 허가취소 또는 영업정지

6. 제80조의5제2항에 따른 지역문화유산돌봄센터의 지정 취소

제89조(벌칙 적용에서의 공무원 의제) 다음 각 호의 어느 하나에 해당하는 자는 「형법」 제129조부터 제132조까지의 규정을 적용할 때에는 공무원으로 본다. 〈개정 2014. 1. 28., 2023. 8. 8.〉

1. 제8조제1항에 따라 문화유산 보존·관리에 관한 사항을 조사·심의하는 문화유산위원회 위원(제71조제1항에 따른 시·도문화유산위원회의 위원을 포함한다)

1의2. 제13조제2항 후단에 따라 지정문화유산 보존 영향 검토에 대한 의견을 제출하는 자

1의3. 제36조제2항에 따라 현상변경허가 조사 의견을 제출하는 자

2. 삭제 〈2023. 3. 21.〉

3. 제44조제6항에 따라 문화유산조사를 위탁받아 수행하는 자

4. 제82조에 따라 문화재청장의 권한을 위탁받은 사무에 종사하는 자

제12장 벌칙

제90조(무허가수출 등의 죄) ① 제39조제1항 본문(제74조제1항에 따라 준용하는 경우를 포함한다)을 위반하여 지정문화유산 또는 임시지정문화유산을 국외로 수출 또는 반출하거나 제39조제1항 단서 및 제2항부터 제4항까지(제74조제1항에 따라 준용하는 경우를 포함한다)에 따라 반출한 문화유산을 기한까지 다시 반입하지 아니한 자는 5년 이상의 유기징역에 처하고 그 문화유산은 몰수한다. 〈개정 2016. 2. 3., 2019. 11. 26., 2023. 8. 8., 2023. 9. 14.〉

② 제60조제1항을 위반하여 문화유산을 국외로 수출 또는 반출하거나 반출한 문화유산을 다시 반입하지 아니한 자는 3년 이상의 유기징역에 처하고 그 문화유산은 몰수한다. 〈개정 2023. 8. 8.〉

③ 제1항 또는 제2항을 위반하여 국외로 수출 또는 반출하는 사실을 알고 해당 문화유산을 양도·양수 또는 중개한 자는 3년 이상의 유기징역에 처하고 그 문화유산은 몰수한다. 〈개정 2020. 12. 22., 2023. 8. 8.〉

제90조의2(추징) 제90조에 따라 해당 문화유산을 몰수할 수 없을 때에는 해당 문화유산의 감정가격을 추징한다. 〈개정 2023. 8. 8.〉

[본조신설 2019. 11. 26.]

제91조(허위 지정 등 유도죄) 거짓이나 그 밖의 부정한 방법으로 지정문화유산 또는 임시지정문화유산으로 지정하게 한 자는 5년 이상의 유기징역에 처한다. 〈개정 2019. 11. 26., 2023. 8. 8.〉

제92조(손상 또는 은닉 등의 죄) ① 국가지정문화유산을 손상, 절취 또는 은닉하거나 그 밖의 방법으로 그 효용을 해한 자는 3년 이상의 유기징역에 처한다. 〈개정 2015. 3. 27., 2023. 8. 8.〉

② 다음 각 호의 어느 하나에 해당하는 자는 2년 이상의 유기징역에 처한다. 〈개정 2019. 11. 26., 2023. 8. 8.〉

1. 제1항에 규정된 것 외의 지정문화유산 또는 임시지정문화유산(건조물은 제외한다)을 손상, 절취 또는 은닉하거나 그 밖의 방법으로 그 효용을 해한 자

2. 일반동산문화유산인 것을 알고 일반동산문화유산을 손상, 절취 또는 은닉하거나 그 밖의 방법으로 그 효용을 해한 자

③ 다음 각 호의 어느 하나에 해당하는 자는 2년 이상의 유기징역이나 2천만원 이상 1억5천만원 이하의 벌금에 처한다. 〈개정 2023. 3. 21., 2023. 8. 8.〉

1. 삭제 〈2023. 3. 21.〉

2. 제1항 또는 제2항을 위반한 행위를 알고 해당 문화유산을 취득, 양도, 양수 또는 운반한 자

3. 제2호에 따른 행위를 알선한 자

④ 제1항과 제2항에 규정된 은닉 행위 이전에 타인에 의하여 행하여진 같은 항에 따른 손상, 절취, 은닉, 그 밖의 방법으로 그 지정문화유산, 임시지정문화유산 또는 일반동산문화유산의 효용을 해하는 행위가 처벌되지 아니한 경우에도 해당 은닉 행위자는 같은 항에서 정한 형으로 처벌한

다. 〈개정 2019. 11. 26., 2023. 8. 8.〉

⑤ 제1항부터 제4항까지의 경우에 해당하는 문화유산은 몰수하되, 몰수하기가 불가능하면 해당 문화유산의 감정가격을 추징한다. 다만, 제4항에 따른 은닉 행위자가 선의로 해당 문화유산을 취득한 경우에는 그러하지 아니하다. 〈개정 2023. 8. 8.〉

제93조(가중죄) ① 단체나 다중(多衆)의 위력(威力)을 보이거나 위험한 물건을 몸에 지녀서 제90조부터 제92조까지의 죄를 저지르면 각 해당 조에서 정한 형의 2분의 1까지 가중한다. 〈개정 2023. 8. 8.〉

② 제1항의 죄를 저질러 지정문화유산이나 임시지정문화유산을 보호하는 사람을 상해에 이르게 한 때에는 무기 또는 5년 이상의 징역에 처한다. 사망에 이르게 한 때에는 사형, 무기 또는 5년 이상의 징역에 처한다. 〈개정 2019. 11. 26., 2023. 8. 8.〉

제94조(「형법」의 준용) 다음 각 호의 건조물에 대하여 방화, 일수(溢水) 또는 파괴의 죄를 저지른 자는 「형법」 제165조 · 제178조 또는 제367조와 같은 법 중 이들 조항과 관계되는 법조(法條)의 규정을 준용하여 처벌하되, 각 해당 조에서 정한 형의 2분의 1까지 가중한다. 〈개정 2019. 11. 26., 2023. 8. 8.〉

1. 지정문화유산이나 임시지정문화유산인 건조물
2. 지정문화유산이나 임시지정문화유산을 보호하기 위한 건조물

제95조(사적에의 일수죄) 물을 넘겨 문화재청장이 지정 또는 임시지정한 사적이나 보호구역을 침해한 자는 2년 이상 10년 이하의 징역에 처한다. 〈개정 2019. 11. 26., 2023. 3. 21.〉

[제목개정 2023. 3. 21.]

제96조(그 밖의 일수죄) 물을 넘겨 제95조에서 규정한 것 외의 지정문화유산 또는 임시지정문화유산이나 그 보호구역을 침해한 자는 10년 이하의 징역이나 1억원 이하의 벌금에 처한다. 〈개정 2019. 11. 26., 2023. 8. 8.〉

제97조(미수범 등) ① 제90조부터 제92조까지, 제93조제1항, 제95조 및 제96조의 미수범은 처벌한다.

② 제90조의 죄를 저지를 목적으로 예비 또는 음모한 자는 2년 이하의 징역에 처한다. 〈신설 2019. 11. 26., 2023. 8. 8.〉

③ 제91조, 제92조, 제93조제1항, 제95조 및 제96조의 죄를 저지를 목적으로 예비 또는 음모한 자는 2년 이하의 징역이나 2천만원 이하의 벌금에 처한다. 〈개정 2019. 11. 26., 2023. 8. 8.〉

제98조(과실범) ① 과실로 인하여 제95조 또는 제96조의 죄를 저지른 자는 1천만원 이하의 벌금에 처한다. 〈개정 2023. 8. 8.〉

② 업무상 과실이나 중대한 과실로 인하여 제95조 또는 제96조의 죄를 저지른 자는 3년 이하의 금고나 3천만원 이하의 벌금에 처한다. 〈개정 2023. 8. 8.〉

제99조(무허가 행위 등의 죄) ① 다음 각 호의 어느 하나에 해당하는 자는 5년 이하의 징역이나 5천만원 이하의 벌금에 처한다. 〈개정 2019. 11. 26., 2023. 3. 21., 2023. 8. 8.〉

1. 제35조제1항제1호 또는 제2호(제47조와 제74조제2항에 따라 준용되는 경우를 포함한다)를 위반하여 지정문화유산(보호물 및 보호구역을 포함한다)이나 임시지정문화유산의 현상을 변경하거나 그 보존에 영향을 미칠 우려가 있는 행위를 한 자
2. 삭제 〈2023. 3. 21.〉
3. 제75조제1항을 위반하여 허가를 받지 아니하고 영업행위를 한 자

② 다음 각 호의 어느 하나에 해당하는 자는 2년 이하의 징역이나 2천만원 이하의 벌금에 처한다. 〈개정 2018. 12. 24., 2023. 8. 8.〉

　　1. 제1항 각 호의 경우 그 문화유산이 자기 소유인 자

　　2. 삭제 〈2023. 9. 14.〉

제100조(행정명령 위반 등의 죄) 다음 각 호의 어느 하나에 해당하는 자는 3년 이하의 징역이나 3천만원 이하의 벌금에 처한다. 〈개정 2019. 11. 26., 2023. 3. 21.〉

　　1. 정당한 사유 없이 제21조제1항이나 제42조제1항(제74조제2항에 따라 준용되는 경우를 포함한다)에 따른 명령을 위반한 자

　　2. 삭제 〈2023. 3. 21.〉

제101조(관리행위 방해 등의 죄) 다음 각 호의 어느 하나에 해당하는 자는 2년 이하의 징역이나 2천만원 이하의 벌금에 처한다. 〈개정 2019. 11. 26., 2023. 8. 8.〉

　　1. 정당한 사유 없이 제12조에 따른 지시를 따르지 아니한 자

　　2. 제34조제5항(제74조제2항에 따라 준용되는 경우를 포함한다)을 위반하여 관리단체의 관리행위를 방해하거나 그 밖에 정당한 사유 없이 지정문화유산이나 임시지정문화유산의 관리권자의 관리행위를 방해한 자

　　3. 허가 없이 제35조제1항제3호(제74조제2항에 따라 준용되는 경우를 포함한다)에 규정된 행위를 한 자

　　4. 제44조제4항 본문(제45조제2항과 제74조제2항에 따라 준용되는 경우를 포함한다)에 따른 협조를 거부하거나 필요한 행위를 방해한 자

　　5. 지정문화유산이나 임시지정문화유산의 관리 · 보존에 책임이 있는 자 중 중대한 과실로 인하여 해당 문화유산을 멸실 또는 훼손하게 한 자

　　6. 거짓의 신고 또는 보고를 한 자

　　7. 지정문화유산으로 지정된 구역이나 그 보호구역의 경계 표시를 고의로 손괴, 이동, 제거, 그 밖의 방법으로 그 구역의 경계를 식별할 수 없게 한 자

　　8. 제48조제2항에 따른 문화재청장의 공개 제한을 위반하여 문화유산을 공개하거나 같은 조 제5항에 따른 허가를 받지 아니하고 출입한 자(제74조제2항에 따라 준용되는 경우를 포함한다)

제101조의2(명의 대여 등의 죄) 제77조의2를 위반하여 다른 자에게 자기의 명의 또는 상호를 사용하여 문화유산매매업을 하게 하거나 그 허가증을 다른 자에게 빌려 준 자는 1년 이하의 징역이나 1천만원 이하의 벌금에 처한다. 〈개정 2023. 8. 8.〉

[본조신설 2019. 11. 26.]

제102조(양벌규정) 법인의 대표자나 법인 또는 개인의 대리인, 사용인, 그 밖의 종업원이 그 법인 또는 개인의 업무에 관하여 제94조부터 제96조까지 또는 제98조부터 제101조까지의 어느 하나에 해당하는 위반행위를 하면 그 행위자를 벌하는 외에 그 법인 또는 개인에게도 해당 조문의 벌금형을 과(科)하고 벌금형이 없는 경우에는 3억원 이하의 벌금에 처한다. 다만, 법인 또는 개인이 그 위반행위를 방지하기 위하여 해당 업무에 관하여 상당한 주의와 감독을 게을리하지 아니한 경우에는 그러하지 아니하다.

제103조(과태료) ① 다음 각 호의 어느 하나에 해당하는 자에게는 500만원 이하의 과태료를 부과한다. 〈개정 2023. 8. 8.〉

    1. 제14조의4제3항에 따른 시정명령을 따르지 아니한 자

    2. 제22조의6제6항을 위반하여 인증을 받지 아니한 문화유산교육 프로그램에 대하여 인증표시를 하거나 이와 비슷한 표시를 한 자

    3. 제40조제1항제6호(제74조제2항에 따라 준용되는 경우를 포함한다)에 따른 신고를 하지 아니한 자

    4. 삭제 〈2023. 9. 14.〉

    5. 삭제 〈2023. 9. 14.〉

② 삭제 〈2023. 8. 8.〉

③ 다음 각 호의 어느 하나에 해당하는 자에게는 300만원 이하의 과태료를 부과한다. 〈개정 2023. 3. 21.〉

    1. 제40조제1항제7호 또는 같은 조 제3항(제74조제2항에 따라 준용되는 경우를 포함한다)에 따른 신고를 하지 아니한 자

    2. 삭제 〈2023. 3. 21.〉

④ 다음 각 호의 어느 하나에 해당하는 자에게는 200만원 이하의 과태료를 부과한다. 〈개정 2023. 3. 21.〉

    1. 제40조제1항제1호부터 제5호까지, 제8호(제74조제2항에 따라 준용되는 경우를 포함한다)에 따른 신고를 하지 아니한 자

    2. 삭제 〈2023. 9. 14.〉

    3. 제60조제4항에 따른 신고를 하지 아니한 자

    4. 제75조제2항에 따른 신고를 하지 아니한 자

    5. 제75조제4항에 따른 변경신고를 하지 아니한 자

    6. 제75조의2제2항에 따른 신고를 하지 아니한 자

    7. 제78조에 따른 준수 사항을 이행하지 아니한 자

    8. 제79조에 따른 폐업신고를 하지 아니한 자

⑤ 제14조의4제5항을 위반하여 금연구역에서 흡연을 한 사람에게는 10만원 이하의 과태료를 부과한다.

[전문개정 2020. 12. 8.]

제104조(과태료의 부과·징수) 제103조에 따른 과태료는 대통령령으로 정하는 바에 따라 문화재청장, 시·도지사 또는 시장·군수·구청장이 부과·징수한다.

문화재보호법 시행령[1]

제3조(문화재기본계획 수립을 위한 의견 청취 대상자) 법 제6조제2항에서 "대통령령으로 정하는 소유자, 관리자 또는 관리단체 및 관련 전문가"란 다음 각 호의 어느 하나에 해당하는 자를 말한다. 〈개정 2014. 12. 23.〉

1. 지정문화재나 등록문화재의 소유자 또는 관리자
2. 지정문화재나 등록문화재의 관리단체
3. 법 제8조에 따른 문화재위원회(이하 "문화재위원회"라 한다)의 위원
4. 그 밖에 문화재와 관련된 전문적인 지식이나 경험을 가진 자로서 문화재청장이 정하여 고시하는 자

제16조(지정 및 해제 등의 고시) 문화재청장은 법 제28조 및 제31조제5항에 따라 국가지정문화재를 지정하거나 그 지정을 해제하는 경우에는 다음 각 호의 사항을 고시해야 한다. 〈개정 2015. 10. 6., 2021. 11. 9.〉

1. 국가지정문화재의 종류, 명칭, 수량, 소재지 또는 보관 장소
2. 국가지정문화재의 보호물 또는 보호구역의 명칭, 수량 및 소재지
3. 국가지정문화재와 그 보호물 또는 보호구역의 소유자 또는 점유자의 성명과 주소
4. 삭제 〈2015. 10. 6.〉
5. 지정의 이유 또는 지정 해제의 이유

제38조(일반동산문화재의 보존 · 관리 방안) ① 법 제61조제2항에 따른 문화재에 관한 보존 · 관리 방안은 다음 각 호의 사항을 포함하여야 한다.

1. 일반동산문화재의 현황
2. 일반동산문화재의 보관 경위 및 관리 · 수리 이력
3. 보존 · 관리의 개선이 필요한 문화재와 그 조치 방안(조치할 내용, 추진 일정 및 방법 등을 포함한다)
4. 일반동산문화재의 보존처리계획 및 학술연구 등 활용계획

② 법 제61조제3항에 따라 문화재청장의 요청을 받은 국가기관 또는 지방자치단체의 장은 요청받은 날부터 30일 이내에 문화재청장에게 해당 문화재에 관한 보존 · 관리 방안을 보고하여야 한다.

---

1) 시행 2023. 12. 26., 대통령령 제34040호, 2023. 12. 26. 일부개정

문화재보호법 시행규칙[1]

제10조(국보 등의 지정서) ① 법 제29조제1항에 따른 국보, 보물 또는 국가민속문화재의 지정서에는 다음 각 호의 사항을 적어야 한다. 〈개정 2017. 6. 30., 2021. 11. 16.〉

　　1. 명칭 및 수량

　　2. 지정 연월일

　　3. 건조물인 경우에는 구조 및 형식

　　4. 건조물 외의 것은 규격, 형태, 재료 및 그 밖의 특징

　　5. 소재지 또는 보관 장소

　　6. 소유자의 성명 및 주소

② 국보의 지정서는 별지 제6호서식에 따르고, 보물 및 국가민속문화재의 지정서는 별지 제7호서식에 따른다. 〈개정 2017. 6. 30.〉

③ 제1항 각 호의 사항을 적을 경우에는 다음 각 호에서 정하는 바에 따라 지정서 부록을 별도로 만들어 적어야 한다. 이 경우 지정서 부록은 해당 지정서의 일부분으로 보며, 부록과 지정서의 뒷면 사이에는 간인을 찍어야 한다. 〈개정 2017. 6. 30.〉

　　1. 제1항제1호의 수량에 세목(細目)이 있는 경우 그 세목 : 국보의 경우에는 별지 제8호서식의 지정서 부록에 적고, 보물 및 국가민속문화재의 경우에는 별지 제9호서식의 지정서 부록에 적는다.

　　2. 제1항제3호 및 제4호의 사항 : 국보의 경우에는 별지 제8호서식의 지정서 부록에 적고, 보물 및 국가민속문화재의 경우에는 별지 제9호서식의 지정서 부록에 적는다.

④ 제1항에 따른 지정서를 멸실하거나 훼손하였을 때에는 해당 문화재의 소유자는 별지 제10호서식의 재발급 신청서를 문화재청장에게 제출하여 지정서를 다시 발급받아야 한다.

⑤ 문화재청장은 국보, 보물 및 국가민속문화재의 지정서를 발급하거나 재발급하면 별지 제11호서식의 국가지정문화재의 종류별 지정서 발급대장에 그 내용을 적어야 한다. 〈개정 2017. 6. 30.〉

⑥ 제5항의 발급대장은 전자적으로 처리할 수 없는 특별한 사유가 있는 경우를 제외하고는 전자적 방법으로 작성하여야 한다.

---

1) 시행 2023. 12. 26., 문화체육관광부령 제530호, 2023. 12. 26., 일부개정

| APPENDIX 08 |

준학예사 박물관학 기출 및 예상문제

2000년 기출문제 ─────────────────────

01 세계 최초의 원초적 형태의 박물관이며 Muses 여신(女神)들을 봉안한 신전(神殿)이란 의미를 가진 것은?

① Museum
② Musee
③ Mouseion
④ Museo－Mobile

해설 Muses는 문예, 미술, 음악, 무용, 연극, 역사, 철학을 담당하는 여신이다. 이들을 위한 신전은 회화, 조각 등의 조형예술품, 역사와 철학의 학문적인 성과, 공연예술의 집결지이다.

02 'Gallery'의 어원과 관련이 없는 것은?

① 프랑스 아카데미 전람회가 열린 곳에서 유래한다.
② 전람회가 루브르궁의 복도에서 개최되었기 때문에 생긴 말이다.
③ 상업적인 화랑의 출현과 함께 생겨났다.
④ 1667년 루브르궁에서 개최된 「대살롱」 전람회와 관련이 있다.

해설 화상(畵商)이 경영하는 오늘날의 갤러리는 20세기에 접어들면서 등장한 개념이다.

03 박물관 기능 중에서 가장 먼저 형성된 기능은 무엇인가?

① 연구
② 보존
③ 전시
④ 교육

해설 박물관의 고전적 기능은 수집이며, 이후 보존, 연구, 전시, 교육의 기능이 나타났다.

정답 01 ③ 02 ③ 03 ②

04 'ICOM'에 대하여 설명하였다. 맞지 않는 사항은?

① International Council of Museums의 약자이다.

② 유네스코 산하의 비정부조직이며 박물관 전문가로 구성되어 있다.

③ 국내위원회를 구성하여야만 회원이 될 수 있다.

④ 박물관의 정보교환과 상호권익을 위한 역할을 하고 있다.

해설 ▶ 국제박물관협의회의 회원은 개인회원, 기관회원, 명예회원, 찬조회원, 학생회원 등이 있다.

05 국제박물관협의회(ICOM)의 정관(Statutes)에 서술된 박물관을 정의한 내용에 포함되지 않는 것은?

① 인류환경의 물질적인 증거를 수집, 보존, 연구, 전시

② 대중에게 개방되며 사회발전에 이바지

③ 고급인력의 양성과 지식 전파

④ 비영리적이며 항구적인 기관

06 미술관에 관련된 용어를 정의한 내용 중 맞지 않는 것은?

① 미술관은 선사시대에서 현대에 이르는 시기의 미술작품들을 소장할 수 있다.

② 미술관은 영어의 Art Museum 또는 Fine Art Museum을 번역한 것이다.

③ 미술관은 전문적인 박물관에 속하는 미술박물관이다.

④ 미술관은 유물이 아닌 미술품을 취급하기 때문에 박물관에 포함되지 않는다.

해설 ▶ 박물관은 주제에 따라 과학, 역사, 미술, 교육 등으로 나뉜다.

07 각종 박람회는 그 결과로서 박물관의 설립을 불러왔다. 다음 사항 중 옳지 않은 것은?

① 수정궁대박람회와 Victoria & Albert Museum

② 시카고박람회와 시카고 자연사박물관

③ 오사카의 엑스포 70과 민족학 박물관

④ 대전의 과학박람회와 국립과학박물관

해설 ▶ 우리나라 국립중앙과학관은 1927년 건립된 은사기념과학관이 광복 후 1946년 국립과학박물관으로 명칭을 변경한 후 현재까지 이어지고 있다.

정답 ▶ 04 ③ 05 ③ 06 ④ 07 ④

08 설립 · 운영 주체에 따라 구분된 박물관의 종류로 볼 수 없는 것은?

① 국립박물관 ② 사립박물관
③ 향토박물관 ④ 대학박물관

해설 박물관은 설립과 운영 주체에 따라 국립, 공립, 사립, 대학으로 나뉜다.

09 다음에 열거한 박물관 중 분류기준이 나머지 세 개와 뚜렷하게 구분되는 하나는?

① 김치박물관 ② 민속박물관
③ 과학박물관 ④ 지역박물관

해설 박물관은 설립한 장소에 따라 수도권과 지역 등으로 나뉜다.

10 종합박물관이란 무엇인가?

① 연면적이 1만m^2인 대규모 박물관
② 2개 이상 분야의 소장품을 함께 다루는 박물관
③ 여러 나라의 유물을 다루는 박물관
④ 연령층에 관계없이 누구나 이용할 수 있는 박물관

해설 종합박물관은 각 분야별로 100점 이상의 자료와 각 분야별 학예사 1명 이상, 각 분야별 100m^2 전시실, 2,000m^2 야외전시실, 수장고, 작업실 또는 준비실, 사무실 또는 연구실, 도서관, 강당, 화재 및 도난 방지시설, 온습도 조절장치 등이 필요하다.

11 박물관 전문직원의 윤리적 의무에 위배되는 사항은 무엇인가?

① 박물관에 고용된 사람들은 모든 활동에 있어서 고도의 객관적 기준에 일치하는 엄격한 윤리원칙에 부합하도록 정직하고 성실하게 행동해야만 한다.
② 박물관의 전문인력은 인턴이나 자원봉사자에게 그들의 전문적인 업무를 위임할 수 없다.
③ 박물관 전문인력은 개인적으로 유물 수집활동을 할 수 있다.
④ 박물관 전문인력은 영리를 목적으로 진위확인서나 감정증명서를 발부해서는 안 된다.

해설 윤리적 의무사항이기 때문에 사심(私心)이 들어갈 수 있는 행동은 금한다.

정답 08 ③ 09 ④ 10 ② 11 ③

12 박물관 구성의 3대 요소가 아닌 것은?

① 박물관 자료　　　　　　　　② 건물
③ 수입원　　　　　　　　　　④ 사람

해설▶ 박물관 구성요소는 하드웨어, 소프트웨어, 휴먼웨어이다.

13 박물관의 주요기능으로 볼 수 없는 것은?

① 판매　　　　　　　　　　② 연구
③ 전시　　　　　　　　　　④ 교육

14 박물관의 중요한 기능 중 하나는 일반에게 공개한다는 점이다. 다음 박물관 중에서 1683년 개관되었고, 공식적인 일반공개의 효시가 된 것은?

① 대영박물관(British Museum)
② 루브르박물관(Louvre Museum)
③ 에르미타주박물관(Hermitage Museum)
④ 애쉬몰리안박물관(Ashmolean Museum)

해설▶ • 대영박물관 : 1753년 설립, 영국 최대박물관, 슬론경이 자료 기증
　　　• 루브르박물관 : 1793년 공공미술관으로 건립
　　　• 에르미타주박물관 : 1922년 러시아 설립
　　　• 애쉬몰리안박물관 : 1683년 애쉬몰이 옥스퍼드 대학에 자료 기증(최초의 교육목적)

15 박물관의 설립연대 순서가 바르게 나열된 것은?

① 대영박물관 – 루브르박물관 – 메트로폴리탄박물관
② 루브르박물관 – 대영박물관 – 메트로폴리탄박물관
③ 루브르박물관 – 메트로폴리탄박물관 – 대영박물관
④ 대영박물관 – 메트로폴리탄박물관 – 루브르박물관

해설▶ • 대영박물관 1753년
　　　• 루브르박물관 1793년
　　　• 메트로폴리탄박물관 1870년

16 우리나라에서 가장 먼저 개관된 박물관은?

① 국립과학관   ② 조선총독부박물관

③ 국립민속박물관   ④ 이왕가박물관

> **해설** ① 국립과학관 1962년(1945년 국립과학박물관)
> ② 조선총독부박물관 1915년
> ③ 국립민속박물관 1979년
> ④ 이왕가박물관 1910년

17 국제박물관협의회(ICOM)가 정한 세계박물관의 날은 언제인가?

① 8월 15일   ② 5월 18일

③ 9월 7일   ④ 12월 5일

> **해설** 세계박물관의 날은 5월 18일이다.

18 'Docent'의 역할이나 기능에 대한 설명이 아닌 것은?

① Registration을 담당하는 전문가이다.

② 보스톤미술관에서 시작된 활동이다.

③ 박물관 안내 담당자를 뜻한다.

④ 박물관 전시실 교육의 일선실무자를 말한다.

> **해설** Reigstrar는 Registration(등록 및 기록)을 담당하는 인력이다.

19 박물관의 사회교육과 직접 관련이 없는 항목은?

① Gallery Talk   ② Conservation

③ Study Tour   ④ Public Show Case

> **해설** Conservation은 보존처리이다.

20 전시물에 관한 지형적 · 자연적 조건과 당시의 생활양식에 대한 연구결과를 토대로 하여 연출하는 전시 유형은?

① 비교전시(Comparative Exhibition)   ② 분야별 체계적 전시(Systematic Exhibition)

③ 생태학적 전시(Ecological Exhibition)   ④ 연대기적 전시(Chronological Exhibition)

> **해설** 생태학적 전시는 생태박물관에서 하는 전시유형이다.

정답 16 ④   17 ②   18 ①   19 ②   20 ③

21 수채화, 판화, 직물 등의 자료에 적합한 ICOM의 권장 조도는?

① 150Lux   ② 200Lux

③ 100Lux   ④ 50Lux 이하

해설 ▶ • 수채화, 판화, 직물, 식물표본, 가죽은 50Lux이다.
- 템프라, 프레스코화, 상아, 뼈, 목제품은 150~180Lux이다.
- 금속, 석조, 유리는 300Lux이다.

22 박물관에서 이루어지는 전시활동이 아닌 것은?

① 상설전시   ② 특별기획전시

③ 환매용(換買用)   ④ 순회전시

해설 ▶ 환매용은 돈을 주고받지 않고 물건으로 직접 거래하는 형태이다.

23 자연사박물관이나 민속박물관 등에서 자료를 축소 모형으로 제작하여 실제 상황처럼 연출해 내는 전시기법은?

① 세트   ② 디오라마

③ 진열장   ④ 파노라마

해설 ▶ • 디오라마는 주제를 시공간적으로 집약시켜 입체감과 현장감을 극대화시키는 것으로 배경 위에 모형을 설치하고 하나의 장면을 축소모형으로 제작한다.
- 파노라마는 연속적인 주제를 실제와 가깝게 실물 모형으로 전체와 부분의 관계를 명백하게 하여 서로 연관성을 깊게 표현함으로써 실제 경관을 보는 것처럼 색, 질감, 조명, 음향 등을 설치하는 방법이다.

24 관람객이 전시실에서 느끼는 피로감을 덜어주기 위해 취할 수 있는 방안이 아닌 것은?

① 휴게공간이나 소파를 적절히 배치한다.

② 전시물 배치나 관람동선을 단조롭지 않게 한다.

③ 조명, 색상, 온습도 등 환경을 쾌적하게 한다.

④ 전시실에서 간단한 식음료 섭취를 허용한다.

25 박물관 자료관리의 목적이 아닌 것은?

① 수집보관을 위하여   ② 조사연구를 위하여

③ 전시보급 활동을 위하여   ④ 자료의 상속 증여를 위하여

정답 ▶ 21 ④   22 ③   23 ②   24 ④   25 ④

> **해설** • 박물관에서 자료를 수집하는 방법으로는 발굴, 기증, 구입, 교환, 대여 등이 있다.
> • 기증은 개인이나 단체로부터 대가 없이 받는 것이다. 증여는 소유자가 일정한 기관에 자료의 소유권을 넘기는 것이고 유증은 유언으로 자료를 기관에 넘기는 것이다.

26 소장품의 소유권이 인정되는 수집방법이 아닌 것은?

① 유증
② 구입
③ 기증
④ 대여

> **해설** • 유증과 증여를 통해 박물관이 갖게 된 자료는 원칙적으로 기증자와 상속인에게 반납이 불가하다.
> • 구입은 금전적 가치를 지불하고 자료를 입수하는 행위이다.
> • 대여는 전시, 교육, 연구를 목적으로 소유권을 그대로 인정하고 일정기간 자료를 빌려주는 행위이다.

27 박물관 자료에 관한 다음의 내용 중 옳은 것을 고르시오.

① 일단 박물관이 수집한 소장품은 매년 1회 이상 전시해야 한다.
② 한번 수집한 소장품은 매각하거나 폐기할 수 없다.
③ 박물관의 수집활동은 박물관 직원이면 누구나 할 수 있다.
④ 소장품은 전시가 아닌 연구, 보존 용도로 수집될 수도 있다.

> **해설** • 박물관의 개방일 수는 박미법 제21조에 의거하여 연간 90일 이상, 1일 4시간이다.
> • 자료가 필요 없거나 사용할 수 없을 경우 기증, 교환, 판매, 관리전환 등으로 양도 및 폐기가 가능하다.
> • 박물관 정체성을 정확하게 이해하고 올바른 수집책을 마련하여 수집전문가를 통한 수집활동을 진행해야 한다.

28 박물관의 자료를 수집하는 합법적인 방법이 아닌 것은?

① 구입
② 기증
③ 압수
④ 약탈

29 박물관 자료의 분류방침에서 박물관의 기본적인 기능과 직접 관계가 없는 것은?

① 가격평가를 위한 분류
② 보존관리를 위한 분류
③ 전시연구를 위한 분류
④ 조사연구를 위한 분류

정답 26 ④ 27 ④ 28 ④ 29 ①

30 역사, 고고학, 미술사 등 인문계 박물관에서 자료의 등록을 위하여 명칭을 설정할 때 기재하지 않아도 되는 사항은?

① 재료 ② 제작기법
③ 형태 ④ 수량

해설 ▶ 자료의 명칭을 부여할 때 재료, 제작기법, 문양, 형태 등이 들어가도록 설정한다.

31 박물관 자료의 한 부분이 부서지거나 깨진 경우의 현상을 기록하는 데 적절한 용어는?

① 결손(缺損) ② 파손(破損)
③ 수리(修理) ④ 탈락(脫落)

해설 ▶ • 결손은 깨지고 부서져서 파편도 남아 있지 않은 경우이다.
• 파손은 부서지고 깨진 경우이다.
• 수리는 파편이 남아 있어 파손된 것을 손질한 경우이다.
• 탈락은 자료가 연결되는 부분이 빠지고 없는 경우이다.
• 복원은 결손된 것을 최근 모습으로 재생한 경우이다.

32 박물관을 둘러싼 환경분석에 있어서 스왓분석(SWOT Analysis) 기법이 자주 사용된다. 스왓(SWOT)의 4가지 요소 중에서 강점과 약점에 대한 분석은 아래 내용 중 어느 것에 해당되는가?

① 내부자원분석 ② 외부자원분석
③ 미시환경분석 ④ 거시환경분석

해설 ▶ 내부자원분석은 강점과 약점을 발견하고 외부자원분석은 기회와 위협을 찾아내는 것이다.
강점은 살리고 약점은 줄이며, 기회는 활용하고 위협은 억제한다.

외부\내부	강점(S ; Strengths)	약점(W ; Weaknesses)
기회(O ; Opportunities)	SO	WO
위협(T ; Threats)	ST	WT

33 박물관이 기대하는 마케팅 목표를 달성하기 위하여 마케팅에 관한 각종 전략·전술을 기초로 박물관의 사용가능 자원 및 마케팅 전략요소를 결합하는 과정을 무엇이라고 하는가?

① 시너지 효과 ② 마케팅 믹스
③ 마케팅 활동 ④ 스피드 마케팅

정답 ▶ 30 ④ 31 ② 32 ① 33 ②

• 시너지 효과는 하나의 기능이 다중으로 이용될 때 일어나는 상승효과이다.
• 마케팅 믹스는 마케팅 목표를 달성하기 위해 마케팅에 관한 각종 전략·전술을 바탕으로 제품, 가격, 장소, 홍보를 결합하는 과정이다.
• 마케팅 활동은 마케팅 목표 달성을 위한 가장 적합한 방법을 찾아 실천하는 것이다.
• 스피드 마케팅은 목표, 전략이 빠르게 진행되는 것이다.

34 관광사업과 연계하여 박물관 소장품에 대한 상품화를 통해 부각될 수 있는 박물관의 기능은 무엇인가?

① 사회적 기능　　　　　　　　② 문화적 기능
③ 경제적 기능　　　　　　　　④ 정치적 기능

35 'Museum Acts of 1845'를 설명하였다. 해당 사항이 아닌 것은?

① 세계 최초의 박물관법이다.
② 박물관이 시민교육기관이라는 사실을 법으로 인정하였다.
③ 박물관 자료를 국가에서 일괄적으로 관리하도록 정하였다.
④ 공공의 비용으로 박물관의 건립 운영을 법으로 뒷받침하였다.

해설 영국의 박물관령은 박물관이 공공의 교육기관으로 인정받을 수 있는 법적 토대를 구축한 것으로 큐레이터 양성, 자료 확보에 획기적인 발전을 하는 데 큰 역할을 하였다.

36 박물관 및 미술관 진흥법에 기술된 박물관의 고유사업에 포함되지 않는 것은 무엇인가?

① 박물관 자료의 수집, 보존 관리 및 전시
② 박물관 자료에 대한 강연회, 학습회, 영사회, 연구회 등의 개최
③ 박물관 자료에 대한 각종 간행물의 제작 및 배포를 통한 수익 증대
④ 박물관 자료에 대한 전문적·학술적인 조사 연구

37 2000년 3월 4일에 개정된 박물관 및 미술관 진흥법 시행령에 따르면 등록한 박물관 또는 미술관은 필요한 경우 그 설립 목적에 지장을 주지 아니하는 범위 안에서 그 시설의 일부를 대관할 수 있다. 이 경우 대관일수에 관한 규정으로 옳은 것은?

① 연간 100일을 초과할 수 없다.
② 연간 120일을 초과할 수 없다.
③ 연간 개방일수의 3분의 1을 초과할 수 없다.
④ 연간 개방일수의 4분의 1을 초과할 수 없다.

정답 34 ③　35 ③　36 ③　37 ③

해설 2015년 1월 6일 「박물관 및 미술관 진흥법 시행령」 개정으로 "대관일수는 연간 개방일수의 3분의 1을 초과할 수 없다."는 삭제되었다.

38 우리나라의 박물관 및 미술관 진흥법에서 제시하고 있는 박물관 등록에 필요한 구비서류에 포함되지 않는 것은 무엇인가?

① 소장품 자료목록

② 시설명세서

③ 관람료 및 자료이용료

④ 중장기 발전계획서

해설 박물관 등록을 할 때에는 소장품 목록, 시설명세서, 관람료 및 자료이용료, 학예사 명단이 필요하다.

39 박물관의 재정원(財政源)이 될 수 없는 것은?

① 박물관 기금(博物館 基金)

② 정부나 공공기관의 원조

③ 단체교부금

④ 박물관 직원의 상조회

40 비영리법인으로 운영되는 박물관에서는 이사회의 역할이 중요하다. 성공적인 이사회 운영 이 박물관 경영의 효율과 성패를 좌우하기 때문이다. 아래 열거한 내용 중 이사회가 맡는 1 차적인 책임범위가 아닌 것은?

① 정책 결정과 기획

② 재무 안정성의 확보

③ 직원 및 자원봉사자의 고용

④ 설립취지와 경영목표 결정

41 1973년 미국박물관협회(AAM)의 박물관연구교과과정위원회에서 제시한 박물관의 13가지 전문직종에 해당되지 아니한 것은?

① 영선관(Superintendent)

② 사무장(Business Manager)

③ 기록보존담당자(Archivist)

④ 사서(Librarian)

해설 감독기관(Governing Body), 관장(Director), 학예사(Curator), 교육사(Educational Super-visor), 전시디자이너(Exhibition Designer), 편집인(Editor), 보존과학자(Conservator), 소장품등록관(Registrar), 사서(Librarian), 홍보담당관(Public Information Director), 사무장(Business Manager), 영선관(Superintendent), 안전감독관(Security Supervisor)

정답 38 ④ 39 ④ 40 ③ 41 ③

42 박물관 운영의 기본적 구성 요원이 아닌 것은?

① Curator   ② Volunteer
③ Conservator   ④ Registrar

해설 ① Curator : 학예사   ② Volunteer : 자원봉사자
③ Conservator : 보존처리사   ④ Registrar : 등록담당자

43 박물관 보존전문가의 직무가 아닌 것은?

① 소장품들의 재질 및 보존방법에 대해 연구한다.
② 전시의 주제에 맞는 소장품을 선정한다.
③ 유물의 손상을 막기 위해 평소 전시장과 수장고 환경을 점검한다.
④ 손상된 유물을 원래의 상태로 수리, 복원한다.

44 다음에 열거된 내용 중에서 박물관 자료의 훼손에 큰 영향을 미치는 요인이 아닌 것은?

① 전자파   ② 신축건물의 콘크리트
③ 병충해   ④ 조명

해설 전자파는 전자기파를 의미한다. 전기 및 자기의 흐름에서 발생하는 전자기 에너지이다. 전자파는
전파, 적외선, 가시광선, X선, 감마선 등으로 구분된다. 방송 및 통신용 안테나, 이동전화 단말기,
레이더 등에서 전자파가 나온다. 그렇기 때문에 박물관 내부 전시실에서 사용하는 2차 매체인 영상
매체에서 전자파가 많이 나온다. 이것으로 자료에 대한 손상이 이루어질 수 있다.

45 유물의 보존에 대해 올바르게 기술한 것은 어느 것인가?

① 유물 보존에 가장 중요한 것은 유물 자체에 처방을 가하는 것이 아니라 유물을 둘러싸고 있는
환경의 온도, 습도를 일정하게 유지하는 것이다.
② 유물을 보관하는 전시장이나 수장고의 재질은 유물에 별다른 영향을 미치지 않는다.
③ 보존담당자가 전시물의 상태를 잘 관찰할 수 있도록 전시실 내의 조도는 가능한 한 높이는
것이 바람직하다.
④ 전시장에는 해충이나 공해의 침입이 불가능하기 때문에 자주 열어 놓는 것이 좋다.

정답 ▶ 42 ② 43 ② 44 ② 45 ①

46 유물을 보관하는 수장고에 대해 틀린 내용을 고르시오.

① 수장고는 되도록 지하에 위치하는 것이 좋다.

② 수장고의 조명은 되도록 어둡게 하는 것이 좋다.

③ 수장고에는 관계자 외에 입장이 통제되어야 한다.

④ 수장고의 자료들은 찾아보기 편하게 정돈되어 있어야 한다.

해설 수장고는 18~22℃, 40~60%의 온습도를 유지하고 유물 입출고, 정리, 격납, 대출공간과 설비를 갖추고 체계적으로 유물을 영구히 보존하도록 한다. 수장고가 지하에 있을 경우 확장의 여지가 없고 외부로부터 유해한 요소가 침투할 가능성이 높다.

47 박물관 분야에서 설정하고 있는 상대습도의 개념은 무엇인가?

① 포화습도에 비교한 현재습도 ② 박물관 외부습도와 비교한 박물관 내부습도

③ 유물이 보유한 습도 ④ 연평균 습도에 비교한 현재습도

48 박물관 건물에서 필수적인 안전시설이 아닌 것은?

① 내진시설 ② 내화시설

③ 도난방지를 위한 시설 ④ 출입을 편하게 하기 위한 시설

49 박물관의 건물을 위한 위치선정 기준사항이 아닌 것은?

① 자연환경 ② 투자가치

③ 교통사정 ④ 확장가능성

50 박물관 건물의 구성요소(構成要素)를 열거하였다. 필요공간이 아닌 것은?

① 보존관리를 위한 공간 ② 연구조사를 위한 공간

③ 전시, 보급교육을 위한 공간 ④ 장엄하기 위한 공간

2001년 기출문제

01 다음의 해외박물관 중 한국실이 설치되지 않은 곳은?

① 폴 게티 미술관   ② 메트로폴리탄 미술관
③ 기메 미술관   ④ 멕시코 문화박물관

해설 • 캐나다 토론토 : 로얄 온타리오박물관
• 미국 : 메트로폴리탄 미술관
• 프랑스 : 기메 미술관
• 영국 : 대영박물관
• 멕시코 : 멕시코 문화박물관

02 박물관을 건립할 때 선결문제이자 가장 핵심적으로 고려되어야 할 사항은?

① 박물관의 성격과 기능   ② 박물관의 외관
③ 박물관의 규모   ④ 박물관 건축재료

03 제20회 ICOM총회는 언제 어디서 개최될 예정인가?

① 2002년 바르셀로나   ② 2003년 런던
③ 2004년 서울   ④ 2005년 코펜하겐

해설 1951년 7월 이후로 매 3년마다 총회를 개최하고 있으며, 2004년 서울(20회), 2007년 오스트리아
비엔나(21회), 2010년 중국 상하이(22회), 2013년 브라질 리오데자네이로(23회) 등에서 학술적인
토론과 박물관 문화에 대한 논의가 예정되어 있다.

04 "박물관의 역할은 단지 유리공간 안에 소장품을 수집하여 나열하는 것이 아니라, 일반대중이
소장품을 이해하는 데 도움을 줄 수 있는 다양한 전시를 기획하고, 이와 관련된 정보와 체계
적인 교육 프로그램을 개발하는 기능을 수행해야 한다." 이는 박물관의 어떠한 기능을 강조
하는 것인가?

① 사회적 기능   ② 문화적 기능
③ 경제적 기능   ④ 정치적 기능

정답 01 ① 02 ① 03 ③ 04 ①

05 박물관에 관련된 학문 중에서 박물관의 환경과 시설물 운영을 주 대상으로 기술적이고 실용적인 측면을 연구하는 분야는?

① Museology ② Museography
③ Muiseum Management ④ Arts Administration

해설 • Museology 박물관학 : 역사, 개념연구, 박물관의 문화인문학적 기반 마련
• Museography 박물관기술학 : 자료수집, 박물관 운영의 전반적인 문제와 기술적인 측면 연구

06 박물관은 공익적인 목적을 우선으로 하는 공공기관으로서, 여러 가지 기능을 수행한다. 박물관이 일반적으로 수행하는 기능과 역할 중 본연의 취지에 어긋나는 것은?

① 물품을 수집, 보존, 연구하며 전시 등을 통한 해석
② 일반대중에게 위락과 즐거움을 주는 역할
③ 매점, 식당 등 상업성을 띤 영리목적의 사업 다각화
④ 일반을 상대로 하는 사회교육기관으로서의 역할

07 박물관의 종류를 분류하는 데 몇 가지의 기준이 있다. 해당되지 않는 사항은?

① 설립자 ② 전시내용
③ 전시장소 ④ 전시하는 사람

08 현대의 박물관·미술관이 직면하고 있는 문제점이 아닌 것은?

① 프로그램, 소장품 증가에 따른 운영비용 상승
② 박물관 관람객 감소
③ 정부, 공공기관으로부터 지원금 삭감 혹은 증가 정체
④ 다른 여흥 수단과의 경쟁

해설 주5일제와 경제 성장으로 문화공간인 박물관을 찾는 관람객은 증가하고 있다.

09 성북동 선잠단에 세운 국내 사립미술관의 효시는 무엇인가?

① 호암미술관 ② 간송미술관
③ 월전미술관 ④ 금호미술관

10 박물관이나 미술관이 종래 일부 학자 또는 전문가 개인 연구기관으로서의 구실이나 또는 도시미관을 위한 건물 정도의 기능으로부터 한 단계 발전하여 일반 대중의 지식을 개발하고 시민교육기관(Peoples University)이라는 위치를 갖게 된 계기는?

① 1793년 파리 국민회의 결의에 따라 루브르궁을 중앙미술관으로 공개
② 1830년 독일 Wilhelm 2세의 베를린 고대박물관(Altes Museum) 완성
③ 1845년 영국의회의 박물관령(Museum Acts of 1845) 공포
④ 1851년 런던의 수정궁 대박람회 개최

11 다음은 박물관의 발전과 그 근대화에 기여한 역사적 사실을 나열하였다. 가장 관련이 없는 사항은?

① 문예부흥(文藝復興)　　　　② 실크로드(Silk Road)
③ 산업박람회(産業博覽會)　　④ 아메리카대륙 발견

해설▶ 실크로드는 유럽, 중동, 아시아를 잇는 고대 무역통로이다.

12 기원전 3세기경 이집트에 세워졌던 문예를 관장하는 아홉 여신들에게 헌정되었던 사원으로부터 유래되었으며, 박물관의 기원으로 알려지고 있는 이 장소의 정확한 이름은?

① Mouseion of Alexandria　　② Muses of Temple
③ Pinacotheca　　　　　　　④ Museion

13 학교 교육과 비교하여 박물관 교육이 가지고 있는 특성을 서술한 것 중 타당하지 않은 것은?

① 프로그램 참가자의 자발적인 동기로 교육참여
② 지적능력에 따른 교과별 커리큘럼이 없음
③ 흥미 혹은 관심분야를 유도
④ 다양한 교육요원 확보

14 박물관의 자료를 기능별로 분류해볼 때 커뮤니케이션을 위한 자료로서, 전시업무가 원활하게 진행되는 박물관일수록 다양하고 풍부하게 구비해 놓고, 많은 사람들이 전시품을 쉽게 이해하는 데 필요한 자료는 어느 것인가?

① 교육 및 홍보자료　　　　② 보관자료
③ 연구자료　　　　　　　　④ 참고자료

정답▶ 10 ③　11 ②　12 ④　13 ④　14 ①

15 전시회를 개발하는 과정은 개념단계로부터 마지막 평가단계까지 4단계로 나눌 수 있다. 이 중에 전시회의 성공 여부를 가늠하기 위한 데이터를 수집하기 위하여 관람객 조사, 관람 전후 의 설문조사, 비공식적인 관람객 관찰 등 평가를 위한 자료를 준비하는 과정은 어떤 단계인가?

① 개념단계   ② 개발단계
③ 기능단계   ④ 평가단계

16 보여주고자 하는 주제를 시간적 · 공간적으로 집약시켜 입체감과 현장감을 극대화시키는 전 시기법으로서, 대부분이 반원형 공간으로 되어 있으며, 공간 구성은 완만한 곡선을 이루고 있는 안쪽 벽면의 배경그림, 전시주제 주변의 현장에서 채집하거나 인공적으로 만든 소도구 를 배치한 전경, 전시공간 중앙에 전시의 중심이 되는 오브제를 설치하는 이 기법의 명칭은?

① 크로마 칼라   ② 디오라마
③ 노출전시   ④ 파노라마

17 박물관 전시실에서 느끼는 정신적 포만감과 육체적 피곤함을 '박물관 피로'라고 한다. 이 피 로를 경감하기 위한 방안이 아닌 것은?

① 전시공간의 구획을 적절히 나눈다.
② 곳곳에 휴게시설과 휴식공간을 마련한다.
③ 전시실의 색채와 조명을 과학적으로 조치한다.
④ 전시품을 한 장소에 많이 나열한다.

18 미술관(미술박물관) 전시의 성격은 다른 박물관 전시에 비하여 지적인 이해도를 높이는 것 보다 감상을 통하여 감성을 연마하고 정서를 함양하는 측면이 더 강하다고 할 수 있다. 그 대 표적인 유형이라고 볼 수 있는 전시의 종류는?

① 제시형 전시   ② 설명형 전시
③ 교육형 전시   ④ 참여형 전시

해설 • 제시형 전시는 설명을 최소화하고 예술적 · 미적 가치를 좋은 조건으로 제시하는 전시로 감성을 연마하고 정서를 함양할 수 있도록 한다.
• 참여형 전시는 교육전시로 오감을 이용하고 체험할 수 있는 전시이다.

19 전시는 인류역사와 환경의 물질적인 증거에 관한 정보, 사고, 감정을 시각매체를 통하여 일반인에게 전달하는 의사소통 방법이다. 전시가 가지고 있는 장점 중에서 다른 해석 매체에 비하여 우수한 점에 해당되지 않는 것은?

① 전시는 동시에 많은 관람객을 대상으로 하기 때문에 비용 대비 효율성이 높다.

② 전시는 실제 사물을 진열하기 때문에 관람객의 높은 관심과 참여를 유발할 수 있다.

③ 입장객은 자신의 관심수준과 관람속도에 따라 전시를 감상할 수 있다.

④ 전시회는 관람객들이 서로 만남을 통하여 상호 교류할 수 있는 공간을 제공한다.

20 미술관 이용자의 전시장 관람예절이 아닌 것은?

① 전시장에 들어가기 전에 휴대전화는 꺼놓고, 호출기는 진동으로 전환하여 조용하고 정숙한 관람분위기를 조성한다.

② 미술관은 여러 사람이 함께 작품을 감상하는 공공장소이기 때문에 타인의 감상에 방해되지 않도록 조용하고 정숙하게 관람한다.

③ 미술작품을 손으로 만지면 땀이나 염분에 의해 작품에 손상이 발생하기도 하고 작품이 부러지거나 찢어지는 등 훼손이 발생하기 때문에 작품에 손대지 않는다.

④ 전시장에서 사진을 촬영하는 것은 작품에 직접적으로 어떠한 손상도 발생되지 않기 때문에 허용된다.

21 박물관 자료수집의 한 방법으로서 개인 혹은 사립기관이 보유하던 소장품을 사회환원이라는 측면에서 일반에게 공개되고 전문가가 연구할 수 있는 기회를 부여하며 영구히 다음 세대에 전수할 수 있는 방법은?

① 양도　　　　② 기증　　　　③ 기탁　　　　④ 반환

해설 • 양도는 물건이나 재산을 넘겨주는 행위이다.
　　 • 기증은 증여와 유증으로 나뉘며, 소유권을 넘기는 행위이다.
　　 • 기탁은 임시로 맡겨놓은 상태이다.

22 박물관 유물 구입방법으로 올바르게 기술된 것은 어느 것인가?

① 박물관은 새로운 유물을 구입하기 위해 기존의 어떠한 소장품도 매각할 수 있다.

② 박물관은 소유권이나 출처에 관계없이, 예술적 · 학술적 가치가 있는 유물은 모두 구입이 가능하다.

③ 국내 박물관은 원칙적으로는 해외에서 유물을 구입할 수 없다.

④ 국 · 공립 박물관은 유물 구입의 목적, 기간, 유형, 절차와 같은 내용을 공식적으로 언론매체를 통하여 공고한다.

정답 ▶ 19 ④　20 ④　21 ②　22 ④

23 박물관 자료의 보존관리에 가장 흔하게 사용되는 분류방법은?

① 물질별 분류　　　　　　　　　② 출토지별 분류

③ 수입별 분류　　　　　　　　　④ 등급별 분류

24 박물관 자료가 손상을 입었을 경우, 자료의 상태에 대하여 상황별 기재를 정확히 하여야 한다. 아래에 열거한 자료의 훼손상태를 정의한 내용 중 적절하지 않은 것은?

① 파손(破損) – 자료가 부서졌을 뿐 아니라, 그 파편마저 제대로 남아 있지 않을 경우

② 탈락(脫落) – 자료의 연결되는 어느 부분이 빠지고 없을 경우

③ 퇴색(退色) – 그림이나 옷감의 빛깔이 바래서 원래의 색조가 변했을 경우

④ 변색(變色) – 금속이나 도자기의 빛깔이 산화 등으로 인하여 색조가 바뀐 경우

25 박물관이나 미술관 등 전시를 목적으로 하는 장소에서는 전시물의 고유색채 또는 재질, 형태 등을 정확하게 파악하고 전시내용을 깊게 이해하기 위해서는 다른 공공장소에 비하여 조명에 대한 전문적인 연구가 필요하다. 다음 열거한 내용 중 조도를 가장 낮게 적용하여야 하는 박물관 자료는?

① 유화　　　　　　　　　　　　② 목기

③ 도자기　　　　　　　　　　　④ 가죽

해설 • 빛에 가장 민감한 회화, 가죽, 표본, 채색물감 : 50Lux

　　• 빛에 민감한 상아, 뼈, 유화, 목기 : 150~180Lux

　　• 빛에 비교적 덜 민감한 도자기 : 300Lux

26 관람객에게 보여줄 목적으로 활용되는 박물관 정보시스템이 아닌 것은?

① Interactive Theater　　　　　② 검색형 전시 영상 단말 시스템

③ 영상라이브러리　　　　　　　④ POS(Point of Sale) 방식

해설 POS(Point of Sale) 방식은 판매시점 관리시스템으로 유통업체매장에서 판매와 동시에 품목, 가격, 수량을 입력하고 분석하는 방식이다.

27 박물관 이용자 조사방법 중 박물관에서 가장 흔하게 사용되는 방법은?

① 개인인터뷰　　　　　　　　　② 전화인터뷰

③ 포커스 그룹 토의　　　　　　④ 설문조사

정답 ▶ 23 ①　24 ①　25 ④　26 ④　27 ④

28 박물관 마케팅 기획의 첫 걸음은 마케팅 조사이다. 마케팅 조사 결과에 따라 박물관의 정책과 노선이 좌우되기 때문이다. 다음 조사유형 중 박물관에서 주로 행하여지는 것이 아닌 것은?

① 방문객 조사   ② 경쟁대상 조사

③ 발전기금 조사   ④ 조직에 관한 조사

29 박물관의 관람객 동원에 영향력을 미칠 수 있는 요소는 여러 가지가 있다. 즉, 날씨, 지역경제, 경쟁이 되는 전시회 등은 박물관이 조정할 수 있는 요소가 아니다. 박물관의 노력으로 조정이 가능한 혼합마케팅(Marketing Mix)의 4요소가 아닌 것은?

① 가격   ② 장소

③ 전략   ④ 프로그램 및 서비스

> **해설** 마케팅 믹스의 요소는 가격, 장소, 프로그램, 홍보이다.

30 우리나라의 대학박물관 정책에 대한 내용 중 사실이 아닌 것은?

① 1955년 〈대학설치기준령〉에 의해 모든 대학은 박물관을 설치하도록 권장하였고, 1967년에는 종합대학에서 박물관 설치를 의무화하도록 규정하였다.

② 1982년에는 〈대학설치기준령〉에서 박물관의 설치조항을 삭제함으로써 대학의 박물관 건립에 대한 의무가 사라졌다.

③ 1984년의 박물관법에서 대학박물관은 문교부에 속하는 것으로 간주하여 박물관법의 적용 대상에서 제외되었다.

④ 1998년 개정 공포된 〈박물관 및 미술관 진흥법〉에 의해 종합대학에서의 박물관 건립을 다시 의무화하고 있다.

> **해설** 대학박물관은 박물관 및 미술관 진흥법의 적용대상에서 제외되었다.

31 우리나라 〈박물관 및 미술관 진흥법 시행령〉이 정한 제1종 미술관의 등록요건에 해당되지 않는 것은?

① 수장고   ② 온도 및 습도조절장치

③ 60점 이상의 미술관 자료   ④ 100m² 이상의 전시실

> **해설** 제1종 미술관은 100점 이상, 학예사 1명 이상, 수장고, 화재, 도난방지시설, 온도 및 습도조절장치, 100m² 이상의 전시실 혹은 2,000m² 이상의 야외전시장, 사무실 혹은 연구실이 필요하다.

정답   28 ③   29 ③   30 ④   31 ③

32 다음 중 제2종 박물관 또는 미술관의 유형에 해당되지 않는 것은?

① 교육관

② 동물원

③ 민속촌

④ 문화의 집

해설 ▶ 제2종 박물관 또는 미술관은 자료관, 사료관, 유물관, 전시장, 전시관, 향토관, 교육관, 문서관, 기념관, 보존소, 민속관, 문화관, 민속촌, 문화의 집이 있다.

33 한국의 박물관 정책과 거리가 먼 것은?

① 2011년까지 인구 9만 명당 1관 수준을 위한 박물관 기반시설 확충

② 전문인력 양성을 위해 학예사자격제도를 박물관 및 미술관진흥법에 근거하여 2000년 3월 시행령을 개정하여 처음으로 도입

③ 개인, 기업, 법인 등의 적극적인 박물관 설립 촉진을 위해 반드시 필요한 부가가치세의 영세율 제도 마련

④ 박물관이 소수의 연구자들에게 국한되지 않고 국민들에게 사랑받기 위해 서비스 정신을 고취시켜 고객 만족을 추구하는 데 지원하며 시, 도, 한국관광공사 등과 협조하여 박물관의 관광 상품화 추진

해설 ▶ 부가가치세의 영세율은 일정한 재화 또는 용역의 공급에 대하여 부가가치세의 세율을 영(零, 0)으로 하여 적용하는 것을 말한다. 영세율을 적용하면 당해 거래에 대한 세액은 영이 되므로 재화 또는 용역을 공급받은 상대방은 부가가치세를 징수당하지 않게 되고 재화 또는 용역의 공급자는 그 재화 또는 용역과 관련하여 이미 부담한 세액을 환급받게 된다. 따라서 영세율제도는 당해 단계에서 산출된 부가가치에 대하여 과세하지 않을 뿐만 아니라 그 전단계에서 산출된 부가가치에 대한 과세까지 취소하는 결과가 됨으로써 부가가치세의 완전면세(完全免稅)라고 할 수 있다.

부가가치세의 부과에서 영세율을 적용한다는 것은 이론적으로는 국경세조정(國境稅調整, Border Tax Adjustment)으로서 소비지국과세원칙(消費地國課稅原則, Destination Principle Of Taxation)에 의하여 수출되는 재화 또는 용역 등에 대하여 생산지국에서 과세한 간접세(間接稅)를 면제·환급하는 것이지만, 실질적으로는 수출을 지원하기 위한 방법으로 활용되고 있다. 영세율이 적용되는 것은 수출하는 재화, 국외에서 제공하는 용역, 선박 또는 항공기의 외국항행용역, 기타 외화(外貨)를 획득하는 일정한 재화 또는 용역 등이며, 외국법인(外國法人) 등에 대하여는 상호주의에 의한다.(부가가치세법 제11조)

면세(免稅)란 재화 또는 용역에 대한 공급자의 부가가치세를 면제하는 것이다. 면세가 되는 경우에는 매출세액(賣出稅額)을 납부할 필요가 없게 되지만 매입세액(買入稅額)은 환급되지 않는다. 따라서 면세사업자는 매입세액을 자기가 공급하는 재화 또는 용역의 가격에 포함시켜서 그것을 공급받는 상대방에게 전가하여야만 한다. 따라서 면세제도는 당해 단계에서 산출된 부가가치에 대하여는 과세하지 않으나, 그 전단계에서 산출된 부가가치에 대한 과세는 취소되지 않으므로 부가가치세의 부분면세(部分免稅)라고 할 수 있다.

우리나라에서 박물관은 부가가치세 면세사업장이다.

정답 ▶ 32 ② 33 ③

34 전쟁으로 인한 피해는 박물관 자료나 문화재에도 막대한 재해를 불러오고 있다. 이에 대한 예방조치로 1954년 헤이그에서 통과된 유네스코 협약에서는 전쟁으로부터 각국의 문화유산을 보호하기 위한 약정이 체결되었는데 그 내용으로 맞지 않는 것은?

① 특별보호 아래 행해지는 운송에 대해 적대 행위를 금한다.

② 식별할 수 있는 표지를 부착하는데, 백색 바탕에 아래가 뾰족한 방패 형태의 남색 표지를 사용한다.

③ 보복행위로서 문화유산에 대한 위해 행위를 해서는 안 된다.

④ 훼손, 약탈, 불법 사용, 강제징발은 금하며, 전쟁이 끝나면 문화재를 원산국으로 반환한다.

해설 불법 반출입과 소유권 이전금지, 예방 수단에 관한 협약을 인정하고 있으며 생태계 파괴를 초래하는 표본수집을 금지한다.

35 등록된 박물관·미술관의 연간 개방일수와 1일 개방시간에 맞는 설명은?

① 연간 60일 이상 개방하되 1일 개방시간은 6시간 이상

② 연간 90일 이상 개방하되 1일 개방시간은 4시간 이상

③ 연간 120일 이상 개방하되 1일 개방시간은 5시간 이상

④ 연간 150일 이상 개방하되 1일 개방시간은 3시간 이상

36 박물관과 같은 비영리기관에서 자원봉사제도를 운용하는 것은 여러 가지 의미에서 중요하다. 박물관 환경에 있어서 자원봉사제도의 중요성에 대한 배경으로서 타당하지 않은 것은?

① 무급 자원봉사자를 활용함으로써 예산절감

② 박물관과 지역사회의 유대관계 강화

③ 자원봉사자 본인의 전문분야에 대한 경험 및 업무능력 배양

④ 박물관이 마련하는 교육 프로그램의 방향에 대한 조언

37 오늘날 많은 박물관들이 회원제 프로그램을 운용하고 있다. 박물관의 역할이나 사명을 구현하는 데 이 회원제 프로그램이 적지 않게 도움이 된다고 할 수 있다. 다음 내용 중에서 박물관 경영자의 입장에서 회원제를 운용하는 주요 목적이 아닌 것은?

① 특정단체(박물관)에 대한 소속감

② 박물관 활동 참여인구 저변 확대

③ 박물관 후원세력 양성

④ 박물관 재정 수입에 기여

38 국가나 지방자치단체 등 공공기관의 재정예산으로 운영되는 국공립박물관을 제외하고 대부분의 박물관은 운영자금을 조달하기 위하여 여러 가지 방법으로 노력하고 있다. 박물관의 일반적인 주요 수입원으로서 그 비중이 가장 낮은 것은?

① 입장료, 기념품 판매 및 시설 임대 수입
② 기금에 의한 금융수입 및 공공지원금
③ 회원제 운영에 따른 회비 수입
④ 연구 용역비

39 박물관 경영활동을 위한 기본요소에서 콘텐츠 웨어(Contents Ware)에 포함되는 것은 무엇인가?

① 전시, 교육 프로그램, 특별행사   ② 박물관의 조직구조
③ 박물관의 전문인력   ④ 박물관의 시설

해설 콘텐츠 웨어는 인터넷, 컴퓨터 통신 등을 통하여 제공되는 각종 정보와 그 내용물이다.

40 박물관의 주요 전문직종 중에서, 전시물을 설치하고 진열장, 조명, 동선, 칸막이 등을 설계하는 업무를 담당하는 직종은?

① 학예사(Curator)
② 교육담당자(Educator)
③ 보존전문가(Consevator)
④ 전시 디자이너(Exhibition Designer)

해설
- 학예사는 소장품 등록, 전시기획, 소장품 관리 등을 진행한다.
- 교육담당자는 전시, 셀프가이드 출판물기획, 전시장 안내, 강연, 실기강좌, 박물관 학교, 답사 등을 진행한다.
- 보존전문가는 소장품 조사, 훼손방지, 복원 등을 진행한다.
- 전시디자이너는 진열장, 조명, 동선, 칸막이 등을 설계하는 인력이다.

41 박물관 전문직의 윤리강령에 맞지 않는 사항은?

① 박물관의 성격에 맞는 전문분야의 학문적 바탕
② 박물관 운영을 위한 박물관학적 소양
③ 박물관을 통한 개인 소장품 취득
④ 박물관 업무에 대한 열정과 윤리의식

정답 38 ④   39 ①   40 ④   41 ③

42 박물관의 자료와 관련된 보험가입 절차 및 보험금 수령, 작품 매매계약, 판권과 복제, 작품 대여계약 및 절차, 운송 및 관세 문제 등을 다루는 박물관 전문직은?

① Collection Manager
② Registrar
③ Curator
④ Conservator

> **해설** ① Collection Manager 소장품 관리사 : 소장품의 관리감독, 목록 작성, 일련번호 작성, 소장품을 개별부서에 보관하는 업무
> ② Registrar : 등록담당자
> ③ Curator : 학예사
> ④ Conservator : 보존처리사

43 수장고 관리사항에서 올바르지 않게 기술된 것은?

① 수장고 환경은 유물에 어떠한 손상이나 피해를 주지 않아야 하므로 수장고 내부의 마감재질도 화학성분을 고려해서 선택한다.
② 수장고는 항상 청결을 유지하고 흡연이나 음식물 반입을 금지한다.
③ 수장고에서는 빛의 물리적·화학적 작용이 발생되지 않으므로 조명을 켜두어도 된다.
④ 수장고의 이상적인 온도는 섭씨 18~22°, 상대습도는 45~65%이지만 온·습도의 범위가 모든 유물에 일률적으로 적용되지는 않으므로 온·습도의 변동폭을 줄이는 데 더 많은 관심을 기울여야 한다.

44 몬트리올 의정서에 의해 2005년부터는 오존층 파괴 물질인 메틸브로마이드가 함유된 화학 살충제 사용이 금지된다. 박물관 자료에 관하여 이를 대체할 수 있는 방법은?

① 고온 질산법
② 저온 수소법
③ 탈산소법
④ 알코올 저장법

> **해설** 화학 살충제를 사용하지 않는 것을 찾는 문제이다. 국내에서는 일반적인 소독방법으로 훈증과 분무 방법을 주로 사용하는데 이들은 독성이 강한 화학가스이기 때문에 요즘에는 가급적 사용하지 않는 추세다. 대신 거론되고 있는 방법이 바로 탈산소법인데, 산소와의 반응을 차단함으로써 박물관 자료의 보존을 용이하게 할 수 있기 때문이다.

45 박물관 자료를 본래의 상태, 디자인, 색채로 복귀시키기 위하여 이루어지며, 자료의 미학적 · 역사적 고유기능을 회복시키기 위하여 취하는 조치는 무엇인가?

① 수복(Restoration) ② 보존(Conservation)
③ 보전(Preservation) ④ 수리(Repair)

46 고습 또는 저습 수장고로부터 자료를 반출입할 경우 환경변화에 따른 자료의 쪼개짐, 비틀림, 탈색 등과 같은 손상을 방지하기 위해 자료를 온 · 습도 차이에 적응시키기 위한 공간을 무엇이라고 부르는가?

① 수조실 ② 순응실
③ 훈증실 ④ 정리실

47 수장고의 위치 설정으로 적당하지 않은 것은?

① 가능한 한 집중 배치시키고, 전시부문 및 학예부문과 가능한 한 근접시켜 유물의 이동거리를 최소화한다.
② 수직적으로 배치할 경우 고온 · 다습부분은 상층부에, 저습부분은 하층부에 배치한다.
③ 수장고는 건물 내에서 가장 안전하고 자연상태에서의 온 · 습도 환경이 가장 유리한 곳에 배치한다.
④ 수장고를 지하실에 배치할 경우 확장의 여지가 없는 점과 습기, 결로의 문제에 대응하여야 한다.

48 박물관의 방화체계는 박물관 자료의 특성에 따라 그 소화장비와 시스템 적용이 다르다. 미술관 회화작품의 수장 및 전시공간에 적합하지 않은 소화방법은?

① 스프링클러 ② 할론가스
③ 이산화탄소 ④ NAF3

49 박물관의 동선에 대한 설명 중 일반적으로 맞지 않는 것은?

① 동선은 건축가나 전시기획자의 의도에 따라 임의로 설계할 수 있다.
② 관람객이 완전히 자율적으로 선택할 수 있는 동선이 가장 좋다.
③ 대규모 박물관의 경우 단체 관람객용 입구를 별도로 두는 것이 좋다.
④ 내부직원의 동선과 관람객의 동선은 구분되는 것이 좋다.

50 박물관 건축의 가장 기본적인 구성요인은 인적 주체인 이용자와 물적 주체인 소장품이다. 이 두 가지 구성요인을 조합하면 아래와 같은 박물관의 기본 공간구획을 네 가지로 나눌 수 있다. 이 중 박물관에 해당되는 시설과 맞지 않는 것은?

① 소장품이 있고 이용자도 있는 구역 – 전시실

② 소장품은 없고 이용자만 있는 구역 – 주차장

③ 소장품이 있고 이용자는 없는 구역 – 수장고

④ 소장품도 없고 이용자도 없는 구역 – 기계실

해설 주차장은 이용자도 있지만 대여, 반환 등의 업무를 추진할 때 소장품을 이동시키는 통로이기도 하다.

2002년 기출문제

01 박물관과 관련된 국제기구인 ICOM은 무엇의 약자인가?

① Institute of Contemporary Museums

② International Council of Museums

③ International Committee of Museums

④ Independent Committee of Museums

해설 국제박물관협의회(ICOM)는 전문협력, 교류, 지식보급, 대중의 인식을 높이고 윤리진흥을 위하여 1946년 유네스코 산하기관으로 설립되었다.

02 박물관 소장품을 처분하는 옳은 방법이 아닌 것은?

① 높은 가격을 제시한 외국 기관에 매각한다.

② 다른 비영리 기관과 적절한 소장품으로 교환한다.

③ 해당 소장품의 성격에 맞는 기관에 기증한다.

④ 소장품 매각에서 발생한 수입은 새로운 소장품 구입에 사용한다.

해설 박물관 자료를 금전적인 이익을 위해 처분해서는 안 된다.

03 박물관 교육이 학교 교육과 가장 다른 특징은?

① 교육자의 전문성   ② 실물자료를 통한 교육

③ 일정한 교육목표 설정   ④ 교육성과에 대한 평가

04 박물관 수장고에 대한 설명 중 가장 적절하지 않은 것은?

① 수장고에는 귀중한 유물이 보관되어 있으므로 도난을 방지하기 위하여 항상 조명을 켜놓는 것이 좋다.

② 유물의 안전을 위하여 수장고 출입은 가능한 한 최소화하여 외부로부터의 유해한 요소가 수장고에 침투할 가능성을 줄여야 한다.

③ 유물의 이동 시 안전을 위하여 수장고는 전시실과 가급적 가깝게 위치하는 것이 바람직하다.

④ 수장고 출입인원은 복수로 하여 필요한 경우 상호 감시기능을 하고 유사시 관련상황에 대해 상호 증언할 수 있도록 하여야 한다.

해설 수장고는 소장품의 손상을 방지하기 위하여 온습도 및 밝기를 적절하게 조절할 필요가 있다.

정답 01 ② 02 ① 03 ② 04 ①

05 박물관 운영이 활성화될 때 기대할 수 있는 효과가 아닌 것은?

① 고용증대 효과　　　　　　　　　② 지역경제 활성화

③ 교육 평준화 효과　　　　　　　　④ 국가홍보 효과

해설 박물관은 전시, 교육, 연구, 수집을 통해 관람객의 문화향유 증진과 문화예술 발전에 이바지한다. 또한 박물관의 전문인력인 학예사, 교육담당자, 전시디자이너, 등록담당자, 자원봉사자, 해설사 등의 인력 확보를 통한 고용증대를 가져왔다.

06 박물관 및 미술관 진흥법에서 규정한 3급 정학예사의 자격 중 최소한의 학력과 경력의 조건으로 맞는 것은?

① 학사학위 취득－1년 경력　　　　② 고졸－3년 경력

③ 석사학위 취득－2년 경력　　　　④ 학사학위 취득－2년 경력

07 큐레이터가 지녀야 할 자질로서 중요성이 가장 낮은 것은?

① 손상자료의 보존처리 능력

② 학문적 연구 업적

③ 박물관 소장품에 관한 전문적인 식견

④ 대학 수준의 강의 능력

08 다음 중 잘못 기술된 것은?

① 우리나라에서 근대적인 의미의 박물관은 19세기부터 시작된다.

② 삼국사기의 기록에 의하면 신라와 백제에 동·식물원에 해당하는 시설이 있었다.

③ 1909년 창경궁이 처음 일반에게 공개되어 동물원, 식물원과 함께 박물관의 역할을 했다.

④ 1938년 우리나라 최초의 미술관인 이왕가미술관이 발족되었다.

해설 삼국사기 기록에 따르면 귀비고, 천존고, 안압지 등의 박물관 형태가 삼국시대 존재하였다. 이후 근대 박물관은 1907년 11월 동식물원 창설이 제의(순종)되었고, 1908년 9월 어원사무국(御苑事務局)이 설치된 후 1909년 11월 제실박물관 개관되었다. 1910년 한일합방으로 제실박물관은 이왕가박물관이 되었다. 1933년 덕수궁 석조전을 개조하여 만든 덕수궁미술관이 세워졌고, 5년 뒤인 1938년 이왕가박물관을 덕수궁 석조전 옆의 건물로 이전하면서 덕수궁미술관과 통합하여 이왕가미술관으로 개명하였다.

09 미술품 저작권에 관하여 잘못 설명한 것은?

① 미술품뿐 아니라 작품 제작기법과 아이디어도 저작권 보호 대상이다.

② 저작권 보호 대상은 독창적 창작물이어야 한다.

③ 저작권은 특허권과 달리 신청하지 않아도 자동으로 발생한다.

④ 저작권자를 알 수 없을 때에는 문광부장관의 허가를 받아 보상금을 공탁하거나 지불하고 저작권을 이용할 수 있다.

10 박물관의 아동 및 청소년 교육 프로그램에 관한 설명으로 가장 적절한 것은?

① 반드시 학교 교육을 보조하는 교육 위주의 프로그램이어야 한다.

② 실습과 체험 위주의 교육보다는 감상을 중심으로 한 프로그램이어야 한다.

③ 회원제를 통해서 일정한 인원에 대하여 반복적으로 교육하는 것이 좋다.

④ 학교의 교사들과 적극적으로 연계하여 양 기관의 모자라는 점을 상호 보완한다.

11 우리나라의 발굴된 매장 문화재의 법적 귀속기관은 어디인가?

① 발굴 시행 기관   ② 발굴지역의 지방자치기관

③ 국립중앙박물관   ④ 문화재청

12 빛에 민감한 전시물에 대하여 가장 바람직한 조도는?

① 100Lux   ② 300Lux

③ 200Lux   ④ 50Lux

13 ICOM 미국박물관협회, 영국박물관협회 등에서 정의한 박물관의 성격으로 맞지 않는 것은?

① 비영리 기관이다.   ② 영구적인 기관이다.

③ 전문적인 교육만을 위한 기관이다.   ④ 대중을 위한 기관이다.

> **해설▶** 미국박물관협회나 영국박물관협회에서는 박물관은 교육적·미학적 목적하에 전문인력을 갖추고, 가시적 사물을 소유, 활용, 보존하여 정기적인 일정에 따라 대중에게 전시하는 조직화된 영구적인 비영리기관이라고 정의하고 있다.
> 영국박물관협회에서 박물관은 대중 이익을 위해 물질적 증거와 관련된 자료들을 수집, 기록, 보존, 전시하며 해석하는 기관이라고 정의하고 있다.

14 박물관 문화상품에 대한 설명으로 가장 적절한 것은?

① 문화상품은 비영리 정신에 입각하여 원가판매하여야 한다.

② 문화상품은 기능성보다는 예술성을 강조하여야 한다.

③ 문화상품은 일반상품보다 교육적이며 부가가치가 높다.

④ 문화상품은 해당 박물관의 소장품으로 국한하여야 한다.

해설 그 박물관의 특성을 알 수 있는 상품을 만들어야 한다.

15 우리나라 박물관의 역사와 관계가 먼 것은?

① 경주박물관은 경주신라회가 1913년 경주고적보존회로 정식 발족하고, 전시관을 개설하여 신라문물을 일반에게 공개함으로써 박물관의 기능이 시작되었고, 1926년에 당시 총독부 박물관의 분관으로 편입되었다.

② 1946년 인천시립박물관이 개관되어 국립박물관의 전시품 대여와 운영을 지원하기 시작한 것이 공공박물관의 시작이다.

③ 1907년에 기획된 이왕가박물관은 1909년 11월 창경원을 공개하면서 함께 개관하여 우리나라 박물관의 역사를 열었다.

④ 1946년 5월 문화재관리국 산하로 출발하였던 국립민속박물관은 1979년부터 국립중앙 박물관 산하로 소속이 바뀌어 운영되고 있다.

해설
- 1946년 4월 남산 왜정대 시정기념관에서 국립민족박물관 개관
- 1950년 관장 사망, 한국전쟁 등으로 국립박물관 남산분관으로 흡수
- 1966년 10월 문화재관리국에서 경복궁 수정전에 한국민속관 건립
- 1975년 한국민속박물관으로 명칭 변경
- 1979년 국립중앙박물관 산하 소속으로 변경 국립민속박물관 변경
- 1992년 문화부 직속기관으로 독립
- 1993년 국립민속박물관 건물 이전
- 1998년 문화관광부 소속 직제 변경
- 1999년 섭외교육과 신설
- 2003년 어린이박물관 개관

16 2004년 10월 서울에서 열리는 ICOM총회의 주제는?

① 경제적 · 사회적 도전에 직면한 박물관

② 박물관과 문화적 다양성

③ 무형문화유산과 박물관

④ 사회복지를 위한 박물관 운영

정답 14 ③ 15 ④ 16 ③

17 박물관을 직접 찾아올 수 없는 관람객들을 대상으로 박물관 학습을 가능하게 하는 방법과 거리가 먼 것은?

① Lending Collection
② Express Moving
③ Suitcase Gallery
④ Museomobil

18 일반적으로 박물관의 주된 수입원으로 바람직하지 않은 것은?

① 기금에 의한 금융 수입
② 회원에 의한 회비수입
③ 교육 프로그램의 수강료 징수
④ 박물관 시설의 임대수입

> **해설** 일반적으로 박물관은 정부 및 지방자치단체, 복권위원회, 한국문화예술위원회 등의 기금에 의한 금융 수입과 회원들의 회비, 박물관 시설의 임대료, 아트상품 판매수익, 입장료 등이 중요한 수입원이다.

19 미국의 스미소니언박물관이 설립, 공개되는 데 기여한 내용으로 맞는 것은?

① 미국 슬론경의 수집품을 핵심으로 유명한 Rosetta Stone을 비롯한 이집트의 수집품과 조지 3세의 도서관 등이 합해져 설립
② 영국사람 James Smithson이 인류의 지식 증진과 보급을 목적으로 하는 Smithsonian Institution 설립을 제안하고 자신의 수집품과 막대한 유산을 기증하여 설립
③ 역대 교황과 교황청의 수집품이 중심이 되어 설립
④ 고고학자 뉴턴의 발굴품과 왕실의 풍부한 소장품이 바탕이 되어 설립

> **해설** 대영박물관은 1753년 영국의 한스 슬론경의 수집품, 이집트의 수집품, 조지 3세의 도서관 등을 바탕으로 고고학자 뉴턴의 페르시아 무덤인 모솔레움 발굴품과 왕실의 다양한 소장품을 추가하여 세계 3대박물관으로 크게 성장하였다.
> 바티칸박물관은 1773년 역대 교황들과 교황청의 수집품을 중심으로 설립하였다.

20 박물관 구성의 세 가지 주요요소가 아닌 것은?

① 사람
② 기술
③ 자료
④ 건물

21 박물관에서 수장고의 일반적인 온습도로 가장 적당한 것은?

① 온도 15±2℃, 습도 40±5%　　　　② 온도 20±2℃, 습도 55±5%

③ 온도 23±3℃, 습도 65±10%　　　　④ 온도 25±5℃, 습도 40±10%

해설 ▶ 온도 18~22℃, 습도 40~60%

22 박물관학의 연구대상이 아닌 것은?

① 박물관의 역사와 개념을 연구하고 이를 통해 박물관 문화의 인문학적 기반을 다진다.

② 전시의 개념과 역사, 기법을 포함한 박물관과 미술관의 전문운영프로그램을 연구하는 학문이다.

③ 문화유산과 문화재 보존·관리를 위한 다양한 형태의 박물관 유형을 연구하는 학문이다.

④ 박물관의 유물에 대한 미술사적 접근을 중심으로 하는 학문이다.

해설 ▶ 박물관학은 자료의 수집 및 정리와 박물관 운영의 전반적이고 기술적인 문제를 다루는 학문이다.

23 새로운 박물관의 유형으로서 생태박물관(Eco – Museum)에 관한 설명으로 적절하지 않은 것은?

① 생태환경의 보존을 위한 자연물을 그대로 보존하는 방식이다.

② 생태박물관의 기원은 야외박물관에서 비롯한다.

③ 도자기와 공예 등 민속품을 대상으로 만들어진 박물관이다.

④ 지역주민이 직접 참여할 수 있는 박물관이다.

24 국제박물관협의회(ICOM)가 정한 박물관에 대한 정의이다. 빈칸에 알맞은 단어를 고르시오.

> 인류와 인류환경의 물적 증거를 연구·( )·향유할 목적으로, 이를 수집·( )·조사연구·상호교류·전시하는 ( )이며 항구적인 기관으로서, 대중에게 개방되고 사회발전에 이바지한다.

① 추적 – 보존 – 역사적　　　　② 교육 – 보존 – 비영리적

③ 발굴 – 보존 – 비영리적　　　　④ 교육 – 복원 – 역사적

25 국제박물관협의회(ICOM)는 어떤 국제기구 산하에 있는가?

① UNICEF　　　　② WTO

③ UNESCO　　　　④ OECD

정답 ▶ 21 ② 22 ④ 23 ③ 24 ② 25 ③

> **해설** 국제박물관협의회는 UNESCO(United Nations Educational, Scientific and Cultural Organization : 국제연합교육과학문화기구)의 협력기관으로 전 세계 박물관 간의 교류를 통해 국제협력을 촉진하는 국제기구로 1946년 11월 프랑스 파리 루브르미술관에서 개최된 UNESCO 제1회 총회에 앞서 열린 회의에서 창립되었다.

26 최근 기업 및 개인은 문화재단을 설립하여 박물관·미술관 운영에 참여하고 있다. 문화재단을 통한 박물관·미술관 운영에 맞는 서술이 아닌 것은?

① 기본 자산(시드 머니)을 확립하여 운영하므로 재정적인 어려움을 피할 수 있다.
② 문화재단 설립의 허가는 문화관광부에서 한다.
③ 박물관·미술관진흥법에 의거하여 문화재단 이사장은 박물관·미술관 관장을 겸임하여야 한다.
④ 문화재단을 통해 운영하면 박물관·미술관이 개인적인 이유로 폐쇄되는 것을 막을 수 있다.

27 박물관의 전문인력 중 작품의 수집, 취득, 대여, 포장, 목록작성, 소장품의 지속적인 관리, 보관, 통제를 담당하는 업무 및 정보검색 시스템 구축과 관련 법규 문서를 체계적으로 만들고 유지하는 직종은?

① 학예연구원(Curator)　　　　　　② 기록담당자(Registrar)
③ 보존처리사(Conservator)　　　　④ 교육담당자(Educator)

28 전시 구성을 위해 원활한 관람동선을 고려해야 하는 이유 중 타당하지 않은 것은?

① 작품의 배치와 관람자의 움직임을 고려하여 다양한 형태로 관람동선을 만들어낼 수 있다.
② 관람객이 많을 경우를 생각하여 한 장소로 동선이 집중되지 않도록 해야 한다.
③ 관람객의 혼돈을 방지하기 위하여 전시내용이 다양하더라도 여러 전시실이 획일적이고 동일한 관람동선을 유지하도록 한다.
④ 자연스런 관람동선은 작품 이해를 위하여 큰 도움을 준다.

29 일반적인 박물관의 수집정책에 대하여 기술한 것 중 잘못된 내용은?

① 박물관은 유네스코 문화재의 불법 반출입 및 소유권 이전의 금지와 예방수단에 관한 협약을 인정하고 준수하여야 한다.
② 박물관은 유물관리를 위한 시설과 전문인력을 보유할 경우에만 유물을 수집할 수 있다.
③ 박물관은 합법적인 소유권을 갖지 못하는 유물이라도 유산적 가치를 지닌 경우 수집할 수 있다.
④ 박물관은 생태계 파괴를 초래하는 생물학적 표본물을 수집할 수 없다.

정답 ▶ 26 ③　27 ②　28 ③　29 ③

해설 박물관의 자료 수집 행위는 경제, 문화, 사회적으로 중요한 의미를 지니고 있는 업무로서 기본적인 원칙을 바탕으로 사전에 신중한 검토가 이루어져야 한다.

먼저 박물관의 설립취지에 부합되는 자료를 수집해야 정체성을 확립할 수 있으므로 자료가 가지고 있는 가치를 검토해야 하는데 자료의 역사, 교육, 문화, 과학적 가치와 희소성, 독특성도 타진해볼 필요가 있다. 수집한 자료가 향후 전시, 교육, 연구에 활용될 수 있는지 여부를 확인한다. 자료의 출처와 이력을 분명히 하여 보편타당한 선에서 법률 위반이 되지 않도록 법적인 증거를 확실하게 체크해야만 박물관 자체가 갖고 있는 도덕적 원칙을 지킬 수 있다. 자료를 수집하는 목표는 현실적이기 때문에 시설, 직원, 재원 등이 없다면 수집해서는 안 된다. 기존 자료와의 중복 여부나 자료의 상태를 확인하여 보존이 가능한지 살펴본다.

30 현대미술관의 소장품 정책에 관련된 사항이 아닌 것은?

① 미술품의 경향과 성격을 감안하여 일관된 정책하에 소장품 구입을 결정한다.

② 미술시장의 동향을 파악하여 가격을 기준으로 작품의 질을 결정한다.

③ 소장품의 규모와 성격을 점검, 분류하여 그에 상응하는 시설을 구비한다.

④ 소장품 관리를 위해 기록과 문서화 작업을 행하여야 한다.

31 다음 중 박물관 소장품의 '대여'에 관한 설명으로 틀린 것은?

① 대여는 전시, 연구조사, 교육의 목적을 위해 명시된 일정기간 동안만 이루어진다.

② 박물관은 대여를 재계약하거나 취소할 수 있는 권리를 갖고 있다.

③ 박물관에 개인 소장 유물을 위탁해 달라는 제안이나 요청은 가능한 한 수락한다.

④ 대여는 박물관 관장의 권한에 의해 결정되며 대여와 등록부서를 통해 효력이 발생한다.

해설 외부로부터 요청이 들어오는 위탁, 기증 등이 박물관을 위한 것인지 다른 목적이 있는지 확인해야 하며, 위탁에 따른 제약이나 조건도 검토하여 제약이나 조건이 있는 기증은 정중히 거절한다.

32 박물관·미술관에서 행하는 교육 프로그램으로서 의미가 없는 것은?

① 전시 대상 교육 프로그램은 전시기간 동안 전시의 이해를 돕는 프로그램이다.

② 전시 외에 박물관 문화의 이해를 돕는 강좌와 세미나 등을 운영하여 관람객 개발에 기여할 수 있다.

③ 학교에서 행할 수 없는 프로그램을 기획하여 박물관의 수익사업으로 활용한다.

④ 교육의 대상을 확대하여 박물관 활성화에 기여할 수 있다.

정답 30 ② 31 ③ 32 ③

33 우리나라 박물관·미술관 조직의 개념과 역할 중 올바른 서술이 아닌 것은?

① 박물관은 수집, 보존, 조사, 연구, 교육, 전시 등에 이르는 기본적인 업무분장이 전문성을 토대로 이루어져야 한다.

② 박물관의 다양한 업무는 상호 유리된 것이 아니라 여러 기능 간의 연계를 통한 유기적 구조를 가져야 한다.

③ 국·공립 박물관의 경우 학예실과 사무국의 성격이 이원화되는 현실에서 사무국이 박물관 경영 및 운영 전반에 대하여 책임을 진다.

④ 박물관의 성격과 방향에 따라 조직의 구성과 개념이 달라질 수 있다.

34 박물관 및 미술관 진흥법에 규정된바, 박물관 설립·운영주체에 따른 박물관·미술관의 종류가 아닌 것은?

① 국립박물관 ② 지방자치박물관

③ 사립박물관 ④ 대학박물관

35 박물관 사업에 관한 내용 중 맞지 않은 부분이 있는 항목은 무엇인가?

① 박물관 자료의 수집·관리·보존 및 전시

② 박물관 자료의 보존·전시 등에 관한 기술적인 조사 연구

③ 문화재의 발굴, 골동품의 감정, 예술품의 경매, 미술품의 진열

④ 박물관 자료에 관한 복제와 각종 간행물의 제작 및 배포

36 박물관 및 미술관 진흥법의 적용을 받지 않는 문화시설은 무엇인가?

① 자료관, 사료관, 유물관

② 과학관, 기술관, 산업관

③ 전시관, 향토관, 교육관

④ 문서관, 기념관, 보존소

해설 • 1종 : 박물관·미술관, 동물원, 식물원, 수족관
   • 2종 : 자료관, 사료관, 유물관, 전시관, 향토관, 교육관, 민속관, 민속촌, 보존소, 민속관, 민속촌, 문화의 집, 예술관

정답 **33** ③ **34** ② **35** ③ **36** ②

37 박물관의 역할과 기능에 관련이 없는 사항은 무엇인가?

① 학습, 교육, 위락 공간으로서의 역할

② 수집 · 보존 · 연구 · 교류 · 전시 · 교육기관으로서의 기능

③ 비정규의 사회 · 문화 · 평생교육기관으로서의 역할

④ 발굴 · 감정 · 평가 · 영리기관으로서의 기능

38 전시공간의 특성에 따른 전시방법이라고 할 수 없는 항목은 무엇인가?

① 상설전시 　　　　　　　　　② 실내전시

③ 야외전시 　　　　　　　　　④ 옥외전시

39 박물관 전시의 조명계획 중 적절한 내용이 아닌 것은?

① 전시물의 색상을 정확하게 보여주기 위해서 자연광을 채광할 수 있도록 채광량을 조절할 수 광센서와 채광설비를 한다.

② 박물관 자료의 열화를 최소화하기 위해서 자외선 차단 필터, 자외선 차단 램프, 자외선 차단 스프레이 페인트 등을 설치하거나 해당 부위에 적용한다.

③ 박물관 자료의 열화를 최소화하기 위해서 쿨빔 램프를 사용하고, 전시물 표면에 집열되지 않도록 적외선 차단 필터와 분광판 등을 설치하거나 해당 부위에 적용한다.

④ 전시실의 색온도를 높이기 위해서 백열등, 백색형광등, 삼파장형광등 등을 사용하고, 균제 조명을 위해서 스포트라이트와 핀 스포트라이트를 설치한다.

해설 박물관 자료는 빛에 민감하고 열을 최소화하기 위해 빛 조절을 해야 한다.

40 박물관 입지 선정을 위한 검토사항 중 타당하지 않은 것은?

① 모든 박물관은 교통이 편리한 도심에 입지를 선정해야 한다.

② 대학박물관은 가능하면 대학공동체와 지역공동체의 주민들이 쉽게 이용할 수 있도록 캠퍼스 입구에 입지를 선정해야 한다.

③ 국가를 대표하는 박물관은 가능하면 국내외 방문객들이 쉽게 접근할 수 있도록 수도권 내에 입지를 선정해야 한다.

④ 전문박물관은 가능하면 박물관의 핵심 소장품과 관계가 있는 장소에 입지를 선정하여야 한다.

해설 박물관은 자연, 위생, 교통, 관광 및 휴식 등의 관계를 살펴보고 성격에 따라 입지를 선정해야 한다.

정답 37 ④ 38 ① 39 ④ 40 ①

41 박물관 건축을 위한 장기 발전계획에 걸림돌이 될 수 있는 항목은 무엇인가?

① 박물관 입지의 도시계획과 국토이용개발계획 등을 검토하여 향후 교통체계에 편리를 도모하고, 주변 환경과 조화를 이루어야 한다.

② 교통이 편리하면 부지가 협소하고, 저지대, 항만지역, 항공지역, 군사보호구역일지라도 박물관을 건립해야 한다.

③ 박물관 건축은 장기 발전계획에 따라 지하구조와 지상건물의 증축 및 시설 확장에 따른 여유 공간을 충분히 확보하여야 한다.

④ 박물관 건축은 구조가 튼튼하고, 기능이 충실하며, 건축물 자체의 미관이 뛰어나고, 유지 · 운영관리에 효율이 높아야 한다.

42 박물관 교육 프로그램의 최근 경향과 관련이 없는 사항은 무엇인가?

① 학교 연계 교육 프로그램을 중심으로 장학사와 학부모가 박물관 교육 프로그램을 만들고 학교에서 시청각 자료를 활용하여 평생교육 과정으로 이끌어 가고 있다.

② 박물관 교육은 목표고객(Target Client)을 상정하여 학력별, 연령별, 직업별, 그룹별(교사, 주부, 노인, 지체장애자 등) 프로그램을 만들어 시행함으로써 자율적인 학습형태로 바뀌고 있다.

③ 박물관 교육은 박물관 교사가 학교 교과과정, 또는 박물관 전시물, 문화유산 또는 자연유산 현장을 연계하여 실물을 통한 직관교육으로 참가자들이 참여하는 즐거움을 갖도록 하고 있다.

④ 박물관 교육은 박물관을 찾는 방문객과 지역사회의 주민들, 특히 교사와 학생, 가족과 연인들을 위한 체험학습 프로그램을 만들어 시행함으로써 지역사회의 전통계승에 이바지하고 있다.

43 박물관 교육 매체의 특성과 밀접한 관련이 없는 사항은 무엇인가?

① 전시실 또는 수장전시실에서 실물을 직접 볼 수 있게 함

② 실물을 직접 보여줄 수 없는 경우에 전시 보조물을 보여주거나 직접 만져볼 수 있게 함

③ 실물 또는 전시 보조물을 보여줄 수 없는 경우에 시청각 자료 또는 가상현실 프로그램을 통해서 간접 경험을 할 수 있게 함

④ 학교 교과과정의 검증된 내용 이외에는 실물, 모형, 복제품, 모사품 등을 교육매체로 활용할 수 없음

해설 ▶ 박물관의 교육 매체인 자료는 학계에 발표되지 않은 새로운 사실 등을 밝혀 줄 수 있는 중요한 역할을 할 수 있다.

정답 ▶ 41 ② 42 ① 43 ④

44 박물관은 항구적 비영리기관이지만 영리사업을 수행할 수 있는 분야와 조건이 있다. 박물관의 영리 추구에 관련된 내용 중 바람직한 서술이 아닌 것은?

① 박물관의 수장품 가운데 학·예·기술적으로 우수한 자료와 정보를 산업화하여 얻은 수익을 박물관 사업에 재투자할 수 있다.

② 박물관의 명품을 모형으로 만들거나 복제하거나 모사하여 박물관 기념상품으로 개발하여 박물관 매점에서 판매한 수익을 박물관 활성화를 위해서 재투자할 수 있다.

③ 박물관 수장품을 슬라이드, 엽서, 도록으로 만들어 판매한 수익을 박물관 사업을 위해서 재투자할 수 있다.

④ 박물관 편의시설에서 얻은 판매수익과 처분된 수장품(Disposal Collection)의 매매수익을 박물관 직원들의 후생복지를 위해서 사용할 수 있다.

45 박물관 마케팅에 관한 설명 중 틀린 항목은 무엇인가?

① 박물관 마케팅은 불특정 다수를 대상으로 하지만 목표고객을 설정하여 서비스를 제공하고, 판촉을 통해서 재방문을 유도함으로써 경영 효율을 높이면서 산출을 증대할 수 있다.

② 박물관 마케팅의 성공 여부는 상품, 가격, 유통(장소), 판촉(홍보)을 포함한 4요소의 마케팅 믹스(Marketing Mix)가 조화를 이루어야 한다.

③ 박물관 마케팅의 성공을 위해서는 학예연구실이 독자적으로 박물관 사업을 편성하여 외부의 간섭 없이 독창적으로 상품을 개발하고 불특정 다수에게 홍보를 해야 한다.

④ 박물관 마케팅의 성공은 고객을 만족시켜 주는 맞춤형 서비스와 적정 요금의 징수, 접근하기 좋은 곳에서 요구하는 서비스를 제공하고, 고객에게 감동을 줄 수 있는 홍보가 필요하다.

해설▶ 박물관은 다양한 협력기관을 갖고 관람객과 소통하여 수익을 창출할 수 있는 방안을 강구해야 한다.

46 박물관 마케팅의 SWOT 분석에 관한 설명 중 틀린 항목은 무엇인가?

① SO 전략 : 외부 기회를 활용하기 위해 내부 장점을 사용함

② ST 전략 : 외부 위협에 대처하기 위해서 내부 약점을 최소화함

③ WO 전략 : 내부 약점을 극복함으로써 외부 기회를 활용함

④ WT 전략 : 내부 약점을 최소화함으로써 외부 위협에 대처함

해설▶ 마케팅의 스왓분석(SWOT)기법은 다음과 같다.

외부　　　　　　내부	강점(S ; Strengths)	약점(W ; Weaknesses)
기회(O ; Opportunities)	SO	WO
위협(T ; Threats)	ST	WT

정답▶ 44 ④　45 ③　46 ②

47 박물관 전문인력에 관한 설명 중 틀린 항목은 무엇인가?

① 학예사는 박물관 운영의 중심이자 박물관의 유일한 전문인력이다.

② 박물관에 종사하는 자로서 아이콤(ICOM)에서 제정한 「박물관을 위한 윤리강령」을 지키는 사람은 박물관 전문인력이다.

③ 1996년에 미국의 글레이저와 제네토우는 박물관 전문직을 52종의 직책과 3부류로 직급을 세분하여 보고한 바 있다.

④ 박물관 전문직은 30종의 정규직과 17종의 보조와 지원직, 5종의 기타 지원직으로 나뉠 수 있다.

48 박물관 재원 조성을 위한 방법 중 올바르지 않은 항목은 무엇인가?

① 박물관 회원을 모집하여 회비를 징수한다.

② 사업가와 후원자를 초빙하여 박물관 사업에 대한 브리핑을 통해서 비전을 제시하고, 기금(기부금과 후원금을 포함)을 조성한다.

③ 박물관의 설립 취지와는 관련이 없더라도 박물관 사업에 재투자하기 위하여, 어떠한 상품이라도 판매하여 적극적으로 수익을 증대한다.

④ 박물관 사업의 다각화를 통해서 방문객의 기대와 욕구를 충족시키고, 새로운 체험을 지속적으로 할 수 있도록 함으로써 재방문율을 높여서 부가가치를 창출한다.

해설 박물관은 설립 취지에서 벗어나는 사업을 진행해서는 안 된다.

49 가상현실박물관의 설명과 관련이 없는 항목은 무엇인가?

① 가상현실박물관의 설립 · 운영은 문화관광부에 등록을 하여야 하고 승인을 받아야 한다.

② 가상현실박물관의 장점은 장소 제약이 없고, Off-Line의 실내 및 야외박물관과 함께 운영될 때 효율이 극대화될 수 있다.

③ 가상현실박물관은 사이버박물관이라고도 하는데 이용자들에게 공개하기 위해서는 반드시 인터넷 도메인 등록이 되어야 한다.

④ 가상현실박물관의 강점은 언제 어디서나 On-Line으로 접속이 가능하고, 오늘날 PDA 또는 Mobile Phone으로도 접속이 가능한 새로운 형태의 박물관이다.

50 아래 사항 중 야외박물관(Open Air Museum)의 효시인 것은?

① 미국의 윌리엄스버그   ② 스웨덴의 스칸센
③ 영국의 스톤힌지   ④ 이태리의 콜로세움

기출문제

01 오늘날 전 세계적으로 박물관의 수적인 팽창과 늘어나는 관람객에도 불구하고 여러 가지 어려움을 겪고 있다. 현대의 박물관·미술관이 전반적으로 직면하고 있는 장애물이 아닌 것은?

① 프로그램, 소장품 증가에 따른 운영비용 상승

② 박물관행 관람객 감소

③ 정부, 공공기관으로부터의 지원금 삭감 혹은 증가 정체

④ 다른 여흥 수단과의 경쟁

해설 박물관 관람객은 지속적으로 증가하고 있다.

02 박물관 연구의 신경향에 관한 설명이 잘못된 항목은 무엇인가?

① 박물관학은 박물관의 역할과 기능에 관한 사례를 주 대상으로 하는 이론 연구에 치중되어 있다.

② 박물관기술학은 박물관의 환경과 박물관 시설물 운영을 주 대상으로 기술과 방법론 연구에 치중되어 있다.

③ 박물관학과 박물관기술학은 독립된 분과학문으로서 서로 공동 연구를 필요로 하는 상호보완적 관계를 유지하고 있다.

④ 박물관 연구는 종합과학이기 때문에 독자적인 연구영역과 대상, 관점, 방법론을 갖출 수 없다.

03 박물관의 교류활동 내용과 거리가 먼 항목은 무엇인가?

① 박물관 교류활동은 인력, 자원, 정보 등을 중심으로 이루어진다.

② 박물관 교류활동은 언제, 어디서나 반드시 수익성 원칙을 바탕으로 이루어져야 한다.

③ 박물관 교류활동의 주된 관심사항은 전시물 교류와 정보교류, 전문인력 상호 간에 친선을 도모하고 교류하는 것이다.

④ 박물관의 교류활동은 평등과 존중, 호혜를 원칙으로 이루어진다.

04 박물관의 종류는 분류방법에 따라 여러 가지로 나눌 수 있다. 아래에 열거한 박물관 중 분류 기준이 나머지 세 개와 뚜렷하게 구분되는 한 가지는?

① 미술박물관(미술관)   ② 민속박물관

③ 과학박물관   ④ 공립박물관

해설 박물관은 경영 주체에 따라 국립, 공립, 대학, 사립으로 나뉜다.

정답 01 ② 02 ④ 03 ② 04 ④

05 박물관의 역사와 관련한 설명으로 적절하지 않은 것은?

① 우리나라에서 근대적 의미의 최초의 박물관은 이왕가박물관(李王家博物館)이고, 1938년 이왕가박물관에서 주로 미술품만 골라 덕수궁 내에 개관한 것이 이왕가미술관(李王家美術館)이다.

② 중국은 1912년 북평(北平) 국자감에서 국립역사박물관을 창설한 것이 근대적 의미의 최초 박물관이고, 그 후 유물들이 몇 번 옮겨지다가 1946년 혁명이 발발하자, 장개석의 국민정부가 유물의 대부분을 타이완(臺灣)으로 옮겨 1965년 타이페이(臺北) 고궁박물원을 건립하였다.

③ 일본 나라(奈良)에 있는 동대사(東大寺)의 정창원(正倉院)도 박물관의 하나로 보아야 한다.

④ 1847년 설립된 스미스소니언(Smithsonian) 박물관은 미국 최초의 근대 박물관으로 현재까지 15개의 전문 부속박물관과 함께 학술 · 연구의 중추적 기능을 하고 있다.

> **해설** ▶ 미국 최초의 박물관은 1773년 사우스캐롤라이나주에 설립된 찰스턴박물관이다.

06 학문으로서의 박물관학이 박물관 실제 업무에 기여한다고 볼 수 없는 것은?

① 박물관 업무에 일반적 원칙을 제공

② '문화자원의 관리'에 관한 정부정책의 발전을 위한 기본개념 제공

③ 박물관 소장품의 감정평가의 기본개념 제공

④ 연구계획의 발전을 위한 이론적 근거의 틀을 제공

07 국제박물관협의회(ICOM)에서 박물관 범주에 포함시키고 있지 않은 것은?

① 식물원 · 동물원 · 수족관 · 사육장 등과 같은 생존하는 표본을 진열 · 전시하는 기관

② 자연보호구역

③ 과학관 · 천문관

④ 기업의 홍보관

> **해설** ▶ 국제박물관협의회에서 정한 박물관의 범주는 다음과 같다.
> 1. 도서관 및 공문서 보관소로 항구성이 유지되는 전시실
> 2. 자연고고학, 민족적 기념물, 유적, 역사적 기념물
> 3. 식물원, 동물원, 수족관, 사육장 등과 같은 표본 진시실
> 4. 자연보호구역
> 5. 과학관, 천문관

08 "박물관 직원은 소속 박물관이 수집한 물품과 관련이 있거나 그와 유사한 물품의(상업상의 이익을 목적한 매매행위 등) 어떠한 거래에도 관여해서는 안 된다."라는 국제박물관협의회 (ICOM)의 박물관 전문직 윤리는 직업적 행위로서 어떤 부분의 사명을 강조한 것인가?

① 지역사회에 대한 개인적 사명　　　　② 대중에 대한 개인적 사명
③ 소장품에 대한 개인적 사명　　　　④ 해당 박물관장에 대한 개인적 사명

09 박물관 박람회와 관련하여 서로 관련성이 없는 것은?

① 미국독립 백주년 대박람회 – 워싱톤박물관
② 영국 수정궁대박람회 – South Kenshington
③ 시카고 대박람회 – 시카고 자연사박물관
④ 오사카(大阪) 만국박람회 – 국립민족학박물관

해설 • 미국독립백주년대박람회가 끝난 후 만들어진 박물관은 펜실베니아 미술관이다.
　　　• South Kenshington은 1857년 건립 후 1899년 빅토리아 & 알베르트박물관으로 호칭을 변경하였다.

10 박물관 및 미술관 진흥법 시행령 제10조(등록요건)에 의하면 박물관 및 미술관의 등록은 여러 가지 구비조건을 갖추어야 가능한 것으로 명시하고 있다. 제1종 박물관 및 미술관 유형 중에서 전문박물관 및 미술관의 등록요건이 아닌 것은?

① 수장고　　　　　　　　　　　　② 사무실 또는 연구실
③ 자료실 · 도서실 · 강당 중 1개 시설　　④ 보존처리시설

11 박물관의 중요한 기능 중의 하나는 일반에게 공개한다는 점이다. 다음 박물관 중에서 1683년 개관됨으로써 공식적인 일반공개의 효시가 된 것은?

① 대영 박물관(British Museum)
② 루브르 박물관(Louvre Museum)
③ 에르미타주 박물관(Hermitage Museum)
④ 애쉬몰리안 박물관(Ashmolean Museum)

해설 1683년 개관하여 일반공개의 효시를 이루며, 교육적 목적으로 건립된 박물관은 애쉬몰리안 박물관이다.

정답 08 ③　09 ①　10 ④　11 ④

12 박물관과 관련한 법 제정과 관련이 없는 것은?

① The Museum Acts of 1845

② The Public Libraries Acts of 1892

③ 1984년 처음 우리나라 박물관법 제정

④ The Centennial Exposition in Philadelphia, 1876년

해설 ① The Museum Acts of 1845 – 영국 박물관령

② The Public Libraries Acts of 1892 – 영국 공공도서관법

③ 1984년 박물관법 – 대한민국

④ The Centennial Exposition in Philadelphia, 1876년 – 필라델피아의 미국 독립 100주년 기념 대박람회

13 다음은 "박물관 및 미술관 진흥법"에 명시되어 있는 학예사에 관한 항목들이다. 옳지 않은 항목은?

① 학예사는 국제박물관협의회의 윤리강령과 국제협약을 준수해야 한다.

② 학예사는 대통령령에 의해 선임된 박물관운영위원회의 윤리강령과 협약을 준수해야 한다.

③ 학예사는 1급정학예사, 2급정학예사, 3급정학예사 및 준학예사로 구분하고 그 자격제도의 시행방법, 절차 등에 관하여 필요한 사항은 대통령령으로 정한다.

④ 박물관 및 미술관은 대통령령이 정하는 바에 의하여 박물관 · 미술관 학예사를 둘 수 있다.

해설 **박물관 및 미술관**

제6조(박물관 · 미술관 학예사) ① 박물관과 미술관은 대통령령으로 정하는 바에 따라 박물관 · 미술관 사업을 담당하는 박물관 · 미술관 학예사를 둘 수 있다.

② 학예사는 1급 정(正)학예사, 2급 정학예사, 3급 정학예사 및 준(準)학예사로 구분하고, 그 자격제도의 시행 방법과 절차 등에 필요한 사항은 대통령령으로 정한다.

③ 학예사는 국제박물관협의회의 윤리강령과 국제협약을 지켜야 한다.

14 학예사를 포함한 박물관 전문인력의 근무경력이 인정되는 박물관 또는 미술관의 범위에 해당하지 않는 기관은?

① 국립박물관 또는 국립미술관

② 등록박물관 또는 미술관

③ 교육법 제81조의 규정에 의해 각급 학교에 설치, 운영하는 박물관 또는 미술관

④ 지방 자치단체에서 운영하는 문화센터 및 문화의 집

해설 **실무실습경력 인정기관**

1. 국립중앙박물관
2. 국공립박물관
3. 국립현대미술관
4. 공립미술관
5. 국립민속박물관
6. 박물관 · 미술관 학예사 운영위원회가 등록된 사립박물관 · 사립미술관, 등록된 대학박물관 · 대학미술관 및 외국박물관 등의 기관 중에서 인력 · 시설 · 자료의 관리실태 및 업무실적에 대한 전문가의 실사를 거쳐 인정한 기관

15 **박물관 자료의 취급과 포장에 관한 유의사항 중 적절하지 않은 항목은 무엇인가?**

① 여러 개의 작은 박물관 자료를 운송할 때는 카트 안에 박물관 자료를 여러 층으로 포개 담은 후 뒤에서 끌고 간다.

② 오래된 동물 박제는 반드시 장갑, 마스크, 안대, 방호복을 착용하고 취급한다.

③ 박물관 자료는 항상 안정된 자세로 양손으로 취급하고, 무거운 박물관 자료는 반드시 공동작업을 한다.

④ 포장을 하기 전에 자료에 대한 기록을 남기고, 포장 후 안전상자에 담아서 보관 및 취급 유의사항을 표시한다.

16 **박물관의 자료 수집정책 규정이라 볼 수 없는 것은?**

① 박물관은 불법적으로 사살하거나 생태학적으로 파괴하여 획득한 자료일지라도 생물학적으로 중요한 가치가 인정될 때, 표본으로 얻을 수 있다.

② 박물관은 1970년 불법 수입, 수출, 소유권을 양도를 금지하는 유네스코(UNESCO) 협정을 수용하고 준수한다.

③ 문제의 유물에 정당한 자격을 부여할 수 없다면, 박물관은 어떤 유물도 입수할 수 없다.

④ 유물의 발굴이 최근에 고고학적인 유적지를 비과학적으로, 의도적으로 파괴했다는 믿을 만한 근거가 있다면 박물관은 어떤 유물도 입수할 수 없다.

해설 박물관 자료의 출처와 이력을 충분하게 확인하여 보편 타당한 선에서 수집활동을 진행해야 한다. 이는 박물관 자체가 갖고 있는 도덕적인 원칙을 지킬 수 있는 사항이다.

정답 15 ① 16 ①

17 무분별한 표본 수집은 심각한 자연 훼손, 밀렵 및 불법 거래를 야기하기 때문에 자연사박물관에서 수집정책 수립은 매우 중요하고 필요한 규정이라 볼 수 있다. 다음 중 표본 수집 정책에 포함되는 내용에서 크게 관련이 없는 것은?

① 수집을 위한 표본 입수 방법
② 박물관의 목적과 박물관 수집 목표와의 부합성
③ 수집 대상에 대한 보증 과정
④ 수장고의 규모

해설 표본 수집 정책에 포커스를 맞추고 있다면 기본으로 시설, 직원, 재원 등에 관한 사항은 박물관에서 갖추고 있다고 본다.

18 박물관 교육의 특성을 잘못 인식하고 있는 항목은 무엇인가?

① 박물관 교육은 불특정 다수를 대상으로 하는 평생교육 프로그램의 개발과 운영에 관심과 초점을 기울이고 있다.
② 박물관 교육은 반드시 학교 교육과정과 연계된 교과과목을 중심으로 지식과 경험, 감성을 충족시켜 주는 교과서 중심으로 이끌어가야 한다.
③ 박물관 교육은 실물을 통한 직관교육에 초점이 맞춰져 있고, 자율적으로 참여하여 체험할 수 있는 프로그램이 유행하고 있다.
④ 박물관 교육은 학교 교육과 달리 연령과 지적 수준, 사회적 경험과 관계없이 시행할 수 있는 비정규교육 프로그램이라고 할 수 있다.

해설 박물관 교육은 학교 교육을 대체할 수 있는 실물자료 중심의 교육이 가능한 곳이다.

19 박물관 교육 프로그램의 유형으로 적합하지 않은 것은?

① 전시안내 · 전시실 설명 ② 강연 · 강좌
③ 문화탐방 · 체험학습 ④ 미술품 감정 · 경매

20 박물관의 주요 기능 중의 하나가 교육기능이다. 이에 따라 교육담당자는 매 전시마다 교육프로그램을 짜야 하는데 크게 관내 교육과 관외 교육으로 대분된다. 관내 교육에 속하지 않는 프로그램은?

① 고적 답사 프로그램 ② 강연, 강좌, 세미나 등 강의 위주의 프로그램
③ 전시물 안내 프로그램 ④ 어린이교육 프로그램

정답 17 ④ 18 ② 19 ④ 20 ①

21 박물관의 교육 프로그램 중 사회교육과 직접적인 관련이 없는 것은?

① 관람객의 안전교육
② 움직이는 박물관
③ 교사연수 프로그램
④ 현장학습

> **해설** 우리나라 사회교육법에 의하면 학교 교육을 제외한 국민의 평생교육을 위한 모든 형태의 조직적인 교육활동을 사회교육이라고 정의하고 있다. 예를 들어, 방송통신의 수단에 의한 방법, 시청각적 매체를 이용하는 방법, 신문 · 잡지 · 도서 등의 문자에 의한 방법, 강연 · 강의 · 강습 등의 언어에 의한 방법, 소년단 · 청년단 등을 이용한 방법 등을 말한다.

22 박물관 건축 시공에 참고사항으로 부적절한 항목은 무엇인가?

① 박물관 건축재료는 박물관 소장품의 특성보다도 미관, 내구성, 불연성 등을 충족시켜 주는 것을 먼저 고려하여야 한다.
② 공조설비와 소방설비, 안전관리를 위한 시설은 전시실뿐만 아니라 수장고에도 반드시 설치한다.
③ 유리건물의 경우, 방범을 위한 안전장치, 복사열 차폐장치, 청결을 위한 클리닝 장치, 환기를 위한 벤틸레이터 등을 설치한다.
④ 지진, 해일, 태풍, 침수 등의 자연재해와 재난으로부터 안전을 확보하고, 유지 운영관리에 효용을 극대화할 수 있도록 설계하고 시공해야 한다.

> **해설** 박물관은 역사, 민족, 문화, 종교, 예술, 과학 등 관련 분야의 핵심적인 기구이며 평생교육의 거점으로 학교 교육의 현장학습기관으로 지역 경제 활성화에 큰 영향을 미치고 있다.
> 박물관의 건축물은 도시의 랜드마크가 되어 지역 경제에 기여하는 동시에 지자체에서 유치경쟁을 벌이고 있다.
> 하지만 어느 경우에서도 박물관 본연의 의무인 수집, 보존, 연구, 전시, 교육을 벗어난 행위는 하지 말아야 한다.

23 박물관을 건립하는 데 필요한 권고사항으로 부적절한 것은 무엇인가?

① 교통이 편리하다면 부지가 협소하고 공해가 있어도 영리 추구를 위해서 도심에 박물관을 건립해야 한다.
② 박물관 건축은 반드시 자연재해와 재난으로부터 안전할 수 있도록 구조가 튼실하고, 유지 · 운영관리에 효용이 높아야 한다.
③ 박물관 건립 부지는 중장기적인 관점에서 증축 및 시설 확장에 따른 여유공간을 충분히 확보하여야 한다.
④ 박물관 건축물은 미관상 독창적이면서 기능성이 뛰어난 기념비적인 작품으로 가능하면 주변 환경과 조화를 이루어야 한다.

정답 21 ① 22 ① 23 ①

24 박물관 시설관리 지침 가운데 옳지 않은 항목은 무엇인가?

① 박물관의 주요 시설물 내외부에는 안전을 위한 감지기와 잠금장치, 감시카메라 등을 설치하여 안전관리에 최선을 다해야 한다.

② 박물관 시설관리 점검자는 2명이 1개조로 정기적인 순회점검과 현장확인을 지속적으로 수행해야 한다.

③ 박물관의 시설관리는 지속적으로 관리하는 것을 원칙으로 하고, 최소한 2교대제 근무를 원칙으로 한다.

④ 박물관장은 동반자가 없더라도 박물관의 수장고를 포함한 모든 공간에 언제든지 자유롭게 출입을 할 수 있다.

> **해설** 국립중앙박물관 수장고는 7단계의 보안시스템을 거치며 수장고의 출입은 사유, 장소, 출입자(2명), 시간 등을 상세히 기재한 후에 결재를 거쳐 이루어진다.

25 박물관 건축과 관련한 설명으로 틀린 것은?

① 박물관 부지 선정은 자연환경 · 위생환경 · 교통환경 등을 고려하여야 한다.

② 건축 시에는 후일의 증축에 대비하여 설계하고 건설되어야 한다.

③ 박물관은 공원지구나 녹지지역에는 건립할 수 없음을 염두에 두고 부지 선정 작업을 해야 한다.

④ 박물관은 도시계획법 시행령에 의한 용도 구분상 문화시설에 해당한다.

> **해설** 도시계획법 시행령 별표17에서 자연녹지지역 안에서 건축할 수 있는 건축물을 다음과 같이 규정하고 있다.
> [별표17] 자연녹지지역 안에서 건축할 수 있는 건축물(도시 영 제51조 제1항 제16호 관련)
> 1. 건축할 수 있는 건축물
>   가. 건축법시행령 별표 1 제1호의 단독주택
>   나. 건축법시행령 별표 1 제3호의 제1종근린생활시설
>   다. 건축법시행령 별표 1 제4호의 제2종근린생활시설(단란주점을 제외한다)
>   라. 건축법시행령 별표 1 제7호의 의료시설
>   마. 건축법시행령 별표 1 제8호의 교육연구 및 복지시설
>   바. 건축법시행령 별표 1 제9호의 운동시설
>   사. 건축법시행령 별표 1 제14호의 창고시설
>   아. 건축법시행령 별표 1 제17호의 동물 및 식물관련시설
>   자. 건축법시행령 별표 1 제18호의 분뇨 및 쓰레기처리시설
>   차. 건축법시행령 별표 1 제19호의 공공용시설
>   카. 건축법시행령 별표 1 제20호의 묘지관련시설
>   타. 건축법시행령 별표 1 제21호의 관광휴게시설
> 2. 도시계획조례가 정하는 바에 의하여 건축할 수 있는 건축물
>   가. 건축법시행령 별표1 제2호의 공동주택(아파트를 제외한다)

나. 건축법시행령 별표1 제5호의 문화 및 집회시설

다. 건축법시행령 별표1 제6호의 판매 및 영업시설 중 다음에 해당하는 것

    (1) 농수산물유통 및 가격안정에 관한 법률 제2조의 규정에 의한 농수산물공판장

    (2) 농수산물유통 및 가격안정에 관한 법률 제68조제2항의 규정에 의한 농수산물직판장(농어촌발전특별조치법 제2조 제2호·제3호 또는 동법 제4조의 1에 해당하는 자나 지방자치단체가 설치·운영하는 것으로서 바닥면적의 합계가 1만제곱미터 이하인 것에 한한다) 〈2001.1.27 개정〉

    (3) 산업자원부장관이 관계중앙행정기관의 장과 협의하여 고시하는 대형할인점 및 중소기업공동판매시설

라. 건축법시행령 별표 1 제11호의 숙박시설(관광진흥법에 의하여 지정된 관광지 및 관광단지에 한한다)

마. 건축법시행령 별표 1 제13호의 공장(아파트형 공장·도정공장 및 식품공장과 읍·면지역에 건축하는 제재업의 공장 및 첨단산업공장에 한한다)

바. 건축법시행령 별표 1 제15호의 위험물저장 및 처리시설

사. 건축법시행령 별표 1 제16호의 자동차관련시설

박물관은 제2호 나목인 "문화 및 집회시설"에 해당되므로 지방자치단체의 도시계획조례에 의거하여 박물관을 세울 수 있는지 알아봐야 한다. 또한 토지이용규제정보서비스를 통해 박물관을 짓고자 하는 필지에 따른 정확한 정보를 미리 인지해야 한다.

26 박물관 건립과정의 올바른 진행 순서는?

① 기본구상 – 기본이념 – 건축설계 – 입지분석

② 입지분석 – 건축설계 – 기본구상 – 기본이념

③ 입지분석 – 기본구상 – 건축설계 – 기본이념

④ 기본이념 – 기본구상 – 입지분석 – 건축설계

해설 박물관을 건립하기 위해서는 가장 먼저 박물관의 성격과 설립목적을 명확하게 정립한 후 건축 구상을 진행한다.

27 박물관 이용자 분석에 관한 내용 가운데 적절하지 않은 항목은?

① 박물관 이용자 분석은 불특정 다수를 대상으로 할 수 없기 때문에 반드시 표적 이용자를 설정할 필요가 있다.

② 박물관 이용자는 방문빈도와 방문목적을 기준으로 적극적인 이용자와 일반적인 이용자, 소극적인 이용자로 대별해 볼 수 있다.

③ 박물관에서 어린이들이 가장 큰 잠재 이용자라고 할 수 있지만, 그들을 연령과 지적 수준에 따라 그룹을 세분할 필요가 없다.

④ 박물관 이용자는 그룹의 특성에 따라 교사, 학생, 주부, 지체장애인 등으로 나뉘어질 수 있다.

정답 26 ④ 27 ③

해설 박물관의 관람객은 성별, 계층, 연령, 지역, 교양에 따라 관심사가 다르기 때문에 수용태도에 따른 얻을 수 있는 효과를 분석할 필요가 있다.

28 잠재 관람객 분석을 위한 구성요소와 관계없는 항목은 무엇인가?

① 기초집단   ② 열성집단

③ 관심집단   ④ 비참여 / 무관심집단

해설

목표관람객	커뮤니케이션 기본원칙	커뮤니케이션 목적
열성 집단	기본정보 제공	정보
관심 집단	동기 부여	설득
무관심 집단	설명	교육

29 박물관 마케팅에 관한 내용 중 잘못된 항목은 무엇인가?

① 박물관 마케팅은 불특정 다수를 대상으로 하지만 표적이용자를 설정하여 마케팅 믹스를 통해서 경영 효율을 높일 수 있다.

② 박물관 마케팅의 성공 여부는 볼거리/즐길거리, 입장료/이용료, 전시장소/공간, 홍보/판촉의 기본적 요소가 적절히 합리적으로 조화를 이루어야 한다.

③ 박물관 마케팅의 성공을 위해서는 학예연구실이 독자적으로 마케팅을 주도하기보다 관련부서의 전문가들이 공동작업을 통해서 다각도로 접근하는 것이 필요하다.

④ 박물관 마케팅은 수익성 원칙에 따른 다양한 변수가 존재하기 때문에 마케팅 전담업체에 외주를 주어야 한다.

해설 박물관 마케팅은 재정상의 어려움을 타개하기 위한 노력의 일환으로 후원회, 회원제도, 기부, 기증제도 등을 진행하는 한편 자회사 운영, 박물관숍, 카페, 관광자원화 등의 입체적 전략을 사용하기도 한다. 그러나 박물관의 기본적 목적은 문화향수 증진을 위한 비영리적인 시설이라는 것을 잊어서는 안 된다.

30 다음 중 박물관 홍보의 목표로서 부적절한 것은?

① 잠재적인 관람객들에게 박물관의 기능과 역할에 대한 정보를 배포한다.

② 종사자에게 동기를 부여하고 적극적인 태도로 박물관 수익사업을 진행시키도록 유도한다.

③ 후원자와 기부자에게 박물관 자체의 소장품에 대한 구입동기를 유발시킨다.

④ 박물관 이용자에게 박물관이 현재 진행 중인 활동사항에 대해 상기시킨다.

해설 ▶ 박물관 홍보의 목적은 정보의 전달을 통해 미시적으로는 일반대중에게 박물관의 이미지 향상, 전시의 정체성과 개별적인 변별성, 박물관이 제공해 주는 문화적 혜택을 인식시켜 관람객의 관심을 끌고 동기를 유발시켜 관람객을 유치하는 데 있다. 거시적으로는 박물관에 대한 긍정적인 이미지를 대중들의 마음속에 깊이 새겨 기부자와 후원자 그룹을 확보하기 위함이다.

31 박물관 경영에 관한 설명이 잘못된 항목은 무엇인가?

① 박물관 경영은 비영리의 항구적 사업이기 때문에 투입총량과 산출효과에 대한 총합 효율을 적정 수준으로 유지해야 한다.

② 박물관 경영평가는 감독기관의 평가, 운영주체의 실행평가, 박물관 이용자들의 만족도 평가 등을 통해서 수행되어야 한다.

③ 박물관 경영평가는 경제성 원칙에 따라 효용극대화, 공익극대화에 초점을 맞춰 총체적 관점에서 수행되어야 한다.

④ 박물관 경영의 평가는 투입 자본에 대한 금전적인 순수익이 얼마인지 평가하는 것이 가장 합리적이고 바람직하다.

32 박물관의 자료 복원방법 중에서 평면적인 작품에 대하여 실시하며, 대개 축적은 1 : 1이나 소장자의 희망에 따라 원래의 자료와 구별하기 위하여 약간 크기를 바꿀 수도 있다. 제작은 손으로 할 수도 있고 기계적인 처리도 가능한 이 복원 방법의 명칭은?

① 모조 ② 모사
③ 모형 ④ 레플리카(Replica)

해설 ▶ • 모조는 입체적인 것을 1 : 1로 축적한 것
 • 모사는 그림 같은 평면적인 것을 1 : 1로 축적한 것
 • 모형은 지형, 건축, 동식물, 기계 단면도, 건축구조 단면도
 • 레플리카는 그림이나 조각 같은 예술작품의 원작자가 손수 만든 복사본

33 박물관에서는 전시회 등 프로그램에 관한 홍보목적을 달성하기 위하여 여러 가지 마케팅 도구를 사용한다. 박물관 마케팅 캠페인 시 사용하는 주요 커뮤니케이션 전략(홍보도구)이 아닌 것은?

① 광고 ② 판매촉진
③ PR(Public Relations) ④ 멤버십

정답 ▶ 31 ④ 32 ② 33 ④

34 소장품의 관리·감독, 목록작성, 일련번호 매기기 그리고 소장품을 개별부서에 보관하는 업무 등의 책임을 맡는 전문직종은?

① 학예연구원(Curator)　　　　　　　② 소장품 관리자(Collection Manager)

③ 보존처리사(Conservator)　　　　　④ 행정담당자(Administrator)

35 박물관은 비영리기관으로서 세제상 지원을 받을 수 있다. 다음 중 세제 혜택의 대상이 아닌 것은?

① 박물관에 출연한 재산 상속세와 증여세

② 증권투자신탁의 분배금과 이자소득

③ 박물관 운영법인이 당해 사업에서 발생한 수익금을 고유목적사업으로 사용할 경우에는 전액을 손비로 인정한다.

④ 박물관을 3년 이상 운영하다가 다른 곳으로 이전하여 토지를 양도할 경우에는 양도소득세를 면제한다.

해설　증권투자신탁은 일반 투자자들로부터 널리 투자자금을 모아 신탁재산을 만들어, 그 재산을 특정한 유가증권에 투자, 운용하는 것을 말한다. 수익자는 자금을 투자하여 그 운용에 따른 이익을 분배받고, 위탁회사는 신탁회사의 운용을 담당하며 수탁회사는 신탁회사의 지시에 따라 신탁 재산을 관리한다. 투자 신탁은 1) 많은 자금을 모아 분산투자할 수 있고 2) 증권투자전문가에 의해서 운용되고 있다는 특징이 있어 소액투자자에게는 적합한 투자대상이 될 수 있지만 보통 투자원본에 대해서는 보장되지 않고 있다.

36 박물관 해석에 관한 설명 중 올바른 항목은 무엇인가?

① 박물관 해석은 자료를 운영자의 입장에서 이미지를 형상화하고 메시지를 창출하여 일방적으로 전달하는 소통방식이다.

② 박물관 해석은 연구를 바탕으로 전시하고, 전시를 통해서 교육하고 쌍방 교류를 원칙으로 한다.

③ 박물관 해석의 방법은 운영자들이 관람객들에게 사진과 그림, 영상을 통해서 즐거운 시간을 갖도록 하는 것이다.

④ 박물관 해석은 누구나 할 수 있기 때문에 정년퇴임한 교사가 가장 적격자라고 할 수 있다.

해설　해석은 주제나 전시물에 대한 관람객의 이해를 설명 혹은 해명, 진술하는 행위나 과정이다. 단순하게 사실적 정보만 전달하기보다는 전시물을 이용해 직접 경험하고 매체를 통해 설명해 줌으로써 의미와 관계를 밝혀내는 과정이다.

정답 34 ② 35 ② 36 ②

37 전시디자인을 효과적으로 수행하기 위해 큐레이터의 역할과 전시디자인의 역할을 구분할 때, 다음 중 큐레이터보다 전시디자이너가 해야 할 역할로 타당한 것은?

① 전시자료의 선정과 전체 전시자료를 유형별로 묶는 그루핑 작업
② 전시자료에 대한 정보 전달 수준, 범위와 대상계층에 대한 정의
③ 교육적 목적을 위한 전시품 해설과 기타 필요한 관련 정보의 작성
④ 전시자료의 시각적 특성과 적합한 디자인의 개념 설정

해설 ▶ 전시디자이너는 전시 주제에 어울리도록 박물관의 다른 인력들과 회의를 거쳐 전시의 타당성을 검토하고 전시장 모형, 드로잉 등을 제작하여 전시연출기법과 재료, 콘셉트 등을 바탕으로 특별기획전, 상설전의 형태를 기획하는 인력이다.

38 20세기에 들면서 박물관 전시는 관람자들에게 의도한 주제를 전달하기 위한 새로운 전시기법에 대한 개념들이 제시되었다. 다음 중 이 개념들에 대한 설명으로 틀린 것은?

① 공간의 벽, 바닥, 천장을 입체적으로 전시에 활용하는 시각적 전시 개념
② 설명판, 사진 등의 전시보조자료를 지지하는 틀의 가변성 개념
③ 실물전시자료를 중심으로 질서정연한 격자형식의 전시 개념
④ 자연채광보다는 임의대로 조절 가능한 인공조명을 중심으로 하는 조명연출 개념

해설 ▶ 20세기 박물관은 다양한 주제를 다루는 특성화된 박물관으로 이용자를 위한 교육을 중심으로 오프라인과 온라인의 공간을 적절하게 활용하여 경영합리화를 이루며, 문화복합공간으로 거듭나고 있다.

39 다음 중 전시기법에 따른 전시분류가 아닌 것은?

① 기획전시
② 비교전시
③ 체험전시
④ 실연(實演) · 실험전시

해설 ▶ • 기간 : 상설전시, 기획전시, 특별전시
• 공간 : 실내전시, 실외전시, 순회전시, 대여전시, 가상전시
• 목적 : 해설전시, 교육전시, 감성전시
• 표현수단 : 정지전시, 실물전시, 모형전시, 영상전시, 실연 및 실험전시, 동력전시, 체험전시, 비교전시

40 국립박물관의 역할과 기능에 관련이 없는 사항은 무엇인가?

① 문화재 발굴 · 감정 · 평가 · 중개기관으로서 기능
② 국내 다른 박물관에 대한 지도 지원 및 업무협조
③ 국내 박물관 협력망의 구성 및 운영
④ 국내외 박물관 자료의 체계적인 보존 · 관리

정답 ▶ 37 ④ 38 ③ 39 ① 40 ①

제2장 국립박물관과 국립미술관

제10조(설립과 운영) ③ 국립박물관 사업

1. 국내외 문화재의 보존 · 관리
2. 국내외 박물관 자료의 체계적인 보존 · 관리
3. 국내 다른 박물관에 대한 지도 · 지원 및 업무 협조
4. 국내 박물관 협력망의 구성 및 운영
5. 그 밖에 국가를 대표하는 박물관으로서의 기능 수행에 필요한 업무

41 국제박물관협회(ICOM)의 〈전문직 윤리강령〉과 관계없는 사항은 무엇인가?

① 박물관을 위한 윤리강령은 크게 〈기관의 윤리〉와 〈전문직원의 규범〉으로 구성되어 있다.
② 박물관 전문직원은 개인적으로 자연유산 또는 문화유산 거래에 직접 또는 간접적으로 참여해도 좋다.
③ 박물관을 위한 윤리강령 속에 "박물관 감독을 위한 기본원칙"과 "수장품의 처분" 등에 관한 규정을 담고 있다.
④ 〈전문직원의 규범〉 속에 "대중에 대한 책임", "동료와 전문직에 대한 직무" 등에 관한 규정을 담고 있다.

42 박물관 교육의 방법론으로 적절하지 않은 것은 무엇인가?

① 박물관 교육은 실물을 통한 직관 교육이다.
② 박물관 교육은 배움(Learning)보다도 지식 전달 및 가르침(Teaching)에 초점이 맞춰져 있다.
③ 박물관 교육은 자율 · 참여 · 체험을 바탕으로 구성되어 있다.
④ 박물관 교육은 전시물을 중심으로 다양한 관점에서 교육 방법론을 적용할 수 있다.

해설 지식 전달 및 가르침(Teaching)에 초점을 맞추는 교육은 학교 교육이다.

43 박물관의 관람객 동원에 영향력을 미칠 수 있는 요소는 여러 가지가 있다. 즉, 날씨, 지역경제, 경쟁이 되는 전시회 등은 박물관이 조정할 수 있는 요소가 아니다. 박물관의 노력으로 조정이 가능한 혼합마케팅(Marketing Mix)의 4요소가 아닌 것은?

① 가격　　　　　　② 유통(경로)
③ 전략　　　　　　④ 프로그램 및 서비스

해설 마케팅 믹스는 제품(프로그램 및 서비스), 가격, 장소(유통), 홍보(판촉)이다.

44 박물관에서는 전시회를 적극적으로 홍보하기 위하여 광고, 판촉, 공보 등 다양한 마케팅 전략을 구사한다. 다음 예시한 방법 중에서 판매촉진에 해당되는 내용은?

① 초대권 배포
② 뉴스레터 배포
③ 포스터 부착
④ 친목단체 초청 전시 설명회

해설 ▶ 판매촉진은 인적 판매, 광고 및 기타의 보조적 판매활동 등을 뜻한다. 판매점의 매출 촉진에 협력하는 것으로서 점포관리 · 영업지도 · 점원교육의 원조, POP광고의 배포 및 설치, DM · 배포지 · 카탈로그 · 파장지의 배포 제공 및 실연, 데몬스트레이션의 지도, 판매점이 행하는 광고, 판매촉진에 대한 지도원조 등과 소비자의 수요촉진에 협력하는 것으로서 경품, 초대 등의 프리미엄, 콘테스트 · 전시회 · 쇼룸 · 공장견학 · 슬라이드 · PR영화 · PR지 등을 통해서 하는 소비자 교육, 소비자의 조직화 등과 사내의 생산 · 판매 등 관련부문과의 조정역할 등을 들 수 있다.

45 박물관은 영리를 목적으로 하는 기관이 아니기 때문에 입장료나 기념품 판매 등의 자체 수입만으로는 운영이 어렵다는 측면에서 기부금 수령 등 재원을 마련하는 것이 매우 중요하다. 박물관에서 흔히 쓰고 있는 기부금 재원 조성 방법이 아닌 것은?

① 연례 재원 조성
② 가두모금
③ 특별행사
④ 기금 조성 캠페인

해설 ▶ 연례 재원 조성은 박물관을 1년 동안 운영하기 위해 필요한 재원을 마련하는 활동으로 잠재지원자들과의 관계 형성 과정에서도 개개의 사업과 프로그램보다는 박물관의 설립 취지와 활동 전반에 대해 지지를 호소한다.
가두모금은 길거리에서 지나가는 사람들을 대상으로 기부금 따위를 모으는 일이다.

46 박물관의 운영상 재정을 지원하는 데 있어서 개인이나 정부 또는 재단과는 달리 기업은 기부를 통하여 얻고자 하는 목적이 뚜렷하다. 기업의 박물관에 대한 기부금 수여 동기 중 일반적인 내용이 아닌 것은?

① 지역 유물의 굴토 및 발굴을 위하여
② 기업의 이미지와 명성을 높이기 위하여
③ 일반 대중에게 좋은 기업정신을 알리기 위하여
④ 직원들의 결속력을 강화하기 위하여

47 박물관의 직제상 그 조직구성은 기능적인 측면에서 크게 세 부문으로 나눌 수 있다. 박물관 조직의 기본 골격을 구성하는 이 세 가지 축에 해당되지 않는 기능은?

① 관리행정
② 학예연구
③ 운영 및 지원
④ 홍보 및 마케팅

해설 박물관 조직은 넓게 관리행정, 학예연구로 구분한다. 관리행정업무는 총무, 인사, 경리, 회계, 예산, 재산관리, 지적재산권, 건물관리업무, 안전관리, 보수유지 등을 진행한다. 학예연구업무는 자료정리, 연구 및 감정, 조사, 연구, 수집, 분석, 전시기획, 교육 등을 진행한다.

48 이 접근법은 어떤 방향으로 움직임을 제한하는 물리적인 장애물을 설치하지 않고 미리 정해 놓은 경로대로 관람객들을 자연스럽게 유도하기 위하여 시각 매체를 사용하는 방법이다. 전시장에 전후 맥락의 연속성을 유지시키면서 관람객들이 자유롭게 선택할 수 있도록 한다. 접근방향을 유도하는 일관된 구성과 소화하기 쉬운 설명으로 정보를 제공하면서 관람객들에게 그때그때 경로를 알려주는 관람동선은?

① 체계적으로 조직되지 않는 관람동선(자유동선)
② 통제된 관람동선(강제동선)
③ 암시된 관람동선(복합동선)
④ 임의로 선택하는 관람동선(임의동선)

해설 동선은 작품의 배치와 관람객의 움직임을 고려하여 다양한 루트로 관람 순서를 안내해주는 장치이다. 시대나 작품별로 관람하는 것이 바람직할 경우 강제동선을 선택한다. 관람객의 의지에 따라 특별한 순서 없이 관람해도 무방할 경우 자유동선으로 결정한다. 복합동선은 이 둘을 절묘하게 섞어 놓은 동선으로, 유도하는 일관된 구성과 알맞은 설명매체를 제공하여 관람객에게 경로를 알려준다.

49 박물관의 자료를 기능별로 분류해 볼 때 교육활동 등을 위한 자료로서 전시업무가 원활하게 진행되는 박물관일수록 다양하고 풍부하게 구비해 놓고 많은 사람들이 전시품을 쉽게 이해하는 데 필요한 자료는 어느 것인가?

① 보급자료
② 보관자료
③ 연구자료
④ 참고자료

해설
• 보관자료인 1차적 자료는 고고학 유물, 민속 유물, 자연사 표본 등의 영구자료이다.
• 연구자료인 2차적 자료는 탁본, 모조품 등의 비교자료이다.
• 보급자료인 3차적 자료로 모형그림, 디오라마, 파노라마 등의 교육자료이다.
• 참고자료는 참고서, 출판물, 사진자료 등이다.

50 전시물 중에서 너무 커서 실내에 들어가지 않는 것과 풍우나 태양광선으로 인한 풍화에 견딜 수 있는 것 등이 선정되면서 박물관의 야외 관리 부지 내에 설치되는 전시의 형태는?(자연사 박물관의 식물재배 전시, 교통박물관의 증기기관차 전시 등)

① 옥외전시   ② 야외전시(Open Air Exhibition)
③ 노출전시   ④ 실연전시

01회 **예상문제**

01 박물관 자료의 분석방법 중 시료용액을 고온에서 분해하여 원자를 증기화함으로써 자료를 분석하는 방법은?

① 원자흡광분광분석법

② 플라스마 발광분광분석법

③ 방사화 분석법

④ X-선 투과측정

해설
- 원자흡광분광분석법은 시료용액을 고온에서 분해하여 원자를 증기화함으로써 분석하는 방법이다.
- 플라스마 발광분광분석법은 시료용액을 고주파유도플라스마에 도입하여 각 원소의 발광강도를 측정하는 방법이다.
- 방사화 분석법은 미량 성분 분석을 하는 방법이다.
- X-선 투과측정은 X선을 방사하여 내부 사진을 촬영하고 형광판을 투시하여 균열 등을 조사하는 방법이다.

02 자연사박물관, 민속박물관 등에서 축소모형을 제작하여 실제 상황처럼 연출하는 전시기법으로 주위 환경과 배경을 그림과 축소모형으로 집약시켜 배치하는 방법은?

① 디오라마

② 파노라마

③ 모형

④ 타블로

03 박물관의 역할 중 문화향수 증진 및 교육 콘텐츠 제공 등은 어떤 역할에 해당하는가?

① 경제적 역할

② 문화적 역할

③ 정치적 역할

④ 사회적 역할

해설 박물관의 역할 4가지는 다음과 같다.
- 문화적 역할 : 타임캡슐, 문화유산 보존, 전승
- 사회적 역할 : 문화향수 기회 및 교육 콘텐츠 제공
- 정치적 역할 : 지역과 국가 이미지 향상
- 경제적 역할 : 지역과 국가의 경제 활성화

정답 ▶ 01 ① 02 ① 03 ④

04 오리엔테이션 시스템은 관람객에게 현재의 위치와 이동경로를 안내하는 것이다. 다음 오리엔테이션 설명 중 옳지 않은 것은?

① 심리적 오리엔테이션은 관람객들이 기대와 관심을 갖고 수용적 태도를 가질 수 있도록 유도하는 것으로 전시 홍보자료가 여기에 속한다.

② 개념적 오리엔테이션은 지리적 오리엔테이션과 관련된 것으로 전시가 전달하고자 하는 개념을 소개하는 것이다.

③ 지적 오리엔테이션은 사람들에게 박물관 전시에 대해 기본적인 정보를 주어 전시를 관람할 때 더 많은 것을 얻을 수 있도록 유도하는 것이다.

④ 지리적 오리엔테이션은 두 장소 간의 지리적 관계로 박물관 안내도면을 소책자 형태로 제시하는 것이다.

해설 박물관 오리엔테이션 시스템은 다음과 같다.
- 심리적 : 올바른 사고와 태도를 갖도록 유도
- 개념적 : 전시 아이디어와 개념 전달
- 지적 : 대중에게 미리 전시해 기본 정보 전달
- 지리적 : 두 장소 간 지리적 관계 확인

05 인류학, 자연과학, 예술학 등의 특성을 살려 박물관의 자료를 소재로 활동에 필요한 조사, 연구 활동을 수행하는 학문은?

① 박물관학
② 박물관 연구
③ 특수박물관학
④ 일반박물관학

해설
- 박물관 연구는 박물관학과 박물관기술학으로 구분한다.
- 박물관학은 전시개념, 역사, 기법 등을 포함한 박물관의 전문운영 프로그램을 연구하는 학문이다.
- 박물관학기술학은 박물관 환경과 시설물 운영을 주대상으로 자료의 수집, 정리와 박물관 운영의 전반적이고, 기술적인 문제를 연구한다.
- 박물관학은 대상, 영역, 방법론, 자료해석, 설립 및 운영 등을 조사 연구하는 일반박물관학과 자연, 인문, 예술분야별 학문 특성을 살려 관심 있는 자료를 소재로 조사연구하는 특수박물관학으로 구분한다.

06 박물관의 전시기획 방법 중 교육적 사명에 의도적으로 초점을 맞추어 아이디어를 선정하고 최선의 방식을 결정하여 하나의 통일된 방법으로 자료를 배치하는 접근방식은?

① 혼합적 접근방식
② 개념중심적 접근방식
③ 오픈 스토리지식 접근방식
④ 자료중심적 접근방식

정답 04 ② 05 ③ 06 ②

해설
- 오픈 스토리지식 접근방식은 자료를 취득하는 즉시 전시하는 방법이다.
- 자료중심적 접근방식은 전시계획 후 자료를 선정하여 전시하는 방법이다.
- 개념중심적 접근방식은 교육목적, 보충자료, 주제를 강조하는 전시방법이다.
- 혼합적 접근방식은 성격에 맞추어 자료와 주제를 동시에 선정한다.

07 박물관 및 미술관 진흥법이 2016년 11월 30일 개정되었다. 개정 사항에 대한 설명 중 옳지 않은 것은?

① 박물관에서는 수증심의위원회를 3명으로 구성하여 기증품을 기증받을지 여부를 결정한다.
② 공립박물관 설립타당성 사전평가는 3개월간 진행하고 완료 후 20일 이내 통보한다.
③ 박물관 및 미술관 평가인증의 유효기간은 2년이다.
④ 소방시설 설치 유지 및 안전관리에 관한 법률에 의거하여 박물관은 경보설비 및 피난시설비를 갖추어야 한다.

08 박물관 마케팅 방법에 대한 설명 중 옳지 않은 것은?

① 집단 마케팅은 모든 고객을 박물관의 잠재적 대상으로 삼는다.
② 세분화 마케팅은 표적시장을 설정하여 특정 그룹을 대상으로 마케팅 활동을 추진한다.
③ 고객 관계 마케팅은 개인 맞춤형 마케팅이다.
④ 세분화 마케팅은 홍보 · 섭외 자원에 관한 낭비위험 요소가 많다.

09 박물관 경영, 효율성, 가치 및 경영과 의사소통체계를 확립하는 용어는?

① 설립목적
② 설립취지
③ 실천과제
④ 업무분장

10 다음 박물관 중 설탕공장을 재활용하여 조성한 박물관은?

① 발틱현대미술관
② 레드닷디자인박물관
③ 오르세미술관
④ 파가니니 음악당

02회 예상문제

01 한국콜마홀딩스 윤동한 회장은 사회 환원을 실천하는 모범적 사례로 2016년 10월 17일 일본에서 작품을 구입하여 국립중앙박물관에 기증하였다. 이 작품은 무엇인가?

① 수월관음도

② 미륵반가사유상

③ 석가설법도

④ 양류관음도

02 1916년생으로 한국 근대 서양화의 거목인 이 작가는 시대의 아픔과 굴곡 많은 생애의 울분을 '소'라는 모티브로 분출한 인물이다. 국민작가로 서양의 기초 위에 동양의 미학을 실현시킨 이 작가는?

① 이중섭

② 이응로

③ 박수근

④ 유영국

03 2016년 5월 '박물관 및 미술관 진흥법'은 박물관 운영의 질을 높이기 위해 법 개정을 실시했다. 그 개정안이 아닌 것은?

① 등록한 후 3년이 지난 국공립박물관에 대하여 평가를 실시한다.

② 공립박물관의 설립 타당성에 대해서는 사전평가를 실시한다.

③ 국공립박물관은 박물관 자료에 관한 복제와 간행물의 제작과 배포를 할 수 있다.

④ 국립박물관장은 기증하는 기증품에 대한 감정평가를 신청할 경우 기증유물감정평가위원회를 두어 감정평가할 수 있다.

04 최근 서울시에서는 서울의 근현대문화유산 중에서 미래 세대에 전달할 만한 가치가 있는 유무형의 모든 유산을 미래유산으로 선정하여 전시관으로 조성하였다. 다음 중 그 전시관이 아닌 것은?

① 윤극영 가옥

② 함석헌 가옥

③ 박경리 가옥

④ 김기창 가옥

정답 01 ① 02 ① 03 ③ 04 ④

05 1895년 영국 런던에서 시작한 내셔널트러스트운동을 모태로 현재 우리나라에서도 한국내셔널트러스트를 시행하고 있다. 재단법인 내셔널트러스트 문화유산기금으로 관리하고 있는 시민을 위한 공간이 아닌 곳은?

① 최순우 옛집   ② 나주 도래마을 옛집
③ 권진규 아뜰리에   ④ 안동 지례예술촌

06 과학의 발달에 따라 나타난 전시매체에 대한 설명 중 옳지 않은 것은?

① 빔프로젝트 시스템 – 전면 대형 스크린에 화상을 디스플레이할 수 있다.
② 피플비전 – 확대된 사람의 얼굴모형판 위에 영상을 투영하여 디스플레이할 수 있다.
③ 전광판 시스템 – 각색의 발광 다이오드를 일정 간격으로 심어 문자나 그림을 표현할 수 있다.
④ 서클비전 – 축소모형을 배경으로 허상이 동영상으로 연출되는 모형, 영상세트로 표현할 수 있다.

07 관람객의 흥미 유발을 위한 직접적인 체험전시 중 관람객이 손을 이용하여 전시물을 조립, 해체, 조작하는 방법은?

① 참여전시   ② 놀이전시
③ 조작전시   ④ 실험전시

08 최근 전시를 통해 기록에 익숙하지 않은 사람들의 호기심을 자극하고 기록관 및 기록을 널리 알려 활성화시킬 수 있는 방법으로 아카이브 전시를 진행하고 있다. 다음 중 아카이브 전시의 기능이 아닌 것은?

① 여러 가지 다양한 전시의 기법이나 전시유형 제공
② 이용자들에게 기록물에 대한 흥미 유발 및 교육적 기능 수행
③ 역사적으로 중요한 사건, 인물 기념을 유도
④ 정확한 역사적 사건과 메시지 제공

해설 • 정확한 정보의 전달 : 기관이 수집 · 보존하고 있는 기록물 중에서 선별된 기록의 내용과 가치를 대중들에게 전달한다. 이를 통해 역사적인 사건과 메시지를 제공해 줄 수 있다.
• 이용자들에게 기록물에 대한 흥미 유발 및 교육적 기능 수행 : 기록물이 가지고 있는 내재적 가치를 대중들이 받아들이면서 새로운 정보를 획득함과 동시에 교육적인 효과를 얻을 수 있게 만들어 준다.
• 기록관의 존재 사실, 사명, 역할 등을 대중에게 소개하는 홍보의 역할
• 역사적으로 중요한 사건이나 인물의 기념을 유도

정답 ▶ 05 ④   06 ④   07 ③   08 ①

09 사립박물관은 법적으로 법인, 개인사업자, 임의단체로 구분하여 건립할 수 있다. 그렇다면 다음 법인 중 사립박물관에서 바람직하게 취할 수 있는 형태는?

① 영리법인
② 비영리법인
③ 공법인
④ 사법인

10 박물관이 들어설 부지를 선정하는 것은 건립에서 매우 중요한 사안이므로 박물관 부지 선정 시 내부적인 조건과 외부적인 조건에 대한 신중한 검토가 필요하다. 다음 중 내부적인 조건이 아닌 것은?

① 소장품
② 설립 취지 및 기본방향
③ 주요 관람객층
④ 인문환경

11 다음 중 전 세계 최초의 생태박물관은?

① 크뢰조 몽소 레민 생태박물관
② 알사스 생태박물관
③ 벤데 생태박물관
④ 조이데르 박물관

해설▶ 1973년 프랑스에 건립된 크뢰조 몽소 레민 생태박물관은 전 세계 최초로 생태박물관이라는 명칭을 사용하면서 개관한 기관이다.

12 광복 이후 일본 역대 총독의 패용품을 전시하던 남산 왜성대의 시정기념관에서 1946년 4월 개관한 박물관은?

① 국립박물관
② 국립민족박물관
③ 국립과학박물관
④ 대한민국역사박물관

13 박물관 자료는 재질에 따라 정도의 차이는 있지만 습도가 높을수록 손상이 커진다. 다음 중 재질별 상대습도에서 15% 이하인 자료는?

① 무기, 갑옷, 금속 등의 연마 금속부
② 고고유물의 목재, 가죽, 섬유제품
③ 곤충건조표본
④ 사진필름

14 벽면전시에서 시각적 집약성이 강하고 군화전시 및 입체물 전시에 적합한 형태는?

① 벽면전시   ② 돌출진열대

③ 알코브벽   ④ 벽면진열장

해설 벽면전시는 다음과 같다.

벽면전시판	벽면진열장	알코브 벽
• 정면성 시각 요구 • 바닥 및 천장과 연속한 전시 가능 • 서화류, 그래픽, 모자이크, 판넬에 적합	• 연속되는 진열장 또는 단위 진열장으로 구성되어 있는 3차원 전시 • 보존성이 요구되는 대형 전시물에 적합	• 시각적 집약성이 강하고 정면성의 시각 요구 • 군화(群化) 전시 및 입체물 전시에 적합
알코브 진열장	**돌출진열대**	**돌출진열장**
• 시각적 집중성이 높고 벽면의 연속적인 구성 가능 • 디오라마 형식의 전시 가능	입체전시물에 적합	• 보존성이 요구되는 전시 • 배경판이 보조전시면 역할

15 자료와 관련된 제반 업무를 담당하는 인력으로 자료의 구입 및 처분, 소장품 상태 점검, 포장 및 이동계획 수립, 이동 시 수송관 임무, 목록 작성, 대여 및 보험가입과 보험금 수령, 관세문제, 판권과 복제 관련 법률서류 작성 등의 업무를 진행하는 인력은?

① Registra   ② Conservator

③ Exhibition Designer   ④ Collection Manager

16 박물관 마케팅은 다른 기업의 마케팅과 구분되는 서비스 마케팅적인 특성을 지니고 있다. 다음 중 박물관 마케팅의 특성이 아닌 것은?

① 이질성   ② 비분리성

③ 유형성   ④ 소멸성

해설 박물관 마케팅은 다른 기업의 마케팅과 구분되는 아이디어와 서비스와 같은 무형의 비물질적인 것과 관람객의 만족을 극대화시키는 활동이라는 관점에서 무형성, 이질성, 비분리성, 소멸성 등 서비스 마케팅적 특성을 지닌다.

17 영산강 유역에 남아있는 고고자료를 보존하고 전시하며 호남지역 발굴 매장 문화재에 대한 수장고의 기능을 수행하기 위해 건립된 박물관으로 전원 속에 자리하여 역사공원을 지향하고 있는 이 박물관은?

① 국립나주박물관   ② 국립광주박물관

③ 국립전주박물관   ④ 국립제주박물관

정답 14 ③   15 ①   16 ③   17 ①

18 박물관 설립의 단계 중 설립목적, 이념, 성격, 기능과 내용, 시설계획, 운영계획 등을 설정하는 단계는?

① 기본계획단계 ② 기본구상단계

③ 기본실시단계 ④ 기초조사단계

19 최근 박물관 마케팅 실천방법으로 옳지 않은 것은?

① 모든 대중을 박물관의 잠재적 대상자로 삼는다.

② 관람객에 대한 연구를 통해 인생주기, 라이프스타일, 사회적 경향 등을 파악한다.

③ 시장세분화, 타게팅, 포지셔닝 전략을 구축한다.

④ 전략적 시장 마케팅 과정을 수립한다.

20 교육의 목적 중 자료에 대해 더 쉽고 재미있게 이해시키기 위한 요소는?

① 자율성 ② 전문성

③ 대중성 ④ 합리성

정답 18 ② 19 ① 20 ③

03회 예상문제

01 우리나라 박물관의 역사에 대한 설명으로 옳지 않은 것은?

① 1946년 이왕가미술관은 덕수궁미술관으로 개관하였다.
② 1945년 조선총독부박물관을 인수하여 국립박물관을 개관하였다.
③ 1938년 조선총독부미술관이 건립되었다.
④ 1915년 조선물산공진회 이후 12월 이왕가박물관이 건립되었다.

02 우리나라 박물관의 역사에 대한 설명으로 옳지 않은 것은?

① 1931년 개관한 개성부립박물관은 고려문화를 전시하고 있다.
② 1925년 일본왕 성호 25주년을 기념해 은사기념과학관을 건립했다.
③ 1938년 경복궁 內 건청궁에서 조선총독부미술관을 건립했다.
④ 1909년 우리나라 최초의 박물관인 제실박물관이 개관했다.

03 서양의 박물관 역사에 대한 설명으로 옳지 않은 것은?

① 교육적 목적으로 일반공개의 효시를 이룬 애쉬몰리안박물관은 1683년 개관하였다.
② 미국 존 스미손은 스미스소니언협회를 설립하여 스미소니언박물관을 건립하였다.
③ 미국 최초의 대학박물관은 1805년 펜실베니아예술원이다.
④ 예술과 학문의 후원을 의미하는 메세나의 어원의 유래는 르네상스시대이다.

04 서양의 박물관 역사에 대한 설명으로 옳지 않은 것은?

① 박물관이라는 용어는 뮤제이온(Museion)이라는 단어에서 유래했다.
② 르네상스 시기 로렌조 디 메디치가 자신의 수집품을 정리한 책에서 박물관이라는 용어를 사용했다.
③ 르네상스 시기 수장가들이 본인의 미적 취향을 과시하기 위해 스투디올로(Studiolo)를 조성했다.
④ 박물관의 고전적 기능을 처음으로 갖춘 곳은 우피치 미술관이다.

05 문화재보호법 시행규칙에 의거하여 국보나 보물 등의 지정서에 표기하지 않아도 되는 것은?

① 지정 사유　　　　　　　　　　　② 소유자 성명, 주소
③ 명칭 및 수량　　　　　　　　　　④ 소재지 또는 보관 장소

해설　• 명칭 및 수량
　　　• 지정번호 및 지정 연월일
　　　• 건조물인 경우에는 구조 및 형식
　　　• 건조물 외의 것은 규격, 형태, 재료 및 그 밖의 특징
　　　• 소재지 또는 보관 장소
　　　• 소유자의 성명 및 주소

06 문화재보호법의 정의에 맞지 않은 것은?

① 유형문화재는 건조물, 전적, 서적, 고문서, 회화, 조각, 공예품 등 유형의 문화적 소산으로서 역사적 · 예술적 또는 학술적 가치가 큰 것과 이에 준하는 고고자료를 의미한다.
② 민속문화재는 의식주, 생업, 신앙, 연중행사 등에 관한 풍속이나 관습에 사용되는 의복, 기구, 가옥 등으로서 국민생활의 변화를 이해하는 데 반드시 필요한 것이다.
③ 무형문화재는 여러 세대에 걸쳐 전승되어 온 무형의 문화적 유산이다.
④ 보호물은 지상에 고정되어 있는 유형물이나 일정한 지역이 문화재로 지정된 경우 해당 지정문화재의 점유면적을 제외한 지역으로서 그 지정문화재를 보호하기 위한 지정된 것이다.

해설　• 유형문화재 : 건조물, 전적(典籍), 서적(書跡), 고문서, 회화, 조각, 공예품 등 유형의 문화적 소산으로서 역사적 · 예술적 · 학술적 가치가 큰 것과 이에 준하는 고고자료(考古資料)
　　　• 민속문화재 : 의식주, 생업, 신앙, 연중행사 등에 관한 풍속이나 관습에 사용되는 의복, 기구, 가옥 등으로서 국민생활의 변화를 이해하는 데 반드시 필요한 것
　　　• 무형문화재 : 여러 세대에 걸쳐 전승되어 온 무형의 문화적 유산
　　　• 보호물 : 문화재를 보호하기 위하여 지정한 건물이나 시설물을 말한다.

07 문화재보호법상 문화재청장은 문화재위원회 심의를 거쳐 기념물을 국가지정문화재로 지정한다. 다음 중 그 종류에 속하지 않는 것은?

① 사적　　　　　　　　　　　　　　② 명승
③ 민간신앙　　　　　　　　　　　　④ 천연기념물

해설　문화재청장은 문화재위원회의 심의를 거쳐 기념물 중 중요한 것을 사적, 명승 또는 천연기념물로 지정할 수 있다.

정답　05 ①　06 ④　07 ③

08 문화재보호법에서 기념물의 범위에 속하지 않는 것은?

① 사적지와 특별한 기념시설물로서 역사적 · 학술적 가치가 큰 것

② 인위적 · 자연적으로 형성된 국가, 민족적, 세계적 유산으로서 역사적, 학술적, 예술적, 경관적 가치가 큰 것

③ 경치 좋은 곳으로 예술적 가치가 크고 경관이 뛰어난 것

④ 동물, 식물, 지형, 광물, 동굴 또는 특별한 자연현상으로서 역사적, 경관적, 학술적 가치가 큰 것

> 해설 ▶ • 절터, 옛무덤, 조개무덤, 성터, 궁터, 가마터, 유물포함층 등의 사적지(史蹟地)와 특별히 기념이 될 만한 시설물로서 역사적 · 학술적 가치가 큰 것
> • 경치 좋은 곳으로서 예술적 가치가 크고 경관이 뛰어난 것
> • 동물(그 서식지, 번식지, 도래지를 포함한다), 식물(그 자생지를 포함한다), 지형, 지질, 광물, 동굴, 생물학적 생성물 또는 특별한 자연현상으로서 역사적 · 경관적 또는 학술적 가치가 큰 것

09 문화재보호법상 무형문화재가 아닌 것은?

① 전통적 공연, 예술

② 공예, 미술 등에 관한 전통 기술

③ 한의약, 농경, 어로 등에 관한 전통 지식

④ 의식주, 생업, 신앙 등 풍속

> 해설 ▶ • 전통적 공연 · 예술
> • 공예, 미술 등에 관한 전통기술
> • 한의약, 농경 · 어로 등에 관한 전통지식
> • 구전 전통 및 표현
> • 의식주 등 전통적 생활관습
> • 민간신앙 등 사회적 의식(儀式)
> • 전통적 놀이 · 축제 및 기예 · 무예

10 박물관 및 미술관 진흥법 3급 정학예사 자격요건이 아닌 것은?

① 박사학위 취득자로서 경력인정대상기관에서의 실무경력이 1년 이상인 자

② 준학예사 시험에 합격한 사람으로서 경력인정대상기관에서의 실무경력이 5년 이상인 자

③ 준학예사 자격을 취득한 후 경력인정대상기관에서의 재직경력이 4년 이상인 자

④ 석사학위 취득자로서 경력인정대상기관에서의 실무경력이 2년 이상인 자

11 박물관 및 미술관 진흥법상 준학예사 자격요건이 아닌 것은?

① 준학예사 시험에 합격한 사람으로서 경력인정대상기관에서의 실무경력이 5년 이상인 사람

② 2년제 전문학사학위를 취득하고 준학예사 시험에 합격한 사람으로서 경력인정대상기관에서의 실무경력이 4년 이상인 사람

③ 3년제 전문학사학위를 취득하고 준학예사 시험에 합격한 사람으로서 경력인정대상기관에서의 실무경력이 2년 이상인 사람

④ 학사학위 이상을 취득하고 준학예사 시험에 합격한 사람으로서 경력인정대상기관에서의 실무경력이 1년 이상인 사람

12 박물관 및 미술관 진흥법상 전문박물관 시설로 맞지 않는 것은?

① 수장고   ② 야외전시장

③ 자료실   ④ 작업실

> 해설 • 100제곱미터 이상의 전시실 또는 2,000제곱미터 이상의 야외전시장
> • 수장고
> • 사무실 또는 연구실
> • 자료실 · 도서실 · 강당 중 1개 시설
> • 도난 방지시설, 온습도 조절장치

13 박물관 및 미술관 진흥법상 제2종 박물관 유형으로 옳지 않은 것은?

① 자료관, 사료관, 유물관   ② 문화의 집, 예술관

③ 식물원, 교육관   ④ 민속촌, 보존소

> 해설 자료관 · 사료관 · 유물관 · 전시장 · 전시관 · 향토관 · 교육관 · 문서관 · 기념관 · 보존소 · 민속관 · 민속촌 · 문화관 및 예술관, 문화의 집

14 박물관 및 미술관 진흥법상 박물관 자료에 관한 설명 중 옳지 않은 것은?

① 박물관 자료에 관한 강연회 · 강습회 · 경매

② 박물관 자료의 보존과 전시 등에 관한 기술적인 조사 · 연구

③ 박물관 자료의 수집 · 관리 · 보존 · 전시

④ 박물관 자료에 관한 복제와 각종 간행물의 제작과 배포

15 박물관 교육의 특성에 맞지 않은 것은?

① 성인을 위한 평생학습기관의 역할이 가능하다.

② 박물관이 보다 폭넓은 계층을 포괄하는 지역사회 중요한 교육기관이다.

③ 박물관 교육은 제한적이며, 프로그램 중심의 학습이 이루어져야 한다.

④ 사물 중심 학습, 조력자로서 교사역할을 제공한다.

16 박물관이라는 공간 속 교육의 의미로 맞지 않은 것은?

① 평생학습을 위한 교육공간　　　② 지식네트워크 형성 교육공간

③ 특정계층의 창의적 교육공간　　④ 다양한 학습 형태의 교육공간

해설▶ • 학교에 비해 제한적이지 않고 일반인 상대로 창의적 교육의 기회 제공

　　　• 박물관보다 폭넓은 계층을 포괄하는 지역사회 교육기관

　　　• 성인을 위한 평생학습기관

　　　• 사물 중심 학습, 이용자 중심 학습, 조력자로서 교사역할 제공

17 박물관 교육은 관내와 관외로 구분할 수 있다. 다음 중 관내 교육은?

① 순회전시　　　　　　　　　　② 현장답사

③ 안내가이드투어　　　　　　　④ 학교 대여 서비스

18 박물관 전시의 단계별 업무 중 해석매체를 개발하고 전시홍보 및 관람객을 관리하는 단계는?

① 개념단계　　　　　　　　　　② 개발단계

③ 기능단계　　　　　　　　　　④ 평가단계

19 박물관 전시의 효율적인 진행을 위해 인력을 구성한다. 다음 중 전시에 따른 조사, 연구 진행, 전시계획 수립 등의 업무를 수행하는 인력은?

① 학예사　　　　　　　　　　　② 전시디자이너

③ 교육사　　　　　　　　　　　④ 그래픽디자이너

20 다음 중 국가보험보장제도에 대한 설명으로 옳지 않은 것은?

① 1974년 스웨덴에서 시작했다.
② 박물관은 정부가 지불보증을 해주기 때문에 상업보험에 가입하지 않아도 된다.
③ 현재 우리나라에서도 활발하게 진행하고 있다.
④ 국가 간 해외대여전시일 경우 보험평가액에 대해 정부가 지불해줄 것을 보증해주는 제도이다.

21 문화재 손상 원인을 규명하고 보존처리방안을 마련하는 한편, 보존에 적합한 환경을 조성하기 위해 실시하는 연구분야는?

① 보존과학   ② 보존처리
③ 문화재수리   ④ 문화재복원

22 박물관의 연구목적이 아닌 것은?

① 박물관 문화의 인문학적 기반 조성
② 영리적 활동을 포함한 전문운영프로그램 연구
③ 박물관 연구방법, 보존과학, 교육 등 환경 유형 연구
④ 다양한 형태의 박물관 유형 연구

23 박물관 연구분야에 대한 설명 중 옳지 않은 것은?

① 일반박물관학은 박물관학 대상, 영역, 이론, 방법론 자료해석, 설립 등 조사, 연구 등을 다루는 순수박물관학 분야이다.
② 특수박물관학은 자연, 인문, 예술분과별 학문특성을 살려 관심있는 자료를 소재로 조사 및 연구활동을 하는 학문분야이다.
③ 박물관학은 박물관과 종사자를 주대상으로 이론적 연구를 진행하는 학문이다.
④ 박물관기술학은 박물관 연구, 보존, 교육, 조직을 위한 시스템으로 박물관 유형 분류체계를 연구하는 학문분야이다.

24 박물관 이용자의 위상은 계속 변화하고 있다. 다음 중 시대별 위상에 대한 설명 중 맞지 않은 것은?

① 1960년대 이전 : 이용자   ② 1960년대 : 손님
③ 1980년대 : 간섭자   ④ 1990년대 : 애용자

정답 ▶ 20 ③ 21 ① 22 ② 23 ④ 24 ③

해설 ▶ • 1960년 이전 : 이용자, 간섭자   • 1960년대 : 손님
       • 1980년대 : 고객   • 1990년대 : 애용자

25 광복 이후 우리나라 국립박물관의 역사에 대한 설명으로 옳지 않은 것은?

① 1996년 국립중앙박물관을 용산으로 이전했다.

② 1986년 경복궁에서 중앙청 청사로 이전했다.

③ 1954년 국립박물관을 덕수궁 석조전으로 이전했다.

④ 1950년 9월 북한의 김용태가 국립박물관을 점령하였지만 12월 소장품 대부분을 부산으로 이전시켰다.

26 다음 해외박물관 중 중남미 최초의 한국실을 운영하고 있는 박물관은?

① 멕시코문화박물관   ② 브라질 국립박물관

③ 페루 라르코박물관   ④ 아르헨티나 국립박물관

27 박물관 자료분류 방법 중 누구나 쉽게 분류하고 일반적으로 사용하는 방법은?

① 물질별 분류   ② 수입별 분류

③ 전시연구 분류   ④ 출토지별 분류

28 박물관 자료의 특징에 대한 분류 방법으로 옳지 않은 것은?

① 재건은 이미 사라진 것을 새로 건축하는 것이다.

② 복원은 원래 모습으로 되돌려 놓는 것이다.

③ 보존은 현존하는 것을 유지하고 변화로부터 안전하게 보호하는 것이다.

④ 보수는 훼손, 손상, 파손으로부터 안전하게 유지하는 것이다.

29 박물관 수장고 설계방법으로 맞지 않은 것은?

① 훈증처리를 위한 원통형 배선구를 설치한다.

② 지진 대비를 위한 방진시스템을 작용한다.

③ 방범을 위하여 철제문을 설치하고 이후 어떠한 장치도 철제문에 하지 않는다.

④ 벽을 이중벽으로 처리하고 단연, 방화, 방수시설을 설계한다.

정답 ▶ 25 ①   26 ①   27 ①   28 ④   29 ③

해설 • 수장고는 수납성, 환경성, 단열성, 조습성, 내화성, 차단성, 방범성이 있어야 한다.
• 방범 출제문 설치 및 속문을 설치하여 방범성과 작업관리의 용이성을 유지한다.

30 전시의 본질에 대한 설명 중 옳지 않은 것은?

① 전시는 주최자와 관람객을 연결시켜 주는 커뮤니케이션 도구이다.
② 전시는 일반대중의 문화적 사고를 개발하고 지적전달을 할 수 있는 활동이다.
③ 전시는 개방성, 사회성, 정보성, 전문성이라는 특징을 지니고 있는 활동이다.
④ 전시는 시공간축 만남을 통해 적극적인 문화활동을 유도한다.

해설 박물관 교육은 개방성, 사회성, 정보성, 전문성 등의 특징을 지니고 있다. 우선 박물관이 다양한 문화를 향유할 수 있는 공간이 되기 위해서는 전통문화와 대중문화를 적절하게 포용할 수 있는 개방성을 내포해야 한다. 박물관은 가치나 정보를 제공할 뿐만 아니라 기호와 휴식을 제공할 수 있는 사회적 공간을 확보하여 보다 안락한 환경에서 교육을 받을 수 있도록 해야 한다. 그리고 정보화시대 시공간을 초월한 문화정보 네트워크를 이용하여 실시하는 교육방식을 도입하여 창조적인 문화활동을 이끌어내야 한다. 마지막으로 박물관 교육은 대상자의 잠재된 재능을 발굴하고 창작할 수 있는 기회를 제공하여 성숙한 문화인으로 거듭날 수 있도록 해야 한다.

③의 개방성, 사회성, 정보성, 전문성은 박물관 교육의 특징이다.

31 박물관의 관람 동선에 대한 설명으로 옳지 않은 것은?

① 동선은 기획자의 의도로 임의의 설계가 가능하다.
② 관람객이 많으면 한 장소로 동선을 집중한다.
③ 소수와 대수의 관람객 동선을 따로 조성하는 것이 좋다.
④ 내부 전문인력과 관람객의 동선을 서로 구분하여야 한다.

해설 • 동선은 기획자의 의도대로 설계가 가능하다.
• 내부직원과 관람객 동선을 구분한다.
• 자연스런 관람동선은 작품이해에 큰 도움이 된다.
• 작품배치, 관람객 움직임을 고려하여 다양한 동선을 만든다.

32 박물관 관람 동선의 기본원칙에 대한 설명으로 옳지 않은 것은?

① 전시공간 이외의 공간에는 휴식을 할 수 있는 공간을 조성한다.
② 박물관 입구에 관람객 스스로 동선을 결정할 수 있도록 배치한다.
③ 관람객이 좌우 한쪽만 집중하도록 전시물을 배치한다.
④ 관람 동선을 지정해주는 것이 가장 좋다.

해설 • 관람객이 좌우 한쪽만 집중하도록 전시물을 배치한다.
• 입구 홀의 전면에서 대공간의 전시물을 관람객이 봄으로써 스스로 동선을 결정하도록 배치한다.
• 전시공간의 중간에 휴식장소를 배치하여 피로를 느끼지 않도록 한다.
• 일정한 안내사인을 이용하여 관람객의 정보 제공실 이용을 유도한다.

33 유네스코 세계기록문화유산이 아닌 것은?

① 삼국유사
② 훈민정음
③ 한국의 유교책판
④ 5 · 18 광주 민주화운동 기록물

해설 세계기록문화유산으로 훈민정음(1997), 조선왕조실록(1997), 직지심체요절(2001), 승정원일기(2001), 조선왕조의궤(2007), 해인사 고려대장경판 및 제경판(2007), 동의보감(2009), 일성록(2011), 5 · 18 민주화운동 기록물(2011), 난중일기(2013), 새마을운동 기록물(2013), 한국의 유교책판(2015), KBS 특별생방송 이산가족을 찾습니다 기록물(2015), 조선왕실 어보와 어책(2017년), 국채보상운동 기록물(2017년), 조선통신사기록물(2017년) 등이 있다.

34 전시회 명칭과 관련된 고려사항으로 옳지 않은 것은?

① 개념이 내포된 정보를 담고 있어야 한다.
② 모양은 시선을 끌 수 있도록 한다.
③ 전시회의 기획의도와 내용을 파악하도록 한다.
④ 개념이 내포된 메시지를 길게 나열한다.

해설 • 크기 : 인상적으로 가장 큰 글자 크기
• 메시지 분량 : 열 단어 이내로 짧게 나열한다.
• 모양 : 시선을 끌 수 있도록 한다.
• 내용 : 주제 지향적인 정보를 담고 있어야 한다.
• 개념 : 개념이 내포된 전체적인 디자인을 구성한다.
• 방향 : 전시회의 내용과 기획의도를 파악할 수 있게 해준다.

35 전시회의 전시 개요를 준비할 때 구성요소로 옳지 않은 것은?

① 전시에 대한 감각을 관람객에게 불어넣어 주기 위해서 전시기획에 포함된 주요개념을 포괄적으로 설명한다.
② 전시기획에 포함된 주요내용을 내부 전문인력이 상세하게 이해하도록 기술한다.
③ 개요 메시지의 글자 크기는 멀리서도 읽을 수 있도록 충분히 커야 한다.
④ 전시에 대해 이론적으로 해석하고 전시물의 상관성을 설명한다.

• 메시지 분량 : 개요는 50~200단어를 사용할 수 있지만 관람객이 쉽게 읽을 수 있도록 75단어 이 상이 되면 단락을 나누어야 한다. 글자 크기는 멀리서도 읽을 수 있도록 충분히 커야 한다.
• 내용 : 전시에 대해 이론적으로 해석하고 전시물의 상관성을 설명한다.
• 개념 : 전시에 대한 감각을 관람객에 불어넣어 주기 위하여 전시기획에 포함된 주요개념을 포괄 적으로 설명한다.
• 방향 : 관람객들이 전시를 관람할 수 있도록 교육적인 내용을 기술하며, 전시장 바로 입구에 위치 시킨다.

36 전시회 부제에 대한 설명 중 옳지 않은 것은?

① 열 단어 이상은 초과하지 않는 것이 좋다.
② 정보를 제공한다.
③ 주제 지향적이어야 한다.
④ 전시내용에 대한 깊이 있는 정보를 제공한다.

해설 • 크기 : 먼 위치에서도 읽기 충분한 크기여야 하나 전시회명보다는 작아야 한다.
• 메시지 분량 : 열 단어 이상은 초과하지 않는 것이 좋다.
• 내용 : 정보를 제공한다.
• 개념 : 주제 지향적이어야 한다.
• 방향 : 전시내용에 대한 단편적인 정보를 제공한다.

37 박물관 홍보의 궁극적인 목적에 대한 설명으로 옳지 않은 것은?

① 관람객에게 동기를 부여하고 적극적인 태도로 박물관 참여를 유도한다.
② 잠재적인 관람객에게 박물관의 기능과 역할에 대한 정보를 배포한다.
③ 후원자와 기부자에게 박물관의 가치를 인식시킨다.
④ 박물관 이미지를 향상시킨다.

해설 • 박물관의 이미지를 향상시킨다.
• 잠재적인 관람객들에게 박물관의 기능과 역할에 대한 정보를 배포한다.
• 박물관 이용자에게 박물관이 현재 진행 중인 활동사항에 대해 상기시킨다.
• 후원자와 기부자에게 박물관의 가치를 인식시킨다.
• 종사자에게 동기를 부여하고 적극적인 태도로 업무를 진행하도록 유도한다.

정답 36 ④ 37 ①

38 닐 코틀러와 필립 코틀러는 〈박물관의 전략과 마케팅〉이라는 책에서 박물관 체험 목적을 6가지로 분류했다. 다음 중 박물관 체험목적이 아닌 것은?

① 여가 선용 활동

② 타인과의 사회적인 교류

③ 정보 수집을 통한 교육적인 체험

④ 정신적 · 육체적 스트레스 해소

해설▶ 여가선용 활동, 타인과의 사회적인 교류, 정보수집을 통한 교육적 체험, 감각적 인지를 통한 미학적 체험, 과거와 관련된 기념적 체험, 개인의 정서적 · 정신적 경험의 향상 등 6가지로 분류했다.

39 박물관 경영학의 관점에서 이루어지는 시장조사 방법 중 박물관 이용 목적과 방법에 대한 요소로 맞지 않은 것은?

① 왜 관람하는가?

② 누가 방문하는가?

③ 박물관은 특정 계층을 목표집단을 보고 있는가?

④ 박물관에서 얼마만큼 시간을 소요하는가?

해설▶ 인구통계적인 정보는 연령, 성, 경제적 능력과 직업, 교육수준에 따라 그 성향을 분석한다. "특정계층을 목표집단으로 보고 있는가?"라는 항목은 경제적 능력과 직업에 관련된 요소이다.

40 박물관에 대한 관람객의 인지도와 정보원에 대해 묻는 설문조사 항목으로 적절하지 않는 것은?

① 일반 대중을 위한 편의시설이 마련되어 있는가?

② 어떤 대중 매체를 통해 박물관에 대한 정보를 입수하였는가?

③ 일반 대중의 박물관에 대한 인지도는 어느 정도인가?

④ 박물관의 출판물을 보면 박물관이 어떠한 기능과 활동을 수행하는지 알 수 있는가?

해설▶ "일반 대중을 위한 편의시설이 마련되어 있는가?"라는 항목은 박물관 시설의 편의성과 관련이 있다.

예상문제

01 문화재매매업 허가를 받을 수 있는 자격요건이 아닌 것은?

① 문화재매매업에 준하는 업무에 10년 이상 종사한 자

② 문화재매매업자에게 고용되어 3년 이상 문화재를 취급한 자

③ 국가, 지방자치단체, 박물관에서 2년 이상 문화재를 취급한 자

④ 전문대학 이상의 대학에서 문화재관리학 계통의 학문을 1년 이상 전공한 자

> **해설** **문화재보호법 제76조(자격 요건)** ① 제75조제1항에 따라 문화재매매업의 허가를 받으려는 자는 다음 각 호의 어느 하나에 해당하는 자이어야 한다.
> 1. 국가, 지방자치단체, 박물관 또는 미술관에서 2년 이상 문화재를 취급한 자
> 2. 전문대학 이상의 대학(대학원을 포함한다)에서 역사학 · 고고학 · 인류학 · 미술사학 · 민속학 · 서지학 · 전통공예학 또는 문화재관리학 계통의 학문을 1년 이상 전공한 자
> 3. 문화재매매업자에게 고용되어 3년 이상 문화재를 취급한 자
> ② 제1항에 따른 박물관 · 미술관의 범위, 전공과목 등에 관하여 필요한 사항은 문화체육관광부령으로 정한다.

02 국가지정문화재에 대해 문화재청장의 허가사항이 아닌 것은?

① 국가지정문화재의 현상을 변경하는 행위

② 국가지정문화재를 탁본, 영인, 보존에 영향을 미칠 우려가 있는 촬영을 하는 행위

③ 국가지정문화재 중 동산에 속하는 문화재에 대해 보존에 영향을 미칠 우려가 있는 행위

④ 명승, 천연기념물로 지정되거나 가지정된 구역, 보호구역에서 동물, 식물, 광물의 포획, 채취, 반출행위

> **해설** **문화재보호법 제35조(허가사항)**
> 1. 국가지정문화재(보호물 · 보호구역과 천연기념물 중 죽은 것 및 제41조제1항에 따라 수입 · 반입 신고된 것을 포함한다)의 현상을 변경하는 행위로서 대통령령으로 정하는 행위
> 2. 국가지정문화재(동산에 속하는 문화재는 제외한다)의 보존에 영향을 미칠 우려가 있는 행위로서 대통령령으로 정하는 행위
> 3. 국가지정문화재를 탁본 또는 영인(影印)하거나 그 보존에 영향을 미칠 우려가 있는 촬영을 하는 행위
> 4. 명승이나 천연기념물로 지정되거나 가지정된 구역 또는 그 보호구역에서 동물, 식물, 광물을 포획(捕獲) · 채취(採取)하거나 이를 그 구역 밖으로 반출하는 행위

03 국가지정문화재의 지정에 관한 내용이 옳지 않은 것은?

① 문화재청장은 문화재위원회의 심의를 거쳐 유형문화재 중 중요한 것을 보물로 지정할 수 있다.

② 무형문화재위원회의 심의를 거쳐 무형문화재 중 중요한 것을 국가무형문화재로 지정할 수 있다.

③ 국립민속박물관장은 문화재위원회 심의를 거쳐 민속문화재 중 중요한 것은 국가민속문화재로 지정할 수 있다.

④ 문화재청장은 인위적 또는 자연적 조건의 변화 등으로 인하여 조정이 필요하다고 인정하면 지정된 보호물 또는 보호구역을 조정할 수 있다.

해설 **문화재보호법 제26조(국가민속문화재 지정)** ① 문화재청장은 문화재위원회의 심의를 거쳐 민속문화재 중 중요한 것을 국가민속문화재로 지정할 수 있다. 〈개정 2017. 3. 21.〉

04 박물관 및 미술관 진흥법상 박물관·미술관 협력망을 구축할 수 있다. 다음 중 협력망 중앙관이 아닌 곳은?

① 국립경주박물관   ② 국립민속박물관
③ 국립현대미술관   ④ 국립중앙박물관

해설 **박물관 및 미술관 진흥법 시행령 제20조(협력망 구성 등)** ① 법 제33조제1항에 따른 박물관·미술관 협력망은 박물관 협력망과 미술관 협력망으로 구분한다.

② 박물관 협력망과 미술관 협력망에 각각 중앙관과 지역대표관을 두되, 박물관 협력망의 중앙관은 국립중앙박물관과 국립민속박물관이, 미술관 협력망의 중앙관은 국립현대미술관이 되며, 박물관 협력망과 미술관 협력망의 지역대표관은 시·도지사가 지정하여 중앙관에 통보한다.

③ 문화체육관광부장관은 법 제33조제1항에 따른 박물관·미술관 협력망의 기능을 효율적으로 수행하기 위하여 협력망 운영계획을 수립하여 시행할 수 있다.

05 중앙행정기관장이 국립박물관을 설립할 때 미리 문화체육관광부장관과 협의한다. 협의 시 제출서류가 아닌 것은?

① 자료 내역서   ② 시설 명세서
③ 사업계획서   ④ 중장기 발전계획서

해설 **박물관 및 미술관 진흥법 시행령 제7조(협의)**
1. 사업계획서
2. 시설의 명세서 및 평면도
3. 박물관 자료 또는 미술관 자료 내역서
4. 조직 및 정원

정답 ▶ **03** ③ **04** ① **05** ④

06 5월 18일 '세계박물관의 날'을 권고한 국제박물관협의회 총회는?

① 1974년 코펜하겐 총회   ② 1977년 모스크바 총회

③ 1980년 멕스코시티 총회   ④ 1983년 런던 총회

해설 국제박물관협의회 사무국이 1977년 모스크바 총회에서 과학 · 기술 · 문화에 대한 관심이 고조되고, 국가 간 공통의 관심사를 찾으려는 노력이 활발해지는 세계적 분위기에 부응, 이듬해인 1978년을 시발로 매년 5월 18일을 '세계박물관의 날'로 선포하면서 제정되었다.

07 박물관 수장고의 고려사항 중 가장 관련이 없는 것은?

① 수납성   ② 편의성

③ 차단성   ④ 방범성

해설 수장고는 수납성(한정된 공간에서 자료를 효율적으로 수납), 환경성(유해한 성분이 방출되지 않도록 청결 유지), 단열성(온도변화를 완만하게 유지), 조습성(습도를 일정하게 유지), 내화성(화재 시 안전하게 온도 유지), 차단성(외부 오염인자에 대한 차단), 방범성(범죄가 생기지 않도록 미리 막음) 등이 있어야 한다.
② 편의성은 관람객을 위해 고려해야 할 사항이다.

08 박물관 자료의 재질별 분류 중 유기물이 아닌 것은?

① 토기   ② 직물

③ 목재   ④ 지류

해설 • 무기질 : 금속, 석재, 토기, 자기(돌, 흙 같은 광물에서 얻는 물질)
　　 • 유기질 : 지류, 목재, 직물(생명체로 만들어지는 물질)

09 박물관 자료 안전수칙에 대한 설명으로 옳지 않은 것은?

① 자료를 이동하기 전에 약한 부분을 파악한다.

② 자료를 움직일 때에는 부적절한 지적이나 대화를 삼간다.

③ 자료를 보관상자에 담아 움직일 때에는 가장 안전한 상태로 둔다.

④ 자료를 다루고 움직이는 책임자가 많을수록 상의할 수 있어 좋다.

해설 자료를 다루고 움직이는 책임자는 동료들에게 작업과정을 명확하게 이해시켜 혼선이 없게 한다.

10 자료에 대한 특징 설명 중 틀린 것은?

① 수리는 파손된 것을 손질한 경우이다.

② 복원은 결손된 부분을 모조해 원상태로 재현하는 것이다.

③ 변색은 다른 물질에 의해 소장품 일부, 전체의 상태가 변한 경우이다.

④ 박리는 소장품의 표면을 얇게 덮고 있는 염료, 물감, 칠이 떨어져 나간 상태이다.

> 해설 • 수리 : 파손된 것을 손질한 경우
> • 복원 : 결손된 부분을 모조해 원상태로 재현하는 것
> • 변색 : 본래의 색이 변한 것
> • 박리 : 소장품의 표면을 얇게 덮고 있는 염료, 물감, 칠이 떨어져 나간 상태
> ③의 다른 물질에 의하여 소장품의 일부나 전체의 상태가 변한 경우는 오염에 대한 설명이다.

11 우리나라 최초의 박물관은?

① 제실박물관　　　　　　　　　② 이왕가박물관

③ 개성부립박물관　　　　　　　④ 조선총독부박물관

> 해설 ① 제실박물관 : 1909년
> ② 이왕가박물관 : 1910년
> ③ 개성부립박물관 : 1931년
> ④ 조선총독부박물관 : 1915년

12 저작권법에 대한 설명 중 옳지 않은 것은?

① 저작물은 인간의 사상 또는 감정을 표현한 창작물이다.

② 저작인격권은 2차적 저작물 작성권, 동일성 유지권 등의 권리를 말한다.

③ 저작재산권은 저작자가 생존하는 동안과 사망한 후 70년간 존속한다.

④ 공동저작물의 저작재산권은 맨마지막으로 사망한 저작자가 사망한 후 70년간 존속한다.

> 해설 • 저작재산권 : 복제권, 공연권, 공중송신권, 전시권, 배포권, 대여권, 2차적 저작물 작성권
> • 저작인격권 : 공표권, 성명표시권, 동일성 유지권, 저작인격원 일신전속성, 공동저작물의 저작인
> 격권

13 국제박물관협의회 윤리강령에 대한 설명으로 옳지 않은 것은?

① 박물관 소장품은 공적 위탁 상태에 있으므로 현금 변환이 가능한 자산이다.

② 박물관 관리주체는 본래의 운영 활동이나 외부로부터 산출된 수입에 대해 명문화된 정책을 갖고 있어야 한다.

③ 소장품 관리에 관한 직업적 책임은 적절한 지식과 기술을 겸비한 직원 혹은 충분히 지도받은 직원에게 맡겨야 한다.

④ 박물관이 합법적 소유권을 가진다는 요건이 충족되지 않는 경우, 어떠한 박물관 자료도 구입, 기증, 대여, 유증 또는 교류를 통해 수집될 수 없다.

해설 국제박물관협의회 윤리강령 2장 제16조에 따르면 "소장품 처분에 따른 수입 박물관 소장품은 공적 위탁 상태에 있으므로 현금 변환이 가능한 자산으로 다루어서는 안 된다."고 나와 있다. 그렇기 때문에 ①의 설명은 틀린 것이다.

14 조선총독부박물관에 관한 설명으로 옳지 않은 것은?

① 조선총독부박물관은 평양, 부여, 공주에 분관을 두었다.

② 조선총독부박물관은 고고역사박물관으로 건립 · 운영되었다.

③ 1915년 조선물산공진회 개최 이후 이를 기반으로 박물관이 건립되었다.

④ 조선총독부박물관은 고적조사수집품, 매장유물, 탑, 부도 등을 전시했다.

해설 조선총독부박물관의 분관은 경주, 부여, 공주 총 3곳이다.
- 경주 : 1910년 경주신라회가 발족되었고, 1913년 경주고적보존회로 발전하여 1921년 금관총을 발굴한 후 금관관을 1923년 10월 준공하여 전시장으로 운영하다가 1926년 6월 20일 분관으로 편입되었다. 경주 분관은 금령총, 호우총 등의 경주지역 고분을 비롯한 유적의 발굴과 조사의 중심 기관이었다.
- 부여 : 1929년 부여고적보존회가 발족되었고, 부소산성 입구에 위치하고 있는 구(舊) 부여현 객사에 백제 관을 건립하여 전시장으로 운영하다가 1939년 분관으로 편입되었다.
- 공주 : 1934년 공주고적보존회가 발족되었고, 1940년 구 충주감영의 선화당을 공주읍박물관으로 개관하여 공주사적현창회에서 운영하다가 분관으로 편입되었다.

15 다음 자료 중 전시 조도가 50Lux인 것은?

① 염직물   ② 피혁제
③ 칠기   ④ 금속

해설
- 50Lux : 염직물, 의상, 수채화, 소묘, 동화화, 인쇄물, 유표, 벽지, 자연사 관계 표본
- 150~180Lux : 유화, 템프라화, 프레스코화, 피혁제, 골각, 상아, 목제품, 칠기
- 300Lux : 금속, 돌, 유리, 도자기, 보석, 에나멜, 스테인드글라스

16 박물관 마케팅 믹스의 구성요소 중 고객의 욕구로 충족시킬 수 있는 모든 것으로 전시품 및 제작품 등에 해당하는 요소는?

① 촉진
② 제품
③ 가격
④ 유통

해설 ① 촉진 : 카탈로그, 포스터, 초청장, 보도자료
② 제품 : 전시품 및 제작품
③ 가격 : 입장료, 서비스요금
④ 유통 : 유효한 공간

17 박물관 전문인력 중 보존처리사에 대한 설명으로 옳은 것은?

① 소장품의 관리 감독, 번호 매기기, 목록 작성 등의 업무를 진행한다.
② 전시품 및 유물 설명, 자료개발, 관람개요 설명 등의 업무를 진행한다.
③ 자료의 상태를 조사 분석하여 손상을 방지하고 복원하는 업무를 진행한다.
④ 자료의 구입, 처분, 소장품 상태 점검, 포장 및 이동계획 수립 등의 업무를 진행한다.

해설 보존처리사(Conservator)는 박물관 자료의 상태를 조사 분석하여 손상을 방지하고 복원하는 인력으로 수장고와 전시실의 환경인 온·습도, 공기, 조명 등을 수시로 감독하여야 한다.

18 다음 박물관 자료의 구조, 성분 등을 알기 위해 사용하는 방법 중 파괴 조사법은?

① X－ray radiograghy
② Infrared Photography
③ UV－VIS spectrometer
④ 원자흡광분광분석법

해설 • 해설 비파괴 조사법 : X－선 투과사진법(X－ray radiograghy), X－선 단층촬영법(X－ray computerized tomography), X－선 형광 분석법(X－ray fluorescence spectroscopy), 적외선 촬영법(Infrared Photography), UV분광도법(UV－VIS spectrometer), 푸리에 변환 적외선 분광법(FT－IR), 전자분광분석법(Electron Spectroscopy for Chemical Analysis)
• 파괴 조사법 : 원자흡광분광분석법, 플라스마 발광분광분석법

19 다음 중 공립박물관은?

① 난계국악박물관
② 한독의약박물관
③ 목아박물관
④ 자하미술관

해설 ① 난계국악박물관 : 충북 영동군, 공립, 2000년 9월 23일 개관

정답 ▶ 16 ② 17 ③ 18 ④ 19 ①

② 한독의약박물관 : 충북 음성군, 사립, 1964년 4월 27일 개관

③ 목아박물관 : 경기 여주시, 사립, 1993년 6월 12일 개관

④ 자하미술관 : 서울 종로구, 사립, 2008년 3월 1일 개관

20 박물관 및 미술관 진흥법상 학예사 자격요건에 대한 설명 중 옳지 않은 것은?

① 준학예사 : 학사학위 이상 취득하고 준학예사시험에 합격한 사람으로 경력인정대상기관에서 실무경력 1년 이상인 자

② 3급 정학예사 : 박사학위를 취득한 자로서 경력인정대상기관에서 실무경력 2년 이상인 자

③ 2급 정학예사 : 3급 정학예사를 취득한 후 경력인정대상기관에서 재직경력이 5년 이상인 자

④ 1급 정학예사 : 2급 정학예사를 취득한 후 경력인정대상기관에서 재직경력이 7년 이상인 자

해설 ② 3급 정학예사

1. 박사학위 취득자로서 경력인정대상기관에서의 실무경력이 1년 이상인 자

2. 석사학위 취득자로서 경력인정대상기관에서의 실무경력이 2년 이상인 자

3. 준학예사 자격을 취득한 후 경력인정대상기관에서의 재직경력이 4년 이상인 자

정답 20 ②

05회 예상문제 ────────────────────

01 전시 진열방법으로 옳지 않은 것은?

① 시 · 공간축 전시
② 실물자료 중심 전시
③ 자료의 가격 중심 전시
④ 박물관의 특성을 고려한 전시

02 장애인을 위한 전시기획방법으로 옳지 않은 것은?

① 진열장이 잘 보이도록 반사유리 사용
② 장애인 접근을 위한 각종 편의시설 확충
③ 청각장애인을 위한 전시해설 수어통역 서비스 제공
④ 시각장애인을 위한 촉각전시 및 오감체험 프로그램 유도

03 다음 중 전시의 필수적인 구성요소가 아닌 것은?

① 진열장   ② 전시물
③ 기프트숍   ④ 전시공간

04 박물관 자료의 안전관리를 위한 방범대책으로 옳지 않은 것은?

① 감지센터   ② 조도제어센서
③ 적외선 탐지기   ④ 전시실 CCTV

05 박물관 협력사업을 위해 설립한 박물관 협의체가 아닌 것은?

① 한국박물관협회   ② 한국미술관협회
③ 한국사립박물관협회   ④ 한국대학박물관협회

┈┈

해설 ▶ 사단법인 한국사립미술관협회는 지난 2005년 1월 7일 미술관 진흥과 미술창작 환경 조성, 미술관 전문 인력 양성, 미술관 정책 연구 및 대안 제시, 미술관 프로그램 지원 사업 전개 등 사립미술관의 육성을 위한 다양한 사업을 통해 국내 미술문화의 발전에 기여하기 위해 창립되었다.

정답 ▶ 01 ③ 02 ① 03 ③ 04 ② 05 ②

06 박물관 마케팅믹스의 요소로 옳지 않은 것은?

① Place
② People
③ Product
④ Promotion

해설 마케팅믹스 4대 요소 : Price(가격), Place(장소), Promotion(촉진), Product(제품)

07 다음 박물관 교육 프로그램은 관내와 관외로 나뉜다. 다음 중 관내 프로그램이 아닌 것은?

① 강좌
② 전시실 설명
③ 학교 대여 서비스
④ 체험학습 위주의 워크숍

해설
- 관내 프로그램 : 강의식 위주의 프로그램, 셀프 가이드 투어, 가이드 투어, 전시실 설명, 워크숍
- 관외 프로그램 : 순회 전시, 학교 대여 서비스, 행사 및 활동 프로그램

08 박물관 및 미술관 진흥법상 박물관 등록 시 필요한 사항이 아닌 것은?

① 수족관 : 육종실
② 전문박물관 : 도난 방지시설
③ 식물원 : 야외 200종 이상의 자료
④ 예술관 : 82제곱미터 이상의 전시실

해설

유형	자료	학예사	시설
전문 박물관	100점 이상	1명 이상	• 100제곱미터 이상의 전시실 또는 2,000제곱미터 이상의 야외전시장 • 수장고 • 사무실 또는 연구실 • 자료실 · 도서실 · 강당 중 1개 시설 • 도난 방지시설, 온 · 습도 조절장치
식물원	실내 : 100 종 이상 야외 : 200 종 이상	1명 이상	• 200제곱미터 이상의 전시실 또는 6,000제곱미터 이상의 야외전시장 • 사무실 또는 연구실 • 육종실(育種室 : 품종 개량 및 개발 연구 공간) • 양묘장 • 식물병리시설 • 비료저장시설
수족관	100종 이상	1명 이상	• 200제곱미터 이상의 전시실 • 사무실 또는 연구실 • 수족치료시설 • 순환장치 • 예비수조
예술관	60점 이상	1명 이상	• 82제곱미터 이상의 전시실 • 수장고 • 사무실 또는 연구실 · 자료실 · 도서실 및 강당 중 1개 시설 • 도난 방지시설, 온 · 습도 조절장치

정답 06 ② 07 ③ 08 ①

09 박물관 마케팅 전략의 수립과정에 대한 설명으로 옳은 것은?

① 마케팅 목표 수립 – 환경 분석 – 마케팅 전략 개발 – 평가 및 통제
② 환경 분석 – 마케팅 목표 수립 – 마케팅 전략 개발 – 평가 및 통제
③ 마케팅 전략 개발 – 환경 분석 – 마케팅 목표 수립 – 평가 및 통제
④ 환경 분석 – 마케팅 전략 개발 – 마케팅 목표 수립 – 평가 및 통제

해설 경영이념, 경영목표, 경영계획 → 환경 분석(내외 환경 분석 및 외부 환경 분석) → 마케팅 목표 → 마케팅 전략 → 마케팅믹스 관리 → 평가 및 통제

10 박물관 교육의 특징 3가지 요소가 아닌 것은?

① 사물 중심 학습
② 이용자 중심 학습
③ 조력자로서의 교사
④ 평생학습기관으로서 의미

해설 박물관 교육은 사물 중심 학습, 이용자 중심 학습, 조력자로서의 교사라는 세 가지 키워드로 특징화되고 있다.
- 사물 중심 학습(Object – based Learning) : 학습 내용이 핵심이며, 비교 및 대조, 정의 및 분류, 표현, 예측, 요약 및 정리와 같은 학습 활동을 주로 하게 된다.
- 이용자 중심 학습(Audience – centered Learning) : 학습자가 적극적으로 학습에 임하도록 수업을 설계하고 교육환경을 구성하는 것이 기본이다. 교육의 주체가 교사로부터 학습자로 바뀌는 교육 패러다임의 변화와 관련이 있다.
- 조력자로서의 교사(Educators as Facilitators) : 교수자가 조력자를 넘어, 학습자가 적극적으로 학습할 수 있도록 촉진하는 사람의 역할을 맡게 된다.

11 다음 박물관 전문인력 중 소장품의 관리 감독, 목록 작성, 일련번호 작성 등의 업무를 책임지는 인력은?

① Educator
② Conservator
③ Exhibition designer
④ Collection Manager

해설 **소장품 관리자(Collection Manager)**
소장품 관리자는 소장품의 관리 감독, 목록 작성, 일련번호 작성, 소장품들을 개별 부서에 보관하는 업무 등의 책임을 맡는다.

12 박물관 자료 수집방법 중 합법적인 방법이 아닌 것은?

① 약탈   ② 기증
③ 구입   ④ 발굴

13 박물관 운영을 위한 경제적 행위에 대한 설명으로 옳지 않은 것은?

① 입장료   ② 회원 가입비
③ 박물관 자료 판매   ④ 교육 프로그램 운영 및 특별행사

해설 ▶ **박물관 운영을 위한 수입사업**
입장료, 정부 보조금, 후원금, 회원 가입비, 뮤지엄 숍, 부대시설 운영, 전시장 대여, 교육 프로그램 운영 및 특별행사

14 1846년 제임스 스미슨(James Smithson)이 '인류의 지식 증진과 보급'을 설립 취지로 하는 연구소의 설립을 제안하였고, 자신의 수집품과 막대한 유산을 미합중국 정부에 기증하면서 건립한 박물관은?

① 휘트니미국박물관   ② 구겐하임박물관
③ 뉴욕현대미술관   ④ 스미소니언박물관

15 일제강점기 박물관에 대한 설명으로 옳은 것은?

① 경주 – 1921년 경주고적보존회 정식 발족
② 부여 – 1929년 조선총독부박물관 분관 편입
③ 평양 – 1931년 고려시대 유물 중심 전시
④ 공주 – 1940년 선화당 공주읍박물관 개관

해설 ▶ • 조선총독부 경주분관 : 1910년 경주신라회, 1913년 경주고적보존회 정식 발족, 1926년 조선총독부박물관 분관 편입
• 조선총독부 부여분관 : 1929년 부여고적보존회 발족, 1939년 조선총독부박물관 분관 편입
• 조선총독부 공주분관 : 1934년 공주고적보존회 발족, 1940년 선화당 공주읍박물관 개관
• 개성부립박물관 : 1931년 고려시대 유물 전시
• 평양부립박물관 : 1933년 고구려와 낙랑 유물 전시

16 문화재보호법상 문화재기본계획 수립을 위한 의견 청취 대상자를 맞게 고른 것은?

> ㄱ. 지정문화재나 등록문화재의 소유자 또는 관리자
> ㄴ. 지정문화재나 등록문화재의 관리단체
> ㄷ. 문화재보호법에 따른 문화재위원회의 위원

① ㄱ
② ㄱ, ㄴ
③ ㄱ, ㄷ
④ ㄱ, ㄴ, ㄷ

해설 문화재보호법 시행령 제3조(문화재기본계획 수립을 위한 의견 청취 대상자)
법 제6조제2항에서 "대통령령으로 정하는 소유자, 관리자 또는 관리단체 및 관련 전문가"란 다음 각 호의 어느 하나에 해당하는 자를 말한다.
1. 지정문화재나 등록문화재의 소유자 또는 관리자
2. 지정문화재나 등록문화재의 관리단체
3. 법 제8조에 따른 문화재위원회(이하 "문화재위원회"라 한다)의 위원
4. 그 밖에 문화재와 관련된 전문적인 지식이나 경험을 가진 자로서 문화재청장이 정하여 고시하는 자

17 박물관 자료 중 도자기재질의 복원처리 과정에 대한 설명으로 옳은 것은?

① 처리 전 조사 → 보존처리 방안 → 접합 → 복원 → 세척 → 색맞춤 및 마무리
② 보존처리 방안 → 처리 전 조사 → 세척 → 복원 → 접합 → 색맞춤 및 마무리
③ 보존처리 방안 → 처리 전 조사 → 세척 → 접합 → 복원 → 색맞춤 및 마무리
④ 처리 전 조사 → 보존처리 방안 → 세척 → 접합 → 복원 → 색맞춤 및 마무리

해설 도자기 복원 순서
처리 전 조사 → 보존처리 방안 → 세척 → 접합 → 복원 → 색맞춤 및 마무리

18 문화재보호법상 일반동산문화재 수출 등의 금지에 관한 사항으로 옳은 것은?

① 「박물관 및 미술관 진흥법」에 따라 설립된 박물관 등이 외국의 박물관 등에 일반동산문화재를 반출한 날부터 5년 이내에 다시 반입하는 경우 문화재청장의 허가를 받아야 한다.
② 외국 정부가 인증하는 박물관이나 문화재 관련 단체가 자국의 박물관 등에서 전시할 목적으로 국내에서 일반동산문화재를 구입 또는 기증받아 반출하는 경우 문화재청장의 허가를 받아야 한다.
③ 일반동산문화재의 수출이나 반출에 관한 절차 등에 필요한 사항은 대통령령으로 정한다.
④ 일반동산문화재로 오인될 우려가 있는 동산을 국외로 수출하거나 반출하려면 미리 외교부 장관의 확인을 받아야 한다.

정답 16 ④ 17 ④ 18 ②

해설 문화재보호법 제60조(일반동산문화재 수출 등의 금지)

① 이 법에 따라 지정 또는 등록되지 아니한 문화재 중 동산에 속하는 문화재(이하 "일반동산문화재"라 한다)에 관하여는 제39조제1항과 제3항을 준용한다. 다만, 일반동산문화재의 국외전시 등 국제적 문화교류를 목적으로 다음 각 호의 어느 하나에 해당하는 사항으로서 문화재청장의 허가를 받은 경우에는 그러하지 아니하다.

1. 「박물관 및 미술관 진흥법」에 따라 설립된 박물관 등이 외국의 박물관 등에 일반동산문화재를 반출한 날부터 10년 이내에 다시 반입하는 경우
2. 외국 정부가 인증하는 박물관이나 문화재 관련 단체가 자국의 박물관 등에서 전시할 목적으로 국내에서 일반동산문화재를 구입 또는 기증받아 반출하는 경우

② 문화재청장은 제1항 단서에 따라 허가를 받은 자가 제37조제1항 각 호의 어느 하나에 해당하는 경우에는 허가를 취소할 수 있다.

③ 제1항제2호에 따른 일반동산문화재의 수출이나 반출에 관한 절차 등에 필요한 사항은 문화체육관광부령으로 정한다.

④ 제1항 단서에 따라 허가받은 자는 허가된 일반동산문화재를 반출한 후 이를 다시 반입한 경우 문화재청장에게 신고하여야 한다.

⑤ 일반동산문화재로 오인될 우려가 있는 동산을 국외로 수출하거나 반출하려면 미리 문화재청장의 확인을 받아야 한다.

⑥ 제1항 및 제5항에 따른 일반동산문화재의 범위와 확인 등에 필요한 사항은 대통령령으로 정한다.

19 박물관 수장고 출입 시 유의사항으로 옳은 것은?

① 자료를 움직이는 작업은 최소 3명이 지시한다.
② 수장고 관리자 승인을 얻으면 수장고 출입일지를 쓰지 않아도 된다.
③ 자료 손상에 대해 사건보고서를 작성해서 5일 이내 보고한다.
④ 자료를 다루고 움직이는 책임자는 작업과정을 명확하게 이해시켜 혼선이 없도록 한다.

해설 • 유물을 움직이는 작업은 오직 한 사람만이 지시한다. 유물을 움직일 때는 지휘자가 아니면 어떠한 결정이나 지시를 하지 않도록 한다.
• 유물을 다루고 움직이는 책임자는 동료들에게 작업 과정을 명확하게 이해시켜 혼선이 없게 한다.
• 유물을 다루거나 움직이기 전에 미리 위험 요소를 살펴서 책임자에게 알린다. 이는 유물을 안전하게 다루는 선결 요소이며, 자신을 보호하는 의미를 동시에 지닌다.
• 유물을 다루는 원칙에 위배되는 행위를 하는 사람에 대해서는 원칙을 내세워 지적해 준다.
• 유물에 대한 손상에 대해서는 즉각 보고하고 유물 담당자는 사건보고서를 작성한다.

20 박물관 및 미술관 진흥법상 박물관 등록 시 필요한 서류로 옳은 것은?

① 시설명세서 ② 관장 이력서
③ 자료 구입 영수증 ④ 후원금 및 정부 보조금 규모

정답 19 ④ 20 ①

해설 **박물관 및 미술관 진흥법 시행령 제8조(등록신청 등)**

① 법 제16조제1항에 따라 박물관이나 미술관을 등록하려는 자는 등록신청서에 다음 각 호의 서류를 첨부하여 국립 박물관 및 미술관은 문화체육관광부장관에게, 공립 · 사립 · 대학 박물관 및 미술관은 관할 특별시장 · 광역시장 · 특별자치시장 · 도지사 또는 특별자치도지사에게 제출하여야 한다.

1. 시설명세서
2. 박물관 자료 또는 미술관 자료의 목록
3. 학예사 명단
4. 관람료 및 자료의 이용료

06회 예상문제

01 다음 중 전시 조직의 구성원으로 옳지 않은 것은?

① 학예사
② 방호원
③ 전시디자이너
④ 그래픽디자이너

02 다음 과학기술의 발전에 따른 전시연출방법으로 옳지 않은 것은?

① 멀티영상
② 특수영상
③ 파노라마
④ 차재영상

해설 • 입체자료 : 복원, 모형, 디오라마, 파노라마
  • 영상자료 : 멀티영상, 인터랙티브영상, 특수영상, 시뮬레이션영상, 무빙영상, 차재영상

03 전시기획의 순서를 바르게 나열한 것은?

ㄱ. 기획 및 전개	ㄴ. 전시평가
ㄷ. 개최 및 관리	ㄹ. 자료 조사 및 연구

① ㄱ - ㄴ - ㄷ - ㄹ
② ㄹ - ㄱ - ㄴ - ㄷ
③ ㄹ - ㄱ - ㄷ - ㄴ
④ ㄱ - ㄹ - ㄷ - ㄴ

해설 전시는 개념단계(자료 조사 및 연구) – 개발단계(기획 및 전개) – 기능단계(개최 및 관리) – 평가단계
(평가)로 구분한다.

04 전시 구성 요소가 아닌 것은?

① 전시물
② 전시공간
③ 전시기획자
④ 문화상품

해설 전시는 전시물, 전시공간, 전시기획자, 관람객이 서로 유기적으로 작용하여 만들어 내는 복합적인
결과물이다.

05 다음 중 교육 프로그램 유형이 다른 하나는?

① 강좌
② 워크숍
③ 현장실습
④ 개방형 수장고

해설 교육의 유형은 전시, 강좌, 심포지엄, 워크숍, 현장실습, 특별행사 등이 있다.

정답 01 ② 02 ③ 03 ③ 04 ④ 05 ④

06 코로나19로 박물관 학술대회를 비대면으로 진행할 수 있는 방법은?

① Zoom

② Seminar

③ Workshop

④ Symposium

해설 ▶ Zoom은 모바일, 데스크톱 및 회의실 시스템에서 비디오 및 오디오 회의, 채팅, 웨비나 등을 안전하고 편리하게 진행할 수 있는 프로그램이다.

07 다음 중 일반대중을 위한 교육 프로그램이 아닌 것은?

① 어린이 프로그램

② 가족 프로그램

③ 평생 프로그램

④ 전문 프로그램

해설 ▶ 전문 프로그램은 미술 전문인이나 애호가들을 위해서 전시주제를 부각시키고 주요한 논쟁거리를 찾아내 학술적으로 연구한 결과를 토론하거나 발표하기 위한 것으로 강연회, 심포지엄, 정기강좌 등이 여기에 속한다.

08 박물관 전문인력에 대한 설명 중 소장품의 관리 감독, 목록 작성, 일련번호 작성 등을 책임지는 인물은?

① Curator

② Registrar

③ Educator

④ Collection Manager

해설 ▶ • 학예사(Curator) : 박물관 소장품과 관련 있는 특정 학문 분야의 전문가로서, 박물관 소장품과 대여 전시물에 대한 학술적인 분석과 관리에 직접적인 책임을 진다.
  • 교육담당자(Educator) : 일반 관람객들의 박물관 이용도를 증진시키고, 소장품에 대한 이해와 해석을 돕기 위하여 박물관 교육 프로그램을 개발 · 실행 · 평가 · 감독한다.
  • 등록담당자(Registrar) : 작품의 수집, 취득, 목록 작성, 대여, 포장, 총목록 작성과 관리, 보험, 소장품의 관리, 보관, 통제하는 업무에 관련된 일련의 정보검색시스템 구축과 이와 관련된 법률서류를 만들고 체계화하며 유지하는 책임을 맡고 있다.
  • 소장품 관리자(Collection Manager) : 소장품의 관리 감독, 목록 작성, 일련번호 작성, 소장품들을 개별 부서에 보관하는 업무 등의 책임을 맡는다.
  • 전시디자이너(Exhibition Designer) : 전시연출, 드로잉, 전시장 측정 모형, 조명, 전시품과 안내 표지의 배열 등을 진행한다.

09 박물관 교육 프로그램의 개발 목적이 아닌 것은?

① 자율성

② 대중성

③ 전문성

④ 문화성

해설▶ 박물관 교육 프로그램의 구성 방침은 다음과 같다.
- 사회적 변화의 흐름을 주도할 수 있는 기본 능력을 길러 줄 수 있도록 교육과정을 구성한다.
- 국민공통기본교육과정과 선택중심교육과정 체제를 도입한다.
- 교육 내용의 양과 수준을 적정화하고, 심도 있는 학습이 이루어지도록 수준별 교육과정을 도입한다.
- 학생의 능력, 적성, 진로를 고려하여 교육 내용과 방법을 다양화한다.
- 교육과정 편성과 운영에 있어서 현장의 자율성을 확대한다.
- 교육과정 평가 체제를 확립하여 교육에 대한 질 관리를 강화한다.

10 매장문화재의 자료 분류법으로 옳지 않은 것은?

① 재질별 분류법   ② 성질별 분류법

③ 기능별 분류법   ④ 십진분류법

해설▶ 매장문화재는 유형이 매우 다양하기 때문에 재질별, 성질별, 기능별 범위 설정과 구별을 통한 관리가 요구된다. 특성상 다양한 유형이 존재하기 때문에 각 범위 안에서 적합적 범위를 선정하여 구별해야 한다.

한편, 십진분류법은 미국의 듀이가 시작한 도서 분류법으로, 0은 총류, 1은 철학, 2는 역사, 3은 사회과학, 4는 자연과학, 5는 공업, 6은 산업, 7은 예술, 8은 어학, 9는 문학의 열 개 기초류로 나누고, 그 아래에 열 개의 강(綱)과 목(目)을 두어 모든 것을 아라비아 숫자로 적는다.

11 보존처리를 위한 예비 조사가 아닌 것은?

① 세척   ② 사진촬영

③ 재질 파악 조사   ④ 문양 존재 여부 조사

해설▶ 보존처리에 들어가기에 앞서서 유물의 재질을 파악하고, 열화 정도, 미술사적인 가치와 유물의 제작시기에 나타나는 재련 기술 등과 고고학적 의미 등 모든 정보를 파악한 후 보존처리 방법을 결정하는 것이 이상적인 보존처리를 위한 예비 조사 단계에서 가장 중요하다.

한편, 세척은 외부의 이물질을 제거하는 과정이다. 출토된 목재에 토사나 점토 등이 부착되어 있는 경우에 부드러운 솔로 털어낸 다음 경우에 따라 메스나 솔, 스프레이 등을 이용하여 흙이나 모래 등을 제거한다.

12 박물관 자료의 상태 용어에 관한 설명으로 옳지 않은 것은?

① 파손 – 부서지거나 깨져 파편 존재

② 복원 – 본래의 색이 변한 것

③ 변형 – 자료의 모양과 형태가 달라진 것

④ 오염 – 다른 물질에 의하여 소장품이 변한 것

해설 ▶
- 파손 : 부서지거나 깨져 파편 존재
- 복원 : 결손된 부분을 전부 원상태로 재현한 것
- 균열 : 한 부분이나 전체가 갈라져 있는 것
- 변색 : 본래의 색이 변한 것
- 오염 : 다른 물질에 의하여 소장품이 변한 것

13 탈염처리방법으로 옳지 않은 것은?

① 붕사
② 훈증처리법
③ 냉온수 교체법(Intensive Washing)
④ Sodium Sesquicarbonate($Na_2CO_3 + NaHCO_3$)법

해설 ▶
- 붕사 : 금속유물이 매우 열악하고, 부식이 심할 경우의 탈염처리방법이다. pH가 9.5 정도이고, 비교적 유물에 안전한 처리방법이다. 붕사 0.1M 수용액에 침적시켜 5~7일 간격으로 교체하고 매회 용출된 Cl− 양을 측정하여 더 이상 변화가 없을 때까지 실시한다. 붕사방법은 가열법과 비가열법의 2가지 방법을 사용할 수 있다.
- 냉온수 교체법(Intensive Washing) : 유물을 수조에 넣고 반복하여 냉·온수에 침적시키는 방법이다. 자연상태에서 100℃의 증류수에 침적한 후 60℃로 떨어지는 시간을 측정한다. 냉수에도 온수에 침적했던 시간 동안 침적한 것은 1회로 하여 반복한다. 이 방법은 알칼리 용액으로 탈염처리한 다음 잔존하는 염화물과 알칼리 용액을 동시에 제거하기 위해 주로 사용한다.
- Sodium Sesquicarbonate($Na_2CO_3 + NaHCO_3$)법 : 금속유물 탈염 시 가장 많이 사용되는데, Sodium Sesquicarbonate은 가장 안정적인 알칼리 약품이다(pH 11로 NaOH보다 알칼리도가 낮다). 0.1M의 Sodium Sesquicarbonate를 증류수에 용해하여 유물이 완전히 잠기도록 하고 용액이 증발하지 않도록 밀봉하여 처리하는 탈염방법이다.

건조물 보전처리방법
- 훈증처리법 : 훈증처리는 약품으로부터 피해가 적으며 살충효과가 높은 방법으로 문화재의 방제처리에 효과적인 방법으로 가장 많이 사용한다. 더욱이 방제 공간에 대한 확산 침투방법을 이용하기 때문에 살충력이 가장 높다. 훈증제는 문화재에 대한 약품으로부터 피해가 적으며 흡착이 낮고 인화성 및 폭발성이 없어야 한다.

14 수장고 설계 시 고려사항이 아닌 것은?

① 수납성　　　　　　　　② 침투성
③ 조습성　　　　　　　　④ 내화성

해설 ▶ 수납성, 환경성, 단열성, 조습성,내화성, 차단성

15 전시에 관련된 관람객의 반응을 설문조사할 때 적절하지 않은 것은?

① 동선의 적절성
② 내용의 이해도
③ 성별 및 주민번호
④ 계층별 제공도

해설 박물관에서 제공하고 있는 전시회와 교육 프로그램에 관한 관람객의 반응
- 우리 박물관은 어떤 사업에 주력하고 있는가?
- 어떠한 '상품' 혹은 '서비스'를 제공하고 있는가?
- 전시회의 내용을 어느 정도 이해하고 있는가?
- 전시회의 동선이 적절하게 구성되어 있는가?
- 교육 프로그램은 관람객 계층의 특성을 고려하여 적절하게 편성되어 있는가?
- 관람객의 반응은 어떠한가?
- 관람객이 박물관의 봉사에 만족하고 있는가?

16 박물관 및 미술관 진흥법상 사립 박물관 또는 미술관의 설립계획 승인신청 시 필요한 서류가 아닌 것은?

① 조직도
② 위치도
③ 개략설계도
④ 자료 목록 및 내역서

해설 박물관 및 미술관 진흥법 시행령 제12조(사립 박물관 또는 사립 미술관의 설립계획 승인신청)
① 법 제18조제1항에 따라 사립 박물관 또는 사립 미술관의 설립계획을 승인받으려는 자는 설립계획 승인 신청서에 다음 각 호의 서류를 첨부하여 시·도지사 또는 대도시 시장에게 제출(전자문서에 의한 제출을 포함한다)해야 한다.
  1. 사업계획서
  2. 토지의 조서(위치·지번·지목·면적, 소유권 외의 권리명세, 소유자의 성명·주소, 지상권·지역권·전세권·저당권·사용대차 또는 임대차에 관한 권리, 토지에 관한 그 밖의 권리를 가진 자의 성명·주소를 적은 것)
  3. 건물의 조서(위치·대지지번·건물구조·바닥면적·연면적, 소유권 외의 권리명세, 소유자의 성명·주소, 전세권·저당권·사용대차 또는 임대차에 관한 권리, 건물에 관한 그 밖의 권리를 가진 자의 성명·주소를 적은 것)
  4. 위치도
  5. 개략설계도
  6. 박물관 자료 또는 미술관 자료의 목록과 내역서

17 박물관 및 미술관 진흥법상 학예사의 등급별 자격을 취득하려는 자가 제출하는 서류가 아닌 것은?

① 학예사 자격증 사본
② 생활기록부 및 성적증명서
③ 해당기관에서 발급한 재직경력증명서
④ 해당기관에서 발급한 실무경력확인서

해설 ▶ 박물관 및 미술관 진흥법 시행규칙 제2조(학예사 자격요건 심사 및 자격증 발급 신청서 등)

① 「박물관 및 미술관 진흥법」(이하 "법"이라 한다) 제6조제3항에 따른 박물관·미술관 학예사(이하 "학예사"라 한다)의 등급별 자격을 취득하려는 자는 별지 제1호서식의 학예사 자격요건 심사 및 자격증 발급 신청서에 다음 각 호의 서류 중 해당 서류와 반명함판 사진 2장을 첨부하여 문화체육관광부장관에게 제출하여야 한다.

1. 해당 기관에서 발급한 재직경력증명서 또는 실무경력확인서
2. 학예사 자격증 사본
3. 최종학교 졸업증명서 또는 최종학교 학위증

18 박물관 및 미술관 진흥법상 박물관 또는 미술관 등록증에 게재되어 있지 않은 것은?

① 명칭
② 종류
③ 설립자
④ 인증기간

해설 명칭, 종류(유형), 소재지, 설립자 성명(명칭, 주소), 대표자 성명(명칭, 주소), 등록연월일

19 우리나라는 문화재의 보호·보존·보급 및 활용과 전통생활문화의 계발을 위하여 문화재청 산하에 기관을 두고 있다. 다음 중 그 기관에 해당하는 것은?

① 국립고궁박물관
② 국립무형유산원
③ 한국문화재재단
④ 문화재보존과학센터

해설 ▶ 문화재보호법 제9조(한국문화재재단의 설치)

① 문화재의 보호·보존·보급 및 활용과 전통생활문화의 계발을 위하여 문화재청 산하에 한국문화재재단을 설립한다.

20 문화재청장은 문화재의 불법반출 방지 및 국외반출 동산에 대한 감정 등에 관한 업무를 수행하기 위하여 공항, 무역항, 통관우체국 등에 전문가를 배치하고 있다. 다음 중 알맞은 전문가는?

① 문화해설사
② 문화재보존전문가
③ 유형문화재위원
④ 문화재감정위원

해설 ▶ 문화재보호법 제60조의2(문화재감정위원의 배치 등)

① 문화재청장은 문화재의 불법반출 방지 및 국외 반출 동산에 대한 감정 등에 관한 업무를 수행하기 위하여 「공항시설법」 제2조제3호에 따른 공항, 「항만법」 제2조제2호의 무역항, 「관세법」 제256조제2항의 통관우체국 등에 문화재감정위원을 배치할 수 있다.

② 제1항에 따른 문화재감정위원의 배치·운영 등에 필요한 사항은 대통령령으로 정한다.

21 일제강점기 전형필이 설립한 박물관은?

① 보화각   ② 모현관
③ 핀슨관   ④ 개성부립박물관

해설▶ 보화각은 간송 전형필이 건립한 미술관이다. 보화각은 대한민국 최초의 근대식 사립미술관으로 기록되며 모더니즘 양식의 2층 콘크리트 건물로, 서울 성북구 성북동에 건립되었다. 건축물은 박길용에 의해 설계되었으며 당시의 모습을 그대로 간직하고 있다. 보화각이라는 명칭은 간송의 스승이었던 오세창이 지은 것을 사용한 것이며 1962년 간송 전형필이 사망하고 난 후 1966년 간송미술관으로 명칭을 변경했다.

22 다음 세계적인 박물관 중 1764년 예카테리나 2세가 박물관 컬렉션의 기초를 마련하였고 이후 외부에 공개되기 시작된 박물관은?

① 대영박물관   ② 바티칸박물관
③ 루브르박물관   ④ 에르미타주박물관

해설▶ 에르미타주박물관은 러시아의 상트페테르부르크에 있는 박물관이다. 1764년에 예카테리나 2세가 미술품을 수집한 것이 에르미타시의 기원이다. 본래는 예카테리나 2세 전용의 미술관으로, 프랑스어로는 "은둔지"를 의미하는 '에르미타주'라고 하는 명칭도 거기에서 유래되었다. 초기에는 왕족과 귀족들의 수집품을 모았으나, 19세기 말에는 일반인에게도 개방되었다.

23 다음 중 박물관 고유의 기능으로 옳지 않은 것은?

① 연구   ② 보존
③ 문화   ④ 전시

해설▶ **박물관의 기능**
　　　수집, 보존, 연구, 전시, 교육

24 유네스코 세계유산이 아닌 것은?

① 산사   ② 종묘
③ 덕수궁   ④ 조선왕릉

해설▶ 석굴암 및 불국사(1995), 해인사 장경판전(1995), 종묘(1995), 창덕궁(1997), 수원 화성(1997), 경주 역사지구(2000), 고창 · 화순 · 강화 고인돌유적(2000), 제주도 화산섬 및 용암 동굴(2007), 조선왕릉(2009), 하회/양동마을(2010), 남한산성(2014), 백제역사유적지구(2015), 산사, 한국의 산지승원(2018), 한국의 서원(2019)

정답▶ 21 ①　22 ④　23 ③　24 ③

07회 예상문제

01 박물관 및 미술관 진흥법에서는 박물관·미술관 협력망에 대해 정의하고 있다. 다음 박물관 협력망의 기능에 대한 설명으로 옳지 않은 것은?

① 종사자의 자질 향상 교육
② 전산 정보 체계를 통한 정보와 자료의 유통
③ 박물관, 미술관 운영의 정보화 및 효율화
④ 박물관자료, 미술관자료의 정리, 정보처리 및 시설 등의 표준화

해설 제33조(박물관·미술관 협력망)
1. 전산 정보 체계를 통한 정보와 자료의 유통
2. 박물관자료나 미술관자료의 정리, 정보처리 및 시설 등의 표준화
3. 통합 데이터베이스 구축, 상호 대여 체계 구비 등 박물관이나 미술관 운영의 정보화·효율화
4. 그 밖에 박물관이나 미술관의 상호 협력에 관한 사항

02 박물관이 근거리에 위치하여 서로 시너지효과를 내고 있는 도시는?

① 비엔나 : 레오폴드미술관 / 빈건축박물관 / 줌어린이박물관
② 워싱턴DC : 국립미술관 / 국립항공우주박물관
③ 서울 : 자연생태박물관 / 펄벅기념관 / 국립중앙박물관
④ 베를린 : 국립구박물관 / 보데박물관 / 페르가몬박물관

해설
• 비엔나 : 레오폴드미술관 / 빈건축박물관 / 줌어린이박물관
• 워싱턴DC : 국립항공우주박물관 / 국립자연사박물관 / 국립미술관
• 베를린 : 국립구박물관 / 보데박물관 / 페르가몬박물관

03 '금동약사여래입상(金銅藥師如來立像)'의 명칭 부여 순서가 올바른 것은?

① 재질 – 주제 – 형태   ② 재질 – 주제 – 문양
③ 형태 – 재질 – 주제   ④ 색상 – 기법 – 형태

해설 불상은 명문·재질·주제·형태 순으로 명칭을 부여한다.

정답 01 ① 02 ③ 03 ①

04 박물관 및 미술관 진흥법에서 명시하고 있는 박물관 건립요건에 대한 설명으로 옳지 않은 것은?

① 법인 · 단체 또는 개인은 협의 없이 사립 박물관과 미술관을 설립할 수 있다.

② 지방자치단체의 장이 공립 박물관을 설립하려는 경우에는 미리 시민공청회를 통해 지역주민들에게 사전평가를 받아야 한다.

③ 지방자치단체는 지역사회의 박물관 자료 및 미술관 자료의 구입 · 관리 · 보존 · 전시 및 지역 문화 발전과 지역 주민의 문화향유권 증진을 위하여 대통령령으로 정하는 절차와 기준에 따라 박물관과 미술관을 설립할 수 있다.

④ 중앙 행정기관의 장은 소관 업무와 관련하여 국립 박물관이나 국립 미술관을 설립하려면 미리 문화체육관광부장관과 협의하여야 한다.

해설 **제12조의2(공립 박물관의 설립타당성 사전평가)**
① 지방자치단체의 장이 제3조제1항제2호에 따른 공립 박물관을 설립하려는 경우에는 미리 박물관 설립 · 운영계획을 수립하여 문화체육관광부장관으로부터 설립타당성에 관한 사전평가(이하 "사전평가"라 한다)를 받아야 한다.

05 박물관 및 미술관 진흥법 시행령에서는 박물관 · 미술관 운영 위원회를 둘 수 있다고 명시하고 있다. 다음 중 박물관 · 미술관 운영 위원회에 대한 설명으로 옳지 않은 것은?

① 운영 위원회의 위원장은 위원 중에서 호선(互選)한다.

② 운영 위원회는 10명 이상 15명 이내의 위원으로 구성한다.

③ 학예사 자격 요건 심사나 자격제도에 관한 사항을 심의한다.

④ 박물관 · 미술관의 운영과 발전을 위한 기본방침에 관한 사항에 대해 심의한다.

해설 **제6조(박물관 · 미술관 운영위원회)** ① 법 제7조제1항에 따라 등록한 국공립의 박물관 또는 미술관에 두는 박물관 · 미술관 운영 위원회(이하 "운영 위원회"라 한다)는 위원장 1명을 포함하여 10명 이상 15명 이내의 위원으로 구성한다.

② 운영 위원회의 위원장은 위원 중에서 호선(互選)한다.

③ 운영 위원회의 위원은 해당 박물관 · 미술관이 소재한 지역의 문화 · 예술계 인사 중에서 그 박물관 · 미술관의 장이 위촉하는 자와 그 박물관 · 미술관의 장이 된다.

④ 운영 위원회는 다음 각 호의 사항을 심의한다.

    1. 박물관 · 미술관의 운영과 발전을 위한 기본방침에 관한 사항

    2. 박물관 · 미술관의 운영 개선에 관한 사항

    3. 박물관 · 미술관의 후원에 관한 사항

    4. 다른 박물관 · 미술관과 각종 문화시설과의 업무협력에 관한 사항

정답 **04** ② **05** ③

06 박물관 및 미술관 진흥법에서 명시하고 있는 제1종 종합박물관 요건 중 옳지 않은 것은?

① 육종실   ② 수장고

③ 사무실 또는 준비실   ④ 도난 방지시설

> **해설** 제1종 종합박물관의 시설요건
> - 각 분야별 전문박물관의 해당 전시실
> - 수장고(收藏庫)
> - 작업실 또는 준비실
> - 사무실 또는 연구실
> - 자료실 · 도서실 · 강당 중 1개 시설
> - 도난 방지시설, 온습도 조절장치

07 박물관 및 미술관 진흥법에서 명시하고 있는 설립 및 운영 주체에 따른 구분으로 옳지 않은 것은?

① 국립박물관 : 국가가 설립 · 운영하는 박물관

② 공립박물관 : 지방 문화원이 설립 · 운영하는 박물관

③ 사립박물관 : 법인 · 단체 또는 개인이 설립 · 운영하는 박물관

④ 대학박물관 : 대학 교육과정의 교육기관이 설립 · 운영하는 박물관

> **해설** 제3조(박물관 · 미술관의 구분) ① 박물관은 그 설립 · 운영 주체에 따라 다음과 같이 구분한다.
> 1. 국립박물관 : 국가가 설립 · 운영하는 박물관
> 2. 공립박물관 : 지방자치단체가 설립 · 운영하는 박물관
> 3. 사립박물관 : 「민법」, 「상법」, 그 밖의 특별법에 따라 설립된 법인 · 단체 또는 개인이 설립 · 운영하는 박물관
> 4. 대학박물관 : 「고등교육법」에 따라 설립된 학교나 다른 법률에 따라 설립된 대학 교육과정의 교육기관이 설립 · 운영하는 박물관

08 박물관 및 미술관 진흥법 시행령에서 명시하고 있는 박물관 및 미술관 평가인증 항목에 필요하지 않은 사항은?

① 토지 및 건물의 조서

② 설립 목적의 달성도

③ 조직, 인력, 시설의 적정성

④ 자료의 수집 및 관리의 충실성

해설 **제17조의2(박물관 및 미술관의 평가인증)** ① 문화체육관광부장관은 법 제26조제1항에 따라 박물관 및 미술관에 대한 평가를 실시하려면 해당 연도의 평가대상을 매년 1월 31일까지 고시하여야 한다.
② 문화체육관광부장관은 다음 각 호의 기준에 따라 평가를 실시한다.

    1. 설립 목적의 달성도
    2. 조직 · 인력 · 시설 및 재정 관리의 적정성
    3. 자료의 수집 및 관리의 충실성
    4. 전시 개최 및 교육프로그램 실시 실적
    5. 그 밖에 박물관 또는 미술관 운영의 적정성을 평가하는 데 필요하다고 인정되어 문화체육관광부장관이 정하는 사항

09 문화재보호법 시행령에 따르면 일반 동산문화재의 보존 및 관리 방안을 명시하고 있다. 다음 일반동산문화재의 보존 및 관리 방안에 포함되지 않는 사항은?

① 일반동산문화재의 현황
② 일반동산문화재의 투자재원 확보계획
③ 일반동산문화재의 보관 경위
④ 보존처리계획 및 학술연구 등 활용계획

해설 **제38조(일반동산문화재의 보존 · 관리 방안)** ① 법 제61조제2항에 따른 문화재에 관한 보존 · 관리 방안은 다음 각 호의 사항을 포함하여야 한다.

    1. 일반동산문화재의 현황
    2. 일반동산문화재의 보관 경위 및 관리 · 수리 이력
    3. 보존 · 관리의 개선이 필요한 문화재와 그 조치 방안(조치할 내용, 추진 일정 및 방법 등을 포함한다)
    4. 일반동산문화재의 보존처리계획 및 학술연구 등 활용계획
② 법 제61조제3항에 따라 문화재청장의 요청을 받은 국가기관 또는 지방자치단체의 장은 요청받은 날부터 30일 이내에 문화재청장에게 해당 문화재에 관한 보존 · 관리 방안을 보고하여야 한다.

10 문화재보호법에서는 문화재매매업에 종사할 수 있는 사람의 자격요건을 정하고 있다. 다음 중 문화재매매업에 종사할 수 없는 사람은?

① 국가와 지방자치단체, 박물관에서 2년 이상 문화재를 취급한 자
② 문화재매매업자에게 고용되어 2년 이상 문화재를 취급한 자
③ 전문대학 이상의 대학에서 문화재관리학 계통의 전공과목을 일정학점 이수한 사람
④ 학점인정 등에 관한 법률에 따라 문화재 관련 전공과목을 일정학점 이상 이수한 것으로 학점인정을 받은 사람

해설 **제76조(자격 요건)** ① 제75조제1항에 따라 문화재매매업의 허가를 받으려는 자는 다음 각 호의 어느 하나에 해당하는 자이어야 한다.

1. 국가, 지방자치단체, 박물관 또는 미술관에서 2년 이상 문화재를 취급한 자
2. 전문대학 이상의 대학(대학원을 포함한다)에서 역사학 · 고고학 · 인류학 · 미술사학 · 민속학 · 서지학 · 전통공예학 또는 문화재관리학 계통의 전공과목(이하 "문화재 관련 전공과목" 이라 한다)을 일정 학점 이상 이수한 사람
3. 「학점인정 등에 관한 법률」 제7조에 따라 문화재 관련 전공과목을 일정 학점 이상을 이수한 것으로 학점인정을 받은 사람
4. 문화재매매업자에게 고용되어 3년 이상 문화재를 취급한 자
5. 고미술품 등의 유통 · 거래를 목적으로 「상법」에 따라 설립된 법인으로서 제1호부터 제4호까지의 자격 요건 중 어느 하나를 갖춘 대표자 또는 임원을 1명 이상 보유한 법인

11 박물관 및 미술관 진흥법에서 명시하고 있고 박물관 사업에 대한 설명으로 옳지 않은 것은?

① 자료의 수집, 관리, 보존, 전시
② 자료의 교육 및 전문적, 학술적 조사 연구
③ 자료에 관한 강연회, 영사회 등 각종 행사 개최
④ 자료에 관한 복제와 경매를 비롯하여 간행물 제작 및 배포

해설 **제4조(사업)** ① 박물관은 다음 각 호의 사업을 수행한다.

1. 박물관자료의 수집 · 관리 · 보존 · 전시
2. 박물관자료에 관한 교육 및 전문적 · 학술적인 조사 · 연구
3. 박물관자료의 보존과 전시 등에 관한 기술적인 조사 · 연구
4. 박물관자료에 관한 강연회 · 강습회 · 영사회(映寫會) · 연구회 · 전람회 · 전시회 · 발표회 · 감상회 · 탐사회 · 답사 등 각종 행사의 개최
5. 박물관자료에 관한 복제와 각종 간행물의 제작과 배포
6. 국내외 다른 박물관 및 미술관과의 박물관자료 · 미술관자료 · 간행물 · 프로그램과 정보의 교환, 박물관 · 미술관 학예사 교류 등의 유기적인 협력
6의2. 평생교육 관련 행사의 주최 또는 장려
7. 그 밖에 박물관의 설립 목적을 달성하기 위하여 필요한 사업 등

12 다음 중 세계 최초 교육적 목적으로 개관한 공공박물관은?

① 대영박물관
② 루브르박물관
③ 애쉬몰리안박물관
④ 스미소니언박물관

13 다음 중 일제강점기 건립된 이왕가미술관은 광복 이후 어떤 박물관으로 개칭되었나?

① 덕수궁미술관
② 경복궁미술관
③ 국립중앙박물관
④ 국립현대미술관

해설 이왕가미술관은 광복과 더불어 덕수궁미술관으로 개칭되었다.

14 박물관의 역할에 대한 설명으로 옳지 않은 것은?

① 박물관은 지역 및 국가의 경제적 활성화와는 상관없다.
② 박물관은 문화향수 기회 및 교육 콘텐츠를 제공하고 있다.
③ 박물관은 지역 및 국가의 이미지 향상을 도모하고 있다.
④ 박물관은 문화유산의 보존 및 전승을 통해 타임캡슐의 역할을 하고 있다.

해설 • 문화적 역할 : 타임캡슐, 문화유산 보존 · 전승 · 문화교류
　　 • 사회적 역할 : 문화향수기획, 교육콘텐츠 제공, 사회 교육
　　 • 정치적 역할 : 지역 및 국가 이미지 향상
　　 • 경제적 역할 : 지역 및 국가 경제적 활성화

15 다음 중 박물관 전시진행절차로 옳은 것은?

① 전시개최 계획 수립 – 전시장 공간 조성 – 전시디자인 설계 완료 – 전시 – 철거
② 전시개최 계획 수립 – 전시디자인 설계 완료 – 전시장 공간 조성 – 전시 – 철거
③ 전시디자인 설계 완료 – 전시개최 계획 수립 – 작품운동 및 설치 – 전시 – 철거
④ 작품 운송 – 전시디자인 설계 완료 – 전시공간 조성 – 전시 홍보 – 전시 – 철거

해설 전시개념방향 구체화 – 개최 계획 수립, 작품선정 – 전시디자인 설계 완료 – 전시장 공간 조성 – 작품 운송 설치 – 홍보 – 전시 – 철거

16 다음 박물관 전시 유형에 대한 설명으로 옳지 않은 것은?

① 상설전 : 10년 이상 장기간에 걸쳐 진행하는 전시
② 기획전 : 상설전에서 보여주기 힘든 주제를 단기로 진행하는 전시
③ 대여전 : 전시목적에 따라 타 기관, 소장가들로부터 자료를 대여받아 진행하는 전시
④ 순회전 : 기획전에서도 보여주기 힘든 흡입력 있는 진귀한 전시물을 보여주는 전시

해설 순회전은 찾아가는 박물관으로 기존의 수동적인 자세에서 벗어나 능동적으로 전시물을 갖고 여러 장소를 이동하면서 관람객에게 직접 다가가는 전시이다.

정답 13 ① 14 ① 15 ② 16 ④

17 다음 중 박물관 전시실 내 필요시설이 아닌 것은?

① 소방시설
② 공기조절장치
③ 진열장 환경 제어 장치
④ 색온도를 높이기 위한 백열등 설치

해설 전시실의 환경은 박물관 피로를 최소화하면서 진열장 내부는 먼지, 습도, 열이 차단되도록 설계해야 한다. 또한 자료의 안전성을 확보하기 위하여 소방시설 및 공기조절장치가 필요하다.

18 박물관 관람동선에 대한 설명으로 옳지 않은 것은?

① 비상사태를 대비하여 비상구를 철저하게 마련한다.
② 관람객의 동선과 관리자의 동선을 구분하여 마련한다.
③ 연대기전시에서는 관람객이 자율적으로 동선을 선택하는 것이 좋다.
④ 관람객이 많을 경우를 생각하여 한 장소로 동선이 집중되지 않도록 해야 한다.

해설 동선은 전시시나리오에 따라 정해진 순서 계획에 의거하여 철저한 분석과 조사로 진행해야 한다. 연대기전시는 강제동선으로 순차적 관람을 해야 하며 관람객 통제 및 관리에 효율적이다.

19 다음 중 박물관 자료 손상 예방 방법으로 옳지 않은 것은?

① 박물관 자료의 전시 추천조도는 50Lux이다.
② 직물을 보관할 때에는 보관상자 내부를 깨끗이 하고 중성지를 깔아서 사용한다.
③ 수장고의 온도는 40~60℃ 전후로 설정하여 저장하는 것이 일반적인 관리방법이다.
④ 자료를 손상하는 요인은 인위적인 손상인 전쟁, 인재, 사고, 잘못된 복원 등이 있고, 자연적인 손상인 빛, 열, 수분, 공기, 천재지변 등이 있다.

해설 수장고의 온도는 20℃ 전후로 설정하여 저장하는 것이 일반적인 관리방법이다.

20 금속자료의 이동에 대한 설명으로 옳지 않은 것은?

① 대도와 같이 길이가 긴 금속은 받침대에 자료를 올리고 두 손으로 운반한다.
② 보관상자에 끈이 있는 경우에도, 끈으로만 잡지 않고 상자 본체를 같이 받쳐 들고 이동한다.
③ 금속은 내부 구조가 취약할 수 있으므로 운반차로 이동할 경우 두 사람 이상이 면장갑을 착용하고 자료를 보호하며 운반한다.
④ 금속자료를 다룰 때는 면, 목장갑이 미끄러우므로 착용이 부적합하며, 손에 밀착되는 라텍스 장갑의 착용 또는 손을 깨끗하게 세정한 후 작업한다.

해설 유약이 있는 도자기를 다룰 때는 면, 목장갑이 미끄러우므로 착용이 부적합하며, 손에 밀착되는 라텍스 장갑의 착용 또는 손을 깨끗하게 세정한 후 작업한다.

정답 **17** ④ **18** ③ **19** ③ **20** ④

21 박물관 전시에서 사용되는 모형이 아닌 것은?

① 가상현실 ② 건축모형
③ 디오라마 ④ 파노리마

해설 모형은 전시 주제에 따라 실물을 그대로 본뜬 지형, 건축, 동식물 등과 상황에 따라 실물의 크기를 가감하여 제작한 기계 단면도, 건축구조 단면도 등을 말하며, 포괄적으로 전시를 한눈에 조망할 수 있도록 한 자료이다.

22 다음 중 전시물을 위한 구성요소가 아닌 것은?

① 해석 ② 교육
③ 정보 ④ 커뮤니케이션

해설 전시물은 자연과 인간세계의 중요한 증거물이며, 박물관 전시가 무엇에 관한 것인지를 보여준다. 전시물은 목적에 따라 신중하게 선택되어야 하며, 이 선택은 전시물과 관람객의 의사소통에서 중요한 부분이다. 커뮤니케이션을 위해 전시물을 다루는 방식은 전시물의 정체를 확인해주고, 전시물에 대한 정보를 제공하며, 전시물을 해석하는 것이다.

23 박물관 전문인력에 대한 설명으로 옳지 않은 것은?

① 학예사 : 전시의 타당성 검토 및 전시장 모형과 드로잉 제작
② 교육사 : 전시연계 다양한 셀프가이드 출판물 기획 및 전시실 안내
③ 등록담당자 : 자료의 구입, 처분, 포장, 이동, 대여 보험가입
④ 보존처리사 : 자료의 상태를 조사분석하여 손상을 방지하고 복원

해설 **학예사**
유물이나 예술작품인 소장품에 대한 전문적인 지식을 소유한 전문가로서 학예사는 작품 수집, 분류, 처분, 보존 등의 업무와 창의적인 전시, 효율적인 교육활동, 기타 행정업무를 수행하고 있다.

24 다음 중 박물관의 주요 기능이 아닌 것은?

① 감정 ② 전시
③ 보존 ④ 연구

해설 **박물관의 주요 기능**
수집, 보존, 연구, 전시, 교육

정답 21 ① 22 ② 23 ① 24 ①

25 박물관 교육 개발 목적이 아닌 것은?

① 대중성   ② 자율성

③ 전문성   ④ 문화성

해설 박물관 교육을 개발하는 목적
- 대중성 : 유물을 더 쉽고 재미있게 이해하도록 하며 학습자의 특성과 이해능력, 취향에 따라 각자에게 적합한 교육프로그램을 분류, 개발하여 유물을 잘 이해할 수 있도록 하는 것이다.
- 전문성 : 유물에 대해 더욱 자세하고 심화된 내용을 학습할 수 있도록 돕는 것이 교육프로그램 개발의 또 다른 목적이다.
- 자율성 : 학습자가 유물에 스스로 몰입하여 흥미를 가지고 유물을 관찰, 탐구하게 하기 위함이 교육프로그램 개발의 목적이다.

26 박물관 화재 예방 대비책으로 옳지 않은 것은?

① 감지센서   ② 흡연실

③ 경보시스템   ④ 비상구 표시

27 다음 중 박물관 도난 방지시설이 아닌 것은?

① 각종 감시센터 설치

② 전자식 잠금 장치

③ 자가동력 고감도 자외선 감지센터

④ 수장고 출입자 전산관리시스템 구축

28 일반적인 박물관 재원확보 방법이 아닌 것은?

① 후원   ② 경매

③ 문화상품 개발   ④ 유료 교육프로그램

29 다음 중 박물관 교육의 특징이 아닌 것은?

① 개방성   ② 전문성

③ 사회성   ④ 안정성

해설 박물관 교육은 개방성, 사회성, 정보성, 전문성 등의 특징을 지니고 있다. 우선 박물관이 다양한 문화를 향유할 수 있는 공간이 되기 위해서는 전통문화와 대중문화를 적절하게 포용할 수 있는 개방성을 내포해야 한다. 박물관은 가치나 정보를 제공할 뿐만 아니라 기호와 휴식을 제공할 수 있는 사회적 공간을 확보하여 보다 안락한 환경에서 교육을 받을 수 있도록 해야 한다. 그리고 정보화시대 시공간을 초월한 문화정보 네트워크를 이용하여 실시하는 교육방식을 도입하여 창조적인 문화활동을 이끌어 내야 한다. 마지막으로 박물관 교육은 대상자의 잠재된 재능을 발굴하고 창작할 수 있는 기회를 제공하여 성숙한 문화인으로 거듭날 수 있도록 해야 한다.

30 우리나라 최초로 어린이박물관학교를 개교한 박물관과 해당 연도를 바르게 연결한 것은?

① 이왕가미술관 – 1938년

② 국립박물관 – 1945년

③ 경주분관 – 1954년

④ 국립과학박물관 – 1963년

해설 국립박물관 경주분관(현재 국립경주박물관)은 1954년 경주어린이박물관학교를 개교했다.

정답 30 ③

08회 예상문제

01 문화재보호법에 나오는 '정의'에 대한 내용으로 옳지 않은 것은?

① 기념물은 경치 좋은 곳으로서 예술적 가치가 크고 경관이 뛰어난 것이다.

② "문화재"란 인위적이고 비자연적으로 형성된 지역적 · 민족적 · 세계적 유산이다.

③ 유형문화재는 건조물, 전적(典籍), 서적(書跡), 고문서, 회화, 조각, 공예품 등 유형의 문화적 소산이다.

④ 민속문화재는 의식주, 생업, 신앙, 연중행사 등에 관한 풍속이나 관습에 사용되는 의복, 기구, 가옥 등으로서 국민생활의 변화를 이해하는 데 반드시 필요한 것이다.

해설 **문화재보호법 제2조(정의)**
"문화재"란 인위적이거나 자연적으로 형성된 국가적 · 민족적 또는 세계적 유산으로서 역사적 · 예술적 · 학술적 또는 경관적 가치가 큰 것이다.

02 다음 〈보기〉의 ( )에 들어갈 수 있는 것은?

〈보기〉
문화재의 보존 · 관리 및 활용에 관한 사항을 조사 · 심의하기 위하여 문화재청에
(   )를 둔다.
1. 문화재기본계획에 관한 사항
2. 국가지정문화재의 지정과 그 해제에 관한 사항
3. 국가지정문화재의 보호물 또는 보호구역 지정과 그 해제에 관한 사항

① 문화재위원회
② 무형문화재위원회
③ 문화재감정위원회
④ 문화재수증심의위원회

해설 **문화재보호법 제8조(문화재위원회의 설치)** ① 문화재의 보존 · 관리 및 활용에 관한 다음 각 호의 사항을 조사 · 심의하기 위하여 문화재청에 문화재위원회를 둔다.
1. 문화재기본계획에 관한 사항
2. 국가지정문화재의 지정과 그 해제에 관한 사항
3. 국가지정문화재의 보호물 또는 보호구역 지정과 그 해제에 관한 사항
4. 삭제
5. 국가지정문화재의 현상변경에 관한 사항
6. 국가지정문화재의 국외 반출에 관한 사항
7. 국가지정문화재의 역사문화환경 보호에 관한 사항
8. 국가등록문화재의 등록 및 등록 말소에 관한 사항

정답 ▶ 01 ② 02 ①

03 문화재보호법 시행령에서 명시하고 있는 '문화재지능정보화정책'을 수립할 때 포함하지 않는 것은?

① 문화재지능정보화의 기반 구축
② 문화재지능정보화 가능 대학 설립
③ 문화재지능정보화 관련 산업의 지원 · 육성
④ 문화재지능정보기술 및 문화재데이터에 포함된 지식재산권의 보호

해설 **문화재보호법 시행령 제10조의6(문화재지능정보화 정책의 내용)** 문화재청장은 법 제22조의9제1항에 따라 문화재지능정보화 정책을 수립할 때에는 다음 각 호의 사항을 포함해야 한다.
　1. 문화재지능정보화의 기반 구축
　2. 문화재지능정보화 관련 산업의 지원 · 육성
　3. 문화재지능정보화 관련 전문인력의 양성
　4. 문화재지능정보기술 및 문화재데이터에 포함된 지식재산권의 보호
　5. 문화재데이터 수집을 위한 「지능정보화 기본법」에 따른 초연결지능정보통신망의 구축 · 지원
　6. 그 밖에 객관적이고 과학적인 문화재의 보존 · 관리 및 활용 등을 위하여 문화재청장이 문화재지능정보화 정책에 포함할 필요가 있다고 인정하는 사항

04 문화재보호법에서는 국가지정문화재에 일정한 행위를 하려면 허가를 받아야 한다고 명시하고 있다. 다음 중 그 허가사항이 아닌 것은?

① 국가지정문화재 보호구역의 안내판 및 경고판을 설치하는 행위
② 국가지정문화재의 현상을 변경하는 행위로서 대통령령으로 정하는 행위
③ 국가지정문화재의 보존에 영향을 미칠 우려가 있는 행위로서 대통령령으로 정하는 행위
④ 명승이나 천연기념물로 지정되거나 임시지정된 구역 또는 그 보호구역에서 동물, 식물, 광물을 포획(捕獲) · 채취(採取)하거나 이를 그 구역 밖으로 반출하는 행위

해설 **문화재보호법 제35조(허가사항)** ① 국가지정문화재에 대하여 다음 각 호의 어느 하나에 해당하는 행위를 하려는 자는 대통령령으로 정하는 바에 따라 문화재청장의 허가를 받아야 하며, 허가사항을 변경하려는 경우에도 문화재청장의 허가를 받아야 한다. 다만, 국가지정문화재 보호구역에 안내판 및 경고판을 설치하는 행위 등 대통령령으로 정하는 경미한 행위에 대해서는 특별자치시장, 특별자치도지사, 시장 · 군수 또는 구청장의 허가를 받아야 한다.
　1. 국가지정문화재의 현상을 변경하는 행위로서 대통령령으로 정하는 행위
　2. 국가지정문화재의 보존에 영향을 미칠 우려가 있는 행위로서 대통령령으로 정하는 행위
　3. 국가지정문화재를 탁본 또는 영인하거나 그 보존에 영향을 미칠 우려가 있는 촬영 행위로서 대통령령으로 정하는 행위
　4. 명승이나 천연기념물로 지정되거나 임시지정된 구역 또는 그 보호구역에서 동물, 식물, 광물을 포획(捕獲) · 채취(採取)하거나 이를 그 구역 밖으로 반출하는 행위

정답 **03** ② **04** ①

05 다음 중 스웨덴의 전통 가옥과 동물들, 숲으로 조성된 세계 최초의 야외 박물관으로, 오픈에어뮤지엄(Open Air Museum)의 시초가 된 곳은?

① 스칸센박물관   ② 텐진역사박물관

③ 스미소니언박물관   ④ 시카고필드자연사박물관

06 다음 중 일제강점기 시정기념관 건물에서 1946년 4월 25일 개관한 박물관은?

① 국립과학박물관   ② 국립중앙박물관

③ 국립민족박물관   ④ 국립경주박물관

> 해설▶ **국립민속박물관 연혁**
> 1945.11.8 국립민족박물관 창립
> 1946.4.25 국립민족박물관 개관(일제강점기 시정 기념관 건물)
> 1950.12   국립박물관에 흡수 통합(남산 분관)
> 1966.10.4 한국민속관 개관(경복궁 내 수정전, 문화재관리국 소속)
> 1975.4.11 한국민속박물관 개관(경복궁 내 구 현대미술관 건물)
> 1979.4.13 문화재관리국 소속에서 국립중앙박물관 소속 국립민속박물관으로 직제 개편(대통령령 제9419호)

07 박물관 및 미술관 진흥법에서는 '재산의 기부'에 대한 사항을 명시하고 있다. 다음 중 그 내용으로 옳지 않은 것은?

① 문화체육관광부장관은 기부 등에 현저한 공로가 있는 자에 대하여 시상(施賞)을 하거나 「상훈법」에 따라 서훈을 추천할 수 있다.

② 박물관 또는 미술관의 장이 기증품을 기증받고자 하는 경우에는 수증심의위원회를 두어 수증 여부를 결정하여야 한다.

③ 수증심의위원회 및 기증유물감정평가위원회의 구성, 운영 및 그 밖에 필요한 사항은 대통령령으로 정한다.

④ 국공립박물관은 기부 등이 있을 때에는 「기부금품의 모집 및 사용에 관한 법률」에 따라 이를 접수할 수 없다.

> 해설▶ **박물관 및 미술관 진흥법 제8조(재산의 기부 등)** ① 「민법」, 「상법」, 그 밖의 특별법에 따라 설립된 법인·단체 및 개인은 박물관이나 미술관 시설의 설치, 박물관자료 또는 미술관자료의 확충 등 박물관이나 미술관의 설립·운영을 지원하기 위하여 금전이나 부동산, 박물관 또는 미술관 소장품으로서 가치가 있는 재산을 박물관이나 미술관에 기부 또는 기증할 수 있다.
> ② 박물관 또는 미술관의 장이 기증품을 기증받고자 하는 경우에는 수증심의위원회를 두어 수증 여부를 결정하여야 한다.

③ 국립박물관 또는 미술관의 장은 제1항에 따른 법인·단체 및 개인이 해당 박물관이나 미술관에 기증품을 기증하여 감정평가를 신청한 경우 기증유물감정평가위원회를 두어 감정평가를 할 수 있다.

④ 수증심의위원회 및 기증유물감정평가위원회의 구성, 운영 및 그 밖에 필요한 사항은 대통령령으로 정한다.

⑤ 국가 또는 지방자치단체가 설립한 박물관이나 미술관은 제1항에 따른 기부 등이 있을 때에는 「기부금품의 모집 및 사용에 관한 법률」에도 불구하고 이를 접수할 수 있다.

⑥ 문화체육관광부장관은 제1항에 따른 기부 등에 현저한 공로가 있는 자에 대하여 시상(施賞)을 하거나 「상훈법」에 따라 서훈을 추천할 수 있으며, 수증한 박물관·미술관의 장은 기증품에 대한 전시회 개최 등의 예우를 할 수 있다.

08 박물관 및 미술관 진흥법에서 명시하고 있는 학예사 등급별 자격요건에 대한 설명으로 옳지 않은 것은?

① 1급 정학예사는 2급 정학예사 자격을 취득한 후 재직경력이 7년 이상인 자

② 2급 정학예사는 3급 정학예사 자격을 취득한 후 경력인정대상기관에서의 재직경력이 5년 이상인 자

③ 3급 정학예사는 준학예사 자격을 취득한 후 경력인정대상기관에서의 재직경력이 5년 이상인 자

④ 준학예사는 「고등교육법」에 따라 학사학위 이상을 취득하고 준학예사 시험에 합격한 사람으로서 경력인정대상기관에서의 실무경력이 1년 이상인 사람

09 박물관 및 미술관 진흥법 시행규칙에서 명시하고 있는 준학예사 시험에 관한 사항으로 옳은 것은?

① 준학예사 시험은 연 2회 실시한다.

② 준학예사 시험의 시행 일시 및 장소를 시험 시행일 100일 전까지 공고하여야 한다.

③ 준학예사 시험의 방법은 필기시험에 의하되, 공통과목은 주관식으로, 선택과목은 객관식으로 시행한다.

④ 준학예사 시험은 매 과목 100점 만점을 기준으로 하여 매 과목 40점 이상과 전 과목 평균 60점 이상을 득점한 자를 합격자로 한다.

해설 ▶ **박물관 및 미술관 진흥법 시행규칙 제4조(준학예사 시험)** ① 법 제6조제3항 후단에 따른 준학예사 시험은 연 1회 실시하는 것을 원칙으로 한다.

② 문화체육관광부장관은 제1항에 따라 준학예사 시험을 실시할 때에는 준학예사 시험의 시행 일시 및 장소를 시험 시행일 90일 전까지 공고하여야 한다.

③ 제1항에 따른 준학예사 시험의 방법은 필기시험에 의하되, 공통과목은 객관식으로, 선택과목은 주관식으로 시행한다.

정답 ▶ 08 ③ 09 ④

④ 준학예사 시험 과목은 다음 각 호와 같다.

1. 공통과목 : 박물관학 및 외국어. 다만, 외국어 과목은 외국어능력검정시험으로 대체할 수 있다.
2. 선택과목 : 고고학 · 미술사학 · 예술학 · 민속학 · 서지학 · 한국사 · 인류학 · 자연사 · 과학사 · 문화사 · 보존과학 · 전시기획론 및 문학사 중 2과목 선택

⑤ 준학예사 시험은 매 과목 100점 만점을 기준으로 하여 매 과목 40점 이상과 전 과목 평균 60점 이상을 득점한 자를 합격자로 한다.
⑥ 준학예사 시험의 응시원서 제출과 합격증 발급, 그 밖에 시험을 실시하는 데에 필요한 사항은 문화체육관광부령으로 정한다.

10 박물관 및 미술관 진흥법에서 명시하고 있는 '박물관 및 미술관 협력망'의 기능이 아닌 것은?

① 정보처리 및 시설 등의 표준화
② 박물관과 미술관 진흥을 위한 기본 시책 수립
③ 전산 정보 체계를 통한 정보와 자료의 유통
④ 박물관이나 미술관 운영의 정보화 · 효율화

해설 **박물관 및 미술관 진흥법 제33조(박물관 · 미술관 협력망)** ① 문화체육관광부장관은 박물관 또는 미술관에 관한 자료의 효율적인 유통 · 관리 및 이용과 각종 박물관 또는 미술관의 상호 협력을 도모하기 위한 협력 체제로서 다음 각 호의 기능을 수행하는 박물관 · 미술관 협력을 구성한다.

1. 전산 정보 체계를 통한 정보와 자료의 유통
2. 박물관자료나 미술관자료의 정리, 정보처리 및 시설 등의 표준화
3. 통합 데이터베이스 구축, 상호 대여 체계 구비 등 박물관이나 미술관 운영의 정보화 · 효율화
4. 그 밖에 박물관이나 미술관의 상호 협력에 관한 사항

11 다음 중 1969년 경복궁에서 개관한 이후 1973년 덕수궁 석조전 동관으로 이전한 미술관은?

① 리움미술관
② 서울시립미술관
③ 한가람미술관
④ 국립현대미술관

해설 **국립현대미술관**

1969년 경복궁에서 개관한 국립현대미술관은 이후 1973년 덕수궁 석조전 동관으로 이전하였다가 1986년 현재의 과천 부지에 국제적 규모의 시설과 야외조각장을 겸비한 미술관을 완공, 개관함으로써 한국 미술문화의 새로운 장을 열게 되었다. 1998년에는 서울 도심에 위치한 덕수궁 석조전 서관을 국립현대미술관의 분관인 덕수궁미술관으로 개관하여 근대미술관으로서 특화된 역할을 수행하고 있다. 그리고 2013년 11월 과거 국군기무사령부가 있었던 서울 종로구 소격동에 전시실을 비롯한 프로젝트갤러리, 영화관, 다목적홀 등 복합적인 시설을 갖춘 국립현대미술관 서울을 건립 · 개관함으로써 다양한 활동을 통해 한국의 과거, 현재, 미래의 문화적 가치를 구현하고 있다. 또한 2018년에는 충청북도 청주시 옛 연초제조창을 재건축한 국립현대미술관 청주를 개관하여 중부권 미술문화의 명소로 육성하고자 노력하고 있다.

정답 **10** ② **11** ④

12 1753년 왕립학사원장을 지낸 의학자 한스 슬론경(Sir Hans Sloane)의 수집품을 중심으로 1759년 설립 후 일반인에게 공개한 박물관은?

① 대영박물관

② 루브르박물관

③ 메트로폴리탄미술관

④ 애쉬몰리안박물관

13 박물관 및 미술관 진흥법에서 명시하고 있는 박물관 및 미술관 정의로 옳지 않은 것은?

① 비영리적인 일시적 기관

② 문화 · 예술 · 학문의 발전 도모

③ 일반 공중의 문화향유에 이바지

④ 수집 · 관리 · 보존 · 조사 · 연구 · 전시 · 교육하는 시설

> **해설▶ 박물관 및 미술관 진흥법 제2조(정의)**
> 이 법에서 사용하는 용어의 뜻은 다음과 같다.
> 1. "박물관"이란 문화 · 예술 · 학문의 발전과 일반 공중의 문화향유 및 평생교육 증진에 이바지하기 위하여 역사 · 고고(考古) · 인류 · 민속 · 예술 · 동물 · 식물 · 광물 · 과학 · 기술 · 산업 등에 관한 자료를 수집 · 관리 · 보존 · 조사 · 연구 · 전시 · 교육하는 시설을 말한다.

14 다음 박물관 전시기법 중 현저하게 다른 하나는?

① 증강현실

② 가상현실

③ 매직비전

④ 복원모형

15 다음 중 박물관 마케팅믹스 요소가 아닌 것은?

① Product

② Program

③ Place

④ Price

> **해설▶** 제품(Product), 가격(Price), 유통(Place), 촉진(Promotion)

16 다음 〈보기〉의 (   )에 들어갈 내용으로 옳은 것은?

〈보기〉

국립중앙박물관에서는 전국의 국공사립박물관 및 미술관 등이 보유하고 있는 소장품의 체계적인 관리지원을 위하여 (   )을 개발하여 배포하고 있다.

① 아카이브시스템
② 표준분류기준시스템
③ 표준기록관리시스템
④ 문화유산표준관리시스템

17 다음 〈보기〉에서 설명하고 있는 박물관은?

〈보기〉

1. 이 박물관의 명칭은 위그 드 바랭과 알랭 리베르가 처음으로 사용하였다.
2. 지역주민의 참여를 통해 자연문화유산을 보존하고자 하는 취지로 만들어진 박물관이다.
3. 복합적이고 종합적인 학문의 연계성을 지향하며, 과거와 현재를 연결하고 미래를 아우르는 통사적 입장에서 박물관 자체의 조건과 공간을 지역주민의 참여를 통해 보여주고자 노력하고 있다.

① 옥외박물관   ② 지역박물관
③ 생태박물관   ④ 지방박물관

18 다음 상설전시에 대한 설명으로 옳은 것은?

① 박물관의 중장기발전계획에 의거하여 수집한 자료를 전시한다.
② 능동적으로 전시물을 갖고 여러 장소를 이동하면서 관람객에게 직접 다가가는 전시이다.
③ 시공간이 제한적이지만 가변성을 지니고 있기 때문에 독특한 전시물을 주제로 한 전시이다.
④ 사회적인 이슈와 진보적인 시각, 한정된 목표 등을 보여줄 수 있는 실험적인 전시 그리고 새로운 기술을 도입한 전시이다.

19 전시 동선에 관한 설명으로 옳지 않은 것은?

① 동선이 교차하지 않고 단순명료해야 한다.
② 관람객의 눈높이를 고려하여 동선을 계획한다.
③ 진열장이나 구조물 등을 활용하여 동선을 결정한다.
④ 전시물을 한쪽에만 설치하여 관람하도록 유도한다.

20 전시기획단계에서 고려해야 하는 사항이 아닌 것은?

① 카탈로그, 도록 등의 인쇄물을 제작한다.

② 전시 사업비에 맞춰 회계정리와 세금 납부 등을 진행한다.

③ 전시 개요를 보다 구체적으로 기술하여 전시기획서를 작성한다.

④ 전시구성과 연출방안을 면밀히 살펴 원활하게 작업이 진행될 수 있도록 한다.

21 박물관 교육프로그램 개발 목적이 아닌 것은?

① 대중성 ② 전문성

③ 개방성 ④ 자율성

해설 **박물관 교육프로그램의 개발 목적**
- 대중성 : 자료를 더 쉽고 재미있게 이해하게 한다.
- 전문성 : 자료에 대해 더 자세하고 심화된 내용을 알 수 있도록 돕는다.
- 자율성 : 학습자가 자료에 스스로 몰입하여 흥미를 가지고 관찰 및 탐구한다.

22 박물관 자료의 폐기처분의 범주로 옳지 않은 것은?

① 출처가 불분명한 자료

② 종합해충관리방법으로 처리한 생물자료

③ 유사한 자료가 있어 가치가 절하된 자료

④ 다른 자료 보존에 악영향을 미치는 자료

해설 **박물관 자료의 폐기처분 대상**
연구, 조사, 전시, 교육의 목적으로 사용할 수 없거나 출처가 불분명한 자료, 진위평가에서 위작으로 판명된 자료, 유사한 자료가 있어 가치가 절하된 자료, 박물관의 설립목적과 다른 자료, 보존상태가 미흡하고 복원도 불가능하며 다른 자료 보존에 악영향을 미치는 자료, 3년 동안 유실상태에 있는 자료 등이 폐기처분 대상으로 분류된다.

23 다음 자료수집 방법 중 소유권이 이전되지 않는 것은?

① 대여 ② 구입

③ 발굴 ④ 기증

해설 ① 대여는 전시, 연구, 조사, 교육을 목적으로 소유권을 유지하고 일정기간 자료를 빌려주는 방법으로 전시와 교육 시 대여한 자료를 공식적으로 밝혀줘야 한다.

정답 20 ② 21 ③ 22 ② 23 ①

24 다음 자료의 특징에 대한 용어 중 '자료의 어딘가 부서지거나 깨진 경우로 파편이 남아 있는 상태'를 이르는 용어는?

① 파손   ② 결손
③ 수리   ④ 복원

해설 ① 파손 : 자료의 어딘가 부서지거나 깨진 경우로 파편이 남은 상태
② 결손 : 자료가 깨지고 부서졌으며, 그 파편도 남아 있지 않은 상태
③ 수리 : 파손된 것을 손질한 경우
④ 복원 : 결손된 부분을 모조해 원상태로 재현하는 것

25 다음 자료 취급 및 보관방법에 대한 설명으로 옳지 않은 것은?

① 자료는 사람의 손과 손으로 전달한다.
② 직물 취급 시 면장갑이나 라텍스 장갑을 착용하고 다룬다.
③ 대형 석조자료를 바닥에 닿은 채 끌어서 이동하지 말아야 한다.
④ 동경을 운반할 때는 어느 한 부분을 잡지 않고 아래 부분도 받쳐서 이동한다.

해설 ① 자료는 사람의 손과 손으로 전달하지 않고, 안전한 곳에 자료를 내려놓은 뒤 전달자가 다시 들어서 운반한다.

26 다음 자료 정리 방법 중 현저히 다른 하나는?

① 직물류   ② 불구류
③ 서화류   ④ 옥석류

해설 **자료 정리 방법 중 재질별 분류**
직물류, 금속류, 도토기, 목기류, 서화류, 골각류

27 박물관 경영 개념에 대한 설명으로 옳지 않은 것은?

① 정책개발 후에는 박물관의 강점과 약점을 객관적으로 평가한다.
② 온라인 중심에서 벗어나 완전한 오프라인 중심으로 프로그램을 운영해야 한다.
③ 박물관 경영은 이용자의 호기심과 흥미가 유발될 수 있도록 특성화시켜야 한다.
④ 박물관 경영은 박물관의 설립취지와 경영목표의 달성이라는 제 기능을 원활히 성취하기 위한 행동원리이다.

해설 ② 오프라인 중심에서 온라인과 오프라인이 결합된 정보화 프로그램을 도입할 필요도 있다.

정답 24 ① 25 ① 26 ② 27 ②

28 다음 중 박물관 홍보전략으로 옳지 않은 것은?

① 문화상품 개발
② 보도자료 배포
③ 자료 수집 및 등록
④ 카탈로그, 포스터 발송

29 다음 중 전시 추천조도가 다른 하나는?

① 의상
② 유표
③ 벽지
④ 금속

해설 ▶ 전시조명 추천조도

구분	국제박물관협회 1977
빛에 매우 민감한 것	50Lux
염직물, 의상, 수채화, 소묘, 동화화, 인쇄물, 유표, 벽지, 자연사 관계 표본, 가죽	
빛에 비교적 민감한 것	150~180Lux
유화, 템프라화, 프레스코화, 피혁제, 골각, 상아, 목제품, 칠기	
빛에 민감하지 않은 것	300Lux
금속, 돌, 유리, 도자기, 보석, 에나멜, 스테인드글라스	

30 다음 중 박물관 교육이론과 관련이 없는 것은?

① Contextual Learning
② Flow Theory
③ Segmentation
④ Object Based Learning

해설 ▶ ① Contextual Learning(맥락적 학습) : 박물관 교육은 전시물인 실물 또는 진품으로 인해 맥락적 학습의 개막을 담당한다. 전시물과 관람객의 개별적 맥락인 선지식과의 상호작용을 통해 개별적 선택, 통제, 탐색, 관심, 호기심 등의 감성적ㆍ인지적 활동을 자극시켜 개별적 의미 구성에 이르며, 나아가 그것은 주위 다른 관람객과의 대화, 상호작용을 통해 조금 더 견고한 이해와 해석으로 재구성되는 학습 환경을 제공하는 것이다.

② Flow Theory(몰입이론) : 학습자의 관심과 흥미를 이끌 수 있는 학습내용이 제공될 때 학습자들은 내재적 동기가 발동되어 그 내용에 인지적, 감성적으로 완전히 몰입하게 된다. 이런 몰입의 상태가 되면 시간이 지나가는 것도 깨닫지 못할 만큼 자신이 하는 일에 깊이 있게 집중을 하게 되고 결과적으로 최적 학습의 결과를 이끌어 낼 수 있다.

③ Segmentation(시장 세분화) : 비슷한 성향을 가진 사람들을 다른 성향을 가진 사람들의 집단과 분리하여 하나의 집단으로 묶는 것이다. 박물관에서는 소비자의 연령, 배우자 유무, 지리적 위치, 인종과 같은 인구통계학적인 특성을 고려하여 분류함으로써 마케팅 요소로 사용한다.

④ Object Based Learning(전시물 기반 학습) : 박물관의 정체성을 규정짓는 요소인 전시물은 박물관 교육의 중심이며, 학교교육과 구분시켜주는 중요한 특징이다.

정답 ▶ 28 ③ 29 ④ 30 ③

09회 예상문제

01 문화재보호법 시행령에서는 '국가지정문화재의 지정과 해제를 하는 경우 고시하는 사항'에 대해 명시하고 있다. 다음 중 그 내용으로 옳지 않은 것은?

① 지정의 이유 또는 지정 해제의 이유

② 국가지정문화재와 관련된 문화재안전관리 인력 현황

③ 국가지정문화재의 보호물 또는 보호구역의 명칭, 수량 및 소재지

④ 국가지정문화재와 그 보호물 또는 보호구역의 소유자 또는 점유자의 성명과 주소

해설 제16조(지정 및 해제 등의 고시) 문화재청장은 법 제28조 및 제31조제5항에 따라 국가지정문화재를 지정하거나 그 지정을 해제하는 경우에는 다음 각 호의 사항을 고시해야 한다.
1. 국가지정문화재의 종류, 명칭, 수량, 소재지 또는 보관 장소
2. 국가지정문화재의 보호물 또는 보호구역의 명칭, 수량 및 소재지
3. 국가지정문화재와 그 보호물 또는 보호구역의 소유자 또는 점유자의 성명과 주소
4. 삭제 〈2015. 10. 6.〉
5. 지정의 이유 또는 지정 해제의 이유

02 다음 중 문화재보호법에서 명시하고 있는 문화재 관련 내용으로 옳지 않은 것은?

① 문화재청장은 문화재위원회의 심의를 거쳐 기념물 중 중요한 것을 사적으로 지정할 수 있다.

② 시 · 도지사는 지정문화재의 역사문화환경 보호를 위하여 문화재청장과 협의하여 조례로 역사문화환경 보존지역을 정하여야 한다.

③ 문화재청장은 전시 · 사변 또는 이에 준하는 비상사태 시 문화유산 보호를 위하여 필요하다고 하더라도 이를 반드시 국외로 반출할 수 없다.

④ 국외소재문화유산과 관련한 각종 사업을 종합적 · 체계적으로 수행하기 위하여 문화재청 산하에 국외소재문화유산재단을 설립한다.

해설 제13조(역사문화환경 보존지역의 보호) ① 시 · 도지사는 지정문화재의 역사문화환경 보호를 위하여 문화재청장과 협의하여 조례로 역사문화환경 보존지역을 정하여야 한다.
제25조(사적의 지정) ① 문화재청장은 문화재위원회의 심의를 거쳐 기념물 중 중요한 것을 사적으로 지정할 수 있다.
제21조(비상시의 문화유산보호) ① 문화재청장은 전시 · 사변 또는 이에 준하는 비상사태 시 문화유산의 보호에 필요하다고 인정하면 국유문화유산과 국유 외의 지정문화유산 및 제32조에 따른 임시지정문화유산을 안전한 지역으로 이동 · 매몰 또는 그 밖에 필요한 조치를 하거나 해당 문화유산의 소유자, 보유자, 점유자, 관리자 또는 관리단체에 대하여 그 문화유산을 안전한 지역으로 이동 · 매몰 또는 그 밖에 필요한 조치를 하도록 명할 수 있다.
② 문화재청장은 전시 · 사변 또는 이에 준하는 비상사태 시 문화유산 보호를 위하여 필요하면 제39조에도 불구하고 이를 국외로 반출할 수 있다. 이 경우에는 미리 국무회의의 심의를 거쳐야 한다.

정답 **01** ② **02** ③

제69조의3(국외소재문화유산재단의 설립) ① 국외소재문화유산의 현황 및 반출 경위 등에 대한 조사 · 연구, 국외소재문화유산 환수 · 활용과 관련한 각종 전략 · 정책 연구 등 국외소재문화유산과 관련한 각종 사업을 종합적 · 체계적으로 수행하기 위하여 문화재청 산하에 국외소재문화유산재단을 설립한다.

03 다음 중 영국에서 철도역을 리모델링하여 건립한 박물관은?

① 오르세미술관
② 네이트모던갤러리
③ 임페리얼전쟁박물관
④ 영국국립초상화박물관

해설▶ 오르세 미술관(Musée d'Orsay)은 프랑스 파리에 위치한 국립박물관이다. 파리 7구의 센강 좌안에 프롬나드 에두아르글리상을 따라 자리잡고 있다. 본래 이 건물은 빅토르 랄루의 설계에 따라 1900년에 지어진 옛 오르세역으로, 1970년대 발레리 지스카르데스탱 대통령의 지시로 박물관으로 재개발되어 1986년 개관하였다. 1848년부터 1914년까지의 서양 회화, 조각, 공예품, 포스터, 사진, 건축 등을 소장하고 있으며, 오늘날 유럽에서 가장 큰 미술관 중 하나이다.

04 다음 중 박물관에서 수집할 수 있는 자료는?

① 반환된 문화재
② 밀거래한 문화재
③ 전쟁 중 약탈한 문화재
④ 절도를 통해 얻은 문화재

해설▶ **반환** : 절도, 밀수출, 밀반입, 전쟁과 같은 경로를 통해 유출된 문화재를 원래 소유했던 나라가 다시 돌려받는 것으로, 이는 박물관의 수집활동이다.

05 다음 문화유산표준관리시스템의 분류체계 중 분류방법이 다른 하나는?

① 금속
② 섬유
③ 촛대
④ 가죽

해설▶ ①, ②, ④ : 재질별 분류
③ : 용도/기능별 분류(주 – 생활용품 – 조명구 – 촛대)

06 다음 박물관 자료의 손상요소 중 옳지 않은 것은?

① 온도
② 습도
③ 생물
④ 무기질

해설▶ **박물관 자료의 손상요소** : 온도, 습도, 빛, 공기 및 오염물질, 생물

정답▶ 03 ① 04 ① 05 ③ 06 ④

07 다음 중 박물관 소장품의 보존처리 기록지에 기록된 사항으로 옳지 않은 것은?

① 보존처리기간
② 보존처리실 위치
③ 보존처리 전 사진
④ 보존처리에 사용된 재료

> **해설** 보존처리 전후사진, 보존처리기간, 보존처리 시 사용된 재료

08 박물관의 재원조성 방안에 대한 설명으로 옳지 않은 것은?

① 박물관은 비영리기관이기 때문에 자체 수익창출은 불가하다.
② 박물관의 재원조성 방법으로는 후원, 기부, 회원제도가 있다.
③ 박물관 관장은 재원조성을 위해 타 기관과 상호협력 및 교류를 해야 한다.
④ 박물관의 기업 후원자는 문화적 이미지 향상, 세제혜택 등을 받을 수 있다.

> **해설** 박물관은 설립목적에 맞는 목표, 과제를 정하고 재원조성 프로그램을 기획할 수 있다. 즉, 기부금, 유료세미나, 뮤지엄숍 등의 자체수익을 창출할 수 있다.

09 다음 박물관 자료 등록 업무에 대한 설명으로 옳지 않은 것은?

① 실측 : 자료의 최소단위는 1점으로 표시한다.
② 명세서 : 일관성 있는 가이드(지침)에 의거하여 작성한다.
③ 사진촬영 : 자료, 번호표, 색차대조표 등을 함께 촬영한다.
④ 넘버링 : 관람객과 내부인력이 함께 볼 수 있도록 크게 작성한다.

> **해설** **넘버링** : 내부관리를 위해 고유번호를 부여하는 작업이다. 자료에 최대한 손상을 주지 않도록 하며, 전시활동 시 넘버링이 눈이 띄지 않도록 기재한다.

10 다음 박물관 자료 활용방법으로 옳지 않은 것은?

① 태풍 매미로 인하여 소실된 자료 처분
② 광복 78주년 '독도는 우리땅' 기획전 개최
③ 박물관 소장품에 대한 학술연구 논문 발표
④ 온라인 전시관[구글 아트 앤 컬쳐(Arts & Culture)] 운영

> **해설** ① 불용결정
> ② 기획전
> ③ 학술연구
> ④ 사이버전시

정답 07 ② 08 ① 09 ④ 10 ①

11 다음 박물관의 보안대책으로 옳지 않은 것은?

① 단열재

② 방화셔터

③ CCTV 설치

④ 도난방지 경보기 설치

12 국제박물관협의회에서는 2022년 프라하에서 총회를 개최하고 박물관에 대한 정의를 새롭게 채택했다. 다음 중 프라하에서 발표한 박물관 정의가 아닌 것은?

① 박물관은 문화 · 예술 · 학문의 발전과 일반 공중의 문화향유 및 평생교육 증진에 이바지한다.

② 박물관은 유 · 무형 유산을 연구 · 수집 · 보존 · 해석 · 전시하여 사회에 봉사하는 비영리, 영구기관이다.

③ 박물관은 모든 사람에게 열려 있어 이용하기 쉽고 포용적이어서 다양성과 지속 가능성을 촉진한다.

④ 박물관은 공동체의 참여로 윤리적, 전문적으로 운영하고 소통하며, 교육 · 향유 · 성찰 · 지식 · 공유를 위한 다양한 경험을 제공한다.

해설 ▶ **국제박물관협의회(2022, ICOM 프라하 세계박물관대회)**

1. 박물관은 유 · 무형 유산을 연구 · 수집 · 보존 · 해석 · 전시하여 사회에 봉사하는 비영리, 영구기관이다.
2. 박물관은 모든 사람에게 열려 있어 이용하기 쉽고 포용적이어서 다양성과 지속 가능성을 촉진한다.
3. 박물관은 공동체의 참여로 윤리적, 전문적으로 운영하고 소통하며, 교육 · 향유 · 성찰 · 지식 · 공유를 위한 다양한 경험을 제공한다.

박물관 및 미술관 진흥법

제2조(정의) 박물관이란 문화 · 예술 · 학문의 발전과 일반 공중의 문화향유 및 평생교육 증진에 이바지하기 위하여 역사 · 고고(考古) · 인류 · 민속 · 예술 · 동물 · 식물 · 광물 · 과학 · 기술 · 산업 등에 관한 자료를 수집 · 관리 · 보존 · 조사 · 연구 · 전시 · 교육하는 시설을 말한다.

13 다음 박물관 유형 분류에 대한 설명으로 옳지 않은 것은?

① 전문박물관은 인문계와 자연계박물관으로 나뉜다.

② 박물관은 소장품에 따라 종합박물관과 전문박물관으로 나뉜다.

③ 박물관은 경영주체에 따라 국립, 공립, 사립, 대학으로 나뉜다.

④ 박물관 전시방법에 따라 지방박물관, 실외박물관, 사이버박물관 등이 있다.

해설 ▶ • 박물관 전시방법 : 실내박물관, 실외박물관, 사이버박물관 등
• 박물관 영역 : 국립박물관, 지방박물관

정답 ▶ 11 ① 12 ① 13 ④

14 다음 박물관 역사에 대한 설명으로 옳지 않은 것은?

① 1793년 : 루브르박물관 개관
② 1805년 : 펜실베니아예술원 개관
③ 1851년 : 영국 런던 국제박람회 개최
④ 1830년 : 스웨덴 스칸센박물관 개관

해설 • 1793년 루브르궁 갤러리를 루브르박물관으로 일반인에게 개방
• 1851년 영국 런던 수정궁 국제박람회 이후 사우스켄싱턴박물관 개관(빅토리아&알베르트박물관 개칭)
• 1805년 미국 최초 대학박물관인 펜실베니아예술원 개관(미국 박물관 효시)
• 1891년 세계 최초 야외박물관 스웨덴 스칸센박물관 개관(생태박물관 효시)

15 다음 〈보기〉의 ( )에 들어갈 내용으로 알맞은 것은?

〈보기〉
( )는 1915년 9월 11일부터 10월 30일까지 경복궁 일부를 훼손하거나 수축하여 진행한 박람회이다. 이 박람회에서는 우리나라와 일본의 생산품과 외국의 수입품을 전시하였다. ( )의 결과물을 바탕으로 12월 조선총독부박물관이 건립됐다.

① 경성박람회
② 조선박람회
③ 조선대박람회
④ 조선물산공진회

해설 • 1907년 경성박람회
• 1915년 조선물산공진회
• 1929년 조선박람회
• 1940년 조선대박람회

16 다음 전시형식 중 상설전시에 해당하는 것은?

① 시공간이 제한적이다.
② 3~6개월의 중장기 전시이다.
③ 흡입력 있는 진귀한 전시물을 준비한다.
④ 단종전시물이나 유사한 전시물이 많지 않을 경우 실시한다.

해설 1) 상설전시 : 10년간 이상 장기간에 걸쳐 진행하는 전시이다. 종합박물관보다 전문박물관에서 필요한 전시로, 전시내용과 정보의 변경이 필요하지 않은 경우, 단종전시물이나 유사한 전시물이 많지 않은 경우 사용할 수 있다.

정답 14 ④ 15 ④ 16 ④

2) 기획전시 : 1개월 내외의 단기전시, 3~6개월 중장기 전시, 차기전시까지 이어지는 장기전시이다. 시공간이 제한적이지만 가변성을 지니고 있기 때문에 독특한 전시물을 주제로 한 전시, 사회적인 이슈와 진보적인 시각, 한정된 목표를 보여줄 수 있는 실험적인 전시, 새로운 기술이 도입된 전시이다.

3) 특별전시 : 기획전 중에서도 전시의도, 목적의식이 일상적이지 않고 특별한 것으로 개최시기가 짧은 블록버스터형의 전시이다.

17 다음 〈보기〉의 (   )에 알맞은 것은?

> 〈보기〉
> 전시는 전시물을 선정하는 것을 의미하는 표시와 목적이 있는 (   )을 의미한다. 전시는 전시기획자의 해석이 개입된 (   )이다. 또한, 전시는 효과적인 메시지 전달을 위하여 다양한 방법으로 전시물을 (   )하는 것이다.

① 진열   ② 연출

③ 나열   ④ 열람

해설 전시는 전시물을 선정하는 것을 의미하는 표시와 목적이 있는 진열을 의미한다. 전시는 효과적인 메시지 전달을 위하여 다양한 방법으로 전시물을 진열하는 것이다.

18 동선의 유형을 렘부르크는 간선형, 빗형, 체인형, 부채형, 블록형으로 구분했다. 다음 동선 유형에 대한 설명으로 옳지 않은 것은?

① 블록형 : 입출구가 하나로 이동이 자유롭고, 특정 체제가 없이 전시한다.

② 부채형 : 입출구가 하나로 중앙에서 퍼져나가는 여러 통로로 이어져 있다.

③ 체인형 : 입출구가 다르고 독립된 공간에서 다양한 이동 통로를 만들어 관람하도록 한다.

④ 간선형 : 입출구가 다르고 각각 공간에 다른 주제를 담아 관람객이 겹치지 않고 쌍방통행으로 관람하도록 한다.

해설 • 간선형 : 입출구가 하나로 평면의 전시공간이 서로 연속된 통로에 이어져 전시물을 통로의 한쪽에만 설치하여 관람하도록 한 전시이다.
- 빗형 : 입출구가 다르며 각각의 공간에 다른 주제를 담아 관람객이 서로 겹치지 않고 쌍방통행으로 관람하도록 한다.
- 체인형 : 입출구가 다르며 독립된 공간에서 다양한 이동통로를 만들어 관람하도록 한다.
- 부채형 : 입출구가 하나로 중앙에서 퍼져나가는 여러 통로가 이어져 서로 다른 주제를 진열하도록 한다.
- 블록형 : 입출구가 하나로 이동이 자유롭고 특정 체제가 없이 전시주제에 따라 개별 혹은 혼합된 형태로 진열하도록 한다.

정답 17 ① 18 ④

19 전시기획서에 반드시 들어가야 할 사항으로 옳지 않은 것은?

① 예산

② 기획의도

③ 전시평가방법

④ 전시기간 및 장소

해설 • 전시기획서 : 제목, 기획의도, 전시기간 및 장소, 전시구성, 기대효과, 일정, 예산

  • 전시평가방법 : 추적조사, 행동관찰조사, 설문지조사, 면접조사 등은 기획서 필요 없음

20 세계 최초의 어린이박물관은?

① 보스턴 어린이박물관(Boston Children's Museum)

② 브루클린 어린이박물관(Brooklyn Children's Museum)

③ 애틀랜타 어린이박물관(Children's Museum of Atlanta)

④ 어린이 디스커버리박물관(Children's Discovery Museum)

21 박물관 교육프로그램의 특성으로 옳지 않은 것은?

① 박물관 교육은 실물을 중심으로 한다.

② 박물관 교육은 학습자의 자발적인 참여를 유도한다.

③ 박물관 교육을 통한 정보와 지식은 교육학적 요소를 지닌다.

④ 박물관 교육은 학교교육과 같이 일정한 나이와 계층적 제한을 두고 학습이 이루어져야 한다.

해설 박물관 교육은 학교교육과 달리 일정한 나이와 계층적 제한 없이 비교적 폭넓은 학습자를 대상으로 하여 각기 다른 관람객의 요구, 능력, 관심을 등을 반영해야 한다.

22 다음 박물관 인력에 대한 설명 중 옳지 않은 것은?

① 보존처리사 : 자료의 상태를 조사 분석하여 손상을 방지하고 복원하는 인력

② 해설사 : 관람객의 성향을 파악하여 강연, 체험, 답사 등의 프로그램 담당하는 인력

③ 학예사 : 자료수집 분류, 처분, 보존 등의 업무, 창의적 전시 및 효율적인 교육활동 수행하는 인력

④ 소장품관리자 : 소장품의 관리감독, 번호매기기, 목록작성, 소장품을 개별부서에 보내는 업무를 처리한 인력

해설 • 교육사 : 교육프로그램 개발, 실행, 평가하는 인력으로 관람객의 성향을 파악하여 박물관 전시에 대한 셀프가이드 출판물 기획, 전시실 안내 등 전시연계프로그램과 강연, 체험, 답사 등의 이론 실기프로그램을 담당하는 인력

  • 해설사 : 작품을 설명하는 자원봉사 안내요원

정답 19 ③ 20 ② 21 ④ 22 ②

23 다음 유네스코에 등재된 우리나라의 세계유산 중 등재시기가 가장 늦은 것은?

① 종묘
② 가야 고분군
③ 고창 · 화순 · 강화 고인돌유적
④ 한국의 역사마을 하회와 양동

 해설
• 석굴암과 불국사(1995년)
• 종묘(1995년)
• 수원화성(1997년)
• 고창 · 화순 · 강화 고인돌유적(2000년)
• 한국의 역사마을 하회와 양동(2010년)
• 백제역사유적지구(2015년)
• 한국의 서원(2019년)
• 합천 해인사 장경판전(1995년)
• 창덕궁(1997년)
• 경주역사유적지구(2000년)
• 조선왕릉(2009년)
• 남한산성(2014년)
• 산사, 한국의 산지승원(2018년)
• 가야 고분군(2023년)

24 박물관 마케팅전략 중 STP전략으로 옳지 않은 것은?

① Segmentation
② Strategy
③ Targeting
④ Positioning

해설
• 시장세분화(Segmentation)
• 표적시장(Targeting)
• 포지셔닝(Positioning)

25 박물관 및 미술관 진흥법에서는 '박물관 자료'에 대해 정의를 내리고 있다. 다음 박물관 자료에 대한 설명으로 옳지 않은 것은?

① 박물관 자료는 박물관이 수집 · 관리 · 보존 · 조사 · 연구 · 전시하는 것이다.
② 역사 · 고고 · 인류 등에 관한 자료이기 때문에 무형적 자료는 포함하지 않는다.
③ 예술 · 동물 · 식물 · 광물 · 과학 · 기술 · 산업 등에 관한 인간과 환경의 유형적 증거물이다.
④ 학문적 · 예술적 가치가 있는 자료 중 대통령령으로 정하는 기준에 부합하는 것을 박물관 자료라고 한다.

해설 박물관 및 미술관 진흥법
제2조(정의) "박물관자료"란 박물관이 수집 · 관리 · 보존 · 조사 · 연구 · 전시하는 역사 · 고고 · 인류 · 민속 · 예술 · 동물 · 식물 · 광물 · 과학 · 기술 · 산업 등에 관한 인간과 환경의 유형적 · 무형적 증거물로서 학문적 · 예술적 가치가 있는 자료 중 대통령령으로 정하는 기준에 부합하는 것을 말한다.

정답 23 ② 24 ② 25 ②

26 박물관 및 미술관 진흥법에서는 '박물관 및 미술관 평가인증'에 대해 명시하고 있다. 다음 박물관 및 미술관 평가인증에 대한 내용으로 옳지 않은 것은?

① 문화체육관광부장관은 평가결과에 따라 우수한 박물관 및 미술관을 인증할 수 있다.

② 등록한 후 2년이 지난 국·공립 박물관 및 미술관에 대하여 평가를 실시하여야 한다.

③ 문화체육관광부장관은 평가결과를 대통령령으로 정하는 바에 따라 공표하고, 관계 행정기관의 장에게 행정기관평가에 반영하도록 협조 요청할 수 있다.

④ 평가실시, 평가인증의 기준·절차 및 방법과 인증 유효기간, 인증표시 등에 필요한 사항은 대통령령으로 정한다.

해설 **제26조(박물관 및 미술관의 평가인증)** ① 문화체육관광부장관은 박물관 및 미술관의 운영의 질적 수준을 향상시키기 위하여 제16조에 따라 등록한 후 3년이 지난 국·공립 박물관 및 미술관에 대하여 평가를 실시하여야 한다.

② 문화체육관광부장관은 제1항에 따른 평가결과를 대통령령으로 정하는 바에 따라 공표하고, 관계 행정기관의 장에게 행정기관평가에 반영하도록 협조 요청할 수 있다.

③ 문화체육관광부장관은 제1항에 따른 평가결과에 따라 우수한 박물관 및 미술관을 인증할 수 있다.

④ 문화체육관광부장관은 제3항에 따른 인증 박물관 또는 미술관(이하 "인증 박물관·미술관"이라 한다)에 대하여 문화체육관광부령으로 정하는 바에 따라 인증서를 발급하고 인증사실 등을 공표하여야 한다.

⑤ 제1항, 제3항 및 제4항에 따른 평가실시, 평가인증의 기준·절차 및 방법과 인증 유효기간, 인증표시 등에 필요한 사항은 대통령령으로 정한다.

27 박물관 및 미술관 진흥법 시행령에서는 '박물관 및 미술관 등록요건'을 명시하고 있다. 다음 〈보기〉에서 설명하고 있는 박물관은?

```
〈보기〉
다음의 시설을 갖춘 363제곱미터 이상의 문화공간
  1. 인터넷 부스(개인용 컴퓨터 4대 이상 설치)
  2. 비디오 부스(비디오테이프 레코더 2대 이상 설치)
  3. 콤팩트디스크 부스(콤팩트디스크 플레이어 4대 이상 설치)
  4. 문화관람실(빔 프로젝터 1대 설치)
  5. 문화창작실(공방 포함)
  6. 안내데스크 및 정보자료실
  7. 문화사랑방(전통문화사랑방 포함)
```

① 문서관

② 문화관

③ 보존소

④ 문화의 집

해설 박물관 및 미술관 진흥법 시행령 별표 2 박물관 또는 미술관 등록요건

유형	박물관자료 또는 미술관자료	학예사	시설
자료관 · 사료관 · 유물관 · 전시장 · 전시관 · 향토관 · 교육관 · 문서관 · 기념관 · 보존소 · 민속관 · 민속촌 · 문화관 및 예술관	60점 이상	1명 이상	1) 82제곱미터 이상의 전시실 2) 수장고 3) 사무실 또는 연구실 · 자료실 · 도서실 및 강당 중 1개 시설 4) 도난 방지시설, 온습도 조절장치
문화의 집	도서 · 비디오 테이프 및 콤팩트디스크 각각 300점 이상		1) 다음의 시설을 갖춘 363제곱미터 이상의 문화공간 가) 인터넷 부스(개인용 컴퓨터 4대 이상 설치) 나) 비디오 부스(비디오테이프 레코더 2대 이상 설치) 다) 콤팩트디스크 부스(콤팩트디스크 플레이어 4대 이상 설치) 라) 문화관람실(빔 프로젝터 1대 설치) 마) 문화창작실(공방 포함) 바) 안내데스크 및 정보자료실 사) 문화사랑방(전통문화사랑방 포함) 2) 도난 방지시설

28 다음 박물관의 역할 중 사회문화적 역할이 아닌 것은?

① 문화유산의 전승

② 지역 간이나 국제적인 문화 교류 효과

③ 관광자원으로서 박물관 소장품의 상품화

④ 지역주민들의 문화향수 제고 효과와 지역 이미지 창출

해설 **박물관의 역할**

1) 박물관의 사회문화적 역할
   - 문화유산의 전승
   - 지역주민들의 문화향수 제고 효과와 지역 이미지 창출
   - 지역 간이나 국제적인 문화 교류 효과
2) 박물관의 경제적 역할
3) 박물관의 정치적 역할

※ ③ : 박물관의 경제적 역할

정답 28 ③

29 다음 중 1683년 트라데산트(Tradescant)의 수집품과 엘리아스 애쉬몰(Elias Ashmole)의 수집품을 옥스퍼드대학에 기증하면서 건립된 박물관은?

① The British Museum

② The Metropolitan Museum of Art

③ Ashmolean Museum of Art and Archaeology

④ Smithsonian National Museum of Natural History

30 박물관 자료의 특징에 대한 설명으로 옳지 않은 것은?

① 수리 : 파손된 것을 손질한 경우

② 오염 : 곤충, 미생물에 의해 재질이 손상된 상태

③ 파손 : 자료의 어딘가 부서지거나 깨진 경우로 파편이 남은 상태

④ 박리 : 소장품의 표면을 얇게 덮고 있는 염료, 물감, 칠이 떨어져 나간 상태

해설 • 오염 : 다른 물질에 의하여 소장품의 일부, 전체의 상태가 변한 경우
     • 충해 : 곤충, 미생물에 의해 재질이 손상된 상태

정답 29 ③ 30 ②

박물관학 주요 키워드

1. 현대 박물관의 기능
2. 박물관의 역할
3. 국제박물관협의회 : 박물관 기능, 총회, 국제박물관의 날
4. 공립 · 사립박물관 / 인문계 · 자연계박물관 구분
5. 박물관 어원
6. 서양 박물관 역사 : 뮤제이온, 애쉬몰리안박물관, 루브르박물관, 스튜디올로, 갤러리
7. 우리나라 박물관 역사 : 제실박물관, 조선총독부박물관, 국립경주박물관, 덕수궁미술관
8. 박물관 수장고, 안전 관리, 안전 대책(화재)
9. 자료 수집 방법 : 발굴, 구입, 기증, 기탁, 교환
10. 자료와 정보의 효율적 분류 : 재질별(무기, 유기), 자료등록, 표준유물관리시스템
11. 박물관 소장품 자료 정리 및 원칙
12. 박물관 자료 보관 및 보전 방법 : 보존처리(비파괴, 파괴분석법), 보존환경, 예방원칙
13. 박물관 전시실 동선, 진열방법, 안전한 전시방법
14. 전시기획 과정 : 계획, 기획, 진행, 평가
15. 전시유형 : 기간, 공간
16. 전시평가
17. 전시패널, 전시보조물, 전시환경(조도, 조명)
18. 교육의 특성, 특징, 개발, 유형, 최초의 어린이박물관
19. 전시연계교육프로그램
20. 저작권
21. 전시 해설
22. 박물관 협력망, 협회 구축
23. 유네스코 세계문화유산, 세계기록문화유산

24. 박물관 인력관리 : 학예사, 교육사, 보존처리사, 등록담당자, 해설사

25. 박물관 경영전략 : 마케팅전략(마케팅믹스), 내 · 외부 환경변화

26. 박물관 홍보방법 및 재원조성 방안

27. 박물관 설계 관리, 건축물

28. 국제박물관협의회 윤리강령

29. 박물관 및 미술관 진흥법 : 학예사 자격요건, 운영위원회, 등록요건, 의무개방일수, 사업, 사립박물관 설립계획 승인신청서, 자료의 가치평가 기준, 국립박물관 협의 요청 서류, 협력망

30. 문화재보호법 : 용어, 지정서, 국외소재문화재재단, 문화재기본계획, 무형문화재, 국가지정문화재, 문화재청장 허가사항, 문화재매매업

박물관학

발행일 | 2018. 3. 5. 초판발행
2019. 2. 10. 개정 1판1쇄
2020. 1. 20. 개정 2판1쇄
2021. 2. 25. 개정 3판1쇄
2023. 2. 25. 개정 4판1쇄
2024. 2. 10. 개정 5판1쇄

저 자 | 윤병화
발행인 | 정용수
발행처 | 예문사

주 소 | 경기도 파주시 직지길 460(출판도시) 도서출판 예문사
T E L | 031) 955 – 0550
F A X | 031) 955 – 0660
등록번호 | 11 – 76호

정가 : 24,000원

ISBN 978–89–274–5362–8 13060